U0636780

语文
课程与教学论
案例教程

主　编
李山林

副主编
陈　文　　杨双安　　刘中华
阳利平　　方孝军

编　委
邓水平　　陈业桃　　马　藜
喻小剑　　施　平　　方　熔
郑有才　　黄强军

湖南师范大学出版社

图书在版编目（CIP）数据

语文课程与教学论案例教程 / 李山林主编 . —长沙：湖南师范大学出版社，2006.7

ISBN 978 - 7 - 81081 - 634 - 2

Ⅰ. 语… Ⅱ. 李… Ⅲ. 语文课—教学法—中学 Ⅳ. G633. 302

中国版本图书馆 CIP 数据核字（2006）第 077673 号

语文课程与教学论案例教程

◇主　　编：李山林

◇策划组稿：郭声健　黄　林

◇责任编辑：黄　林　唐志成

◇责任校对：胡艳红

◇出版发行：湖南师范大学出版社

　　　　　　地址/长沙市岳麓区　邮编/410081

　　　　　　电话/0731 - 88873070　88873071　传真/0731 - 88872636

　　　　　　网址/http：//press. hunnu. edu. cn

◇经销：湖南省新华书店

◇印刷：长沙印通印刷有限公司

◇开本：787 mm × 1092 mm　1/16

◇印张：26. 75

◇字数：466 千字

◇版次：2006 年 7 月第 1 版　2022 年 1 月第 7 次印刷

◇书号：ISBN 978 - 7 - 81081 - 634 - 2

◇定价：68. 00 元

目　录

下编　技能篇

导　言

一、案例与案例教学

本教材名之为"案例教程"，选择和运用"案例"是其突出的特点。那么，什么叫案例，就成为我们首先要认识的问题。

按照学术界的一般理解，教育教学案例是指把教育和教学过程中发生的典型事例记叙下来并加以分析评价的文章体裁。可见，教育教学案例不同于教案、教学设计，也不等于教学实录。案例与教案、教学设计的区别比较容易理解。教案和教学设计都是事先设想的教育教学思路，是对准备实施的教育措施的简要说明；案例则是对已发生的教育过程的如实反映。案例与教学实录的体例比较相近，它们的区别也体现了案例的特点和价值。这个区别主要表现为下面三点：第一，案例要有一个主题。写案例首先要考虑我这个案例想反映什么问题，动笔前要有一个比较明确的想法。有了主题，写作时就不会有闻必录，而是要对原始材料进行筛选，有针对性地向读者交待特定的内容。第二，案例要说明结果。一般来说，教案和教学设计只有设想的措施而没有实施的结果，教学实录通常也只记录教学的过程而不介绍教学的效果；而案例则不仅要说明教学的思路、描述教学的过程，还要交待教学的效果，即这种教学措施的即时效果，包括学生的反映和教师的感受等。读者知道了结果，将有助于加深对整个过程的内涵的了解。第三，案例要有评析。对于案例反映的主题和内容，包括教育教学的指导思想、过程、结果，对其利弊得失，作者要有一定的看法和分析。评析是在记叙基础上的议论，可以进一步揭示事件的意义和价值。

以上对案例的学术理解适用于案例研究即运用案例的形式进行科学研究。也就是通过对一个个典型事例的描述和分析即撰写案例的形式来探讨某种规律，揭示某个真理。它与纯理论的逻辑思辨研究相对应，是一种行动研究。流行的案例教学法中的案例也是指以上学术意义上的案例。

案例教学法从广义上讲，可界定为通过对一个具体教育情境的描述，组织和引导学生对这些特殊情境进行讨论的一种教学方法。案例教学是先呈示案例，然后分析讨论，最后得出一定的理论启示。但本教材采用的体例是先理论阐述，然后呈示案例，通过对案例的讨论和分析，进一步深化对理论的理解。这里的案例首先起例说的作用，或者说主要起例说的作用，其次才起引出理论的作用。所以，本教材中的案例比一般学术意义上的案例内涵要宽泛一些，除了以学术意义上的正宗案例为主外，还可以包括一些语文教学活动中的操作范例，如优秀的具有示范性的教案、教学设计和教学实录。这些范例加上分析评说实际上也就成了案例。

我们不是进行案例研究，所以，我们无须每一个案例都由自己撰写，我们选用了一些出版物上发表了的现成案例，但我们都注明了案例的来源。我们选用的案例主要对理论起例说的作用。因此，我们在选用案例时，对案例进行了改造，突出与本章理论有关的内容，舍弃无关的内容。教案、说课稿、教学设计、课堂实录本身不能独立成为案例，但我们把它改造成为了案例。改造的关键在于从这些材料中提出与本章理论有关的问题，设计讨论环节，更在于紧扣理论阐述的精到的案例分析。范例＋问题讨论＋分析，就构成改造的案例；理论阐述＋范例＋问题讨论＋分析，就构成本书案例教学的程序。

二、本课程的性质与案例教学

关于高师语文课程与教学论课程的性质，论者们基本一致的看法是"语文课程与教学论是一门具有语文专业特性的应用教育理论学科"。这种概括应该说是正确的也是准确的。问题是，我们怎样深入地理解、挖掘乃至拓展这一性质内涵，并用它来指导该门课程的教学实践。对于事物性质的研究，首先要区分事物本身的属类，从而确定研究的方向。对于客观存在的事物的性质研究主要是探究它"是什么"，即它本身具有的质的规定性和区别性特征。而对于主观人为事物的性质研究主要追问它"应该是什么"，即它所产生和存在的价值趋向性和功能性特征。语文课程与教学论课程显然是一种人为事物，所以对它的性质研究主要是一种价值追问。也就是说，我们在高等师范院校设置这门课程，并把它作为专业必修课程，其目的、意义是什么，要实现什么功能，用术语来说，就是这门课程的教学价值和育人价值是什么，其课程功能是什么。这样说来，语文课程与教学论课程的性质问题就包含了其课程意义、课程目的、课程功能并涉及其课程教学任务乃至教学内容等问题。如果这样理解，其性质的内涵就显得特别丰富了，其指导教学的意义就更直接更具体了。

　　我们如果对上述的性质定义作一分解，就可以概括出语文课程与教学论课程的三个特征：综合性、理论性、实践性。但这三点似乎是所有学科教育学课程的特征。因此，要真正把握其独特的内涵，还必须进一步地深入探讨。

　　在这"三性"中，综合性是首要的，实际上它包含着理论性（理论性只是为了与实践性对举才独立提出的）。综合性是该课程理论建构的内容特征，它关涉该课程理论方面的教学内容问题，也关涉该课程的功能、任务等问题。该课程的基础理论主要包括语文（汉语言文学）专业的基本知识理论和教育学、心理学，特别是一般课程与教学论的基本理论，是这两方面理论的整合，综合性就体现在这两方面理论的整合和融合上。整合和融合不是简单的 1＋1，不是拼凑，不是混合，而是按照自身理论建构的需要，互相吸收、渗透、交叉组合而成的"知识改组"。通过"知识改组"创立的新学科，通常被称为"边缘学科"、"横断学科"、"交叉学科"。这种交叉性、边缘性、横断性就是本课程理论知识形态的本质特征。正如舒尔曼认为的：在教师专业知识中，学科教学法知识是特别重要的，因为它确定了教学与其他学科不同的知识群，体现了学科内容与教育学科的整合，是最能区分学科专家与教师的不同的一个知识领域。有论者将语文专业的基础知识、基本理论称为该课程教学内容的知识，把教育学、心理学特别是一般课程与教学论的知识称为该课程教学组织的知识①。这在一定程度上点明该课程进行知识改组与整合的一些规律。语文课程与教学论课程的这种知识形态特征决定了它的功能特征，也就是说，该课程的功能是将学生的语文专业知识与一般的教育教学知识联系起来，使语文专业知识服务于语文教学，运用于语文教学，形成具有专业特点的应用性教学知识。高师中文专业的学生通过专业课程学习了汉语言文学（语文）的系统知识，又通过一般教育学、心理学的课程学习了教育教学知识，但这两种知识如果不结合起来，是不能形成语文教学的专业素养的。将这两种知识在互相独立的沉睡状态中唤醒并建立联系，激活其各自的活动因子，从而构成具有实践性特征的教学工具知识，是语文课程与教学论课程的独特功能和特殊任务。这一独特功能和特殊任务是别的课程无法替代的。

　　对于理论性与实践性特征的内涵不能分开来理解，或者说单纯提"理

---

①　张隆华. 语文教育学. 重庆：重庆出版社，1987. 7 页

论性"或单纯提"实践性"都不是该课程的性质特征。准确地说，该课程具有的是将理论与实践联系的性质。"语文课程与教学论作为新兴学科的特征之一，就在于它既重视语文教育基本理论的探讨而具有现代教育科学的特征，又重视语文教育技术理论的研究而具有应用科学的性质，表现出明显的变革语文教学实践的指向性，是一门联结了理论与实践的中间学科。"① 所以，与其说语文课程与教学论具有理论性和实践性的特征，还不如说具有"联系性"的特征。这种"联系性"特征主要体现在"应用"二字上。语文课程与教学论的研究一般不在基础理论的层面，而主要在应用理论和应用技术的层面。就研究内容来说，按李海林的看法，基础理论研究的是"语文教学系统"与"社会系统"、"人的系统"的关系。而应用理论研究的是"教学目的、教学内容、教学方法之间的关系"。应用技术研究的是"语文教师、语文教材与学生之间的关系"。应用理论研究是从基础理论往下走，运用基础理论来研究实践问题，着重于理论向实践的扩展和延伸。其研究要害是理论与实践的沟通与联系。如果说应用理论的研究形态仍是"理论"，那么，应用技术研究则直接指向实践，它研究"教学组织形式"和"教学实施方式"。它的研究成果表现为两种存在形态，一是细节化形态，即一些细节的操作技术；二是模式化形态，即整体实施框架和步骤。②

通过上述分析，我们可以得出更切近实际的语文课程与教学论课程的本质特征，即联系性。从课程内容特征看，它要建立语文专业知识和教育学知识的联系；从课程功能特征看，它要建立理论与实践的联结，具体是建立基础理论→应用理论→应用技术之间的联结，目的是将理论导向实践，从而发挥理论指导实践的作用。

这里，我们要区分本课程的几个相似的名称：语文教学法、语文课程与教学论、语文教育学。人们一般将这三个名称通用，都是指称一门课程。实际上，名称不同，其性质也应相应有所变化。名称就是概念，理论创新往往表现为概念创新，新的概念就应有新的内涵。我们认为，以上三个概念虽然指称的是一门课程，但这门课程随着名称的改变其性质也相应有所改变。它们的区别在于课程内容与课程功能的侧重点不同：语文教学法侧重应用技术；语文课程与教学论侧重应用理论，也不忽略应用技术；语文教育学则侧重基础理论。从三者对比中也可看出，语文课程与教学论是理论与实践的中

---

① 曹明海. 语文课程与教学论. 济南：山东人民出版社，2005. 4～5 页

② 李海林. 语文教学科研十讲. 杭州：浙江教育出版社，2005. 222～226 页

介，它凭着其应用理论与应用技术的特殊内容联系着理论与实践。

　　对语文课程与教学论这种联系性的本质特征的认识，使我们看到了该课程目前的教学范式的弊端。该课程目前采用的是将理论性学习与实践性学习分开独立进行的教学范式。一般的方式是：用一学期开设这门课（56～72学时），进行课堂教学，主要由老师讲授该课程的基础理论。然后是教学见习（一周），教育实习（六周）。这种教学范式显然是不符合该课程理论联系实践的本质特征的。它将理论学习与实践学习截然分开，而在教学实践中，教师重理论性学习，轻实践性学习，其结果只能是教师与学生一起追求被假定为真理的知识。这样的教学既不能用理论来指导实践，又不能用实践来反思理论，根本不可能建立理论与实践的联结。

　　要实现语文专业知识与教育知识的联系，实现理论与实践的联结，语文课程与教学论的教学只能采用体验性课程范式，其教学形式应该是理论学习与研究语文教学的真实情境相结合。也就是说，将理论置于一定的教学情境中来学习理解。正如有论者说的："语文课程与教学论面对和研究的应该是语文学习的真实情境，关注的是学生涵养言语能力、思维能力和情感态度的实践过程；关注的是语文教师的教学行为事实，感兴趣的是语文教师的教学实践过程。远离语文教学的真实情境，去搞那种没有课程的课程论，去搞那种没有教学的教学论，这种现象再也不能继续下去了。"① 像这种关注真实情境、关注实践过程的教学形式就是案例教学。可见案例教学是最符合语文课程与教学论课程功能特征的一种教学形式。

三、课程改革与案例教学

　　随着基础教育课程改革的深入，高师的教师教育课程改革也势在必行。课程改革的重要环节是教材与教法的改革。几十年来，高师汉语言文学专业的语文教学法课程尽管名称几经变化（"语文教学法"→"语文教学论"→"语文教育学"→"语文课程与教学论"），但教材体例与教学方法几乎没有多大改变，因循沿袭的是纯理论的阐述和纯理论的讲授。这种教材和教法所暴露的弊端是明显的。如上所述，语文课程与教学论是一门教育应用理论课程，其教学目标除了让学生掌握语文课程与教学的基础理论外，还应着重体现"应用"二字。也就是说，该课程还应担负培养高师生教学实践能力的

---

① 靳健. 后现代文化视界的语文课程与教学论. 中国高等教育学会语文教育专业委员会会员代表大会暨第八次学术年会交流论文

任务。而几乎纯理论的讲授方法使教育理论与教学情境脱节，既制约了学生对教育理论的理解，也不利于学生教学实践能力的提高。同时，脱离教学情境的教育理论的学习，学生的思考空间很小，有可能养成学生理论脱离实践的学风，这是一方面。另一方面，学生的教学实践能力在很大程度上有赖于把所学的专业知识运用于教学之中，而纯学科教育理论的讲授，无助于学生将专业知识与教育教学理论知识进行整合。再者，学科教学理论相对于本科生来说，不可能作深入的研究，往往停留在一般的教学原则和方法层面，而"教学原则"和"教学方法"是与教学实践联系紧密的，一旦脱离具体的教学实践情境，"原则"和"方法"就显得"上"不能"上"，"下"不能"下"。于是，这门课程既不能以理论思辨的深刻性来吸引学生，又由于缺乏具体的教学情境显得抽象枯燥而引不起学生的兴趣，成为学生最不喜爱的课程之一。要改变这种状况，只有依靠教材和教学方法的改革，编写具有新的体例的教材，寻求新的教学方法。而近年在师资培训中引进并运用的案例教学法就是有可能改变上述弊端的一种新方法。

案例教学在许多方面符合新的课程与教学理念。

首先，在理论知识的学习上，符合知识建构的理念。案例教学中的理论知识的学习不是完全由老师授受的，它要结合真实的教学情境让学生去感悟和理解，这其中有学生自己对知识的体验过程。在案例教学中，理论知识不只是静止的静态的呈现，还呈现为一种动态的生长状态。也就是说，在这种教学形式中，理论知识既有预在的，又有生成的。预在的理论是老师准备讲解传授的教学目标中的知识，生成的理论是案例中包含的其他理论因子。一个案例包含的理论因素是很丰富的，老师用案例说一种理论，而包含的其他理论因素学生通过学习案例也会有所体验和感悟，这种感悟和体验虽然不一定形成明确的理性认识，但能成为学生的个人性的默会知识，而这种默会知识在形成实践能力上起着很大的作用。

其次，案例教学在师生关系上，体现了学生主体思想。关于学生主体，基础教育中提得比较响，但在高等教育中，似乎不当回事。课堂教学中，老师仍是高高在上的知识霸权，话语权几乎全部掌握在老师手中，学生只有接受和聆听的权利。老师们关心的是如何将授课内容传达好，如何顺利地完成教学任务，至于学生的收获如何并不顾及。在案例教学中，教师的角色会发生变化，由唯一的知识传授者的角色，转变到不仅仅是知识的传授者，更多的是组织者、引导者、促进者，同时也是学习者。老师要组织学生阅读案例，引导学生分析案例，促进学生理解案例，同时自己也要学习好案例。案例教学把"教学课型"转变为"学习课型"，以学生阅读、分析、理解案例为主要教学内容，注重学生的过程体验。其教学思路与教学安排从原来的以教材为本转向以"教学理念与能力形成"为本，教学设计为"问题解决"模式，树立以"理解"为核心的教学观。这些都只能以学生为主体。

第三，案例教学是一种反思性教学。其一，真正意义上的完整的案例就是对教学实践的反思，所以，案例中包含了案例执行者教育教学反思的成果。其二，案例教学的过程是阅读、分析案例，其最终目的是总结实践的得失，提炼最有价值的经验，这本身充分体现了反思的特征。从上面看出，案例教学包含了两个类型两个层次的反思活动，一是案例执行者的反思，一是案例阅读者的反思。教学反思的本质是教学理想与教学实践的对话，"教师反思过程实际上是使教师在整个教育教学活动中充分体现为双重角色：既是引导者又是评论家，既是教育者又是受教育者。"① 案例教学的核心是用教学理论来审视教学案例，又用案例分析来印证和检验理论，这恰恰是教学反思的本质。案例教学中的教师角色也恰好符合教师反思过程的特征。

第四，案例教学要求师生参与课程建构。在本教材的案例教学中，只有三分之一的课程内容（理论阐述）是预定的，还有三分之二的内容（案例与案例分析）是开放的，包含了许多不定的课程因素。这三分之二的内容要求师生参与建构生成，师生们可以加入自己个性化的理解。教师参与的课程观实际上是后现代的课程观，它力图消解"专家设计——教师实施课程"的传统，打破专家的权威，能弥合理论与实践之间的分歧与裂痕。这恰恰是本课程的本质功能之所在。

四、本教材的创新体例

本教材突破了以往教材大理论（章）套小理论（节）的体例，有意淡化理论阐述（理论阐述只占三分之一，案例及案例分析占三分之二），突出案例的作用，使其成为名副其实的"案例教程"。案例在教材中是一个独立的存在，不是以往教材中依附理论而存在的例子。真正的案例是一个独立完整的教学情境，一旦进入理论阐述中，就会四分五裂。以往的教材是"拿事物来附和自己的概念"，案例教程应该是"拿自己的概念去符合事物"。本教材的每章分为三个部分：理论阐述（要求与方法）→案例呈现→讨论与分析（操作实践）。其静态模式似乎是呆板的三大块，但蕴涵着灵活的动

---

① 朱小蔓. 教育的问题与挑战. 南京：南京师范大学出版社，2001. 337 页

态的运行方式：不一定先讲理论，可先阅读案例，讨论案例，分析案例，再来归纳理论。教材只是一种静态的材料，将它分类整齐的摆放，更有利于使用者灵活地、创造性地使用。原有的教材因为其既定的理论导向、封闭的阐述框架，使教师和学生没有多少创造的空间。本教材因为其大量的案例材料，其中包含了丰富的理论因子，供我们去创造性地挖掘。教育理论永远也不可能将教育实践的情境和规律完全地描述和概括，这就决定了纯理论的学习是有缺陷的。而案例的阅读和分析有可能在一定程度上弥补纯理论学习的不足。案例包孕的丰富性和不定性使案例教程呈现出一种开放性的特征，一个个的案例，一个个具体的教学情境，都向着教师和学生的思维敞开，教师和学生可以灵活自由个性化地去解读。本教材的这一开放性特征召唤教师们创造性地去使用它，也规定了老师们用教材去教，而不是直接去教教材。

五、本课程的教学内容取向

为什么提出这个问题，因为本课程的教学内容的选择是最难的，因而也是最随意的。为什么？有下面的原因：

（1）本学科的名称几经变化，学科还处于初创期，学术上还很不成熟，学科的范畴体系还没有真正建立起来，或者说还没有建立起被学术界公认的学科范畴体系。出版的教材和专著，在范畴体系上五花八门。也就是说，本学科在学术上缺乏科学的规范，没有统一的范式。表现之一就是没有统一的名称，本学科的教材在同一内容下既可以名为《语文教育学》，也可以名为《语文课程与教学论》，还可以名为《语文学科教育学》、《中学语文教育学》、《中学语文教学论》等等。这里，《语文教育学》、《语文课程与教学论》、《语文教学论》在范畴体系上、在理论层次上有没有区别，有什么区别，大家似乎讳莫如深。以"中学"名之，以示与"小学"区别，区别又在哪里？新课标将小学与初中统合起来，高中独立，于是又出现了《初中语文新课程教学法》、《语文新课程教学论》等教材。这些教材完全按"新课标"的内容来构建本学科的体系，将原本建立起来有了一定稳定性的学科（教材）体系又打破了。这样，本学科现在基本处于"失范"的状态下。哪些概念、哪些范畴是本学科范式中的，是必须涉及和论述的，哪些概念、哪些范畴是不属于本学科范式中的，是无须涉及和论述的，都不太清楚。有些概念的名称也不稳定，如用"语文教学目的"还是用"语文教学目标"，"语文学科性质"、"语文课程性质（目标）"和"语文教学性质（目标）"是一个概念，还是三个概念等等，都处于模糊状态。因为学术上的"失范"，就导致本学科没有统一的教学文件，既没有统一的大纲，又没有统一的教材。教学时，面对不统一的各种教材体系，教者无所适从，不知道该教些什么，不该教些什么。

（2）对于同一范畴，在理论论述上不统一，其基本理论的内涵缺乏规定性。诸如语文教学的性质内涵、目标内涵、原则内涵、过程内涵、模式内涵以及一些基本的教学理念等，不同的教材有不同的论述，有些竟大相径庭，导致教者与学者无所适从。

（3）本课程的性质也不明确。是理论课，还是技能训练课？是以讲理论为主，还是以技能训练为主？如果以讲理论为主，那么多的理论在有限的课时内该讲哪些理论？这些都不明确，都不统一。

由于以上原因，导致了本课程在教学内容上的不确定性；因为不确定，就出现了随意选择教学内容的现象。有时，同一教研室的教师在同一届学生的教学中，所教学的内容都很不相同，考试起来也无法统一。

基于上述情况，本教材在教学内容的取向上提出一些建议，试图解决本课程教学内容统一的问题，至少在使用本教材时达到统一。

本课程（本教材）在教学内容上的总取向是：应用理论。

第一是"应用"。一切以"应用"为选择标准，一切以高师学生毕业后初步从教所需为前提，并且是"应用"层面所需，不是基础层面所需。基础层面所需由中文专业课程和一般教育理论课程解决。

第二是"理论"。本课程仍然是属于理论课程，但本课程的理论不是基础理论层面的理论，而是应用层面的理论。本课程定名为"语文课程与教学论"，就规定了其理论应该是"课程"与"教学"层面的，不是"教育原理"层面的。"课程"与"教学"理论是直接研究教学实践的理论。具体包括两个方面：一是理念，直接制约和影响语文教学实践的有关基本理论知识；二是方法，直接指导语文教学实践的操作理论。因此，本课程在理论阐述上所遵循的原则是："理论"向实践转化，"方法"向学理提升。

根据上述取向原则，本教材在内容的选择和表达上有如下规定：

（1）在范围上，选择语文课程与教学（学校语文教育）的最基本的理念和语文教学最基础的技能，也就是一个语文教师初步从教所应该把握的理念和技能。这些理念和技能在"应用性"上，是语文教学工作最必需的和最常用的。在基础理论上，本教材没有过多的上溯、延展、膨胀，只选择了"课程意识"、"性质"、"目标"三个范畴，这三点是直接关系到语文教学实践的方向性的理念。而对于初步从教者来说，只要真正理解和把握了这三个方面的观念，作为教学实践的指导思想也就足够了。至于语文学科的历史、语文本体、语文教育的本质、语文教育的系统、语文素质教育、语文德育、语文美育等理论，对于语文教学实践来说，不是那么急需和切近。作为应用理论性质的本课程也就无须涉及。基本理论中，还有原则论、过程论、方法论等，本教材也略去，因为原则基本包含在性质中，把握了语文教学的性质，也就把握了语文教学的原则。至于过程与方法，与其抽象地泛论，倒不如结合具体的教学技能来谈，更能使学生理解和把握。"基础三论"后，直接论述四种语文教学类型的理念（因为本教材的对象是中学语文教师，所以，遵循经济原则略去"识字与写字"类型），这"四论"是更切近语文教学实践的具体理念。接着是"评价"理念，这是语文教师需要把握的。

本教材特别注重语文教学的应用技术理论，"技能篇"共12章，涉及语文教学方方面面的技能，是直接用来指导语文教学的操作理论。

（2）在深度上，本教材保持应用理论的品格，不过度深入，不任意发挥，保持理论本色，但求精要有用。

（3）在表达上，基本采用陈述的方式。不过度阐释，不深入论证，抓住要点，直接陈述，切忌空泛笼统，避免长篇大论。

（4）呈示的案例是语文教学实践的原生态，其中蕴涵着丰富的理论因素，师生完全可以不受该章理论阐述的束缚，去感悟，去体会，获得个人的默会知识。教师也可以突破该章阐述的理论，引导学生讨论案例，拓展理论。

（5）案例分析只是编者的意见，教师们可以加进自己的思想。

总之，本教材在教学内容上遵循着应用理论的原则，同时，又由于案例的作用，在教学内容上呈现出开放的特征，给教师提供了自由选择的空间。

上编　理念篇

第一章　语文课程的内涵

教学目标：领会新的课程理念，把握语文课程四个层面的具体内涵，树立参与课程建构的意识。

第一节　理论阐述

一、课程的含义

课程是学校教育活动中依据人才培养的规格和要求，选择、组织、设置的具有教育性经验特征的教学内容和教学活动方案。

对这一定义的理解，必须明确以下几点：

（1）真正学术意义上的课程是伴随着"学校教育"产生的。最早将"课程"作为教育术语使用的是 19 世纪英国教育家斯宾塞。他在其名著《什么知识最有价值》（1861）中把"教学内容的系统组织"称之为"课程"。① 显然，这样的课程只能在学校教育中发生。所以，课程的外延应该限定在"学校教育"的范围之内。

（2）课程在学校教育体系中，是一个最具基础性的实体，可以说是学校教育的核心因素。说它是实体，是指它是由一系列的课程文件、教科书、教辅资料、教学计划和方案等物资载体为之显现；说它最具"基础性"，处

---

① 陈桂生."教育学视界"辨析. 上海：华东师范大学出版社，1997．107 页

于"核心"地位，是指它既是学校教育目标的具体体现，又是教学的全部内容凭借和评估的主要依据。

（3）在课程与教学的关系上，虽然课程是一个与教学关系密切有时甚至难以分开的概念，但我们还是主张把二者适当地分离开来进行研究。在学校教育系统中，课程产生于教育目标之后和"教学"之前。也就是说，在"教学"（课程实施）之前，即在选择、组织、设置课程内容时，课程是独立的，但一进入课程实施即"教学"阶段，课程与教学就往往重合、统一在一起了。可见，课程既有独立于教学的一面，又有融合于教学的一面。就其侧重点来说，课程主要研究"为什么教学"和"教学什么"，在教育研究中谓之课程论；教学主要研究"教学是什么"和"怎样教学"，在教育研究中谓之教学论。课程研究偏重于相对静态的"内容"层面，教学研究偏重于相对动态的"方法"层面。我们研究课程，既要研究教学之前产生的独立的课程问题，如课程内容的选择、组织与设置，也要研究教学中的课程问题，如课程因素在教学中的制约作用、课程在教学中的具体化微观化等。而后者的研究在当前尤为重要。

（4）课程内容即提供给教学中学生学习的内容是一种教育性经验。所谓教育性经验，是指在课程内容中，无论是系统的学科知识（间接经验），还是各种学习活动（直接经验），都必须符合教育目标和受教育者发展的需要。因此，学科课程是对学科知识体系的教育学改造，而活动课程则是旨在丰富学生的各种生活体验从而促进学生身心健全发展而组织的教育性活动。因此，现在对课程本质比较一致的看法是：课程是"学习者在学校教师指导下获得的全部经验"。从这一课程本质认识出发，课程既包括教学前产生的独立的课程，如国家课程计划、学科教学大纲（课程标准）、教科书、教学计划等物质的课程形态，也包括教学和评估中各种动态的隐性的个性化的课程因素。如教师对课程内容（教材）的个性化理解，课程或教学活动中实际发生的教学内容，学生最终经验的教学内容。概而言之，就是教师理解的课程、课堂建构的课程和学生经验的课程。总之，课程既包括相对静态的物质形式课程（书面文件形式的课程），又包括相对动态的教学形式课程。

（5）在课程的结构类型上，以学科课程为主，但须加强学科课程的综合、统整。同时提高活动课程和选修课程比例。注重和发挥隐性课程的育人功能，建立个性化、特色化的校本课程体系。

最后，课程是学校育人的媒体，怎样发挥它的"育人"功能，是每一位教育工作者必须认真思考、严肃对待的一个重要课题。

二、语文课程的内涵

语文课程是中小学教育中为了学生的语文素养的形成与发展而设计和建构的语文教学内容体系及其活动方案。它包括语文教学目标的设定、语文教学内容的选择、语文教学方式的组织三个层面。它既表现为一种静态的书面文件，如语文课程标准（或大纲）、语文教科书、语文教学指导书（教参）等物质性的文字资料；更表现为教师在教学时对教学内容的进一步理解与创造性的建构；还表现为学生在语文学习活动中所获得的独特的个性化语文体认与经验。所以，语文课程既是一种静态的语文学习材料与教学目标体系，带有预在计划性；又是一个教师理解、学生体验、二者互动的意义不断生成的过程，带有发展建构性。

从横向看，语文课程包括语文学科课程、语文活动课程、语文综合探究课程（或称语文专题研究课程）三种类型。

语文学科课程以间接语文经验（语文教科书为其载体）为课程内容，以课堂教学为主要实施形式，具有传授语文知识、发展语文能力、培养人文意识和人文精神的课程功能。是语文课程的主要形态。

语文活动课程以学生的语文实践活动为课程内容（如办刊、演出、辩论等），以学生获得直接的语文经验，提高学生的语文实践能力为课程目标。是语文课程的重要辅助形态。

语文综合探究或语文专题研究课程是指学生在教师指导下从自然现象、社会现象和自我生活中选择和确定有关语文或与语文有关的研究专题，采用科学探究的形式，在研究过程中主动获取知识、运用知识、解决问题的学习活动。这种课程具有综合性的特点，有利于学生建立各种知识的横向联系，在知识的整合中提高解决问题的能力，同时，也具有培养学生科学精神、创新能力的课程功能。这是语文课程中的一种特殊形态。

如果把语文课程不仅仅是看作一种静态的书面计划（大纲）和书面材料（教材），而是还看作一种发生在学校、发生在课堂、发生在教师、发生在学生身上的真实的动态生成过程的话，那么，语文课程还体现着这么几种纵向的形态：国家计划的语文课程——教师理解的语文课程——课堂建构的语文课程——学生经验的语文课程。

国家计划的语文课程。即国家统一规定的以"语文课程标准"、"语文教科书"等书面计划和材料为载体的语文课程。它体现了国家对语文课程的统一要求，是语文课程的整体框架，是语文教学开展的基本指南。

教师理解的语文课程。指语文教师根据"课标"或"大纲"对语文课程的个性化的理解和处理。它一方面要受到"国家计划语文课程"的制约，但更多的是考虑在预想的教学情境中学生语文学习的需要，并依据这些写出教学计划（学期的、单元的、课题的），制订教学方案，最具体最典型的就是"说课"的形态。

课堂建构的语文课程。如果说"教师理解的语文课程"还只是虚拟的教学情境中的语文课程，那么，"课堂建构的语文课程"就是实际的教学情境中师生互动、共同建构的语文课程，也就是古德莱德称之的"可以观察到"的语文课程。这种语文课程具有动态性、生成性的特征，也就是一堂语文课的教学内容的组织、展开和产生教育效应的全过程。

学生经验的语文课程。即不同的学生个体在语文课堂教学和其他语文活动中获得的对语文的独特体验。它既表现为学生语文学习的过程，又表现为学生语文学习的结果。这种课程要求每一个学生都参与到课程实施中来，成为学习的主动者，成为课程的实践者，在参与实践的自主活动中，获得对知识的个体性建构和经验的改造与重组。这种课程形态具有个体化的特征。

语文课程既以横向的三个层面构成一个整体，又以纵向的四个层次显示它的动态生成。

三、语文教师要树立参与课程建构的意识

所谓"课程意识"，就是在教学中，不仅仅只关注和思考"怎么教"的问题，还要关注和思考"教什么"和"为什么教"的问题，关注和思考"教学内容"及其"价值"问题。但在我们以往的观念中，教学过程中的教学内容是没有"问题"的，因为教学目标和教学内容已为教学大纲和教材所规定，是既定的、现成的，是不成"问题"的。只要"以纲为纲、以本为本"就可以了。所以，教师对于教学内容也就无所用心。教师面对教学内容最迫切和直接的考虑是，采用什么方法使之很好地让学生接受，在什么样的教学形式中顺利地实现它。其实，这是缺乏课程意识的表现。实际上，如果我们运用课程论的视点来审视教学过程，其中不仅包含"课程问题"，而且"课程问题"在教学过程中有时还是非常关键、非常重要、甚至起决定作用的问题。比如，课程即教学内容的价值问题在教学过程中就显得非常突出。对教学内容价值的思考是选择教学内容的前提。而在课程越来越呈现多元化的趋势下，教学过程的起点就是教师对课程内容的理智选择，如果没有对课程价值的思考，就没有选择标准，也就无法选择。而没有选择教学内

容的教学过程就很可能是盲目的、随意的，因而也可能是低效的甚至无效的。在语文教学过程中，这个问题就更加突出。因为语文教学内容更具有不确定性，语文课程教材与其他学科课程教材的不同之处是，后者的教学内容相对确定，知识点是明确的，如数、理、化、政、史、地等均是这样，教者无需取舍也不要选择。而语文的教材是一篇篇的文章和作品，是一种物质化、静态化了的语言经验，它不是知识的呈现形式，而是知识的运用形式。它具有丰富性和不确定性。它丰富，一篇课文几乎包含了所有的语言知识、写作知识以及文学、文化等多种因素；它不确定，虽然在表现形态上也与其他学科的教材一样，只是一堆凝固了的文字材料，但它所指向的、所蕴含的却是人类动态的精神世界，对于作者，它是一种动态的生成，是思维之流，是言语智慧之流；对于读者，它又是一种召唤结构，召唤读者加入自己的个性化理解。正因为它具有内在的动态性、生成性，因而也就具有不确定的品质和难以把握的特征。唯其不确定，它更显丰富；唯其丰富，它更显得不确定。语文教材这样一种不确定的丰富或丰富的不确定，给语文教师处理教材带来了难度也提出了更高的要求，要求语文教师依据教学目标和学生的实际需要进行理性的取舍、明智地选择恰当的教学内容。从教学论的视点来看，语文教学过程只是运用教学方法实施语文教学内容的过程；而从课程论的视点来看，语文教学过程则是语文课程的动态生成并实现其育人功能的过程。而后者的视点显然要比前者更符合现代教学的理念，更适应现代教学的要求。因此语文教师要有主动参与课程建构的意识，要充分认识语文教学内容的育人价值，从而才能在教学中实现其育人功能。

　　具体来说，在语文教学过程中，教师面对教材，不应该是被动的，而应该是积极主动、有所作为的。语文教师对教材的主动作用具体表现在这样四个方面：一是对课文进行创造性的解读，要读出自己的真切感受和体会，使课文内容化为自己的思维乃至精神结构，将外在的客观课程变成内在的主观课程，使课程获得主体生命的灵气。二是纵横拓展，合理吸纳课外教学资料，丰富语文课程的时空内涵和生活意蕴，使语文课程变得血肉丰满。三是根据教学目标和学生的实际需要对教学内容进行大胆的取舍，要有"任凭它弱水三千，我只取一瓢饮"的气魄，使语文课程去除芜杂、变成精粹的育人媒体。四是组织符合学生心智活动规律的教学结构，使教学内容的呈现成为调控学生心理流程的系统。这里，教师对教学内容的"解读"、"拓展"、"取舍"、"组织"，就构成教师对语文课程建构的行为体系。这一行为体系最终呈现为一种"研究型教案"或"说课"形态。教师对语文课程的建构是语文课程实践的起点，也是语文课程在教学过程中生成的基础。

第二节 案例呈示

一、教师参与语文课程建构案例

郭初阳《夸父逐日》研究型教案

（一）以简介《山海经》导入

《山海经》成于战国—西汉年间。全书共十八篇，分为《山经》和《海经》两个部分。《山经》即《五藏山经》五篇；《海经》包括《海外经》四篇，《海内经》四篇，《大荒经》四篇和又一篇《海内经》。它以描述各地山川为纲，记述了许多当地的神话传说。

（二）比较《山海经》中另一段文字

1. 《海外北经》：夸父与日逐走，入日（走到太阳中？），渴，欲得饮。饮于河、渭，河、渭不足，北饮大泽。未至，道渴而死，弃其杖，化为邓林。

2. 《大荒北经》：大荒之中，有山名曰成都，载天（戴天，极高）。有人珥（挂耳上）两黄蛇，把两黄蛇，名曰夸父。后土生信，信生夸父。夸父不量力，欲追日景（日光），逮之于禺谷。将饮河而不足也，将走大泽，未至，死于此。

（三）神话分析

学生思考讨论：夸父神话究竟隐藏着先人对于哪种自然现象的猜测和解释？

解释一：夸父族，揭开昼夜交替之谜，不断向西迁移。看看太阳到底降落到什么地方。

［清］郝懿行 夸父族聚居于河南灵宝县东南，与陕西太华山相连。

解释二：月神。

台湾 杜而未：月与日的竞赛，"入日"——日蚀。成功后即死亡。新月三天后仍出来，以"弃其杖，化为邓林"——邓林为繁星。

解释三：茅盾《神话研究·巨人族及幽明世界》夸父：地下阴间神。

1. 夸父行迹巨伟多力，如希腊和北欧神话中的巨人族（提坛），闲居于北方的底下穴（塔塔罗司）。夸父为后土的后裔，后土也正是主治地下幽都的神。

2. 从北方成都载天山出发，逐日一周后又回到此山。北—东—南—西（禺谷）—北。

神话之本质：以夸父为代表的阴间势力与天神争霸，被天神所征服。

解释四：水神。

吕思勉，王孝廉：夸父神话的"夸父逐日"和"夸父之死"，水神与火神之争，而作为火神光明神胜利的神话象征。

《山海经·东山经》：又南三百里，曰豺山……有兽焉，其状如夸父而彘（zhì）（猪）毛，其音如呼，见则天下大水。

1. "循环运动"是夸父神话的本质特征。对降雨现象的诗化寓言表达。水神的上下循环运动。出自北方阴间，失败于南方阳盛之位，最后重返北方，回归水的生命之源。"黄泉"。

巨人追赶太阳——水的上下运动

与日逐走 ——遵循太阳运行之道

丢弃的杖 ——象征雨水降下

邓林 ——新的生命

2. 《山海经·大荒东经》：应龙处南极，杀蚩尤与夸父，不得复上。故下数旱，旱而为应龙之状，乃得大雨。

3. 夸父——水神的阴性或女性身份（降雨功能）。

《读山海经·其九》

［晋］陶渊明

夸父诞宏志，乃与日竞走。俱至虞渊下，似若无胜负。

神力既殊妙，倾河焉足有！馀迹寄邓林，功竟在身后。

神力既非凡又巧妙，黄河水已倾尽却未喝够。喝完两条大河哪里够，突出其神力妙殊。

（四）神话比较

1. 精卫填海（复仇之象征）

2. ［法］加缪《西西弗斯神话》（荒诞的对抗）

（五）象征层面

李锐《旷日持久的煎熬》（《读书》1997 年第 5 期）

　　只是这一个半世纪以来的，一次又一次的战乱，一次又一次的流血，一次又一次的自毁自戕，使这场煎熬变得惨绝人寰般的酷烈。一百五十年，对于历史太短，对于生命却又是何其漫漫！当希望一次次地变成绝望，当绝望一次次地变成虚妄，我们又拿什么来慰藉生命？拿什么来慰藉一代又一代悲绝的心灵？每想到此，我就反复想起那个中国人的古老的神话，这神话很短，它只有三十七个字："夸父与日逐走，入日。渴，欲得饮，饮于河渭，河渭不足，北饮大泽。未至，道渴而死。弃其杖，化为邓林。"这三十七个字，越过千年悠悠岁月朝我们走过来的时候，我们就会想起一个长长的没有走到"大泽"的"道渴而死"者的名单：康有为、梁启超、谭嗣同们死了，孙中山、黄兴、秋瑾们死了，李大钊、陈独秀、瞿秋白们死了，王国维、陈寅恪们死了，鲁迅死了，胡适们死了，胡风、老舍、傅雷们死了，离我们最近的顾准也死了……总有一天，会轮到我们道渴而死的。是的，还是"道渴而死"。我们不能欺骗自己，我们心里都知道去"大泽"的路正遥遥无期。在我们之后，还会有不知多少"道渴而死"者倒在这去往"大泽"的路上。我们该把这三十七个字刻到石碑上，把这三十七个字刻在石碑的两面，把这石碑放在我们的心里——以悼念死者，以昭示来者。

　　是的，"未至，道渴而死。"这是我们的宿命。

（选自中学语文教学资源网 http：//www. ruiwen. com ）

干国祥《陈涉世家》说课稿

——"教材之我见"

　　我先提出以下几个问题，作为对一篇文言文传记课文的思考：①对文言文而言，字词的解决是必然的，然而是把解决字词作为学习的起点、目标，还是把它作为手段结合在过程中？②就课文而言，我们学习的指向是"陈涉起义"这一事件及其意义，还是陈涉其人在某一历史场景中的言与行？③是就文解文，还是进行历史还原？是袭用历史定论，还是让学生与原初的文本进行对话？

　　通过这些问题的思考，我们可以发现，我们面对教材时，首先还是一个采取何种思维范式的问题。

　　第一个问题不言自明，虽然在实际操作中绝大多数老师还是会因袭与简便起见采取逐字逐句的解释，但大家都已经知道第二种方式是较为合理的教学方式，只是对于其中的原因却不甚明了。我想最理想的文言文教学就是让学生用文言的句式来直接进行阅读与思考，而不应该时时借助于翻译这一拐杖。字句的疏通，只是为了在肯綮处给学生以帮助，而不应该把文言文教学当成先翻译为白话，用白话思考、讨论对话的过程。

第二个问题其实是想纠正由于政治原因所导致的对课文理解的干扰，由于对"农民起义"这一政治形式的重视，所以本文作为人物传记，却被错误地当成是历史事件的记叙来进行解读。我以为这在教学中应该进行"纠枉"。

第三个问题又回到了学习《鲁迅自传》时的困惑：是授予既定语文及历史知识，还是让学生与历史上的心灵进行直接的对话？由于在上一课文已经讲得比较多，这里不再展开。

以上的这些思考也势必将影响到教学的设计。

——教学处理意见

首先，我认为在教学中应该避免两个很容易走入的"误区"：

1. 以翻译代替教学。把文言文学习等同于一种新的简单训诂学，而应该积极培养学生的文言文"文感"。采取的方法，一是诵读，二是多直接用课文中的原文来解答问题，尽量少用翻译后的句子来回答问题。

2. 大量讲《史记》及其司马迁的知识，以知性的介绍代替感性的阅读。《史记》作为一部伟大的历史及文学著作，它的某些特点在文中有着体现，不应该用伟大的定义来取代文本的解读。

其次，在具体操作上，我个人观点是在解决整体诵读课文和重难点字词的基础上，向课文外面走，"把历史请回来"，用增加课文历史感的方法来进行教学。

时代复原：把"陈涉起义"放到那个波澜壮阔的历史背景中；从秦统一六国开始，到秦的暴虐与各地的怨声，并略讲陈涉起义之后的故事（楚汉相争），即重现一个"史诗般的英雄时代"，点明其序幕的作用。

理解作者采取纪传体形式的原因与特点：突出个人在事件中的命运与感受，而不只是把人当成历史发展中的可有可无的几个符号。这从文章的裁剪、条理、人物言行的处理中可以看出这一点。譬如，文章中多次详细引用了陈胜的话："燕雀安知鸿鹄之志哉"、"死国可乎"、"且壮士不死则已，死即举大名耳，王侯将相宁有种乎"。其中陈胜"天下苦秦久矣"的一段话，不计算标点，整整用了 100 个字。而写一场战争，有时只有十来个字，如"攻大泽乡，收而攻蕲，蕲下"，10 个字，就交代了两场战争的经过与结果。这种详略的取舍，无疑是为了突出人物的性格与命运的关系。

历史是从语文中被分家出去的。失去了历史的观照后，我们的语文课堂已经显得越来越单薄。所以我认为，对历史兴趣的培养也理应成为语文教育的内容之一。像这篇文章的教学，可以让学生在课外参读茅盾的小说《大泽乡》，有能力的可以要求他们阅读史学名著《史记》，而对历史有兴趣的同学，则可进一步推荐阅读诸如《万历十五年》、《潜规则：中国历史中的真实游戏》等历史新著，以使语文获得一个思考的厚度。

而且在备课和阅读中，如果我们拥有足够多的资料，也许我们可以形成一种个人性质的特殊的"历史阅读观"，一种接近怀登·海特称之为"诗意历史"的历史阅读观。

《史记》——乃入据陈。数日，号令召三老、豪杰与皆来会计事。三老、豪杰皆曰："将军身被坚执锐，伐无道，诛暴秦，复立楚国之社稷，功宜为王。"陈涉乃立为王，号为张楚。

《资治通鉴》——陈涉既入陈，张耳、陈馀诣门上谒。陈涉素闻其贤，大喜。陈中豪杰父老请立涉为楚王，涉以问张耳、陈馀。耳、馀对曰："秦为无道，灭人社稷，暴虐百姓。将军出万死之计，为天下除残也。今始至陈而王之，示天下私。愿将军毋王，急引兵而西。遣人立六国后，自为树党，为秦益敌。故多则力分，与众则兵强。如此，则野无交兵，县无守城，诛暴秦，据咸阳，以令诸侯。诸侯亡而得立，以德服之，如此则帝业成矣。今独王陈，恐天下懈也。"陈涉不听，遂自立为王，号"张楚"。

（选自中学语文教学资源网 http：//www. ruiwen. com）

二、课堂建构的语文课程案例

《胡同文化》教学片段

郑逸农

师：请大家齐读第13段（倒数三段中的第一段），朗读时要能进入作者的感情世界，读出韵味来。

生（齐读）：北京的胡同在衰败，没落。除了少数"宅门"还在那里挺着，大部分民居的房屋都已经很残破，有的地基柱甚至已经下沉，只有多半截还露在地面上。有些四合院门外还保存已失原形的拴马桩、上马石，记录着失去的荣华。有打不上水来的井眼、磨圆了棱角的石头棋盘，供人凭吊。西风残照，衰草离披，满目荒凉，毫无生气。

师：读得比较深沉，基本上读出了作者的感情。请把最后几个短语再齐读一遍，细细品味其中的感情。

生1：西风残照，衰草离披，满目荒凉，毫无生气。

（比上一回低沉）

师：这次读得更到位些。这几个短语有什么特点？和前面写北京人"易于满足"一节是同样的语言风格吗？

生1：不一样。前面是北京市民的口头语言，这里却是典雅的书面语言。

师：对。这是书卷气很浓的语言。如果将它们换成和前面一样的口语，怎么换？效果如何？试试看。

（学生在座位上七嘴八舌地说着，然后让几位同学起来说）

生1：那种衰落的样子，那还有什么说的。

师：京味到家了！

生2：那荒凉的景象，真没得说。

师：好是好。但与上句没啥区别，而且似乎还有些高兴的成分。

（同学笑）

生3：那片衰败，确实很惨。

师：是口语，但不是典型的京味。

生：……

师：没关系，上面同学讲的两句话已经可以供我们比较了，看它们的表达效果有何不同。

生1：口语放在这里一点表现力都没有了。

生2：没有意蕴，没有回味。

生3：更没有形象，无法让人联想开来。

师：是的。而作者在这里连用四个书面短语，生动形象，而且意蕴悠长，感伤惆怅之情扑面而来。

师：学了汪曾祺先生两处不同的语言风格后，有什么启发或感受？请随口说说。

生1：什么地方用什么语言，要根据语言环境来定。

生2：要写出好文章，就必须掌握多样化的语言。

生3：语言要雅俗兼有，能雅能俗。

师：说得很好。汪曾祺老先生为我们提供了极好的语言范例，使我们受益匪浅。

师：再往下。面对如此衰败没落的景象，作者用了哪些词语表达他的心情？请从下段找出三个词语。

生（较整齐）：怀旧，伤感，无可奈何。

师：这三个词加在一起，是不是说明汪曾祺老先生是上时代的遗老，一个抱残守缺的保守派？

生：（不知怎么回答好）

师（引导）：让我们看看本段的下一句："在商品经济大潮的席卷之下，胡同和胡同文化总有一天会消失的。"再听听汪曾祺在另一篇文章《日子就这么过来了》中的话："过去的终归要过去，这是无可奈何的事"，"在无可奈何之中，更有新的希望在生长"。

生4：面对现实，作者也有他理智的一面，超脱的一面。

师：非常正确。（趁此引向末段）一旦准确理解了汪老先生的心情，就容易领会他在结尾句中流露出的感情基调。请大家用快、中、慢三种语速齐声朗读结尾句，体味一下三种语速表现的三种不同感情。（传授朗读技巧）可以读得夸张一点，快速的更快，慢速的更慢，这样容易体会比较。

（选自朱昌元主编：《名师课堂教学实录》，浙江教育出版社2003年版）

三、学生经验的语文课程案例

北京小学杨娜老师教《神奇的鸟岛》时，在课的最后环节，让学生用自己喜欢的方式表达对鸟岛的赞叹之情。

有的小组编了一副对联。上联是："这多那多不如鸟岛自由多"，下联是："这少那少不如鸟岛忧愁少"，横批："神奇的鸟岛"。

有的小组写了诗："鸟岛好，风景旧曾谙；天地湖里遍是鸟，颜色缤纷如画卷，能不忆鸟岛？"

"鸟岛景色晴方好，飞鸟水鸟色亦奇；欲把鸟岛比西子，鸟儿生活总相宜。"

有的小组为录像画面进行配音朗诵，有的小组写了一段评书，上台表演等等。

第三节　讨论与分析

一、案例讨论

（1）郭初阳的《夸父逐日》教案与我们印象中的一般教案有什么不同？我们应该如何对待语文教材的解读？

（2）干国祥的《陈涉世家》说课稿提出了我们面对教材、处理教材时应该思考的哪些问题？

（3）《胡同文化》教学片段是如何将教材内容转化为教学内容的？教学内容应该包含哪些要素？

（4）在《神奇的鸟岛》课堂教学案例中，学生的语文经验是什么？学生的语文经验在语文教学中应处于什么地位？

二、案例分析

（1）郭初阳的《夸父逐日》教案与一般教案的不同之处是：一般教案中的教学分析和教学结论基本来自教参，来自教材编写者的观点。好一点的教者对这些结论有了自己的理解过程，有了自己的语言表达。等而下之的就完全是照抄照搬了。而郭初阳在这里则完全是一种个性化的、研究性的解读。他已经从单一的对教参的依赖中走出来，走进了对教材的学术研究之中。引用了与教材有关的大量的学术研究成果，将语文教学与学术研究很好地结合起来（语文教学与学术界的隔绝是多年来语文教学的硬伤）。与语文教材有关的学术研究动态和最新成果是语文课程资源开发的一个重要的维度，在语文教学中引进有关的新的学术成果，能极大地丰富语文课程内容，提高语文课程的质量，使语文课程永远保持新鲜的活力。关注并运用与语文教材有关的学术成果是语文教师参与课程建构、成为研究者的一条重要途径。

（2）干国祥的说课稿为我们个性化地处理语文教材提供了范例：一是对教材的个性化认识。不因袭旧说，开辟了阅读和处理教材的一个新的角度和视点：历史还原和历史阅读法。二是对教法的理性思考。不囿于惯性，对文言文的常规教法进行反思，提出了新的教学思路：向课文外面走，"把历史请回来"，用增加课文历史感的方法来进行教学。

以上两例对我们理解教师参与语文课程的建构有如下启示：

第一，教师对语文教材（具体为某一篇课文）要有创造性的解读和个性化的理解。也就是研读教材和处理教材时，不能依赖"教参"，更不能被"教参"所局限，要读出自己对课文的真切感受和体会，要有学术研究的眼光，这样才能实现"规划课程"向"理解课程"的真正转换，也才能使外在于教师的客观课程变成内在于教师的思维乃至精神结构的主观课程。这种由"外"至"内"的转化在课程生成中特别重要，它是"实际课程"——以教学为主要"事件"的"课堂课程"构建的基础，也是学生对课程体验的前提，更是决定课堂教学是否体现教师主体性并具有生命力的关键。试想，如果一个教师没有对教材（课文）的消化，吸收并化成自己的精神养料和言语经验，那么，教材对于他只是一种外在的、客观的、存在距离的甚至冷漠的"他者"，那他在课堂上也就只能照本宣科、鹦鹉学舌、人云人云，他不可能投入自己的热情、感性和理智。这样，课堂教学还有什么主体性和生命力可言？

第二，语文教师要参与课程建构，一要树立课程意识，二要具备相当的学力和学养。语文教师参与课程建构的能力是语文教师专业素养的重要因素。

（3）从《胡同文化》教学片段中，我们看到了教材内容是如何转化为教学内容的。在这个教学片段中，教材内容是课文的最后三个自然段，这对于每一位教者来说是不变的。但在教学中，不同的教者在教学这三段教材内容时所呈现的教学内容肯定是不同的。这里就见出教学的个性，也见出教学的优劣来。如这个案例呈现的教学内容：有课文解读层面的，即对作者表达的感情的体会；有语言品读学习的层面，即口语和书面语的转换和各自情景的适应；有教学方法层面的，即不同形式的诵读和师生的对话；还有引进的教材外的语言材料，即作者在另一篇文章《日子就这么过来了》中的话。以上这些都是构成这个教学片段的教学内容因素。可见，在这个短短的教学片段中，教学内容是丰富的，也是恰当的，符合语文课程教学的性质与目标的。它兼顾了工具性目标（语言的学习）和人文性目标（情感的体验），体现了以老师为主导、学生为主体的教学思想和活动化的言语教学特征。

这个案例对我们理解课堂建构的语文课程有如下启示：

对于语文课程（教材）来说，光有教师的个性化理解还是不够的，最重要的是实现教师理解的语文课程向学生经验的语文课程的转换，使教师的语文理解与学生的语文经验实现重合。这二者的联系靠的就是语文活动的组织，也就是通过语文活动将教材内容教学化。教材内容教学化的结果就是语文教学内容。可见，语文教学内容的本质不是某一固定的教材内容，而是语文教学活动，它包括一定的教学目标，相应的教学方法和对教材内容的解读、体会、鉴赏以及语言材料的积累和学习等因素。课堂建构的语文课程通俗地说，就是语文课堂教学的内容，其本质就是语文教学活动。建构好语文课堂课程关键是要设计好语文教学活动。

（4）在《神奇的鸟岛》的课堂教学案例中，学生的语文经验是显而易见的。有对课文内容的个体理解；有对语文知识（对联、词、诗、评书）

的运用；有形式的模仿，也有内容的创造。尤其是那幅对联，可以说是学生语文经验的优秀代表。它包含语文理解、语文运用、语文创造等多方面的课程内涵，既有对课文"神奇的鸟岛"的"自由"意蕴的心领神会，又有对"对联"这种语文形式的正确恰当的运用。更为可贵的是，它借对鸟岛的赞叹表达了小作者作为儿童对自由向往的天性。

从上面的案例中，我们可以总结一下学生经验的语文课程应有的具体内涵：

第一，学生的语文经验不仅仅是语文知识的吸收，也不只是课文内容的理解，更重要的还有语文的运用和语文的创造。

第二，外在的语文课程（包括国家计划和教师理解的语文课程）必须与学生内在的语文体验结合才能变成学生的语文经验，只有课程客体与学生主体遇合才会出现学生经验的语文课程。也就是说，并不是所有进入课堂的语文课程最终都会变为学生的语文经验，只有与学生体验相遇合或者说被学生经验到了的那部分语文课程才成为学生经验的语文课程。如果一堂课只有教师的讲授和学生的接受，没有学生的参与体验，也就没有学生的语文经验可言。在这堂课中，学生经验的语文课程也不会发生，有的只是外在于学生与学生无关的计划的、教师的语文课程。

第三，学生经验的语文课程必须有一个显性的形式载体为其表征，不然它就是一个不可捉摸、缺乏现实意义和实践价值的抽象物。这个形式载体就是学生的语文表现活动，如在《神奇的鸟岛》教学中，就采用了学生对语文的运用形式（朗诵、写作、表演等）作为载体使学生的语文经验变成看得见的显性的具有评价意义的学习结果（不再是那种一节课下来不知学生收获了什么的隐性的、模糊的语文课程实施形态）。一堂语文课，如果没有学生的语文表现活动，那它的教学效果是不具评价意义且值得怀疑的。因为只有语文表现活动才能使学生内在的语文经验（兼具动词名词意义）成为外显的现实形态，成为可以看见的具有评价意义的东西。学生通过语文表现活动，一方面将国家计划与教师提供的语文课程"据为己有"，内化为自己的语文经验。另一方面，又通过语文表现活动将内化的语文经验表现出来成为外显的现实形态，提供给教育评价。可见学生的语文表现活动是语文课程实施的核心，是学生经验的语文课程得以存在的必要的甚至是充分的条件。关于这一点，我们从上述案例中可以清楚地看到：如果没有学生的朗诵、写作、表演等语文表现活动，也就没有学生经验的语文课程可言；反之，正是有了这些活动，学生经验的语文课程才得以成立。

学生的语文表现活动的形式是多种多样的，朗读、朗诵、复述、讲述、作业、作文、辩论、表演，等等，凡属语文行为活动的方式都属于"语文表现"的范畴。

因为"活动"对学生经验的语文课程如此之需要，所以，相对来说，在语文"活动课程"中学生获得语文经验的机会要多，学生经验的语文课程内容也要丰富一些。而在语文"课堂课程"中如不注意学生的活动设计，就会减少甚至取消学生的语文经验，使学生经验的语文课程很难产生。因此，语文"课堂课程"必须渗透"活动课程"的理念，教师在对学科教材处理时，要用设计"活动方案"的办法来处理，使学科课程活动化、增加学生获得语文经验的机会，尽量多的使语文客观课程成为学生经验的语文课程。

第二章　语文课程的性质

教学目标：理解语文课程的性质，体会在语文教学中如何体现工具性与人文性统一的性质理念。

第一节　理论阐述

语文课程的性质是语文课程开发、实施、评价等全部课程活动的出发点，是语文课程与教学所以能独立存在的依据，它对语文课程和教学起着规范和制约的作用。因此，对语文课程性质的把握是我们对语文课程与教学认识的理论起点。

自语文学科设立到现在的一百年来，关于"语文学科性质的争论"一直不断。我国现代语文教育百年史，曾依次出现过"文言"与"白话"、"文"与"道"、"工具性"与"思想性"、"工具性"与"人文性"等为主话题的几次大的性质讨论。争论中，形成了几种有代表性的性质观，诸如"工具说"、"人文说"、"工具与人文统一说"等。经过几次大的讨论，在语文课程性质观上，目前取得了接近或一致的看法，其标志是2001年《九年义务教育语文课程标准》在国家课程文件中第一次明确提出语文课程性质是"工具性与人文性的统一"。

一、语文是最重要的交际工具

语文课程是民族母语的课程，学习语文就是学习祖国语言，培养学生正确地理解和运用祖国语言文字的能力是语文课程的重要目标。语文课程依托于语言，语言的性质决定了语文课程的性质。基于语言的工具性特点，因此说语文是最重要的交际工具。

语言是社会现象，它与社会相互依存，是人们交流思想、进行交际的工具。没有语言就没有交际，就无法形成人类社会，社会也无法向前发展。因此语言是人类最重要的交际工具，贯穿在人类的一切交际活动中，实现着人类交际的各种重要的功能。当然，实现交际的工具有多种，如文字、旗语、红绿灯等，但它们的适用范围、所表达的意义非常有限，而且都是以语言为基础的。交际中最重要、最有效、使用最广泛、最方便的工具还是语言。语言实现着跨越时空的交际，从远古先人到子孙后代，从个人之间扩展到世界范围，随着计算机多媒体技术的飞速发展，语言的交际作用将会越来越大。

正因为语言是最重要的交际工具，以语言为基础的语文课程就具有了工具性特征。换言之，工具性是语文课程所固有的属性。语文课程的工具性是指语文本身是人们表情达意、思维交际的工具；语文课程的工具性还指语文是学习其他学科的工具，掌握了这个工具才能学好其他学科。由于语文教学的工具化倾向造成的语文教学的失误，对于语文课程的工具性人们有许多争鸣，但语文课程具有工具性的特征并不意味着否定语文课程的其他特征，同时也不因为语文课程有其他特征就否认了语文工具性这一基本特征。语文课程的工具性主要表现在使学生在语文学习的过程中获得语文学习、交际的能力，也就是运用母语进行阅读、写作和口语交际的能力。

工具性着眼于语文课程培养学生语文运用能力的实用功能和课程的实践性特点。因此，在语文课程的实施过程中，我们应注意以下几点：

（1）语文课程应该着重培养学生的语文实践能力。过去人们论及语文能力，往往赋予太多的内涵和外延，在理论和实践上造成了一定的混乱。语文交际活动是一种实践性活动，因此语文课程就要着重培养学生的语文实践能力，包括识字写字能力、阅读能力、写作能力、口语交际能力、搜集处理信息能力和良好的语文感受能力——语感。语文课程是一门实践性课程，当然也是知识课程，语法、修辞、逻辑、文体等语文知识，有助于学生的语文实践能力提高，因此也应该指导学生适当掌握，但"不宜刻意追求语文知识的系统和完整"，也不宜用这些知识来考学生。学习语文必须要积累大量的语言材料，没有必要的积累，识字不多，词汇贫乏，句式单调，学再多语文知识也只是枯燥的条文，用处不大。语文材料积累的途径只能是学生自己的语文实践，在大量的实践中才能形成积累，在大量的积累中才能形成能力。

（2）重视学生的语文实践活动。课程标准指出："语文是实践性很强的课程"，"应该让学生更多地直接接触语文材料，在大量的语文实践中掌握运用语文的规律"。培养学生语文实践能力的主要途径只能是语文实践，要让学生从阅读中学习阅读，从写作中学习写作，从口语交际中学习口语交际，这样才能有效地提高阅读、写作和口语交际的能力。长期以来，在语文教学中主宰课堂的是教师，教师讲学生记的"满堂灌"是基本的教学模式，即使教师调动学生的积极性，也是变成了牵着学生鼻子走的"满堂问"，学生的实践主体地位被剥夺了。要重视学生的语文实践活动就要改变长期以来"灌输－训练"的方式，充分激发学生的主动意识和进取精神，使学生在语文学习中积极参与，乐于实践，勇于竞争，真正让学生能够自主、合作、探究地学习语文。

（3）重视开辟语文学习资源和实践机会。语文是母语教育课程，包含了语文学科课程、语文活动课程和语文综合性学习；而语文课程又是在母语交际的社会环境中进行的，因此，语文学习的资源和实践机会无处不在，无时不有。在课堂上教学生学习语言，难免有脱离生活的弊端。为此，要重视语文教学与生活的密切联系：一方面，在课堂教学生学语言，要尽量利用学生的生活体验。在语文教学中，对课文语言的深层含义要引导学生结合生活体验去揣摩，去体味。在作文教学中，要指导学生写他们熟悉的生活。另一方面，要把课堂教学延伸到课外，组织和指导学生接触学校之外的社会生活，观察生活，体察生活，在实际生活中学习人民群众生动活泼的语言，并运用语言服务于丰富多彩的生活。总之，教师应高度重视语文课程资源的开发与利用，包括课内与课外。例如，教科书、图书馆、电视，自然风光、文物古迹、风俗民情，等等。教师可以创造性地开展各类活动，增强学生在各种场合学语文、用语文的意识，多方面提高学生的语文实践能力。

二、语文是人类文化的重要组成部分

有相当长的一段时间，人们局限于工具论层面，把语文仅仅当成一种交际工具，一种实用性质的交往手段。一篇篇的课文在语文训练中被肢解，一次次的标准化测试让语文变成了文字游戏。学生对语文越来越漠然了，语文的危机越来越深重了。语文当然是一种交际工具，但语文是因为人的交际而存在的，语文是与人紧紧相连的，是与人的社会历史文化紧紧相连的，是与人的具体的生命活动紧紧相连的。因此，语文又不仅仅是交际工具，语文还是人类文化的载体，记录着人的思维和情感，同时它也积淀了民族的精神、智慧和文化。语文形式本身和它所承载的内容都充分说明了语文是人类文化的重要组成部分。

语文课程饱含着丰富的思想文化内涵，凝结着人类智慧的结晶，打下了深刻的人文烙印。文质兼美的语文教材比其他教材有着得天独厚的育人因素，它们以深刻的思想、生动的形象反映生活，揭示人生的真谛，赞颂真善美，鞭挞假恶丑，往往以一种无法抗拒的力量，潜移默化地影响学生的思想，陶冶学生的情操，净化学生的心灵，对于学生正确世界观、价值观和人生观的形成起着重要的作用。"在时下的流行文化中，人对生存意义的追问，对存在真相的探察，个人的独立精神、自由思想，个人的想像力与创造力，个人的人格操守与道德关怀，等等。这些本不可或缺的人文情怀正不断遭受随意的放逐。"① 因此，人文教育成为了当今世界教育的重要主题，人文精神成为了当代世界教育思想的核心。在语文课程中，培养学生的人文精神，促进学生个性的自由发展，便成为语文教育的核心内容并伴随语文活动的始终，也自然构成语文教育的最基本的任务和终极目标。

因为语文是人类文化的重要组成部分，所以，人文性必然是语文课程的又一属性。离开了人文性的语文就不是语文，语文教学如果抽掉了人文内涵，只一味地训练语言文字的形式，那么语文教学就失去了生命而暗淡无光。《语文课程标准》在给语文课程定性时，除了继续突出语文的交际工具性质之外，还强调了语文的人文性质，语文的内涵进一步拓展了，由过去强调语文的工具性质转向重视语文的双重（工具性和人文性）性质，彰显了语文课程鲜明的时代特征、全新的价值取向和先进的教学理念。

语文教育"人文性"的内涵表现在培育健全人格，体现于对人的人文关怀。"所谓'人文关怀'就是要关心人之为人的精神问题，注重自我与他人的精神发展。具体地说，就是要思考、探索'人生的目的，人活着为什么'，思考'人与人之间，人与社会、人与自然、人与宇宙世界之间，应建立起怎样合理、健全的关系'这样一些根本问题，进而建立起自己的精神信念以至信仰，从而为自己一辈子'安身立命'奠定一个坚实的基础。同时也要不断地开拓自己的精神的自由空间，陶冶自己的性情，铸炼自己的人格，在发展个人爱好与兴趣中充实与发展个性，提高精神境界，开掘与发展自己的想像力、审美力、思维能力与创造力。"② 语文课程在培养人文情怀方面有着得天独厚的作用，它正是通过文学熏陶、文化价值、审美教育、情感培养、人格完善等引导学生进入更加深远的精神世界，经过长期的感染熏陶、潜移默化，全面地、综合地提高学生的语文素质，使他们具有热爱祖国语言文字的情感素质，具有理解与运用祖国语言文字的能力素质、言语行为

---

① 吕永林. 语文突围与人文突围. 光明日报，2004 – 12 – 21
② 钱理群. 追寻生存之根——我的退思录. 桂林：广西师范大学出版社，2005. 74～75 页

素质、文学审美素质和语文习惯素质。同时又提高一代人的民族文化素质，提升一代公民的文化品位，传承祖国民族文化的血脉。整个语文教育过程始终关怀着人的成长、人格的健全与发展，这就是语文素质教育对人的终极关怀。也是语文课程标准第一次高举语文教育"人文性"大旗的现实意义和深远的历史意义。

人文性着眼于语文课程对于学生的思想感情的熏陶感染的文化功能和课程所具有的人文学科的特点。因此，在语文课程的实施过程中，我们应注意以下几点：

（1）注意语文课程的价值取向。课程标准对教材编写提出了"应体现时代特点和现代意识，关注人类，关注自然，理解和尊重多样文化，有助于学生树立正确的世界观、人生观、价值观"，"教材要注重继承与弘扬中华民族优秀文化，有助于增强学生的民族自尊心和爱国主义感情"，"教材选文要具有典范性，文质兼美，富有文化内涵和时代气息"。新课改的语文教材都较好地体现了这些要求。在课程实施过程中，教师要充分利用教材的这些资源培养学生高尚的道德情操和健康的审美情趣，形成正确的价值观和积极的人生态度，不能离开教材的思想人文内容进行纯工具的训练。语文课程的价值取向，首先是表现在教学目标和课程内容的选择上：在制定课程目标时，既要注重学生的系统知识、基本技能、基本能力的培养，更要注重学生的高尚情操、个性人格、价值观的培养；在课程内容的选择上，注重挖掘教材的人文内涵，使语文教材人文化，密切联系学生的经验世界和想像世界，还要充分利用课程资源，如校本资源、报刊影视资源，网络资源等，为培养学生的人文意识和人文精神服务。

（2）重视语文的熏陶感染作用。培养学生的人文素养不是靠一朝一夕之劳，而是靠润物无声之功，这和语文教育熏陶感染的作用是一致的。语文课程标准指出："语文课程丰富的人文内涵对学生精神领域的影响是深广的，学生对语文材料的反应又往往是多元的。因此，应该重视语文的熏陶感染作用，注意教学内容的价值取向，同时也应尊重学生在学习过程中的独特体验。"人文内涵对学生精神领域的影响和学生人文素养的提高，不是靠教师的空泛分析或"满堂灌"、"满堂问"、"满堂练"，而是主要靠熏陶感染、潜移默化。应该贯穿于日常的教学过程之中，循环往复，"润物细无声"，使学生的人文素养经过长期积累自然而然地得到提高。

（3）尊重学生在学习过程中的独特体验。新的一轮课程改革特别强调学生的体验，体验使学习进入生命空间，扩大到情感、生理和人格等领域，从而使学习过程不仅是知识增长的过程，同时也是身心和人格健全与发展的过程。语文实践活动是一种生命活动，更离不开学生的独特体验。在语文教育中，让学生用自己的身体去亲自经历，用自己的心灵去亲自感悟，这不仅是掌握语文这个交际工具的需要，更是激发学生生命活力、促进学生生命成长的需要。"一千个读者，有一千个哈姆雷特"，在和文本的对话中，学生的个人知识、直接经验、生活世界都会影响学生的解读，要鼓励学生对教材的自我解读、自我理解，尊重学生的个人感受和独特见解，使学习过程成为一个富有个性的过程。当然，语文课上学生的阅读毕竟不同于一般人的阅读，它是一种在教师指导下有目的的学习行为。我们要尊重学生的独特的阅读体验，但这种尊重决不意味着放弃教师的必要的指导。学生由于阅读能力、理解水平有高有低，他们对文本的解读自然也有高低之分、深浅之分、正误之分。因此，正确的解读离不开师生的平等对话。在这种平等对话的引导下，使学生学会怎样品味语言，怎样捕捉文字背后的隐含信息，怎样获得审美的愉悦，怎样对文本做出既富有创造性又符合文本实际的解读。

三、工具性与人文性的统一

著名语文特级教师于漪早在 1995 年就指出："说语文学科具有人文性，绝对不是排斥它的科学精神；说语文学科具有工具性，也绝对不是削弱它的人文精神。不存在限制这一个，张扬另一个的问题。二者不能割裂，更不能偏废。所以我强调要准确完整地认识语文学科的性质。语文学科有多个基本属性，工具性和人文性——二者不能一增一减，而是如何想办法沟通交融、互渗互促的问题。"① 语文课程的工具性与人文性不是对立的，而是相互联系的。如果我们只重视语文课程的人文性，语文学科将沦入人文主义的虚幻世界中；如果我们只重视语文课程的工具性，语文教学又将陷入科学主义的泥潭而不能自拔；如果把两者统一起来，就整合为语文课程的整体。语文课程的工具性解决的问题是学生该学习什么，如何学习；语文课程的人文性则着重解决为什么而学、怎样去学的问题。一个人的精神世界本来就有理性与非理性之分，工具性偏重于理性，人文性关注于非理性，理性与非理性的统一，体现了人的完整性。

语文教学过程就是工具性、人文性统一的过程，是人实现自我成长的过程，是激发人的生命力、创造力的过程，是在特定的时空中教师与学生双向

---

① 于漪，闻达. 准确而完整地认识语文学科的性质. 语文学习，1996（8）

生命运动的过程。语文课程的性质决定着语文教学以学生为本的新理念，决定着语文教学在于揭示人性的真善美、显示人的本质力量的真正价值。所以语文课程工具性与人文性的统一，我们理解为：语文课程必须面向全体学生，使学生通过语文的实践活动，切实掌握阅读、写作和口语交际的基本技能，从而获得基本的语文素养，为学生今后的学习生活服务。同时，语文课程要关注学生在语文学习过程中的情感、态度和生活的亲身体验，在整个学习过程中，培养一种自主、合作、探究性的学习方式和良好的学习行为习惯，形成正确的世界观、人生观和价值观，完善健康的心理品质和高尚的人格、健康的审美情趣，为学生的终身发展奠定基础。总之，语文课程不仅要学习语言，还要张扬个性，传承文明，注重人的完整性和多样性，是一个"全人"的教育。因此任何片面强调"工具性"和"人文性"一个方面的做法都是错误的，都不能完成语文课程肩负的使命。

第二节　案例呈示

一、案例一

《春》的教学片段
福建南安　叶正茂

当我手捧一盆怒放的三角梅走进教室时，学生都感到眼前一亮，不禁鼓起掌来，课堂顿时热闹了。的确，在冬日里难得一见开得如此灿烂的鲜花，况且老师葫芦里装的是啥药呢？我对学生的反应未置可否，转身在黑板上写下一行字：美是到处有的，对于我们的眼睛不是缺少美，而是缺少发现。（［法］罗丹）

课堂一下子安静下来，学生们若有所思。

生：我们生活在大自然中，大自然的美可以是无处不在，尤其是我们祖国的山河，更是美得令人陶醉。

生：美不一定是通过肉眼去看的，而是用心来领悟的。眼前这一丛鲜花，让我们感受到了洋溢的诗情和盎然的生机。

师：是的，当我们思想的河流跳跃出美妙无比的浪花，我们感情的波澜也随之起伏飘荡。朱自清先生的散文《春》中所描绘的景物就充盈着跃动的活力和生命的灵气。今天，我们将继续学习《春》，感知作者是怎样用心灵去感受春天的景物，将自己的情感倾注其中的。

（多媒体屏幕出示《春》的五幅画面：春草图、春花图、春风图、春雨图、迎春图）

师：朱自清先生清新优美的语言引领我们欣赏了大地回春的动人景象。请同学们选取你所喜爱的画面内容，在朗读中追寻作者的思路，感受作者的感情脉搏，一起走进春天的世界。哪个小组有信心读得最好？请举手。

（四个学习小组各自朗读了春风图、春花图、春草图及迎春图）

师：谁来点评呢？

生：第6小组读"卖弄"一词语调不准，文中这个词语是贬词褒用，表达作者对"鸟儿"的喜爱之情。

生：这几个小组对文章抒发的情感把握得很好，略觉遗憾的是第2小组在朗读春草图时，"偷偷地"没有轻读。只有轻读，才能表现不经意间、春草已悄然而出的情景。

师：听得还真细心，你能不能范读一下呢？

（学生范读，全班鼓掌）

生：这几个小组都能体会作者的意境、风格，读出对春天由衷的赞美。听着他们的朗读，我们好像置身于春天的世界，到处鸟语花香。感谢这四个小组的精彩朗读。

师：我也代表同学感谢你的精彩点评。《春》这篇文章文质兼美，字字珠玑，你在朗读中觉得哪个句子写得最好？

（屏幕出示问题组。问题一：找出你认为写得好的语句，读一读，想一想，说一说。问题二：你觉得春天还像什么？仔细思考，聪明的你一定还能用别的比喻来赞美春天）

（学生进行自主、合作、探究学习，以小组为单位进行讨论交流，每组推举一人在全班讨论中发言）

生：经过我们小组的精心挑选，我们认为"'吹面不寒杨柳风'，不错的，像母亲的手抚摸着你"这句写得最好。抚摸是一种温暖，是一种幸福，是一种慈爱。春风本无情，作者笔下的春风却是有情有感。

师：精心挑选，果然不同凡响。

（生大笑）

生："盼望着，盼望着，东风来了，春天的脚步近了。"我们觉得这句写得最好，作者用反复、拟人的修辞手法表现其期待春天的心情是多么殷切。说心里话，在寒冬季节谁不盼望着春天的到来呢？

师：（点头）作者引发了读者情感上的共鸣。

生："树叶儿绿得发亮，小草也青得逼你的眼"，这是侧面写春雨，与"随风潜入夜，润物细无声"写法相同。

师：说得很好，这是侧面写春雨的润物之功。"随风潜入夜，润物细无声"出自杜甫《春夜喜雨》，谁能背诵？

（全班齐背《春夜喜雨》）

师：朱自清先生将自己的感情融于景物描写之中，在他的笔下，所有的景物——那小草、那春花、那春雨，无不充满着灵气，以至于也撩拨起我们的喜爱之情。聪明的你们，还想出别的比喻来赞美春天吗？

生：春天像神笔马良，勾勒出五彩缤纷的世界。

生：春天像火炉，驱散了严寒，送来了温暖。

生：春天像一道方程式，它的解属于奋斗者。

生：春天像一首曲调优美的歌，唱出了大自然的鸟语花香。

生：春天像指南针，为孜孜不倦、努力向上的人指明了方向。

……

师：（竖起大拇指）同学们对春天的设喻，可和课文的三个比喻句相媲美。接下来，就让我们带着对春天的赞誉之情，来欣赏一首音乐。

（播放音乐《春江花月夜》，学生闭目倾听感悟）

师：在悠扬宛转的音乐声中，我们思绪翻飞，浮想联翩。学完这篇课文，同学们定会有所感受，一起来谈谈，好吗？

生：《春》一文开头写盼春，以"脚步近了"始，以"领着我们上前去"终，起于拟人，也终于拟人，结构上非常完美。

生：作者是用心灵来感受春天的景物，将自己的情感倾注其中，表现出作者向往春天、热爱生活、充满希望的真情实感。

生："一年之计在于春，一日之计在于晨"，我还可以补充一句："一生之计在于少年"。

生：作者像是一位丹青高手，通过细致观察，用含情的画笔描绘了春天的各种景物，赋予各种景物以鲜明的感情色彩。

生：我不这样认为，作者并没有把春天的特点都写出来。春雨一下就是"三两天"，我们都是好玩的孩子，淅淅沥沥的春雨带来了很多不便，路滑又多雾，容易造成交通事故。

（这不同的"声音"犹如石块投入平静的水面，荡出了一圈圈涟漪。有不少同学纷纷"声援")

师："有一千个读者,就有一千个哈姆雷特",出现不同的理解是正常的,况且这位同学说得也不无道理,很有创见。我提议以热烈的掌声向他表示鼓励。

(全班鼓掌)

师:(小结)春天带给人万千遐想,充溢着蓬勃生机,但"春归如过翼,一去无踪",春天也是难以持久的,生命也是短暂的,"及时当勉励,岁月不待人",让我们珍惜青春年华,让理想在奋斗中闪光。愿春天般的心情伴随着我们成长!

(选自《人民教育》编辑部编著:《新课程优秀教学设计与案例》,海南出版社 2003 年版)

二、案例二

《从百草园到三味书屋》教学案例描述

浙江宁波　谢国安

能让我们到山脚边去找一找小昆虫吗?

现在的学生,大多是独生子,从小在父母或爷爷奶奶的呵护下长大,四五岁进了幼儿园,接着进了小学,然后就是初中。他们很少走出课堂,很少投身于大自然,他们书本以外的知识可以说是少之又少。

义务教育课程标准实验教科书《语文》(人教版)七年级下册第一单元第一课《从百草园到三味书屋》是鲁迅写的,这是一篇很好的散文,多种版本的教材都选了它,本人不知教了多少次了,但本次执教,却经历了这么一件事。

分析课文第二自然段时,课堂上可以说非常热烈。几乎每一个学生都参与到课文分析的活动中,活动将要达到高潮时,突然一名男生举手说:"老师,文中的'斑蝥'、'油蛉'、'蜈蚣',还有'叫天子'、'黄蜂',这些都是什么样的东西啊?玩这些昆虫,真的那么有趣吗?"另一个男生马上举手说:"鲁迅是一名大作家,是有名的文学家、思想家,他从小玩这些小昆虫,也能把书读好吗?"

一石激起千层浪!一石惊呆池中蛙!

整个教室一下子分成了两大部分,对第一个问题感兴趣的学生,纷纷议论。所谓"斑蝥"如何如何,"油蛉"又怎样怎样,"蜈蚣"要咬人,"叫天子"是一种很小的鸟，等等，热闹得像沸腾的开水锅。

对第二个问题感到疑惑的学生，不知怎的，一下子安静了下来。从表面上看，他们成了忠实的听众，但仔细一观察，从他们脸上所表露出来的那淡淡的迷惘的神色，可以断定，他们若有所思……

过了短短的两分钟以后，我及时地让全体同学把注意力集中到课堂的中心上来了。首先，让学生们畅所欲言，想说什么就说什么。顿时小手"林立"，整齐而又踊跃。

一个男生说："我知道，斑蝥是一种很小很小的昆虫，它有翅膀，有六条腿。"

一个女生说："不，他说错了，应该是八条腿，昆虫都是八条腿的！"另一个女生说："蜈蚣要咬人的，是我奶奶告诉我的。"

第三个女生缓缓地站起来说："昨天晚上，我在预习课文的时候，爸爸曾告诉过我，我家原来的院子的角落里，有很多石头和砖头，那里就有许多小昆虫。现在，都浇混凝土了，院子里干干净净的，再也找不到这些小昆虫了。我爸说，他小时候还玩过蟋蟀呢！"她是班长，在班级中她的语文成绩是最好的，看她说话的神态，很自傲的样子，好像玩蟋蟀的不是她爸爸，而是她自己。

另一个男生没举手，突然站起来："老师，能让我们到山脚边去找一找小昆虫吗？"正当我想冲口而出"这不可以"的时候，班长突然站起来，拍着手大声说："好极了！太好了！"她有点忘形了。几乎是全班学生："万——岁——！"我还能阻止他们吗？

可爱的昆虫与可爱的作文

下午第三节课本来就是活动课，我向校长请示。在保证不出事的情况下，校长勉强答应了。走出校门，行进在田埂上，学生们排着整齐的队伍，一个个都非常遵守纪律的样子，可他们的心早就像出了笼子的鸟，飞上蓝天了——就在那蓝天与白云之间飞翔，尽情地享受着阳光带给他们的温暖，极目舒天，心旷神怡。大地葱茏，层层浓绿，一直绿到海边，一直绿到山的那边去。

山脚边是一片绿草地，面积比较开阔。学生们自由地散开在这样的一块草坪上，对于我的管理，倒是很方便了，一目了然，一呼全应。既能互相照应，又能各自为战。

真是"八仙过海，各显神通"，没过几分钟，居然有学生陆续来到我的身边，每个人都拿着一只或大或小的玻璃瓶子，里面都有小昆虫，多的有十几只，少的也有五六只。我仔细观察，每一只瓶子里的小昆虫都没有重复的。正当我想称赞他们几句时，有一个男生大叫着跑过来。到了跟前一看，在他的大玻璃瓶子里，有一条很大的蜈蚣，长度肯定超过十五厘米，不停地爬动的许多脚，也足有一厘米半长。

全班同学都围了上来，女生们惊呼着，尖叫着："这就是蜈蚣啊？""它要咬人的！""咬着了非常疼的！"班长挤进来说："蜈蚣可以入药呢。"我问她："你怎么知道的？""我爸告诉我的。"

就在这时，我问了一句："同学们，有趣吗？"回答的是响彻云霄的声音"有——趣——极——了！"我又问："是谁提的问题'玩这些昆虫，真的那么有趣吗？'"那个男生微笑着说："有趣，比背书有趣多了。""哈哈……"全班学生的笑声。"大家别急着大笑，我还有作业要大家完成呢。"心急的学生问："什么作业？""第一，背诵《百草园》第二自然段；第二，模仿课文，把今天的活动内容，写一段文字，这段文字的主角就是小昆虫。"我的话音刚落，学生们回答我的居然是"没——问——题"！他们这种乐于接受作业的态度是从来没有过的，这使我感慨不已。

这么一块草坪，有这么多小昆虫，这完全出乎我的预料。特别是当学生拿着玻璃瓶子，指着瓶内的小昆虫，问它们的名字的时候，我有点为难了。我怎么可能知道这么多小昆虫的名字呢？我苦苦思索，也只能说出四五种小昆虫的名字，其他的一概不知。我只得老老实实地说："其他的小昆虫的名称，我确实不知道。你们可以带上瓶子，回家去问一问你们的爸爸妈妈或爷爷奶奶。明天早上，请大家把小昆虫的名字告诉我，好吗？""好！"非常有力的声音。

第二天真可以说是我大丰收的一天。先说小昆虫的名称：什么小水牛、放屁虫、小斑虫、星星虫……不一而足，只是所说的全是土名，没有一个是正宗的学名。第二个丰收是学生的作文。这次的作文学生第一次写得那么有趣，那么生动，那么形象。我还是摘抄其中一段小小的短文吧："……你跑不掉的，今天我是非把你抓住不可，你这个放屁虫！草确实很密，这小虫子，只知道拼命地往草根部钻，就是不知道，这草根是根本救不了它的！我轻轻地用食指按住它的脊梁，又轻轻地把它捏住。又一只小虫子，被我关进了玻璃瓶子里了……"第三个丰收是学生的背诵，全班学生居然都能背出来，没有一个落下的，这也可以说是一个小小的奇迹吧！过去一听说要背课文，不但全体学生有"苦样"，而且总有那么几个学生不肯背。小组长和语文课代表要做大量的工作，时间总要拖到一周以后，才能算是"圆满"完成。事后听说，他们为了写好这次作文，当天晚上都是先背课文，然后再写作。

（选自《人民教育》编辑部编著：《新课程优秀教学设计与案例》，海南出版社2003年版）

第三节 讨论与分析

一、案例讨论

（1）《春》的教学案例是如何将语言学习和人文教育融合统一的？在师生关系的处理上，又是怎样体现语文课程的人文教育理念的？

（2）案例二的教学方式体现了一种什么样的课程理念？

二、案例评析

（1）"案例一"评析。

《春》是一篇语言精美的写景名篇，学习这篇散文的优美语言无疑是教学的重点之一。分析语言往往离不开对选词、句式和修辞的分析。因此，教师在这篇课文的教学中就可以围绕着选词、句式和修辞来设计知识点或能力点，并按照这些知识点或能力点对学生进行训练，从而完成这篇课文的语言学习。从纯工具论的角度来看，这样的设计是非常科学的。但是这样的理性分析往往让这篇课文索然无味，从而使学生的语文学习收效甚微。过去的语文教学中，类似的肢解课文、繁琐分析、刻板操练的教法是普遍存在的，这实际上既扼杀了人文性，也扭曲了工具性。

这个教学案例同样注意了从选词、句式和修辞来学习语言，但可以说是一种人文性和工具性相统一的学习。教师充分发挥了课文熏陶感染的作用，让学生充分地诵读，"在朗读中追寻作者的思路，感受作者的感情脉搏，一起走进春天的世界。"在与作者、与文本的对话中，学生们通过自己的涵泳体验，从文字中感受春草图、春花图、春风图、春雨图、迎春图的画面之美，又从这些画面中感受到语言之美。在教学过程中，教师既指点学生，又不牵引学生，就像在游山玩水中，让游客从从容容地自己观赏，而不是让游客匆匆忙忙地跟着导游走马观花。因此学生自己就会发现美，"卖弄"、"偷偷地"这些词语，在备课中，恐怕没有哪一位教师会去考虑它们在本文中的用法，学生却读出了它们在文中准确、传神的不同寻常的意义。对于写得好的句子的寻找分析，学生也是仁智互见，从他们认为美的地方找到了美，既品味了语言，又受到了熏陶感染。在充分感受美鉴赏美的基础上，教师又激发学生创造美的能力："朱自清先生将自己的感情融于景物描写之中，在他的笔下，所有的景物——那小草、那春花、那春雨，无不充满着灵气，以至于也撩拨起我们的喜爱之情。聪明的你们，还想出别的比喻来赞美春天吗？"使学生创造美的能力得到了充分的体现和肯定。教师还非常重视引导对课文的整体感悟，通过让学生谈对文章的整体感受使学生对文章的整体达到新的理解。教师的小结也是充满了激情和哲理，让人感奋而又自然而出，没有思想政治教育的说教味。

在整个课堂教学中，学生在语言感悟中探究人文内涵。通过感悟，领会语言背后的意境和领略语言背后的人文意蕴。老师特别重视学生的诵读，让学生在诵读中体会人文意蕴。良好的诵读不仅能帮助学生理解课文，而且再现了作品的形象，使学生与作者、与文本产生情感的共鸣。教师还特别关注语文课堂的人文交流，教师与学生不再是教训与被教训、灌输与被灌输的关系，而是平等的对话关系，充满爱心的交流关系。在这种关系中，学生作为有独立主体、人格尊严的人，积极参与到教学活动中，在与教师的相互尊重、合作、信任中全面发展自己，获得成就感与生命的价值体验，并感受到人格的自主和尊严。

这是以人为本的教育，把学生作为一个完整的人，通过对话，使学生充分感受到尊重，使学生学会自尊、自信、善于合作、乐于助人、独立自主、坚忍不拔，这正是一种工具性和人文性统一的教育。

（2）"案例二"评析。

语文是一门生活的课程，语文课程的外延是生活，生活是语文的土壤，是语文的立身之本，离开了生活的语文是狭窄的语文，把语文关在四壁合拢的课堂，无异于扼杀了语文的生命。鲁迅的《从百草园到三味书屋》是一篇充满童趣的生活散文，它反映的儿童生活光靠在课堂上的分析是难以让学生体验深刻的。这个案例给我们提供了这篇课文一种新的教法和学法。

语文是母语教育课程，学习资源和实践机会无处不在，无时不有。因而，我们应该充分挖掘和利用语文课程资源，为学生提供更多的直接接触语文课程资源的机会，使学生面向生活，联系生活，把生活作为语文学习的大课堂。在生活实践中学语文，在实践中提高语文能力和素养。教师把学生带领到大自然中，让他去学习观察小昆虫，激发了学生强烈的学习动机和探索精神，学生们根据自己的观察和想像，有独特见解地、创造性地相互交流、描述着小昆虫，既体现了探索学习的精神，也培养了语言表达能力，才有了"可爱的昆虫与可爱的作文"。

　　按照语文课程标准的精神，语文教师应高度重视课程资源的开发利用，创造性地开展各类活动，增强学生在各种场合学语文用语文的意识，多方面提高学生的语文能力。学生的语文能力包括掌握语言文字的能力和认识事物的能力这两个方面。这个案例正是着眼于提高学生这两方面的能力，让学生在自然世界中自主地调查、搜集、交流、表达，学得轻松、快乐、自由，使学生在广阔的语文实践活动中丰富知识、提高能力。

　　我们要改变过去语文教学的封闭局面，创建一个开放的大语文教学环境，实现课内与课外相结合，语文学科与其他学科相结合，语文教学同学校的其他教育相结合，语文教学同学生的生活相结合。引导学生关注生活、体验生活、表现生活应成为语文教学的理念。

第三章　语文教学的性质

教学目标：理解语文的含义及其教学的性质，认识语文教学作为"言语教学"的实践性品格，规范语文教学的行为。

第一节　理论阐述

一、语文的含义

"语文"是一个包含了多个"所指"的集合概念。自"语文"这个概念产生以来，就存在许多争议和探讨。在争议和探讨中，它的含义变得越来越丰富，也越来越复杂。因此对"语文"的含义，我们要从多个层面来阐释和理解。

（一）从"语文"名称的由来来看，"语文"指称的是基础教育（中小学）的一门学科，是一个基础教育学科课程的名称（语文的学科内涵）

关于"语文"的由来，语文教育界"三老"之一的张志公先生在1979年第1期《语文学习》上发表的《说"语文"》一文有比较详细的介绍："这门课在清末废科举、兴'新学'之后，被叫作'国文'，教的是文言文。后来提倡白话文，20年代初，小学'国文'改称'国语'，侧重白话文，提倡教学内容要接近儿童的实际语言。1949年6月，华北人民政府教育部教科书编审委员会经过研究，认为小学与中学都应当以学习白话文为主，这门功课应当教学生在口头上和书面上掌握切近生活实际、切合日常应用的语言能力。根据这样的看法，按照叶圣陶的建议，不再用'国语'和'国文'两个名称，一律称为'语文'。这就是这门功课叫做'语文'的由来。"

"语文"作为一个学科概念的名称，是几经演变而来的。在我国古代，固然没有这个名称，就是新学制下设立这门课程之初，也不叫这个名称。"语文"的历史演变具体是这样的：

1903 年（癸卯）年颁布并实施了中国第一个在全国范围内实际推行的学制《奏定学堂章程》，世称"癸卯学制"。《奏定学堂章程》规定的学制，小学为 9 年，分两级实施：初小 5 年，高小 4 年；中学为 5 年。其规定的课程，与语文教育相关的在初小有读经讲经、中国文字（主要教学识字、读文、作文，以识字教学为主）两门课程，在高小和中学则设置了读经讲经、中国文学（主要教学读文、作文、写字、习官话等，中学还兼学中国历代文章名家大略）两科。可见这门课程的名称最初叫"中国文字"和"中国文学"。

到 1907 年，清政府颁布的《奏定女子小学堂章程》中称该学科为"国文"科。这是在我国政府法令中第一次出现"国文"科的名称。

1922 年 11 月，教育部公布了《学校系统改革令》。次年公布了由胡适、吴研因、叶圣陶、穆济波参加起草的《中小学课程纲要》，改"国文"为"国语"。后来是小学称"国语"，中学称"国文"。

到 1949 年华北人民政府教科书编审委员会选用中小学语文课本时，采用叶圣陶先生的将这门课程统一定名为"语文"的提议，沿用至今。

从此可明显地看出，"语文"这个概念指称的是新学制下的一门中小学基础课程，是对一门功课的命名，是一个学科课程的概念。它与数学、物理（最初叫"格致"）、化学、历史、地理、生物等并列齐名。

（二）从语文这门课程所承载、所指向的教学内容来看，语文包含语言和言语（语文的言语内涵）

从这个角度探讨语文的含义的最多，概括来说，有"语言文字"说，"语言文学"说，"语言文章"说，"语言文化"说，有"语言＋文字＋文章＋文学＋文化"综合说等。这里"语"指"语言"，已成共识。关键在对"文"的理解。最权威的解释还是叶圣陶的"口头为'语'，书面为'文'"，语文就是指"口头语言＋书面语言"，并形成"听说读写"为语文教学的四个方面的经典概括。后来人们运用现代语言学的研究成果，对"语言"进一步分析，提出了现在学术界比较公认的"言语说"。

瑞士语言学家索绪尔把原来的"语言"分为"语言"和"言语"两个概念。在索绪尔的"语言"和"言语"概念中，语言是指一套抽象的公共的符号规则体系，它由语音系统、语义系统、词汇系统、语法系统构成。如现代汉语规则体系。言语是个体使用语言的活动和结果。

索绪尔在《普通语言学教程》中指出："语言既是言语的工具，又是言语的产物，但是这一切并不妨碍它们是两种绝对不同的东西。"根据语言学的界定，运用语言的活动，称为"言语行为"（speechact）或"言语活动"（speechevent）；人说出来的话（口头语言）或写出来的文（书面语言）则称为"言语"（speech），也叫做"言语作品"；作为言语活动的工具，才是"语言"（1anguage）。

区分语言和言语，使我们理解语文的含义更为明确具体。一方面，语文包含"语言"，语音、语义、词汇、语法这一套公共使用的交际工具是要通过语文教学来教给学生的，尤其是书面语言系统更是这样。另一方面，也是更为重要的一方面，语文主要指言语，语文主要以言语作品作为载体，在语言的运用中使学生学会语言的运用。实际上，叶老概括的"口头语言和书面语言"指的就是言语，只是没有用"言语"这个概念而已。

在语文的含义中，语言和言语比重不是相等的。语文偏重于指言语。语文与言语直接相关，而与语言只是间接相关，语文与语言的关系是通过言语建立的。正如叶圣陶所说，语文"这门功课是学习运用语言的本领的"。所以，语文是把"运用语言"作为教学内容的一门课程。"运用语言"就是言语行为。"语文"与"语言"关系密切，但"语文课"不等于知识意义上的"语言课"，而是实践行为意义上的"运用语言的课"；"语文教学"也不等于"语言教学"，而是"运用语言的教学"。这样就把"语文课"、"语文教学"与大学的"现代汉语"、"古代汉语"等"语言课"、"语言教学"区分开来。"语文教学"是把语言作为一个行为体系来教学，"语言教学"是把语言作为一个知识体系来教学，二者的区别在教学目标、教学内容、教学方法上都非常明显（如语文教材是知识的运用形式，而语言教材则是知识的讲解形式）。归根结底，我们要认识到，"语文"是一门关于"语言实践"的课程，语文教学、语文研究的核心问题是语言训练、语言实践的问题。所以，有人把"语文学"等于"语用学"。

所以，我们可以说，语文就是语言运用的过程和语言运用的结果（根据此，有人把语文等同于"言语"），它以语言运用的结果即语言成品（包括各类文章和文学作品，表面是静态的，实际是动态的凝固形式）为物质凭借，目标指向生机勃勃的语言运用（其本质是各种交际交流的语言实践行为）。语文教学的实质就是凭借语言成品指导学生理解、把握语言成品的生成规律，从而提高学生运用语言的能力。

（三）从语文与人的关系来看，语文是人生命的活动形式，是人之所以为人的表征（语文的人文内涵）

近年来，有许多学者从语文与人的关系的角度，着力挖掘语文的人文内涵。

1. 语言作为工具不同于其他物质性的工具，其他工具是外在于人的，而语言这个工具是内在于人的，是与人的内在精神（包括认识、思维）紧密联系，不可分割的。语言具有为一般工具所无的人文性。

2. 人是通过语言认识世界的，所以，人所接受和生活的世界实际上是语言的世界。

我们知道，世界观就是人们对世界的看法。我们不可能把我们所经验的这个世界从我们的语言中剥离开来，"语言并非只是消极地表达或传递信息的符号系统，它还是世界的条理化、组织化、结构化与有序化的呈现。没有这种呈现，世界对于人就不存在"。因而所谓世界观其实与一个人的词汇体系是密切联系在一起的。

例如，当我们看到一杯水的时候，光有视觉资料还不足以使我们产生"一杯水"的经验。我们还需要有"玻璃杯"的概念和"水"的概念，并具备从复杂的视觉材料中辨别出属于这些概念的成分的能力。因此，没有语言，我们不可能有看一杯水的经验。这并不是说语言创造了世界，而是说这个世界终究以语言的形式呈现在我们面前。我们接触这个世界时，是以语言的方式得以实现的。当我们告诉孩子关于花的知识的时候，往往就是指着一朵花对孩子说：这是花。于是孩子就把花与非花区别开来。花与非花的区别与其说是事实的区别还不如说是人类词语的区别。在这个过程中，学习花的知识与学习"花"这个词是一个过程。

这说明，人是按照语言的形式来接受这个世界，并形成他关于这个世界的看法。对于人来说，我们所看到的世界，就是语言所指称的世界，也即语言的世界。语言之外的世界对我们来说是不可思议的。

3. 语文教学中的语言特指本民族的语言，谓之母语。一个民族的语言蕴涵和体现着该民族的精神性格。

不同的民族语言体现着不同的民族精神，因而可以说民族语言就是民族精神。它是在思想情感上维系一个民族整体的基本纽带，一个民族的语言总是在潜移默化中将它独特的有别于其他民族的感知方式、思维方式和某些思想观念渗透在人们的血液中，溶解在人们的心灵里，积淀在深层的心理结构之内。一个儿童学习民族语言的过程就是民族精神对他作为一个精神个体进行孕育的过程，教学民族语言就是在传输民族的精神，铸造民族的灵魂。因此，在《最后一课》里，那位富有爱国精神的语文老师告诉他的学生说："亡了国当了奴隶的人民，只要牢牢记住他们的语言，就好像拿着一把打开监狱大门的钥匙。"就作为工具的性能而论，法语和德语各有千秋，难分高下优劣，不学法语而学德语，有何不可？但对《最后一课》中的学生来说，学法语还是学德语，绝不是调换一种工具的细事，而是关系到他们民族生死存亡的大事。特别值得我们深思的是，新加坡多年来在不遗余力地推广华语，李光耀认为华语是他们"感情上和文化上的稳定因素"。他们尚且如此珍视汉语的人文价值，我们就自然更不应该把学习母语的语文学科仅仅界定为一种工具学科了。如汉语中有兄弟姐妹之分，也就存在人伦长幼之序。英语中就没有表示兄弟姐妹的专门词汇，他们的长幼之序观念是淡薄的。

4. 一个人语言化的过程同时也就是人化、社会化的过程。所以，语言是人之所以为人的表征。

列维·施特劳斯曾说过："谁要谈论人，谁就要谈论语言；而谈到语言，就要谈到社会"。社会之外无所谓人，即使原来是人也会退化而为禽兽。这也等于说，语言之外无所谓人，即使原本是人也会退化而为禽兽。因此，语言最能表现人之为人的特点。人在语言中思考、生活，人在语言中沟通、交流，人在语言中发明、创造，人在语言中提升、前进。人的内生活和外生活都不能没有语言的支撑，人的所有能力都以语言能力为其前提或为其核心。在社会语言学的理论视野里，言语活动是一种社会性的活动。这首先是由语言的社会性决定的。索绪尔曾说过，语言是一种"社会事实"。现代分析哲学则干脆说语言是一种"社会存在"。因此，接受一种语言，不仅接受一套语言知识，也不仅仅是习得一套言语技能，而是接受了一套社会规则和文化观念。习得"哥哥"、"弟弟"这两个词，等于接受了哥哥、弟弟之间的长幼之序。兄弟发生争吵时，人们往往会分别对他们说："你是哥哥。""你是弟弟。""哥哥"、"弟弟"这两个不同的词显然包含着不同的权利和义务。

在语言哲学层面，研究言语主体生成的人性意义。关于人，有一个经典的命题，即：人是理性的动物。但卡西尔却认为，对于理解人类文化生活形式的丰富性和多样性来说，理性是一个很不充分的名称。他说："所有这些文化形式都是符号形式。因此，我们应当把人定义为符号的动物来取代把人定义为理性的动物。只有这样，我们才能指明人的独特之处，也才能理解对人开放的新路——通向文化之路。"他认为，动物只对信号有反应，而人则对符号敏感，而"信号和符号属于两个不同的论域：信号是物理的存在世界之一部分；符号则是人类的意义世界之一部分"。语言是人的一种基本功能，这种功能构成了人的生活，人的生命。

　　综上所述，从学校教育课程设置的意义上，语文是指基础教育中的一门学科课程，这是语文的学科含义；从教学论意义上，语文指向语言和言语，尤其偏重指言语，这是语文的本体含义；从语言哲学意义上，语文是人的生命形式，这是语文的人文含义。

二、语文教学的性质

　　从语文的学科内涵、言语内涵和人文内涵中，我们可以概括出语文教学的本质属性。

　　（一）语文教学指的是学校的语文教学活动，是一种有计划的、专门化的在教师组织和指导下的言语学习活动。不是言语的自然习得行为。这一点把它区别于社会与家庭的语文教育

　　我们这里的"语文教学"强调教师"教"的含义和学生在教师"教"的行为中"学"的含义。语言的获得有自然习得和学校学得两条途径，自然习得的语言主要是口语。一般来说，自然习得的口语主要是日常语言，语言天赋比较高的也只是在一般的日常生活交流中"能说会道"而已，谈不上什么专门场合的运用口语的技巧性和技能性，如演讲、辩论、谈判、讲课、节目主持等专门性的口语交际活动是需要专门的技能技巧和交际规则的，这些就需要专门的教学训练才能"学得"。而且，自然习得的口语往往是芜杂的、不完整、不规范、不精粹的。这也必须要通过学校语文教学使之规范和精粹，提高口语质量。至于书面语的获得就更只能靠学校语文教学这条途径了。所以，语文教学的含义，就是在学生自然习得的语言水平（主要是口语）的基础上谋求学生语言能力进一步发展提高的教学活动。其中，包含着教师"教"的行为和学生"学"的行为。一堂语文课，有没有教师"教"的行为，是否发生了学生语言学习的行为，是衡量语文教学好坏的标志。什么是真正的"语文学习"？是不是只要有语文活动就有"语文学习"？这一点，王荣生的意见是："语文学习"，它指的是一个人的听说读写变得比以前"更好些"。语文活动中并不一定发生语文学习，比如某人去年用读说明文的方式来理解诗的标题，今年依然故我，尽管读的活动可能进行了多回，但就对待诗的标题阅读方式而言，读的学习并没有发生。从这个意义上说，"在听说读写的过程中不一定学会听说读写"，同样也是真理。根据语文学习的这个朴素的定义，语文教师的"教"的含义，就应该是引起、维持、促进学生发生真正的语文学习的行为，使学生的"听说读写变得比以前'更好些'"。要使学生的"听说读写变得比以前'更好些'"，怎样有效

地组织好学生的听说读写活动非常重要。"在听说读写中学会听说读写"，强调语文教学的实践特征，这已是语文教学理论界的共识。但这里还要进一步区分的是自然状态下的听说读写活动和教学状态下的听说读写活动应该是有所不同的，不然语文教学也就不需要了。如其他课程的学习中也有听说读写形式的语文活动，但那不是语文教学意义上的语文学习。语文教学强调实践，"重在实践"，这与音、体、美等术科有相似之处，但"重在实践"绝不能理解为把学生扔到水里让他们自己去游，教师就像游泳馆的管理员一样只掌握他们游的时间，这不是教学。教学，还要讲解动作要领、规则、要求，还要示范，还要手把手的指导。按照以上对语文教学的理解（或理念），在语文教学实践中，有很多语文教师的教学不是真正的语文教学。如只顾自己完成教学任务（分析课文），一节课下来，基本上是教师一个人在讲解分析，板书结论，学生没有语文学习（听说读写）的行为发生，这就违反了语文教学的实践性原则，这自然不是真正的语文教学。与之完全相反，走另一个极端，教师根本没有"教"（讲解知识、传授方法、行为示范、操作指导）的行为即不作为，就让学生基本处在自然状态中进行语文活动（听说读写），这自然也不是真正的语文教学。尤其是有些作文教学，随便出一个题目，让学生在45分钟写多少字，教师收上来，打一个分数了结，隔一周再来做一篇，又是给一个分数了结。这不是作文教学，是作文测试。真正的语文教学活动至少应该包含三个要素：一是教师的"教"（讲解知识、传授方法、行为示范、操作指导）的行为；二是学生"语文学习"（听说读写）的活动；三是学习活动的效果，即学生的听说读写某方面的能力比以前更好些。

学校教育中独立设置语文学科的意义主要是：

第一，使语言的自然习得转化为语言文字的自觉的、专门的、有计划的训练，有了指导力量和时间上的保证。

在母语的环境下，人们学习语言一般靠自然习得。可是，语言的优化则必须靠教育。因为"自然习得"的语言，往往是粗糙的、自然状态的、精纯度不高的，加上汉语方言众多，各方言的声韵调差异巨大，为了提高语言的精纯度，为了统一语言的声韵调，必须在"自然习得"的基础上有意识地进行学习和训练。

至于文字，它是语言的书写符号，它的准确掌握和运用更必须靠有计划的教育。孩子入学的第一个重要任务就是学会认字写字，学会读书作文，这是很有道理的。

可见，使语言的自然习得转化为语言文字的自觉的、专门的、有计划的学习和训练，要靠学校中独立设置语文学科提供指导力量和时间上的保证。

正如叶圣陶在《略谈学习国文》一文中所说："学习国文就是学习本国的语言文字。语言人人能说，文字在小学阶段已经历了好几年，为什么到了中学阶段还要学习？这是因为平常说的语言往往是任意的，不免有粗疏的弊病；有这种弊病，便算不得能够尽量运用语言；必须去掉粗疏的弊病，进到精粹的境界，才算能够尽量运用语言。文字和语言一样，内容有深浅不同，形式有精粗的差别。小学阶段的学习只是些浅的和粗的罢了，如果即此为止，还算不得能够尽量运用文字；必须对于深的精的也能对付，能驾驭，才算能够尽量运用文字。尽量运用语言文字并不是生活上一种奢侈的要求，实在是现代公民所必须具备的一种生活能力。"

第二，语言的优化和文字的习读，应该有一个逐步训练、逐步提高的过程，设置语文学科有利于按部就班、循序渐进地充实学生的语文知识，发展学生的语文能力。

语言的优化、净化、美化，文字的认读、书写、积累，都不可能一蹴而就，它们都需要有个过程。这过程，就决定了学习和训练的渐进性。学校教育中设置语文学科，规定了从最基本的层次入手，按计划逐步提高要求，继而进入高层次，使学生的知识和能力一步步得到发展。渐进的合理性体现了学科教育的计划性和科学性。

总之，不论人们生活在何种环境里，都要生存，要交往，要发展。只要不是生理上有特殊的缺陷，人人都应该学习母语，都应该学会用本国和本民族的共同语来传情达意，包括学会相应的文字在内。学校中之所以要独立设置语文学科，并且把它置于十分重要的地位，就是因为语言和文字不是随便可以学好的，非下苦功不可，而设置语文学科就使这种学习专门化、程序化、科学化，从而大大强化它的育人功能和提高它的学习效率。

（二）语文教学的核心是语言的运用，语文教学的实质是言语教学，也就是凭借言语成品指导学生理解、把握言语成品的生成规律，从而提高学生运用语言的能力。这一点把它区别于大学的语言知识的教育

语文学科不是单纯的知识学科或内容学科，而是一门重在应用的技能性学科。语文教学要教给学生的不仅仅是语文知识，也不仅仅是语言文字所传递的信息内容，更为重要的是培养学生运用语言的能力即言语能力。它要求把语文作为信息符号、作为艺术手段、作为传播媒介的种种知识转化为规范的、有艺术表现力的、便于人们接受的语文行为和语文技能。因此，把语文

学科视为单纯传授知识的学科，是严重的误解。

技能是必须经过实际操练方能逐步获得的。通过读、写、听、说的实践来培养和提高读、写、听、说的技能，这是语文学科在教学上的一大特点。在其他学科，读、写、听、说是求得知识、形成能力的手段；而在语文学科中，读、写、听、说既是手段，又是目的，是目标实现程度的检验标尺。而且，读、写、听、说实践，一时一刻也不能离开人的思维，因而，在读、写、听、说实践中又必然使人的思维受到严格的训练。由此可见，语文学科的技能性是始终不能忽视的，否则势必导致语文教学走入误区。

（三）语文教学是一种本民族语言即母语教学活动，学习母语不仅仅是学习作为交际工具的语言形式，自然还要接受母语所积淀和承载的精神文化。所以这种教学活动不仅仅是语言形式的教学，还是一种文化熏陶和人文素质的培养过程，这一点把它区别于外国语的教学

语言文字与人们的思想感情直接相关，语文学科总是以"美文"作为自己的教材，这些教材不但以美的语言影响学生的语言，而且以美的人、事、景、物、理浸润学生的心灵，在塑造学生美的人格、培养学生健康高尚的审美情趣方面产生积极影响。所以语文教学不单纯是一种言语技能训练活动，还是一种对学生施加人文影响、培养学生健全人格的育人活动。

概括来说，如果要给语文教学下一个定义的话，语文教学就是学校教育中一种有计划的、专门化的言语教学和人文教育相统一的活动。它既具有工具性（使学生掌握"语言"这一交际工具），又具有人文性（对学生进行人文教育）。

第二节　案例呈示

一、案例一：古代散文教例

《季氏将伐颛臾》
浙江省象山中学周良华老师执教

【教学目的】

1. 了解《论语》及孔子仁政、实行礼治的政治主张。

2. 掌握常见的文言字词"是"、"过"、"社稷"、"来"的用法。

3. 掌握常用句式"无乃……与"、"何以……为"的用法。

4. 背诵全文。

【教学准备】

1. 布置学生自学。要求借助课文注释和《古汉语常用字字典》，基本弄清原文大意。不懂的地方画出来，上课时一起讨论。

2. 从网上下载蔡志忠的漫画《论语》部分，让学生欣赏，激发学生的兴趣。

【教学时间】

2 教时。

【教学过程】

第一教时

（一）《论语》简介

1. "论"和"语"各是什么意思？

（明确）这里"论"应读 lún，非 lùn。这个"论"通"伦"，是一条条编排的意思，相当于现在的"编辑"。大家初中时学过几则《论语》，请同学们集体背诵温习一下。《论语》全书基本上是一条一条的语录，记述的是孔子及其弟子的言论，是语录体，像课文那样具备一篇文章规模的只有很少几段。我国古代散文到战国以后才形成一篇篇文章的规模，如《荀子》、《庄子》。由此我们也可以看出我国古代散文发展的脉络。《论语》是体现儒家学说最重要的一本书。而儒家学说是我国漫长封建社会的统治思想，所以《论语》对中国人的思想行为有很深的影响。宋人赵普有"半部《论语》治天下"之说。在当代，不仅中国，日本、韩国、美国、法国、新加坡等国家也都成立了多个孔子研究机构。1988 年诺贝尔奖金获得者在巴黎发表宣言："人类要在 21 世纪生存下去，必须回首两千五百年，从孔子那里寻找智慧。"作为中华子孙，我们更应读一点《论语》。

2. 《论语》是谁写的？

（明确）（学生可能会误答是孔子写的）《论语》主要是孔子言行的记录。记录编纂者应是孔子的学生及学生的学生，古人已有考证。

3. 屏幕显示蔡志忠先生的漫画《论语》部分，让学生欣赏，激发兴趣。

（二）新课研习

1. 理解疑难字句。学生质疑，课堂讨论，教师讲解。

（1）"求"，是孔子直呼冉有之名。古代同辈间互称字、号、斋名，表示礼貌和尊敬，若直称姓名则表厌恶或轻视了，当然介绍或作传时除外。若是长辈对晚辈、上级对下级则可以直呼其名。

（2）"社稷"，"社"是土神，"稷"是谷神。古代皇帝和诸侯都祭社稷，后来就用"社稷"代表国家。

（3）"无乃尔是过与"，"无乃……与"，是表示反问的一个句式，相当于"恐怕……吧"。"过"是"指责"的意思，我们往后要学《过秦论》，这个"过"也是这个意思。"过"的宾语是"尔"，即你们。"是"是我们在本文所要掌握的一个重点实词，"是"在文言文中最基本的用法是指示代词，解释为"这"，后面的"是社稷之臣也"、"是谁之过与"、"夫如是"都是这个意思。老师特别要提醒同学注意，"是社稷之臣也"这个"是"看起来非常像现代汉语表示判断的"是"，其实不是，到汉代以后，"是"才有用于表判断的，如"问今是何世"、"不知木兰是女郎"等。"是"在古文中也有表示与"非"相对的概念，如"世无孔子，谁能定是非之真"。至于本句的"是"也是代词性的，复指前面的"尔"，起提宾的作用。同样的用法有"唯余马首是瞻"、"唯命是从"、"唯利是图"等。（屏幕显示例句）

（4）既来之，则安之。

课文中"来"和"安"都是使动用法，指的是使远方的人来归顺以后，就要使他们生活安定。现在这个成语是指既然来了，就要安下心来，跟原来的意思有些不一样。

2. 请一位同学朗读课文。（学生朗读）

（教师点评）很好，没有读错，但孔子说话的语气没有读出来，请注意感叹号。当时，孔子情绪激动，说话的口气应是很严厉的。应这么读。（教师范读三句）

3. 学习第一段，提问：

（1）为什么孔子一听"季氏将伐颛臾"，情绪会如此激动？

（明确）到了春秋末年，天下已呈礼乐崩坏之象。当时周天子号称拥有天下，实际上只控制着自己的都城，已沦落为一个"市长"。而诸侯国君也步其后尘，大夫们一个个扩张自己的势力，国家呈尾大不掉之势，国君变成了傀儡。如鲁国在鲁襄公十一年由三桓"三分公室"：鲁大夫季孙、孟孙、叔孙三家贵族将鲁国一分为三，各占其一。后来，随着季氏家势力的强大，又四分公室，季氏独得其二，季氏又做鲁国的卿相，拥有鲁国的实权。颛臾，是鲁国的附庸，它是当年周天子封给鲁国的属国。名义上是一个国家，在当时鲁国公室被瓜分的情况下，颛臾倒是鲁君的势力范围。孔子一针见血地指出，季氏攻打颛臾的真实意图是在"萧墙之内"，矛头所向是鲁君。孔子的理想社会是西周初年，孔子的政治偶像是周公旦，其毕生使命是"克己复礼"，恢复周公所制定的"礼"。孔子主张"君君臣臣、父父子子"，各安其分。孔子认为："天下有道，则礼乐征伐，自天子出；天下无道，则礼乐征伐，自诸侯出。"季氏作为一个大夫，却下犯上，居然攻打周天子所封的颛臾，这是对孔子政治信念的挑战，所以孔子要坚决反对。听学生一说此事，孔子就急了。孔子是一个温良、谦恭、俭让的谦谦君子，但在大是大非的问题上，他是毫不让步的，所以说话的口气相当严厉。

（显示板书）

天子——天下（普天之下，莫非王土；率土之滨，莫非王臣）

诸侯——国

大夫——家

天下有道，则礼乐征伐，自天子出；天下无道，则礼乐征伐，自诸侯出。

（2）孔子的两个学生在季氏家做官，季氏是他们的"老板"，为什么有军事行动要跑来告诉孔子？

（明确）同学们各抒己见，但对孔子那个时候的师生关系不大了解。他那个时候的师生关系与现在不同。当时并没有党派组织，但孔子与学生们相当于一个党派，孔子是其精神领袖，弟子们对孔子有宗教性的崇敬。打一个比方，孔子相当于某一武术流派的掌门人，弟子没有一件事敢不向他报告。孔子对学生是一种道德的感召，学生不敢骗他。这两位学生是季氏的家臣，是文人兼武职带兵的。季氏想吞并颛臾，他们参与其事。他们不是不知道季氏的野心，他们受孔子的影响，又是孔子的高才生，内心也觉得季氏这件事做得不对，而且做出来一定要挨老师骂。可是这两人到底不是孔子，认为季氏这样做似乎也未尝不可，因而没有坚决反对，但又怕孔子知道以后吃不消，于是两个人来试探孔子的意向。

（3）孔子反对攻打颛臾的理由是什么？

（明确）孔子的理由有三：一是颛臾是先王封国；二是颛臾在邦域之中；三是颛臾乃社稷之臣。第一点是从历史上讲的，第二点是从地理上讲的，第三点是从政治地位上讲的。颛臾这个国家是五百年前周武王分封诸侯时建立的国家，是社稷之臣，是周天子所领导下的一分子（周天子把它封给鲁君），"何以伐为？"怎么可以出兵去打它呢？季氏你根本就没有这个资格。还要注意，"何以……为"是一个固定句式，"为"读"wéi"，是语气助词，这个句式相当于现在的"为什么呢"。

（显示板书）

$$责\begin{cases}先王封国（历史）不可伐\\邦域之中（地理）不必伐\\社稷之臣（地位）不当伐\end{cases}$$

4. 这堂课我们学到这里，下面我们一起朗读第一段。

（三）布置作业

课后背诵第一段，仔细研习课文后面两段内容，并完成课后练习。

（选自褚树荣编著：《高中阅读教例剖析与教案研制》，广西教育出版社 2005 年版）

二、案例二：现代散文教例

《灯》
浙江省东阳中学杜新阳老师执教

【课前准备】

1. 研究性训练：教师布置预习作业，两人一组，利用图书馆资料、参考书、辞典等完成 300 字左右的"名人简介"——《巴金》。

2. 扩展性阅读：印发巴金的散文《爱尔克的灯光》、同题散文《灯》和《中国青年报》2001 年 11 月 25 日文《有你在，灯亮着——文艺家庆贺巴金九十八华诞》的复印件，张贴在教室后的阅报栏中。

3. 带问题预习：巴金在什么时间什么地点写了散文《灯》？当时的中国社会情况怎么样？课文写了哪几起事件？其中写到的几种灯有什么共性？

【课堂实录】

师：同学们，今天我们一起来学习欣赏巴金的散文《灯》。

课前大家相互协作，都完成了"名人简介"《巴金》的撰写任务，老师挑了四份代表"作品"请课代表在课后贴出，大家看看，相互取长补短。对于巴金这位"世纪老人"，强调掌握以下几点：

巴金，原名李芾甘，现代文学巨匠。主要小说有"爱情三部曲"《雨》《雾》《电》，"激流三部曲"《家》《春》《秋》，其中《家》是其代表作。"文革"后他写的一部拷问自我和现代中国知识分子灵魂的散文集《随想录》，闪烁着一个历经苦难的世纪老人的智慧和人格的光芒。

　　同学们，巴金已经 98 岁高龄，重病在身，睿智和艺术的大脑仍然没有停止思考。课前老师向大家提供了报道 2001 年 11 月 24 日文艺界庆贺巴老九十八华诞活动的文章，大家读了以后都不会忘记巴老给冰心写的那句话——

　　生：（齐背）"有你在，灯亮着；我们不在黑暗中，我们放心了——"

　　师：当时互联网上还贴有一位文学青年对巴老这样的一段祝福："灯是光明，灯是希望。我想我们每个人心中都有一盏指引自己前进的灯。在迷茫的时候，照亮我们；在胆怯的时候，温暖我们。它是我们的精神支柱，有力而持久。我要感谢心中的这盏灯，因为有了它，我就有了自己的人生。"

　　60 年前，巴金写下了这篇散文《灯》。时光已经流逝了半个多世纪，但作者寄寓的思想和讴歌的精神永远不会过时。巴金写作时的背景，课文已有交代，请一位同学准确地复述一下。

　　生：处在抗日战争的相持阶段，蒋介石连续掀起反共高潮，亲日派散布亡国论调，投降迷雾笼罩着国统区。

　　师：好。作为中华全国文艺界抗敌协会理事的巴金当时正在国统区桂林。时值民族危亡，作者所写的"灯"，已经不仅仅指这个实实在在的灯lamp 了（手指向教室内的日光灯），而是表达了更深、更远的意思。这种表现方法是什么呢？

　　（学生陆续举手）

　　师：大家一起说——

　　生：（齐答）象征。

　　（下面举学过的课文明确象征特征，略）

　　师：写象征性的散文，选材要注意紧紧围绕象征物。本文围绕"灯"选择了哪些材料？写了哪几件事呢？

　　生：一个夜行人，风雪夜归，两个传说，友人遇救的故事。

　　师：我们再来分析，作者是按照什么思路来谋篇布局的？把两个传说放在前面好吗？全文的感情发展脉络是如何的呢？下面我们带着这些问题再速读文章。理清了思路就请举手示意。

　　（学生陆续举手示意。老师请学生回答）

　　生：这篇文章是按照"现实的灯——联想中的灯——现实的灯"这样的思路来安排材料的。

　　师：先写联想的灯不行吗？

　　生：不行。由此而想到其他才叫联想，联想要有依据呀。

师：有道理。但是文章也可以按照时间顺序从传说故事入笔，那样把哈里希岛上的长夜孤灯和古希腊女教士希洛点燃火炬的故事放在开头，为什么不行呢？

（学生纷纷议论，相互说服辩论开来）

师：文章的组织不是随意的"水果拼盘"，我们要领会作者谋篇布局的"匠心"。无论选材，还是结构的安排，都要遵循"形散而神聚"的道理。

（听了点拨，有学生举手要发表意见了）

生：先写眼前所见的灯光，后写联想的灯，这是依据中心表达的需要，依据感情表达和发展的需要。

师：好，很好！同学们联系写作的背景看一看，文章开头是以什么感情基调入笔的？大家齐声朗读前三段。

（学生齐读）

生：是从窒闷的心情写起的。

师：惊醒的"惊"是指受到强烈刺激而引起情绪的剧变。作者在子夜的环境里写这种窒闷之情，给人十分沉重压抑的感觉。这种窒闷之情又是怎样解脱的呢？

生：看到了灯光改变了心情。"傍山建筑的几处平房里射出来几点灯光，它们给我扫淡了黑暗的颜色。"

师：对。这句话哪个词写出了"我"心情的变化？

生："扫"。这个词写出了作者的兴奋之情。

生：这个词写出了灯光的力量。

师：还有哪个句子写出了作者心情的变化？

生："我知道我的心渐渐地安定了，呼吸也畅快了许多。我应该感谢这些我不知道姓名的人家的灯光。"

师：灯光使作者感到兴奋，兴奋又使作者不平静地回想起了自己夜行的经历。作者禁不住在文中穿插议论，表达自己的信念。请找出这些议论的话。

生："这些深夜还燃着的灯，它们默默地在散布一点点的光和热，不仅给我，而且还给那些寒夜里不能睡眠的人，和那些这时候还在黑暗中摸索的行路人。"

生："在这个人的眼里、心上，前面那些灯光会显得是更明亮、更温暖罢。"

生："灯光，不管是哪个人家的灯光，都可以给行人——甚至像我这样的一个异乡人——指路。"

生："几盏灯甚或一盏灯的微光固然不能照彻黑暗，可是它也会给寒夜里一些不眠的人带来一点勇气，一点温暖。"

师：人生难免遇到困难，有时让人感到希望很小，但千万不可丧失信念。哪怕只有一线希望，也不能放弃。要从微小的希望中得到温暖，增强勇气，用顽强的毅力"扼住命运的咽喉"。大家边读边思考最后这句话的含义，把它背下来。

（同学们散读后，齐背一遍）

师：文章写到这里，"灯光"象征"温暖"、"希望"的含义已经表现出来了，为何还要写两个传说和友人遇救的故事呢？

生：使"灯"的象征意义表现得更加充分。

生：渲染神秘色彩。

师：需要渲染神秘色彩吗？这对表达中心有用吗？

（学生语塞）

师：两则传说，从时间上追溯到远古，从空间上跨及国外，的确充实了文章的内涵。大家再从另外的角度考虑文章的层次，"点灯人"与"受光人"的关系上有何不同或差异？

（有学生豁然开朗状，微笑举手）

生：老师，受你启发，我发现"傍山建筑里射出来的灯光"、回想中"夜行风雪路上的微光"对于接受"恩惠"的"我"及"在黑暗中摸索的行路人"都是无意的，而下文中"姐姐"为"弟弟"、"希洛"为情人"利安得尔"、"陌生人家"为"出门求死"的"友人"都是有意点灯照明。

师：有道理。这些联想，不光着眼于灯的光和热，而且着眼于灯充满爱心，灯就在民间。这确实是一个递进的层次。如果把这一层含义用到现实生活中，你们有何启发？

生：主动地当蜡烛，发光发热，燃烧自己，照亮别人。

师：大家为他高尚的境界鼓掌！

（同学们为他热烈鼓掌）

师：正是有那么些人，主动、自觉和有意地为处于困境中的人提供"灯光"，给予"温暖"和"希望"，而这些"灯光"，又无意中给更多同样需要的人们以无穷的力量。所以，"在这人间，灯光是不会灭的"、"我想着想着，不觉对着山那边微笑了"。我们可以小结文章的思路了：眼前的灯——回忆中的灯——联想到的灯——眼前的灯；作者的感情也随着变化：室

闷——安定、畅快、感谢——微笑。（边归纳边板书）

师：这里还有一个问题：对着"山那边"微笑了该如何理解？

生：从眼前的灯起笔，回到眼前的灯收笔，从起点回到终点，从对应的结构上看"山那边"的内容就是开头第三段的"射出几点灯光"来的"傍山建筑的几处平房"。

生：从背景看，应该理解为"抗日根据地"。当时中华民族何去何从一片迷茫，巴金从团结一致、前仆后继的抗日行动中看到了抗战必胜的信念，而且含蓄地指出希望在"山那边"的共产党领导的根据地。

师：非常有见地，我们的同学已经能从不同的角度分析文章的含义了，都有道理。实际上，我们在剖析主题、鉴赏作品时可以从多个维度出发，对本文就可以结合时代背景从政治层面去理解，也可以从哲理层面去把握主题。以前语文课本下有个类似于第一位同学那样的注解：山那边，暗指革命圣地延安。《语文学习》有个叫范守纲的编辑去信问询巴金，巴金通过女儿小林回答："灯"、"灯光"泛指光明、向往光明的意思，教材加的注太实了。下面我们从几个句子出发，来进一步体会"灯"的象征义，进而更深刻地领会文章主旨。

（用幻灯片打出）

光驱散了我心灵里的黑暗，热促成了它的发育。

师：本文用细腻的文笔，含蓄、深沉地表达了作者真挚的思想感情。前后两桌为一组，大家分组讨论这句话的深刻含义。

（分组讨论后的学生纷纷派代表举手）

生：希望代替了悲伤，心里重新明亮起来。

生：理想的光和热驱散了心灵的黑暗，沉沦变成了振奋。

生：希望和理想使心中的苦闷消失，使心灵由空虚变得充实，由消沉转为振奋。

师：同学们，你们从字面上懂得了这一句话。作者巴金还说："我的心常常在黑暗的海上飘浮，要不是得着灯光的指引，它有一天也会永沉海底。"他的"另一个友人"就差一点永沉河底。这位友人到底为何自杀呢？

生：满怀"难治的伤痛和必死之心"，对生活失去了信心，没有了希望，充满着悲观和绝望。

师：这一心态在获救后有了根本的改变，为何会有如此大的变化？

生：在投河被救的过程中"看见一点灯光"，看到"一盏油灯"，"几张诚恳、亲切的脸"，于是感到"这人间毕竟还有温暖"，"从此改变了生活态度"，"变成一个热爱生命的人"。

师：化用课文里的原话回答，非常简练、到位。同学们，有人说"人是会思想的芦苇"，因是"芦苇"，足显出生命的脆弱；人如同"海上飘浮"的扁舟，随时都会被风浪倾翻。不知大家有没有注意过，中外一些著名的作家最后就用人为的方式结束自己的生命，有人了解这样的例子吗？

（一个女同学露出哀怨神情，悄悄站起来）

生：三毛在洗手间用丝袜吊死了自己。

（一个男同学似有不解地举起了手）

生：写下《老人与海》的美国作家海明威是把猎枪含在嘴里自戕的。

（全班同学都露出惊讶的眼光看着老师）

师：有的同学视野还是很广的。这样的例子还有一些。

（老师打出另一张幻灯片）

老舍（中国）：《茶馆》《骆驼祥子》

三毛（中国台湾）：《撒哈拉沙漠》

海明威（美国）：《老人与海》

伍尔芙（英国）：《墙上的斑点》《到灯塔去》

茨威格（奥地利）：《象棋的故事》

川端康成（日本）：《雪国》《伊豆的舞女》

芥川龙之介（日本）：《罗生门》

师：这些作家都功成名就，有的在本国和世界文坛上具有崇高威望，有的还获得了诺贝尔文学奖。他们的自杀应了课文里的哪一句话？

生：（异口同声）"我们不是单靠吃米活着。"

（打出幻灯，老师指着这句话）

师：这句话用了什么修辞格？什么含义？

生：借代。"米"借代"物质"，一个人不仅仅依赖粮食、依赖物质活着，还要依靠希望、依靠精神。

师：是的，或者由于精神的极度空虚和迷惘，或者由于难以忍受病痛的折磨，或者由于自己的思想与社会不可调和……总之，他们的自杀不是由于生存条件的原因，不是由于物质的原因，而是由于——

生：生命的灯、心中的灯熄灭了。

师：同学们，根据你的理解，大家来归纳一下"灯"的象征意义。

生：心中的灯，是生命的支柱。

生：是亲情和友爱的呼唤。

生：是希望和理想的激励，是不懈的追求。

师：都很好。"灯"这一具体物象也就升华为具有哲理意义的意象，它象征着光明，象征着温暖，象征着不断进取的生活信念，曾经多少次，被疾病折磨的巴金想搁笔不写了，但看到冰心仍在写，仍在呐喊，便"不敢躺倒，不敢沉默，又拿起笔来了"。1994 年 5 月 20 日，巴金又一次在一篇文章中表达自己的心情："冰心大姐的存在，就是一种巨大的力量，她是一盏明灯，照亮我前面的道路。她比我更乐观。灯亮着，我放心地大步向前。灯亮着，我不会感到孤独。"这就是课前我给大家提供的材料里的内容。几十年了，巴老心中的灯一直亮着，支撑着他活下去，思考着。你们将来无论遇到什么困难，无论遭受什么厄运，心中的那一盏灯永远不灭。同学们，你感受到自己心中的那盏闪亮的灯了吗？

（同学们若有所思地点点头）

（老师又不失时机地出示以下幻灯）

师：让我们在大声齐读中结束这堂课——

生：（齐读）文王拘而演《周易》；仲尼厄而作《春秋》；屈原放逐，乃赋《离骚》……

（选自朱昌元主编：《名师课堂教学实录》，浙江教育出版社 2003 年版）

第三节　讨论与分析

一、案例讨论

（1）阅读以上两个教学案例，谈谈教师对学生语文学习的指导性体现在那些方面。并具体分析案例中包含的教师的"教"的行为，从而思考语文教师的专业化要求。

（2）结合案例谈谈：与日常的阅读活动相比，语文课堂教学活动具有哪些特征？

（3）分析以上两个案例，看语文教师所拥有的知识在语文教学活动中起什么作用？

（4）以上两个案例是否体现了语文教学作为"言语教学"的实践性品格？

（5）以上两个案例是怎样将语文训练与人文教育统一在教学之中的？

（6）你认为，这两个教学案例中，还有哪些值得商榷的地方？

二、案例分析

学校语文教学活动与生活中的语文习得活动的根本区别就在于前者有教师对学生语文学习的指导，而后者却没有。可见，教师对学生语文学习的指导是语文教学的标志。所以，我们强调"语文教学"中教师"教"的含义。教师的"教"体现为一系列的指导行为。在上面两个案例中，教师对学生语文学习的指导性是很明显的，如课文学习目标的确定、学习内容的选取和学习问题的组织等。具体的指导行为有对知识的讲解、对课文内容的分析、朗读示范、板书概括、问答提示、作业布置等。教师对学生的指导凭借的是自己的专业知识和专业能力。如案例一中教师就是凭借自己扎实的文言知识和丰富的文史知识以及对孔子政治思想正确而又深入的理解来指导学生学习课文的。在语文教学中，教师拥有的专业知识和专业能力是语文教学活动得以开展的前提条件，也是一个语文教师专业化的起码要求。

语文教学作为"言语教学"，强调实践的品格。也就是说，在一堂语文课中一定要有学生的言语活动。只有教师"教"的行为，而没有学生"学"的行为，不是真正的语文教学活动。在强调教师的指导行为的前提下，我们更强调学生的言语实践。学生的言语实践包括听说读写四个方面。以上两个教例中学生的言语活动是比较充分的。

语文教学是人文教育的主阵地。所以，语文教学除了担负培养学生听说读写的语文能力这一主要任务外，还要注意对学生进行人文的熏陶，而且语文训练和人文熏陶不是分别进行，而是水乳交融的。以上两个教例可以说明语文教育的这一特性。如案例一，一方面注重文言文阅读的基础目标，积累文言词语和句式，加强诵读和背诵；同时在解读课文时，让学生了解孔子的仁政思想，感受孔子的人格力量。二者的统一体现在课内外结合的教学内容的组织上，课内注意对文言句子做适量的现代解读，课外引用了一些相关常识，适当补充一些文化知识，加强对学生的人文熏陶。

教例二是一个思想教育的案例。它精心组织教学内容，安排教学程序，达到了思想教育、人文熏陶的目的。就教学内容来看，该课有四块内容，第一块是开头三段的教学，通过品味字词句来把握作者的感情基调。第二块是通过疏通思路来考察作者感情脉络。第三块是抓住关键句引导学生领会"灯"的象征意义。如"光驱散了我心灵里的黑暗，热促成了它的发育"。第四块是联系课外材料达到思想教育的目的。串起这四块内容的中心问题是："作者是按照什么思路来谋篇布局的？把两个传说放在前面好吗？全文的感情发展脉络是如何的呢？"这样纲举目张，教学内容的组合有条不紊，教学进程如顺水推舟，最后的情感体验、思想升华也是瓜熟蒂落。教例二虽然侧重在思想教育和人文熏陶，但并不放松对语文基础的训练，对语言本身的触摸。学习一个词语，就力求给学生的精神打开一扇窗户；学习一个句子，就试图给学生的精神打开一扇门；学习整篇文章，就努力把学生引进一个新的精神天地。如其中对"惊"字的品味，学生对"扫"字的感知，对一系列句子的理解。更重要的是，这种语言的熏陶，是和思想的教育、情感的渗透水乳交融的。

以上两个教例还存在一些探讨与商榷之处。教例一从教案来看，大多是教师对课文的解说，作为言语主体的学生主要充当的是一个倾听者和记录者，学生的言语活动内容设计单一偏少。如何发挥学生的阅读自主性，还需要考虑。教例二在几个细小的环节上，似乎尚欠精心。一是提问的时机把握。当学生初步明确了课文材料"一个夜行人，风雪夜归，两个传说，友人遇救的故事"后，马上就问："作者是按照什么思路来谋篇布局的？把两个传说放在前面好吗？全文的感情发展脉络是如何的呢？"问题有点难，有点突兀。因为学生对课文内容还缺乏深入明晰的了解。教学进程的实际也说明了这一点，在教师组织学生朗读开头三节时，学生对这些问题还是不甚了解。直到"同学们热烈鼓掌"，教师做了板书，答案才明了。二是对于文学史上一些文学大家的自戕，引用是否妥当也值得商榷。老舍、三毛、海明威、伍尔芙、茨威格、川端康成、芥川龙之介，还有海子，他们的死，有的是殉情，有的是殉道，有的是因病，有的是因思想，他们都是精神大师、思想巨人，他们的死也许能印证"我们不是单靠吃米活着"这句话，但绝对不能贸然得出"生命的灯、心中的灯熄灭了"这样的结论。人生很复杂，生死也很复杂，不可一言以蔽之。

第四章　语文课程与教学的目标

教学目标：理解"语文素养"的内涵，把握"目标三维度"的含义，树立语文能力目标与人文教养目标统一的教学理念。

第一节　理论阐述

一、语文教学目标的内涵和特性

语文教学目标是语文教师在教学前对教学结果的预期和构想，是语文教师在语文教学活动中追求的结果。它由语文课程与教学总目标、阶段目标、单元目标、课题目标、课时目标等层面依次构成。一方面，语文教学目标是语文教学性质在教学方向上的现实体现。如果说，语文课程与教学的性质是语文课程与教学的价值与功能的体现，那么，语文教学的目标就是对这种价值与功能实现的预期与构想。这是语文教学目标与语文教学性质的关系。另一方面，语文教学目标对语文教学实践活动给以方向性的指引和控制，目标一旦确定，便对教学内容、教学方法、教学模式、课堂形式、师生关系、测试方式等教学要素形成规范，语文教学目标是语文教学的出发点和归属地。这是语文教学目标与教学活动的关系。

语文教学目标具有如下特性：

（一）规定性

首先，规定性是指语文教学目标的确定要接受语文课程与教学性质的制约，或者说，语文教学目标是由语文课程与教学性质规定和引出的。如语文课程与教学的"言语"本体性质就规定了语文教学要以培养学生的"言语能力"为最重要最本质的目标。其次，规定性还指语文教学目标一旦确定，就规定了语文教学活动方向，就给语文教学活动预示了规范。

（二）预期性

任何目标都不是现实性的，只是对价值与功能的预期和构想。这就从本质上决定了教学目标的预期性。由此就引出了预期的合理性和预期的阶段性问题。

所谓预期的合理，指的是预期的目标必须符合学生实际需求。实际上，目标包含着"需要"与"可能"两个条件，目标首先是主体需要的东西，有需要才有追求；但目标还必须具备"可能"实现的客观条件。否则就是不切实际的目标。所谓预期的合理就是指语文教学的目标既要切合学生语文学习的需求，又要具备可能实现的条件。如长远的预期目标必须要有切近的阶段性目标作为引导，使预期逐步变为现实。这样，预期的合理便在预期的阶段中显示（长远的言语能力培养目标是靠各种言语知识、言语材料、言语活动等语感形式的积累来实现的）。

（三）可行性

目标构想的预期合理从本质上保证着目标的可行性。除此以外，目标可行性主要体现在可操作方面。一般地说，可行性包括可量化、可评估、可变通等方面。语文课程教学目标在识字、写字、背诵、阅读、写作等言语活动方面，都可以而且应该尽可能量化，通过"量"来保证目标的达成。语文课程标准在初中阶段规定"累计认识常用汉字 3500 个，其中 3000 个左右会写"，"阅读一般现代文每分钟不少于 500 字"，"背诵优秀诗文 80 篇"，"课外阅读总量不少于 260 万字，每学年阅读两三部名著"，"作文每学年不少于 14 次，其他练笔不少于 1 万字，45 分钟能完成不少于 500 字的习作"。高中语文课程标准在小学、初中的基础上规定每分钟不少于 600 字的现代文阅读速度，重点掌握常见的 150 个文言实词和 18 个文言虚词，课外自读文学名著 5 部以上（原来 10 部以上），与科普读物一起，不少于 150 万字（原来 300 万字），作文每学期不少于 5 次，课外练笔不少于 2 万字（原来 3 万字），45 分钟能写 600 字左右的文章等，都属于量化指标。这些指标又由教师分解到各阶段的教学中去，求得量的逐渐积累。但在理解、欣赏、构思、表达等关涉心理活动的深刻层面，由于隐蔽性、全息性突出而难以量化；强行量化，将导致浅表化、机械化，往往事与愿违。可量化的可评估的教学目标，便于测定学生成绩，鉴定教师的教学效果，检验学校语文教学管理水平，从而更好地反馈于语文教学，调整教学目标和阶段性目标。由于语文教学的自身特点和语文教学以提高语文能力为目标，检测的难度很大。课程标准指出"考试方式要多样化"，"要以主观性试题为主，鼓励学生有创见"，"要有利于促进不同学生语文能力的发展，有利于学生发挥创造能力，有利于提高学生的人文素养"，"不要以学生的考试分数作为唯一的评估标准"，来评估教师教学过程和效果等，都说明了语文教学目标可行性设置的艰难。是否可以在目标设置时考虑一般标准和最低标准，使两者之间存在着一个"变通域"，产生某种弹性，更有利于因人施教，也便于因人检验。当然，这又正是可变通性的要求了。

二、语文教学的总目标

"九年义务教育阶段的语文课程，必须面向全体学生，使学生获得基本的语文素养。语文课程应培育学生热爱祖国语文的思想感情，指导学生正确地理解和运用祖国语文，丰富语言的积累，培养语感，发展思维，使他们具有适应实际需要的识字写字能力、阅读能力、写作能力、口语交际能力。语文课程还应重视提高学生的品德修养和审美情趣，使他们逐步形成良好的个性和健全的人格，促进德、智、体、美的和谐发展。"（《全日制义务教育语文课程标准》）

（一）核心目标概念"语文素养"的内涵

关于语文教学目标的核心概念，有多种提法，最具代表性的有"语文能力"、"语用能力"、"语文素质"和"语文素养"。"语文能力"是最传统的提法；"语用能力"是"语感中心论"的观点；"语文素质"是素质教育在语文教学中的衍生物；"语文素养"是新课标提出的新概念，代表法定的意见。所以我们主要探讨"语文素养"的内涵。

语文素养是新课标提出的一个核心目标概念。如果要用一句话概括语文教学的总目标的话，就是：语文教学要培养和提高学生的语文素养。可见，"语文素养"高度概括了语文教学总目标的内涵。"语文素养"是指语文教育活动的目标状态，是指发生在学生身上的结果性的东西，是指"通过语文课程达到的我们希望在学生身上形成的"结果性的东西。我们可以把"语文素养"定义为"在语文活动中表现出来的综合素质"。有研究者将语文素养的内容归纳为以下 11 个要素：（1）字词句段篇的积累；（2）语感；（3）思维；（4）识字写字、阅读、写作、口语交际的能力；（5）语文学习的方法和习惯；（6）知识视野；（7）文化品位；（8）审美情趣；（9）情感态度；（10）思想观念；（11）个性和人格。

以上 11 个要素，可以概括为两个大的层次或者方面。一是语文学科素养，包括前面的（1）至（5）个要素，包括语言材料（形式的和内容的，表现为能记忆和背诵多少名篇名段名句）的积累、语文知识的掌握、语感、言语思维状态、言语（识字写字、阅读、写作、口语交际）能力、语文学习的方法和习惯；还包括对祖国语言的情感态度。二是基础素养，包括后面的（6）至（11）个方面。"学科素养"当然要以"基础素养"作为"基础"，即不能孤立地去理解"学科素养"；但语文"学科素养"是表征语文学科独特性的核心目标，是"语文素养"的显性标志，应该突出强调。"基础素养"是基础教育各门学科共同承担的目标，每门学科在突出强调自己的学科素养目标的同时，不能回避、忽视"基础素养"的达成目标，既要有牢牢把握"学科素养"的目标意识，也要树立"基础素养"的目标意识。"基础素养"是作为"人"的最基本也是最根本的素养，是"人"的素质的底座。它不是单独一门学科教育所能够承担的目标，而是要求每一门学科教育为之"添砖加瓦"才能夯实构筑的目标。

（二）语文教学总目标的三个维度

此次语文课程改革，制定新课程目标采用了崭新的思路，即突破过去的应试教育课程体系注重单一的知识技能取向的束缚，根据教学的实际，同时关注过程与方法、情感态度与价值观方面的要求。也就是说，从知识与能力、过程与方法、情感态度与价值观三个维度进行目标设计。"三个维度"的目标设计告诉我们：知识和技能是重要的，但语文教学不能只有知识和技能，更不能在"加强基础知识"的口号下，为追求学科知识的系统性、完整性死记硬背，或在"熟能生巧"的旗号下搞机械训练、重复训练，而应该从三个维度全面认识和把握课程目标。

从全面提高学生语文素养的理念出发，课程目标中加强了"情感态度与价值观"这一重要维度。也就是说，培养学生高尚的道德情操和健康的审美情趣，形成正确的价值观和积极的人生态度，是语文课程的重要内容，而不是一种外在的附加任务。当然，语文教学中的思想教育应该符合语文教育的特点，注重熏陶感染、潜移默化，把"情感态度与价值观"的要求渗透于教学过程之中。

从语文课程的性质和特点出发，突出课程目标的实践性，将"过程与方法"这一维度也作为目标的组成部分，在目标表述时对学生学习过程和学习策略的选择有所展开，体现出提高语文能力的主要途径是语文实践，学生是语文学习的主体，改变过去重知识传授和被动接受的倾向。

从现代社会对未来公民素质的要求出发，对语文的"知识与能力"这一维度也有新的理解。当今已是信息时代，信息的多样性和信息传播的多渠道性是这一时代的显著特点，人际交往日益显得重要，对人的实践能力和创新能力的要求也越来越高。因此，现代公民所应具备的语文能力就不仅仅局限于过去所理解的相对狭隘的听说读写能力，而有了新的含义，应该使学生在不同的内容和方法的相互交叉、渗透和整合中开阔视野，获得现代社会所需要的语文实践能力。

（三）语文课程目标的表述框架

课程目标体现语文课程的整体性和阶段性，整个目标系统分为总目标和阶段目标两部分。纵向是情感态度和价值观、过程和方法、知识和能力这三个维度，但这是隐性的线索；横向则是识字与写字、阅读、写作、口语交际、综合性学习五个领域，这才是显性的呈现。其中综合性学习属学习方式，与上述四方面内容不在一个层面上，但现阶段特别需要予以重视、加以强调，故专门列出。在阶段目标的表述方面，只要是比较具体明确、便于操作和评价的目标，尽可能采用行为目标（以事先规定的行为期望为中心）来表述；某些目标的实现，难有达成度，往往体现在学习的过程与方法之中，采取描述性的表述，于是呈现为展开性目标（以学习过程为中心）和表现性目标（以学生在学习中的表现为中心）。

（四）语文教学总目标的内容分析

1. 《全日制义务教育语文课程标准》总目标的内容

《标准》的"第二部分课程目标"，又分为"总目标"和"阶段目标"两个部分。语文课程"总目标"规定了九年义务教育阶段的语文课程所要达到的目标，共十条：

（1）在语文学习过程中，培养爱国主义感情、社会主义道德品质，逐步形成积极的人生态度和正确的价值观，提高文化品位和审美情趣。

（2）认识中华文化的丰富博大，吸收民族文化智慧。关心当代文化生活，尊重多样文化，吸取人类优秀文化的营养。

（3）培植热爱祖国语言文字的情感，养成语文学习的自信心和良好习惯，掌握最基本的语文学习方法。

（4）在发展语言能力的同时，发展思维能力，激发想像力和创造潜能，逐步养成实事求是、崇尚真知的科学态度，初步掌握科学的思想方法。

（5）能主动进行探究性学习，在实践中学习、运用语文。

（6）学会汉语拼音，能说普通话，认识3500个左右常用汉字，能正确工整地书写汉字，并有一定的速度。

（7）具有独立阅读的能力，注重情感体验，有较丰富的积累，形成良好的语感。学会运用多种阅读方法。能初步理解、鉴赏文学作品，受到高尚情操与趣味的熏陶，发展个性，丰富自己的精神世界。能借助工具书阅读浅易文言文。九年课外阅读总量应在 400 万字以上。

（8）能具体明确、文从字顺地表述自己的意思。能根据日常生活需要，运用常见的表达方式写作。

（9）具有日常口语交际的基本能力，在各种交际活动中，学会倾听、表达与交流，初步学会文明地进行人际沟通和社会交往，发展合作精神。

（10）学会使用常用的语文工具书。初步具备搜集和处理信息的能力。

课程总目标共有十条，这十条不是随意排列的。大致而言，前五条从宏观着眼，在"情感态度和价值观"与"过程和方法"两个维度上有所侧重：第 1 条是关于道德情操、文化品位、审美情趣等方面的要求，第 2 条是对待古今中外不同文化的要求，第 3 条是关于语文学习态度和方法的要求，第 4 条是关于思维品质和科学精神方面的要求，第 5 条说的是学习语文重在探究，重在实践。后五条目标从微观着眼，侧重知识与能力这个维度：第 6 条说的是汉语拼音、识字写字的能力，第 7 条是阅读能力，第 8 条是写作能力，第 9 条是口语交际能力，第 10 条是使用工具书和搜集信息能力。

2.《普通高中语文课程标准》总目标的内容

通过高中语文必修课程和选修课程的学习，学生应该在以下五方面获得发展。

（1）积累·整合

能围绕所选择的目标加强语文积累，在积累的过程中，注重梳理。根据自己的特点，扬长补短，逐步形成富有个性的语文学习方式。了解学习方法的多样性，掌握学习语文的基本方法，能根据需要，采用适当的方法解决阅读、交流中的问题。通过对语文知识、能力、学习方法和情感、态度、价值观等方面要素的融汇整合，切实提高语文素养。

（2）感受·鉴赏

阅读优秀作品，品味语言，感受其思想、艺术魅力，发展想像力和审美力。具有良好的现代汉语语感，努力提高对古诗文语言的感受力。在阅读中，体味大自然和人生的多姿多彩，激发珍爱自然、热爱生活的感情；感受艺术和科学中的美，提升审美境界。通过阅读和鉴赏，深化热爱祖国语文的感情，体会中华文化的博大精深、源远流长，陶冶性情，追求高尚情趣，提高道德修养。

（3）思考·领悟

根据自己的学习目标，选读经典名著和其他优秀读物，与文本展开对话。通过阅读和思考，领悟其丰富内涵，探讨人生价值和时代精神，以利于逐步形成自己的思想、行为准则，树立积极向上的人生理想，增强为民族振兴而努力的使命感和社会责任感。养成独立思考、质疑探究的习惯，增强思维的严密性、深刻性和批判性。乐于进行交流和思想碰撞，在相互切磋中，加深领悟，共同提高。

（4）应用·拓展

能在生活和其他学习领域中，正确、熟练、有效地运用祖国语言文字。在语文应用中开阔视野，初步认识自己学习语文的潜能和倾向，根据需要和可能，在自己喜爱的方面有所发展。增强文化意识，重视优秀文化遗产的传承，尊重和理解多元文化，关注当代文化生活，学习对文化现象的剖析，积极参与先进文化的传播和交流。注重跨领域学习，拓展语文学习的范围，通过广泛的实践，提高语文综合应用能力。

（5）发现·创新

注意观察语言、文学和中外文化现象，学习从习以为常的事实和过程中发现问题，培养探究意识和发现问题的敏感性。对未知世界始终怀有强烈的兴趣和激情，敢于探异求新，走进新的学习领域，尝试新的方法，追求思维的创新、表达的创新。学习多角度多层次地阅读，对优秀作品能够常读常新，获得新的体验和发现。学习用历史眼光和现代观念审视古代作品的内容和思想倾向，提出自己的看法。在探究活动中，勇于提出自己的见解，尊重他人的成果，不断提高探究能力，逐步养成严谨、求实的学风。

三、语文教学的分类目标

（一）识字与写字教学目标

识字与写字教学目标包括汉语拼音教学目标、识字教学目标、写字教学目标三个方面。

（二）阅读教学目标

阅读教学目标包括11个方面：朗读、默读、诵读；精读、略读、浏览；词语教学；阅读与理解的一般要求；文学作品的阅读；科技作品的阅读；说明文、议论文等实用文体的阅读；文言诗文的阅读；积累与课外阅读；语文知识的教学；对工具书、图书馆、网络等信息渠道的利用以及信息的处理。

（三）写作教学目标

写作教学目标包括4个方面：写记叙文，做到内容具体；写简单的说明文，做到明白清楚；写简单的议论文，努力做到有理有据；根据生活需要，写日常应用文。

（四）口语交际教学目标

口语交际教学目标涉及以下几个方面：交际态度、交际用语、学会倾听、语言修养、应对能力、即席讲话和演讲。

（五）综合性学习教学目标

综合性学习教学目标包括培养学生的综合运用语文知识解决语文问题的能力；培养学生的创新精神、合作精神、社会责任感等。

第二节　案例呈示

一、案例一

《回忆我的母亲》教学镜头
杨以斆

在备课过程中，我觉得第五自然段很可以作为一种写作方法予以介绍，于是在课堂上讲到这一段时，我便提出问题：

"这段文字里，主要内容是写作者小时候的劳动情况，是不是走题了？"

经我这一问，教室里静了一会儿，然后有了小声议论。

"没有走题。"

"既然没有走题，那就还是写母亲了？"

同学们点头。

"那么作者通过写自己反映了母亲什么呢？"

有同学举手。

"反映了母亲对'我'的爱。"

"怎么说？"

"'我悄悄把书一放，挑水或放牛去了'，这就说明母亲舍不得'我'劳累，而'我'却悄悄地为母亲分担劳动。"

"如果母亲舍不得，为什么作者四五岁就能帮忙，八九岁就能挑能背还会种地呢？四五岁，八九岁的年龄大家都经历过，当时都会做些什么呢？而朱德小时候却这么能干，这么勤劳，是什么原因？"

"母亲的教育。"

"受母亲的影响。"

大家七嘴八舌答道。

"那么'悄悄'这个词怎么理解更好？"我把话题又扯回到"悄悄"这个词上，"是不是也是受母亲的影响呢？"

下面有小声议论，但没有人举手。我又启发道："课文里写了母亲整日劳碌，干那么多活，但没有写母亲太累了而唉声叹气。这反映了母亲什么品质？"

"任劳任怨。"

"默默无闻地为家里奉献自己。"

"'悄悄'是受母亲任劳任怨、默默无闻的品质的影响。所以他每天从私塾一回来，就悄悄地、不声不响地为家里干活了。"

"说得对。"我赞许着，"这样看来，这一段写的是作者幼年时的劳动情况，但实际上反映的却是——"

"母亲对作者的影响。"同学们齐声接答。

"这样写有没有影响回忆母亲的主题？"

"没有。"回答的语气很肯定。

"是的，而且还深化了主题。写出了母亲对作者的影响教育。"

我及时补上这一句，很快把话题转到写作上：

"这种写人物的方法有什么特点呢？"

同学们眼睛忽闪忽闪，又开始思考问题了。

"回忆一下我们以前写人物的作文，如写'我的妈妈'，往往只选择妈妈的事；写老师，也是只选择表现老师品质的事。都只是单纯地写'这个人'，而忽略了什么？"

"忽略了'这个人'和周围人的关系。"

"说得很对。今天我们也来试试课文里这种写人方法，不仅写'这个人'，还要写出'周围人'对"这个人"的反映，如何？"

不少同学点头。

"那么，我们还是用老题目。"

我在黑板上写下作文题"我的母亲"。

"要用新方法。比如写母亲的善良、富有爱心，便可穿插点自己热心助人的小情节，既反映出母亲对自己的影响，又衬托出母亲的优秀品质。"

望着教室里一张张欣然受命的面孔，心里真是愉悦得很。

（选自《课堂教学艺术》，上海教育出版社 2000 年版）

二、案例二

"水调歌头"教学片段

师：苏轼原来是在朝廷上做官，由于党派相争，他受到排挤，结果被贬为地方官。这首词就是他在密州做太守时所作。当时与弟弟苏辙也有七年没有相见了。大家想，凭你的经验在这种情况下，他的心情会怎样呢？

生1：苦闷。

生2：惆怅。

生3：忧伤。

生4：抑郁。

生5：孤独。

生6：难过。

（点评：学生结合自己的经验猜测作者当时的心情）

师：是呀！贬官了，与弟弟又多年不见了，能不苦闷、惆怅吗？于是大醉后面对中秋的圆月，作者有了一种奇异的想法。同学们想，作者有了怎样的想法？他的思想感情发生了怎样的变化？

生：他要上天，上美好的月宫中去，但他又怕冷，非常矛盾。

师：（学生边答边问）他为什么要上天？

生：因为月宫非常美，是琼楼玉宇。

师：从哪可以看出心情非常矛盾呢？

生：又恐琼楼玉宇，高处不胜寒。

师："高处不胜寒"仅仅是指禁不住高处的寒冷吗？同学们先思考一下（给1～2分钟思考时间），然后小组讨论、交流。

（生：思考、讨论、交流。师：巡视、倾听、指导）

师：同学们讨论得很热烈，哪个小组愿意把学习结果向大家汇报一下？

（生汇报学习结果）

生1：不是，我们认为是他不愿回朝廷做官了，禁不住那里的党派相争。"高出不胜寒"是比喻，不是实写。

生2：不是，他讨厌朝廷里的尔虞我诈、勾心斗角。

生3：不是，他对朝廷有一种畏惧心理，害怕互相倾轧，再度遭到排挤。

生4：不是，我们认为他禁不住天宫那里的孤单、冷清，因传说中月宫的嫦娥只有玉兔为伴，很孤独寂寞。

生5：不是，我觉得作者是禁不住心灵的寒冷。

生6：不是，作者禁不住朝廷的人情冷暖、世态炎凉。

师：同学们分析得太透彻了。"高处不胜寒"确实表达出了作者禁不起朝廷党派相争，互相排挤的打击，怕回去难以有自己的容身之地。在地方也不错，还可以自由些，做个地方官，造福一方，同样可以给国家出力。这样就化解了他苦闷、惆怅的心情，于是他就翩翩起舞。

（点评：结合自己知识、经验、观点，谈作者思想感情的变化）

师：作者对待政治上的失意、生活上的大起大落能如此豁达，可见襟怀坦荡，可谓超凡脱俗。当夜深人静、无眠的时候，作者对骨肉分离这件事又做了深入的思考。那他是怎样对待骨肉分离这件事的呢？请大家认真讨论。

生（研究讨论）

师（巡视、参与、指导）

师：同学们讨论得很好，把小组讨论的结果说给大家听好吗？

生：作者对这个问题看得也特别开，人不能总团聚，总欢乐，也得有离别、悲伤的时候，就像月亮有阴晴圆缺一样，自古以来，就难以十全十美，尽如己愿，只要兄弟俩能保重，健康长寿，再远别也没问题。

师：通过学习这首词，你最喜欢哪一句？说明理由。

生1：我喜欢"人有悲欢离合，月有阴晴圆缺，此事古难全。"这句话，因为它富有人生哲理。

生2：我喜欢"但愿人长久，千里共婵娟"这句话，因为它表达出了对亲人的美好祝愿。

师：老师和你一样也喜欢这句，它道出了普天下人的心声，也向世间所有离别的亲人发出了深挚的祝愿。因为作者有不羁的才情、超脱达观的个性，所以才写出了这千百年来脍炙人口的名篇。

（点评：欣赏精彩诗句，结合自己的经验、观点，谈人生启示，畅谈感受）

师：作者对待政治失意、骨肉分离非常豁达、积极乐观。同学们，你有过不如意的事吗？你苦闷过、彷徨过吗？你是怎样做的？请用最简练的语言说出真实的想法。

生（畅谈）

生1：我在小学时组织过一次班会，我们非常认真，排练很辛苦，节目也很精彩，演出时也博得了阵阵掌声，我们心里也特别高兴。这次班会经过精心设计和准备组织得很成功，参加会议的学校领导、老师和同学们都给予高度评价。可是，不如意的事情发生了，班主任老师对我们的演出很不满意。当时我的心里特别难过。心想：这不是费力不讨好吗？班主任老师对我的冷淡使我很扫兴。我觉得很不公平，老师不应该这样对待我。

师：我明白了，你对老师的做法很不理解，你现在怎么看呢？理解了吗？

生1：我理解了，大千世界对一件事的看法是不一样的，每个人的角度不同。我也不是一个完人，也不可能做出尽善尽美的事。走自己的路让别人去说吧。

生2：去年放寒假快过年时，不幸的事又一次降临到我家，春节是我们的传统节日，家家户户欢欢乐乐、喜气洋洋。但节日并不能使我快乐。看到喜庆的春联、美丽的烟花也高兴不起来：妈妈去世不到一年，爷爷又病危了。我简直承受不了这巨大的打击，悲痛万分。因为爷爷患了癌症不久将要离开我们。通过学习这篇文章，我明白了"人有悲欢离合，月有阴晴圆缺，此事古难全。"我应该正确对待人的生死，当爷爷离开人间去天堂时，我在人间，爷爷在天堂，我们会彼此牵挂。今天我要努力学习、考上一所好大学来报答爷爷，让他放心。最后，我对爷爷说："我爱你到永远。"

师：同学们，我们的一生不可能是一帆风顺的，可能会遇到一些不顺心、不如意的事，那我们怎样去做呢？我想：失意时，莫沮丧；苦闷时，莫彷徨；受挫时，莫气馁。同学们，正视失败，迎接挑战，直面人生，定会成功！

三、案例三

几个语文教学案例的反思

（一）

一位教师执教"魏"字的识记，出现这样的引导学生：

师：谁能帮助大家记住"魏"字。

生：我编了个歌诀：千字头，八字尾，嫁个女，养个鬼。

师：太好了，不但顺口好记，寓教于乐，而且暗示了书写笔顺。大家为他的独特体会鼓掌！

（二）

一位教师执教《狐假虎威》一文：

师：故事读完了，你想对老虎说些什么？

生：虎大王，狐狸是借了你的威风才吓跑百兽的。

生：你上当了，百兽怕的是你。

生：我想对狐狸说一句话。

师：哦，想说什么？

生：狐狸，还是你了不起，用自己的智慧战胜了强大的老虎！

（其他学生对此说法颇感新奇）

师：（一愣，片刻后露出笑容）真会动脑筋，认识与众不同！

生：（马上举手）狐狸真聪明，会随机应变。

生：以后我们遇到紧急情况，也应该像狐狸那样机智、勇敢。

（三）

于永正先生在江苏省通州西亭小学上《圆明园的毁灭》的课堂实录：

师：把书放下。读两遍课文，我发现每位同学脸上的表情与刚才上课时完全不一样了，你们把读了这篇课文的感情统统写在脸上了。现在我问大家，你读了这篇课文，心里是什么滋味？

生：我觉得英法联军是无耻的强盗。

生：我痛恨英法联军！

师：他读出了一个"英法联军无耻"，他读出了一个"痛恨"。

生：我觉得英法联军简直毫无人性！

生：圆明园的毁灭是当时清政府的腐败无能！我恨英法联军，也恨清政府！

生：对圆明园的毁灭我很难过，因为这是中国历史上的耻辱！

师：（板书"恨"字）注意"恨"这个字的写法：竖心，先两边后中间。这位同学说了，他一恨英法联军，二恨腐败无能的清政府。同学们，你读到课文哪一段最恨？

生：第五自然段。

师：读到第五自然段最恨，请同学们再把第五自然段读一读，把你的恨读出来。

（学生自由读课文第五自然段）

师：你愿意读第五自然段？

（一生站起来读）

师：请坐。看黑板（教师指着板书的掠、搬、毁、放火），价值连城的国宝被掠走，这个"掠"活画了侵略者的嘴脸，这是第一恨。二可恨，人拿不动的就用牲口搬。三可恨，实在运不走的就任意破坏。同学们，任意破坏的是无价之宝呀！最可恨，他们企图放火烧毁罪证。罪证能销毁得了吗？同学们再看书，一齐把最后一段读一读。

（生齐读，个个表情严肃，人人把恨写在了脸上，把恨通过声音表达了出来）

第三节　讨论与分析

一、案例讨论

（1）结合案例一分析：在语文教学中如何挖掘、凸现教育性因素，把语文能力目标与人文教养目标统一起来。

（2）案例二是怎样体现语文课程"三维目标"的统一的？

（3）怎样评价案例三的几个教学片段？思考如何处理正确的价值导向和学生的个性体验的关系，从而在语文教学中发挥正确的价值导向作用。

二、案例分析

在案例一中，教学内容和教学目标是结合课文让学生领悟和掌握一种写作方法。这是符合语文学科教学特征的，体现了语文学科素养的目标。但在实施这一语文形式教学内容和语文能力教学目标的同时，又自然结合着课文包含的教育性内容因素——母亲的传统美德和优秀的人格品质对作者潜移默化的影响，从而又突出地实现了人文教养的目标。从这里可以看出，语文教学中，内容和形式、语文能力目标和人文教养目标是逻辑的、内在统一的。也就是说，在语文教学中，完全可以也应该把促进学生的道德成长与掌握语文能力结合起来，把个性品格的完善融入语文学习之中。我们要提倡的是，把课文中的教育因素加以凸现、放大，以照亮学生的心灵。在《回忆我的母亲》中，作者着力颂扬母亲那勤劳、俭朴、仁爱等中华民族的传统美德，作者从小感受着母亲平凡而伟大的人格力量，并以自己革命的一生报答对母亲的爱。引导学生感受课文中爱的旋律，由此学会感受生活中的爱，并且学会回报爱，给予爱，这是本文教学应该突出强调的教育性因素。我们提倡的教学追求是：注重品格教育而不是仅仅满足于技能训练，注重道德渗透而不是追逐于分数功利，注重学生的个性完善而不是肢解课文。

　　案例二是把课文学习与学生的个性化生活体验结合的范例。学生在教师的引导下。积极有效参与教学活动，主动探索，结合自己的生活体验解读诗歌。在思考与表达中，语文能力得到了发展，情感态度、价值观也得到了培养。

　　案例三中的第一则和第二则教例，语文教学的价值取向与学生的个性体验，在实际教学中出现一些误差，即过分强调了学生的个性体验，偏离了语文价值取向，甚至出现了违背《语文课程标准》中"培养学生思想品德素质、科学文化素质等方面发挥应有的作用"的现象。

　　如第一则案例，如果仅从纯语文学习观来说，避开"培养学生思想品德素质"不谈，这位教师的教法可以说是值得欣赏的，但他过分强调了为学习知识而学习。这种情况实际上并不是特殊的个案，尚有一定代表性。因为他们研究的出发点，仅是为掌握知识而掌握知识而已，即只把学生当成装知识的容器。

　　第二则教例中，该教师只注意了设置问题情境，仅局限于鼓励学生个性化解读，把眼光放在"多元"理解和所谓的"独特"感受，却缺失了让学生从质的方面理解"狐假虎威"一词的褒贬意义。

　　第三则教例，于永正先生很好地协调了语文价值取向与学生个性体验的统一。他抓住一个"恨"字，提纲挈领地让学生人人深切感受到了英法联军的可耻、可恨。

　　从这三个案例的对比中不难看出，语文教学价值取向是完全可以与学生个性体验达到很好地统一的，关键是看教师引导的艺术水平，以及对教材全面钻研的深度。

第五章　阅读教学的理念

教学目标：把握阅读教学的价值取向，领会阅读教学的目标内涵，掌握新课程语文阅读教学的基本模式与方法。

第一节　理论阐述

一、阅读课程与教学的性质

阅读课程是以人的阅读活动作为教学内容组成的一种学校教育课程，是为了培养儿童的阅读能力设置的一门课程，是语文课程的一个主要门类。把语文能力概括为听、说、读、写四种能力，这是人们的基本共识。如果说，听说的基本能力还能在语言的自然习得中形成，那么，读写能力主要靠学校的语文教育才能形成。因此针对读写能力的培养目标设置的阅读课程和写作课程就成为语文课程的主体。阅读教学是阅读课程的实施形式，是以阅读活动为基础组成的语文课堂教学形式。这里要进一步说明的是，阅读教学不同于人们日常生活中的阅读行为，它是利用特定的阅读对象即阅读教材，有目的有计划地在教师指导下的阅读学习活动。

阅读教学的性质往往体现为对阅读和阅读教学的价值取向。关于阅读与阅读教学的取向有下面几种：

（一）阅读是对文本意义的理解

这是传统阅读理论的观点。传统阅读理论认为，意义是客观地存在于文本之中，阅读只是如何准确地理解文本意义罢了。在这种阅读观念下，阅读教学就只是引导学生努力靠近作者的原意，理解作者的原意（如我们惯用的"传记批评"，即结合时代背景、作者生平的解读，揣摩作者原意的批评）。阅读趋向为读者向作者靠拢，阅读是读者从文本中接受意义的一种行为。这是我们长期以来的传统阅读教学取向。

（二）阅读是读者与文本的对话

这是阅读"对话"理论的观点。阅读对话理论将阅读行为看作是主体间的对话与交流，"阅读是一个读者与文本相互作用、建构意义的过程"。阅读（文学欣赏）不是读者单方的获取文本意义的活动。阅读是与文本的对话，是与文本作者的对话与交流。这种阅读教学理念尊重学生的"倾听"权和"言说"权，主张"阅读要读"、"阅读是自己读"、"阅读是学生读"，语文教学要让学生直接面对作品，用他们自己的眼去触及、自己的心去抚摩作品，使他们在阅读中去学习阅读。我国新的《语文课程标准》在文学作品的阅读上主张的就是这种"对话"取向。如给阅读教学的定位就是："阅读教学是学生、教师、文本之间对话的过程。"

（三）阅读是对作品"好处"的鉴赏

这是老一代语文教学专家所提倡的阅读教学一种取向。他们把阅读分为"理解"和"鉴赏"两个层面，语文教学不能停留在"理解"层面，还要进入"鉴赏"层面。如夏丏尊是这样表述的："理解以外，还有所谓鉴赏的一种重要功夫须做。对于某篇文字要了解其中的各句各段及其全文的旨趣所在，这是属于理解的事。想知道其每句每段或全文的好处所在，这是属于鉴赏的事。"叶圣陶也将"理解"与"欣赏"看成是两回事儿，尽管他更强调两者之间的内在联系："第一步还在透彻了解整篇文章，没有一点含糊，没有一点误会。这一步做到了，然后再进一步，体会作者意念发展的途径及辛苦经营的功力。体会而有所得，那踌躇满志，与作者完成一篇作品的时候不相上下。这就是欣赏，这就是有了欣赏的能力。"这是我国阅读教学的主导取向，是养成学生"鉴赏者"的阅读姿态、阅读方式。

（四）阅读是对文本信息的收集、批判性的解读

日本阅读教学中的阅读取向，是养成学生"解读者"的阅读姿态、阅读方式。我国新的《语文课程标准》在阅读取向上有了新的补充，这主要表现在非文学作品的阅读目标上。如第四学段，学段目标明确提出了"阅读科技作品，注意领会作品中所体现的科学精神和科学思想方法"、"阅读简单的议论文，区别观点与材料（道理、事实、数据、图表等），发现观点与材料之间的联系，并通过自己的思考，作出判断"这两个极为重要的条款。从阅读取向上看，更接近"解读者"的阅读样式、阅读姿态。

"解读者"的阅读取向是我们以往语文教学中所缺失的，而又是当前课程改革重头之一的"综合性学习"、"研究性学习"乃至终身学习所必需的。《标准》在第四学段的"综合性学习"目标中提出："掌握查找资料、引用

资料的基本方法，分清原始资料与间接资料的主要差别。"查找资料、引用资料，当然隐含着对资料的鉴别和解读；分清原始资料与间接资料，必然要求对事实和意见作出区分。也只有居于"解读者"的取向，《标准》中的"逐步培养学生探究性阅读和创造性阅读的能力，提倡多角度、有创意的阅读，利用阅读期待、阅读反思和批判等环节，拓展思维空间，提高阅读质量"这句话才会有合适的着落。在初中段以上的文章阅读教学中，倡导"解读者"的阅读取向，也许是本次语文课程改革借鉴国外阅读教学经验的最重要成果之一。

二、阅读课程与教学的目标

（一）总目标

《语文课程标准》指出了阅读教学的总目标：具有独立阅读的能力，注重情感体验，有较丰富的积累，形成良好的语感。学会运用多种阅读方法。能初步理解、鉴赏文学作品，受到高尚情操与趣味的熏陶，发展个性，丰富自己的精神世界。能借助工具书阅读浅易文言文。九年课外阅读总量应在400万字以上。

总目标的表述共5句话。第一句是核心目标，其余4句分别从阅读方法、文学作品阅读、文言文阅读、课外阅读等方面作了要求。体现了阅读智能、阅读知识、阅读情志的多元目标，强调了多种阅读方法的综合运用。

（二）具体目标

《语文课程标准》对阅读教学目标既根据不同学段特点做纵向分段，又做横向分解；既有层级，又有照应，哲理性和操作性都很强。它主要从阅读方式、词句能力、篇章能力、阅读情感态度与习惯、课外背诵与阅读五个方面循序渐进地构筑学生阅读能力的大厦。

1. 阅读方式（7~9年级）

（1）朗读：能用普通话正确、流利、有感情地朗读。

（2）默读：学习默读的方法（做到不出声，不指读，能对课文中不理解的地方提出疑问），养成默读习惯，有一定的速度，阅读一般的现代文每分钟不少于500字。

（3）略读：能较熟练地运用略读的方法，扩大阅读范围，拓展自己的视野。

（4）浏览：能较熟练地运用浏览的方法，根据需要收集信息，扩大阅读范围，拓展自己的视野。

（5）其他：利用图书馆、网络搜集自己需要的信息和资料。

2. 词句能力

（1）能联系上下文和自己的积累，推想课文中关键词句的意思，体会其表达效果。在阅读中积累词语。能借助词典阅读，理解词语在语言环境中的恰当意义，辨别词语的感情色彩。

（2）认识课文中出现的常用标点符号，在阅读中，体会句号、问号、感叹号所表达的不同语气。在理解语句的过程中，体会句号与逗号的不同用法，了解冒号、引号的一般用法。在理解课文的过程中，体会顿号与逗号、分号与句号的不同用法。

（3）了解基本的语法知识，用来帮助理解课文中的语言难点。了解常用的修辞手法，体会它们在课文中的表达效果。了解课文涉及的重要作家作品知识和文化知识。

3. 篇章能力

（1）把握文章的主要内容，体会文章表达的思想情感。揣摩文章的表达顺序，理清作者的思路。在阅读中了解叙述、描写、说明、议论、抒情等表达方式。对课文的内容和表达有自己的心得，能提出自己的看法和疑问，并能运用合作的方式共同探讨疑难问题。

（2）阅读叙事性作品，了解事件梗概，简单描述自己印象最深的场景、人物、细节，说出自己的喜欢、憎恶、崇敬、向往、同情等感受。

（3）阅读诗歌，大体把握诗意，想像诗歌描述的情景，体会诗人的情感。受到优秀作品的感染和激励，向往和追求美好的理想。

（4）阅读说明性文章，能抓住要点，了解文章的基本说明方法。

（5）区分写实作品与虚构作品，了解诗歌、散文、小说、戏剧等文学样式。

（6）欣赏文学作品，能有自己的情感体验，初步领悟作品的内涵，从中获得对自然、社会、人生的有益启示。对作品的思想感情倾向，能联系文化背景作出自己的评价；对作品中感人的情境和形象，能说出自己的体验；品味作品中富于表现力的语言。

（7）阅读简单的议论文，区分观点与材料（道理、事实、数据、图表等），发现观点与材料之间的联系，并通过自己的思考，作出判断。

（8）阅读浅易文言文，能借助注释和工具书理解基本内容。

4. 情感态度与习惯

（1）喜欢阅读，感受阅读的乐趣。

（2）关心作品中人物的命运和喜怒哀乐，与他人交流自己的阅读感受。受到优秀作品的感染和激励，向往和追求美好的理想。阅读科技作品，注意领会作品中所体现的科学精神和科学思想方法。诵读古代诗词，有意识地在积累、感悟和运用中提高自己的欣赏品位和审美情趣。

（3）喜爱图书，爱护图书。积累自己喜欢的成语、格言警句和课文中的优美词语、精彩句段，以及在课外阅读中获得的语言材料。养成读书看报的习惯，收藏并与同学交流图书资料。背诵优秀诗文，小学和初中累计240篇（段）。

（4）学会制定自己的阅读计划，广泛阅读各种类型的读物，课外阅读总量小学和中学累计405万字。每学年阅读两三部名著。

三、阅读教学的基本模式与方法

（一）自主性阅读教学设计

1. 自主性阅读是以学生为主体的阅读

自主性阅读是相对于被动阅读、机械阅读、他主阅读而言的，是指在阅读教学中以学生的主动建构为特征的高品质的有效阅读。自主性阅读需要教师关注学生的个体差异和不同的学习需要，帮助学生把内在需求转化为明晰可行的目标，激发学生阅读的内在动机和强烈兴趣，密切联系学生的已有经验，鼓励学生选择自己喜欢的适合的思考方式和学习策略，在提出问题、分析问题、解决问题以及进行学习效果的评估过程中，注意保护学生的求知欲和好奇心，并帮助学生树立阅读的信心。

在阅读教学过程中，教师首先应该把阅读的时间和发现问题的权力交给学生，必须强调学生阅读的自主性和独立性。教师应该珍视学生独特的感受、体验和理解，因为其中有学生自己的发现、建构和创造，哪怕他们是幼稚的，但却是学生自己的。教师作为课堂阅读活动的组织者、促进者，应该根据学生对文本的反应及时调整自己的思路，加入到与学生和文本对话中去，让他们尽量参与自主建构。

2. 自主性阅读教学设计策略

阅读教学中，学生的自主性学习能力直接制约学生参与学习活动的积极性。语文阅读教学中学生的自主性学习主要表现为运用学法的能力和思考能力。自主性阅读的目的是提高学生的主动学习能力和运用学法的能力，加深学生对知识的理解和对课文内容的深层体会，促进学生思维能力的发展。教学中，教师应把学法的指导作为主线贯穿教学过程的始终。

（1）先学后教，注重学生的主体性。

实行自主性学习，首要的就是要培养学生的主体意识，消除学生的思维惰性，打破学生对教师的依赖心理。为此，教师应转变观念，坚持"先学后教"，建立阅读教学中学生课堂自学——讨论——质疑——点拨的新格局，确保学生课堂的主体地位。所谓"先学后教"，就是指在新课文的教学中，教师最好不先作介绍或提示，让学生在自然状态下进入阅读境界，让学生通过自己的品读，领会作者的思想感情，获得独有的感受。先学后教，就是放手让学生体验，在一次次体验中感悟、积累，在学生感悟的基础上，教师有针对性地进行讲解、点拨。

（2）注重学习过程，不求答案的统一。

我们的阅读教学课堂应该是焕发出生命活力的课堂，是想像放飞的课堂，是学生探究的课堂。在这样的课堂中，我们所重视的应是学习的过程，而不是追求统一的答案和一致的结果。学生阅读的目的主要是熏陶、积累和训练。一方面通过文质兼美的范文的学习、感悟，陶冶学生的情操，培养学生良好的语感；另一方面即是通过大量的阅读训练强化学生的阅读理解能力，引导学生掌握适合自己的方法，学会读书。无论要达到哪种目的，学生的自身体验、感悟、阅读的过程都非常重要。重视学生学习的过程，就是要求学生掌握科学的讨论、读书、思考的方法，逐步培养学生感知、理解、质疑、创新的能力。教学中，教师应注重学生学习方法的指导。对一篇课文尤其是文学作品的理解，往往可以是多角度的。一篇内涵丰富的作品，它的阐释绝不会是单一的、凝固的，更不会有标准答案。

（3）提供充分的时间，保证充分的诵读，引发思考。

在自主性学习的课堂上教师必须提供充分的时间，让学生对教材进行充分的诵读。课堂的诵读必须有充分的时间作保证，绝不能匆匆让学生看了一遍就急于探究文章的内涵。在教师指导下的反复诵读，这是提高课堂效益和教学质量的基础，特别是文情并茂的好文章，有层次地诵读半节课乃至半小时，也许比教师讲同样的时间效果好。假如只满足于学生的粗读就浅尝辄止，学生对内容不甚了解，根本无法推进阅读的思维和情感活动，其结果是"读如不读"。只有给学生充分的阅读时间，让学生对课文进行充分的诵读，才会有学生积极的思考，才会有学生独特的感受。要让学生有积极的思考，就要引导学生学会提问。美国的教学法专家布鲁巴克认为，最精湛的教学艺术所遵循的最高的准则就是让学生自己提出问题。让学生自己提出问题是开启学生自主性学习的一把"金钥匙"。在阅读教学中，如何引导学生学会提问呢?

①了解课文标题。引导学生看到课文标题后,学会提出想要了解的问题。俗话说"题好一半文",好的题目往往用精警的词语提挈全文,对课文内容和主旨作富有特色的浓缩和概括。解读课文标题往往也就成了学生读懂全文的纲要,标题对读者具有很好的引导作用,所以教师要引导对课文标题提出问题。

②要求学生预习,针对不理解的地方发问。"学起于思,思源于疑。"疑惑是点燃学生思维的火种,学生在认知活动中经常遇到一些难以解决、疑惑的问题,教师应积极引导学生思维,不断提出疑问和解决疑问。具体操作时,首先让学生明确课时的目标,目标明确了,就减少了盲目性,增强了针对性,做到有的放矢。然后就课时目标中的要点、难点,鼓励学生提出问题。

③在深入学习教材的同时,诱导学生质疑。学生往往在提问时抓不住要领,这就需要教师的鼓励和引导,在关键处扶一把,由浅入深地设计一定的坡度,教会学生提问,渐渐达到会问的目的。《学记》中说:"君子之教,喻也。道而弗牵,强而弗抑,开而弗达。"就是强调教学重在启发、诱导学生敢于提问、善于提问。整体感知课文时,教师应引导学生充分利用每课课后思考练习来帮助学生提问。

④精心设计提问,给学生以问题示范。培养学生的提问能力,是一个循序渐进、逐步提高的过程。教师要根据学生的实际水平和教材本身和特点,精心设计提问,吸引学生饶有兴趣的讨论,积极思考,渐渐产生提问的欲望。教师的提问要在发现问题的方法等方面为学生作好示范作用,让学生受到启迪,有法可循。

以上几种引导学生提问的方法无论哪一种都要紧扣教学目标,不是漫无边际的提问,更不是追求表面热闹而毫无启发性和创造性的提问。

(二)探究式阅读教学设计

探究性阅读是《语文课程标准》所倡导的一种新的阅读方式。学会探究性阅读对于拓展思维、培养良好的读书习惯、提高阅读能力有很大帮助。

1. 探究性阅读教学的教学策略

(1)学生自读与教师点拨相结合。

教师在探究性阅读教学中,必须要注意两点:一是为学生提供一个以学为中心的探究学习环境,二是为学生提供必要的帮助和指导。因此,探究性阅读教学必须把学生自读和教师点拨结合起来。

新课程理念强调阅读教学应关注学生的感受和体验。为此，阅读教学应以学生自读为主，把读书思考的权力还给学生。教师要少讲，教师的首要任务不是讲授课文，而是引导学生学习。叶圣陶先生说："教师之为教，不在全盘授予，而是相机诱导"，"我意如能令学生于上课之时主动求知，主动练习，不徒坐听教师讲说，即为改进教学之一道。教师不宜以讲课文为专务。教师指示必须注意之点，令自为理解，彼求之弗得和得之而谬误，然后为之讲说。如是则教师真起主导作用，而学生亦免处于被动地位矣"。学生在自读中"自为理解"，主动探究，加上教师的点拨指导，就能得到思考和领悟的满足，得到启智的喜悦和审美的享受，得到科学思维和方法技能的训练。教师的点拨既可以是一般方法的指导，也可以是具体问题的解答。在教师的点拨过程中，要注重阅读技能和思维能力的培养，尽可能概括出认识问题的规律性，不能满足于得出一个答案。

探究性阅读教学应从定向探究逐步向自由探究过渡。所谓定向探究是指"学生所进行的各种探究活动是在教师提供大量的指导和帮助下完成的。"所谓自由探究是指"学生开展探究学习时，极少得到教师的指导和帮助，而是自己独立完成。"自读的初级阶段应以教师的点拨为主，组织定向探究，这使教师的主导作用突出，分析理解课文的目标由教师提出，学生在教师启发引导下，读懂课文，达到教学目标。学生掌握阅读方法后，教师应扩大学生自主学习的权力，让他们自行确定阅读目标，正确认识课文内容，进入到自由探究阶段。到了自由探究阶段，无论课内还是课外的文章，学生都要自己提出疑问，自己分析解决问题，自己发现获取知识，自己概括掌握规律。教师只是参与讨论，提供参考意见。

（2）独立思考与集体讨论相结合。

在探究性阅读教学中，课堂教学主要采用独立思考与集体讨论相结合的形式。独立思考问题能培养学生思维的独立性，克服思维的盲从性和依赖性，学生经独立思考问题得出的认识往往比较客观，而且独立思考思维训练强度大，思维能力提高快，能够较快地培养学生自学能力。所以在学生自读课文时，应鼓励独立思考。

鼓励独立思考不是否定集体讨论，阅读教学中应做到二者的结合。学生讨论是一种合作学习方式，它有利于培养学生的独立思考能力、口头表达能力和创造精神，有利于促进学生灵活地运用知识和提高分析问题、解决问题的能力。教师在学生讨论中主要担负创设情境、引导学生消除胆怯的心理因素、引导学生围绕主题讨论、引导学生倾听发言、对学生回答的问题归纳概括指正的任务。

（3）思维训练与记诵积累相结合。

阅读教学是一种以理解为核心的思维训练。思维的工具是语言，思维离不开语言。因此，思维训练必须和语言训练结合起来。叶圣陶先生说："文字语言的训练，我以为最要紧的是训练语感。就是对于语言文字的敏锐感觉。"训练语感的最佳途径是熟读背诵。

在探究性阅读教学中，记诵积累是极其重要的一个环节。教师必须让学生明白熟读背诵的意义，并给予具体的指导。一是背诵的内容必须典范精粹。二是讲究背诵的方法。在背的方面要强调一个"熟"字。教学中教师应告诫学生背诵，切忌贪多求快，重要的是背熟，使它成为自己的东西。当然，背不是死记硬背，而是在深刻理解意义基础上的背。另外，还可以把艾宾浩斯的遗忘曲线告诉学生，引导学生学会与遗忘作斗争。

2. 两种探究性阅读教学设计

（1）课文问题的探究性阅读教学设计。

课文问题的探究性阅读教学设计同一般的阅读教学最主要的区别在于，它更注重学生学习的过程，注重在探究过程中培养学生独立思考能力，注重学生在思考过程中的情感、认知、思维的开放性与实践性以及过程性，进而去表达，感悟创造，从中发现问题，提出问题，解决问题，最终培养学生独立思考的能力，提高学生的思维品质。

一般来说，课文问题的探究性阅读教学设计遵循以下五个步骤：

①激发兴趣。老师可以通过创设情境，背景介绍，气氛渲染等来引发学生探究的兴趣，激发他们的探究欲望，让他们去思考，去探究。在这一阶段，教师可以引导学生积极搜集、占有、分析、整理资料，引导学生根据自己所学到的知识对课文内容进行补充和扩展。这样学生就会表现出较兴奋的情绪，从而使学生主动探索。

②感悟设问。让学生自由地阅读感知课文内容，形成对课文的初步认识与看法，产生探究的热情。设问可由学生自行选择，根据自己对文章的感悟理解选几个角度进行思考，并设计思考与探究的问题，然后围绕这些问题进一步挖掘。教师在设计问题时应区别对待，关注"弱势群体"。对有困难的学生教师可以帮助他们设计问题，给他们提供几个浅显的探究性问题。问题的提出可以有多种形式，如思辨型的综合概括、解疑，激情发散型的想像、推断、联想等。

③探究研讨。学生对课文的研读，可以是小组，也可以是个人；可以是

一个问题，也可以是一组问题。教师在这当中，既可作为参与者，与学生一起探究讨论，也可以是一个参谋顾问，在适当的时机给学生适当的指点帮助。在这个过程中，也可再提出一些小问题，分散为各点解决。这种方式效果更好，一方面可使大问题的解决有一个"缓坡"，有利于问题的逐步解决；另一方面，可使问题从多个侧面去思考，培养学生的思维方式和思考方法。

④展示交流。学生经过广泛的研讨后，接下来就要检验学生，让他们展示交流自己的成果。展示交流是让其他同学对这个成果的内容进行评价、质疑，可让学生自由讨论，把自己的研讨成果与别人的成果作比较。这个阶段，可安排几个组或几个人介绍学习成果，每个同学都可以从中借鉴、吸收别人的成功之处，以弥补自己的不足。这个过程不是最后归结，而是在自由质疑、答疑的过程中，共同得到提高。

⑤总结评价。探究性阅读学习重视学生的实践过程，并不是仅仅看重研究的结果。评价学生研究成果的价值取向，重点是学生参与研究的过程，诸如学习方式、思维方式、知识整理与综合、信息资料的搜集、处理和判断等。重视的是学生学习的主动性、积极性和创造性。

（2）专题式探究性阅读教学设计。

专题式探究性阅读教学与课文问题的探究性教学最主要的区别是：专题式比课文问题的探究面要更广一些，其主体性、实践性、过程性的特点更突出，尤其是开放性的程度更高。它主要是在某一文本的基础上对文体相近的文章或作家的文章进行专门的鉴赏评价，它不只是提出问题、探究问题，更重要的是注重问题的相互关系；它不仅是限于教材内容，更注重于教材内容为出发点的延伸、扩展。在专题式探究性阅读教学中选择好专题至关重要，选择好专题是探究的起点，关系整个探究过程的效果及意义。其设计步骤有四：

①专题的选择与中心的确立。选择好的专题是搞好这一类探究性学习的突破口。选题恰当，学生的探究兴趣就浓，探究过程就顺利，效果也就更理想。在专题的选择上，要引导学生注意题材不要过大，角度要新，要引导学生选择专题应与自己的知识能力相适应。专题的选择不能单凭学生自身的主观愿望与热情，还要考虑条件的许可。一方面是主观条件如学生自身认识能力、知识功底、爱好专长及研究能力的许可。另一方面是客观条件即这一专题是否有可行性，是否具备一定的意义、资料、时间，等等。

②探究的过程。这一类探究我们要求学生尽量先定位在课内。第一步，

先在课文中选择，然后逐步从课内到课外结合起来。定位恰当了，研究起来就会比较顺利，可以把大的课题切成几个小的点进行研究。第二步是资料查阅。这方面教师可多提供一些线索，让学生去阅览室、图书馆、网上查阅。第三步是对各种材料进行分类、整理，要敢于质疑，对资料中的定论应用自己的眼光去审视，提出自己的真知灼见。第四步是撰写研究专题报告，可以是小组共同完成一个报告，也可以是各人在课题范围内的报告。

③评价。评价一般不同于前面的课文问题的探究性阅读，可采用答辩式，由学生简要论述课题提出的意义、理由、研究情况及研究结果，教师和同学代表质疑，学生回答。

④总结。研究成果的总结很重要，即要有教师总结，根据学生研究的结果找出一些规律性的东西，从知识与技能、过程与方法、情感态度与价值观三个维度方面进行总结，并向全体参加探究的同学反馈。学生在此基础上也要进行总结，学生的总结主要是反思研究的过程，从中得到启示及存在的不足之处等。

专题式探究性阅读教学是一个非常值得一做的工作，它至少在两个方面有益于学生的教育：一方面教师可以有目的、有计划地安排一些人文性的专题内容组织教学，可以借助阅读训练向学生渗透人文思想，培养学生的人文精神；另一方面，教师面对相当部分学生表达苍白、见解乏力的现状，可以有所作为，可以借此引导学生对纷繁芜杂的社会生活现象作出有一定思想深度的评价。

第二节　案例呈示

一、案例一

《闲情记趣》教学实录
武汉六中　胡明道

（一）发问入境

师：有这样两幅画面：一个孩子把蚊子关在帐子里，慢慢地喷烟……又一次，这个小孩蹲在花坛边愣愣地果了近一个小时……看到这两幅画面，你会有什么想提的问题？把你想提的问题交给我们"全班大会"讨论吧！

【参考解说】①这里"发问"的主体是学生，教师要注意创设能刺激问题的情境，鼓励学生提问，诱发学习兴趣。②教师要真诚面对学生的发问，机智地处理学生的问题，如学生可能会问：这个小孩是谁？他是否有毛病？他看见了什么？这有意思、有趣吗？他在想什么？他不怕蚊子吗？他为什么不玩机器猫？教师要将这些问题整合为有序、有机的"资源"，适当地纳入整节课的学习中。

（二）合力释难

1. 带着刚才的问题学生自主解读课文。（教师巡视，帮助正音）

2. 分工解读。

（1）将全文5个自然段分为4段（4、5段合为1段），每个小组选择一段，合力解读。

（2）明确学习内容及目标：这一段写了什么内容？你是怎么读懂的？还有哪些字词你感到没有理解？

3. 交流共享。

【参考解说】①交流共享的目的是让全班同学读懂内容，但不要生硬的"字字落实的翻译"。②帮助学生总结理解文言字词的方法，增强读懂文言文的信心，提高阅读文言文的兴趣。如，可总结："查看"，查看注释，如"私拟作"、"项为之强"等；"换加"，换加字词，如"此皆"换成"这都是"，"余忆"加成"我记得"；"对照"，对照下文，如"夏蚊成雷"对照后文"咳"，可知"成雷"为"像雷声"；推断，如"心之所向"、"徐喷以烟"等均可根据上下文意思推断出来。

（三）赏文解"趣"

1. 齐读课文（至少三遍）。

2. 同桌互赏。找出你最喜欢的句子，说说为什么喜欢。读这一句时，你"看"到了什么？

3. 推荐共赏。

4. 背诵。

【参考解说】此环节重在欣赏及想像，通过欣赏，窥视到一个儿童天真无邪、神奇美妙的内心世界。同时，在赞叹作者丰富的富有创造性的想像力的基础上，鼓励学生依托文句，展开想像，对文本进行再创造，从而获得"有趣"、"有意思"的审美情趣。

（四）体验对话

师：现在有几个任务，让我们共同完成吧！（各小组可任选一个）

1. 《闲情记趣》希望有新版，你愿意参与供稿吗？把你童年的趣事说给大家听听吧。

2. 人教社的编辑来回访，让你们说说这篇选文选得好不好，你们喜不喜欢，你们还有什么意见和问题。

3. 苏州沈复的研究小组问你们，是否羡慕沈复？

【参考解说】①鼓励学生读文引发联想，在自己的童年趣事中，在体验中获得对文本"趣感、美感"的认同及延伸；②应允许学生发表真实的意见，可喜欢此文，也可不喜欢，可对编者提意见，如有学生对"物外之趣"的注释就看不懂也不赞成；③"羡慕"与否也可放开谈，羡慕者可能从"亲和自然"着眼；否者，可能认为这太单调，教师要适时调整时空感，缩短学生与文本的时代距离。

（五）评价拓展

1. 在今天整节课的学习中，你认为最有价值的问题是什么？最有趣的学习活动是哪一环节？

2. 课下再读两节《闲情记趣》文字，看看"趣"在哪里？

（节选自《语文学习》，2003年第3期）

二、案例二：自主性阅读教学案例

一堂没有完成"教学任务"的课

浙江奉化武岭中学　孙美菊

（一）引言

语文课上，我们通常是一个教师一班学生，坐在一个课堂里，以课本为范文，进行着或教师讲授、或师生互动、或茶馆式讨论等多种形式的教学活动，不折不扣地学习着教学大纲规定的内容。这可说是几十年不变的课堂教学模式。我们以这样的方式实施着教学，也认为学生在学习过程中完成了学习任务。活学体现在哪里？语文学活了没有？学生的创造性思维到底有没有发展？这些问题常被我们有意无意地忽略了。

新课标、新大纲都指出，语文教学是大语文活动，应突出语文实践，注重创造性阅读。但如何在语文学习中体现这一精神，如何在教学活动中灵活把握，把语文教活，让学生学活，并充分发挥学生的主动性和教师的主导作用，是我们近年来一直思考的问题。下述案例就是这种思考的一个例证。

（二）教学设计说明

新编高中语文教材第二册第二单元第七课是现代作家钱钟书写的一篇读后感——《读＜伊索寓言＞》。文中钱先生的见解非常独到、深刻，表达又含蓄风趣，常常是话里有话。故在教学设计时，我打算从易处入手。先印发给学生课文涉及到的九则寓言，然后在课堂讨论作者提示寓言所蕴含的道理的基础上，把握文章的精神实质，体会文章的风格。

（三）教学进程

教师：我们已经阅读了课文涉及到的九则寓言，也预习了课文，这一节课我们先研讨钱先生是怎样阐述纠正这九则寓言的见解的。（板书九则寓言的名称，转身发现学生反应没有平时热烈）好，我们开始吧。你可以任选一个谈谈你的看法，也可以左右前后讨论一下。（部分学生议论开了）

学生1：我选蚂蚁和促织的故事。作者引申说有些人会利用别人的不幸或成果来抬高自己。（教师肯定和鼓励，并设法调动其他同学的兴致）

学生2：我选狗和它自己影子的故事。钱老先生对故事加以引申，说故事斥责那些无自知之明、既听不得批评、也不能知错就改的人。若你对他批评，他反而胡闹，甚至反咬一口。（教师肯定并鼓励）

学生3：我以为狗并不懂得水里的是自己的影子。如果知道是自己的影子，它就不会跟自己的影子抢肉。我认为故事适用于那些南郭先生们。他们不懂装懂，结果大闹笑话。（许多同学抬头望着教师。那同学的发言抛开了钱老先生的思想，可又说得不无道理，出于鼓励，也给予肯定）

学生4：我选狐狸和葡萄的故事。狐狸看到藤上熟透了的葡萄，心里想这葡萄一定很甜，而且也很想吃，但够不着，只得说是酸的。我想从心理学上来说，狐狸是一个懂得自我安慰者。如果凭自己的能力办不到却又非办不可，那只能往绝路上走。我以为人有时就需要一点阿Q精神。（偏离了课本主题，却是从不同侧面对寓言进行解读，分析在理，不能打击学生的积极性，只得肯定）

学生5：我选老婆子和母鸡的故事。钱老先生说："大胖子往往小心眼"。我说钱老先生错了。有钱人一毛不拔的行为法律是许可的，因为财产是他私有的，拔不拔毛是他的自由。（气氛愈来愈热烈，来不及评价，就有

同学发言了）

学生6：但他太吝啬了，不合道义。

学生7：我也说老婆子和母鸡的故事。老婆子不懂得母鸡一天只能下一个蛋，违反了客观规律去做，受到惩罚（用词不当，应是"挫折"）是必然的事。所以故事告诉我们要按规律办事。

学生8：从老婆子和母鸡的故事中我联想到了社会上某些当官的，他们像母鸡一样吃百姓的，拿百姓的，可是越来越贪，却忘了自己的本职，最后走上犯罪的道路。故事告诫人们：要做好自己的本行，不要贪心。（气氛十分热烈，一浪高过一浪）

教师：刚才同学们从不同角度解读了寓言故事，也提出了许多独到的见解，甚至与钱老先生针锋相对。泰戈尔曾说过："一百年以后读着我的诗篇的人是谁呢？"意思是说不同的人对同一个故事有不同的理解，真是"一千个读者就有一千个哈姆莱特"（学生异口同声地附和）。知道为什么吗？（企图拉回上课的主题）

学生9：因为寓言蕴涵的寓意非常丰富，每个人又有自己不同的生活阅历以及不同的立场观点。（教师肯定并鼓励）

学生10：伊索曾是一奴隶，由于他的处境，使他的寓言故事更隐晦更含蓄。（教师肯定并鼓励）

学生11：据有人考证，伊索寓言后面附加的"教训"都是编撰者的思想倾向。所以有些已不适合现代社会了。我们可以按自己的方式来体悟。其实我们也可以编写寓言。（学生一哄而起："编一则！"该同学脸红一下，略作思考。教师示意学生安静）

学生11：编就编，我说猫和老鼠的故事。（现把故事整理如下）

猫和老鼠
汪审浩

一个冬天的下午，猫躺在暖烘烘的太阳底下，靠着主人家的墙根，半闭着眼打盹。忽然一只老鼠"哧溜"一下从猫脚边溜过。猫被惊醒了，睁开眼就破口大骂："你夜里作祟还不够吗？白天还要来骚扰。看我怎么收拾你。"说着就猛扑过去。见此情景老鼠灵机一动，钻进了墙根的石缝里，转而探出头来对猫说："猫大哥，别这么凶，你也不想想，如果没有了我们，你就没事可做了，主人家就会把你赶出家门。到那时，你就失业啦！"话音刚落，就不见了老鼠的踪影，留下猫在那里一愣一愣。

（师生一起鼓掌，离下课只有两分钟了）

教师：这节课我们虽然未能紧扣课文语言进行揣摩、研讨，但同学们从自己的生活经验出发，创造性地阅读了伊索寓言。对寓言的理解可说是"柳暗花明又一村"啊！汪审浩同学当堂创作了一则寓言，而且是一则富有深意的寓言。其实我们跟大作家相差不远，只不过他们已成了大家。今天的作业是写一则寓言故事，字数不限。下课。

（四）教学效果

下课后，学生议论、感叹，一句"这45分钟过得太快了"飘过我的耳边。然而我却为没有完成课堂任务而疑虑重重。

两天后，交来作业，一批阅，心中阴云顿消。我真没有想到连平时作业马虎、写作平平的同学也写出了富有创意的寓言故事。

（五）教学反思

语文学习是一个渐进的过程，有时经过一堂课的学习，很难断定学生到底掌握了多少知识。故而人们常常以是否完成教学任务、是否落实教学重难点来衡量一堂课的成败。从这一角度看，单就这一节课孤立地看，可说是不太成功的。但从学生突破常规、能多侧面解读寓言、学会写作寓言的效果看，我觉得也有它成功的一面。

首先，学生能够创造性地理解寓言，并形成自己的观点，在了解寓言的基础上学习写作寓言。这才是真正的创造性阅读，是符合新课标精神的。

其二，这一学习活动中学生成了真正的行为者。他们是为了"必须竭力去读懂"的实际目的，在真实行为的活动中去学习的。从而充分激发了学生的学习兴趣。从课堂上对寓言的理解和课后的寓言写作情况看，学生在寓言学习方面获得了元学习能力，切实训练和提高了阅读理解能力，创造性思维得到了发展。

其三，这是一次成功的内隐学习活动。内隐学习的理论是美国心理学家在20世纪60年代提出的，指的是在偶然的、无意识的状态下获得某种知识、经验和技能的过程。在这堂课前，学生并不知道所要获得的是什么，更无法有意识地把它提取出来，教师也没做有意的安排，却在这一语言学习活动中学得了阅读、创作寓言的知识、经验和技能。其成效是教师讲解所不能替代的。

通过这堂课，我明白阅读是学生个性化的活动，也是种创造性的活动。作为教师要珍惜学生的感悟、体验和理解，更要保护他们的智慧的火花。这样更有利于开发学生的创造性潜能。认真备课，把握重难点，完成教学任务都很重要，但我懂得更重要的是把语文教活、让学生活学，这才是语文学习的灵魂。教师面对的是活生生的学生，教学过程中常常会出现一些意想不到的事。如果教师依然死守教案，那么最好的教案也会成为束缚教学的桎梏。有时，灵活地放开一些，反而更能充分发挥学生的自主性和教师的主导作用，更能活跃思维，激发学生学习的积极性，收到意想不到的效果。

（节选自《语文学习》，2003 年第 3 期）

三、案例三：探究性阅读教学案例

经典文章的现代解读

——我这样上《石钟山记》

江苏梁丰高级中学　邬建芳

（一）引言

"积极倡导自主、合作、探究的学习方式，努力建设开放而有活力的语文课程"，这是新的课程标准明确提出的基本理念。

苏轼的名作《石钟山记》属于传统篇目，但它出现在新的课程标准与理念统摄下的新教材上，教学设计是否该有新突破呢？而且，学生学习文言文或多或少存在畏难或倦怠情绪，能否找到一种办法唤起学生学习该文的兴趣和热情？

（二）寻找突破口

每当意识到自己解决问题存在困难，我总习惯到网上去寻找"他山之石"用来激活自己的头脑。打开电脑，在 GOOGLE 搜索栏内键入"《石钟山记》"，果然有大量信息涌出，飞速浏览、筛选后，我将目光锁定在一篇题为"名篇《石钟山记》的由来——苏轼教子求实"的短文上，文章大意是：

北宋文学家苏轼不仅为文汪洋恣肆，明白畅达，在家庭教育上也别具一格。他在被贬黄州期间有闲与长子苏迈一起读书作文，谈古论今。一天，父子俩谈起鄱阳湖畔石钟山的名称由来。苏迈从《水经注》等古书中找到许多说法，苏轼都觉得牵强不可信，苏迈还想继续钻故纸堆，被其父阻止。苏轼认为，做学问不可人云亦云、道听途说、妄下结论。要获得真知，必须到实地考察。于是就有了苏轼父子夜探石钟山、实地查访其得名原因的故事。苏轼为了让儿子更深刻地理解"求实"的重要性，又提笔撰文。后人才得以读到这篇名文。

这篇文章最大的特色就是角度新，它从家庭教育的角度来考证该文的由来，为名篇的解读提供了全新的视角。更令我兴奋的是，我发现苏轼教子的方式非常现代，具备"研究性学习"的特质，《石钟山记》可以看作是一份研究性学习的结题性报告。我激动地意识到，这就是新的教学设计的突破口！

（三）背景

在理解并接受了"研究性学习"的基本理念，认识到这是当前课程改革的切入口后，我校较早地开始了"研究性学习"的大胆探索和实践。高一年级是尝试这种学习方式的主阵地。现阶段，学生正体验着"研究性学习"的全过程，而我作为活动指导教师，经过一段时间的摸索，也熟悉了它的流程和关键环节。这也就是我将"苏轼教子求实"的材料与"研究性学习"联想到一起的原因。

（四）教学过程

带着创新的激情，迈着自信的步伐，我踏进高一（10）的教室，用下面一段话导入新课：

北宋文坛上有一位最豪放的词家，最浪漫的诗人，最超脱的文人，最潇洒的过客，最具人格魅力的大师——他是谁？是的，苏东坡，一个如此响亮耀眼的名字。作为苏门之子，他与父亲苏洵一起扬名，甚至可以说是父因子显，光耀祖宗；作为一个重情的丈夫，那首不朽的《江城子》令古今多少人为之潸然泪下；作为兄长，那首中秋大醉怀子由而作的《水调歌头》将手足情推向极至，使得其他望月怀人之作黯然失色；作为一名父亲，我们还不太了解他是如何教子的，虽有一首《洗儿》诗"但愿我儿愚且鲁，无灾无难到公卿"，似乎透露出他对孩子的教育的无所谓。其实，诗句只是他一生为聪明所累而借故发的牢骚。苏轼是非常重视家庭教育的，他不仅教给孩子知识，而且还教给孩子如何获得知识；不仅重视教育的内容，还自觉运用了先进的教育方法——研究性学习。不信，请大家读《石钟山记》，它几乎包含了研究性学习的所有元素。我们试着把它当做一份研究性学习的结题报告来分析解读吧！

学生眼中的惊讶、困惑、新奇、兴奋等种种反应告诉我，他们的探究兴趣已经萌发！我请学生将研究性报告的一些要素列举出来，同时将关键词抄录在黑板上，整理如下：

1. 课题名称：_____

2. 课题组成员：_____

3. 主导课程以及相关课程：_____

4. 课题简要说明（研究缘起）：_____

5. 研究目的和意义：_____

6. 研究条件（资料、装备等）：_____

7. 研究方案（过程、方法）：_____

8. 研究成果（特色、创新之处）：_____

9. 研究结果的表现形式：_____

10. 研究结果的评价、鉴定：_____

在此过程中，不少学生已经窃窃私语、跃跃欲试了。我说："同学们，如果不经过精读思考就匆忙下结论，这是治学不严谨的表现。请大家先进行个体自读，达到疏通文句、理解文章大意的基本目标，然后有指向性地对以上十条作初步的考虑，用15分钟时间对课文作研究性报告的元素分析并形成草案；再花15分钟由小组的组长主持，逐条进行交流研读，在对十个问题形成基本统一的意见的同时，将意见组织成一份完整的研究性阅读报告，下课时交上来。"教室里顷刻间安静下来，学生们埋下头，眉头紧蹙，开始了圈点勾画。时间一到，我提醒学生分组讨论。学生们事先有了自己的思考，讨论时几乎都能够侃侃而谈，有的小组言笑晏晏，有的小组争得面红耳赤。我看见思想与识见在教室的每一个角落飞舞、碰撞。下课的铃声响起，很多同学却浑然未觉，我要求每个小组将报告交上来。七个小组中有四组已经完成，其余没来得及誊录好，我答应了他们稍后再交的请求。

这节课学生思考得认真，讨论得热烈，效果怎样呢？回到办公室，急急打开学生的报告，读着读着，我欣慰地笑了。我挑选了一份最成熟的，附在下面：

1. 课题名称：石钟山得名的原因

2. 课题组成员：苏轼、苏迈、寺僧、小童

3. 主导课程以及相关课程：地理、物理、音乐、考古

4. 课题简要说明（研究缘起）：对"石钟山得名之因"的旧说存疑（详读课文第一小节），认为郦道元与李渤的说法有漏洞，促使他们作进一步研究。

5. 研究目的和意义：试图找到石钟山得名的真正原因，培养不迷信旧说、有疑必察、勇于探索、勤于实践的求真务实精神。

6. 研究条件（资料、装备等）：参考文献：郦道元《水经注》、李渤《辨石钟山记》；装备：小舟、斧子。

7. 研究方案（过程、方法）：两次实地考察。第一次：白天，斧斤考击，未得其实；第二次：月夜，观察听辨，验明真相（详见课文第二小节）。

8. 研究成果（特色、创新之处）：石钟山之所以能够发出声音，关键是因为山脚下遍布石窍，大小、形状、深浅各不相同，它们不停受到波浪撞击，发出各种不同声响。借此补充完善了郦道元的学说，彻底否定了李渤的陋见。

9. 研究结果的表现形式及心得：小论文《石钟山记》。凡事非经目见耳闻，不可臆断其有无。

10. 研究结果的评价、鉴定：根据文后所附俞樾《春在堂笔记》卷七，苏轼父子的研究成果也只能作为众说中的一说。今天的石钟山以"中国千古奇音第一山"被联合国列为世界文化景观。石钟山得名的原因或许是综合了"声形"二说，或许还有更有价值的历史或科学原因等我们去发现。但苏轼父子的考察研究还是有它的重大价值的。最值得称颂的是他们不迷信旧说、反对主观臆测、有疑必察、勇于探索、勤于实践的求真务实精神。故将此项研究鉴定为优级。

接下来的第二课时，我首先表扬了完成最出色的小组，然后将七份报告中有异议的地方与学生一起讨论求证。比如，在"课题名称"上存在"石钟山"与"石钟山命名之因"的争议。经过比较，大家很快认同了后者。还有，在"研究结果的评价、鉴定"上存在品级的差异。对此，我发表了自己的看法。我说："从来就没有终极真理，只有对真理的渐近，对过去的超越和对后来者的启示，难道我们能因为爱因斯坦而彻底否定牛顿吗？"在同学们颔首称是中，我将课堂推入下一个环节："苏东坡为什么那么重视实证，一再强调'事不目见耳闻不可臆断其有无'，而且几乎冒着生命危险带着儿子去体知这个道理呢？据我所知，他自己就是在这上面摔过跤、吃过亏的。据说他被贬黄州就是因为凭着主观臆断贸然行事，结果为此付出了沉重代价。有哪位同学知道吗？"一阵交头接耳后，有几束期待的目光向我投来（高中生不喜欢举手，但不等于他们不喜欢表达），我点了其中一位男生给大家讲。他说："最近，我正好在读冯梦龙的《警世通言》，里面有一篇'王安石三难苏学士'，说的好像就是这段故事。""那太好了，你跟大家说说故事梗概吧。"我鼓励他面对全班同学讲，记不真切的地方可以看书。他叙述的内容整理如下：

有一次，苏轼去拜访王安石，不巧，王安石正好出去了，仆人安排他在书房等候。苏轼看见王安石书桌上有半首诗："西风昨夜过园林，吹落黄花满地金。"东坡认为黄花（菊花）性火，能傲霜，怎么会西风（秋风）一起就落瓣呢？简直一派胡言，看来王安石已经江郎才尽！兴之所发不能自已，于是他提笔续写了这么两句："秋花不比春花落，说与诗人仔细吟。"王荆公回来看到后，口中不语，心下踌躇："苏轼这小子，不道自己才疏学浅，敢来讥笑老夫，看来，得给他点苦头吃吃……"于是，一纸调令将他贬到黄州。秋天来了，苏学士发现黄州的菊花果然落瓣，西风一吹，满地铺金，才知荆公用意。心里后悔不迭。

学生对他的讲述报以一片掌声。我趁势总结："由此看来，东坡写作《石钟山记》，不仅在于教子求实，还是自己人生经历与教训的总结和反思。苏轼一生宦海沉浮，坎坷遭际，令人唏嘘；但他多才多艺的绝世才情、达观自信的人生态度、自由出入于儒道两家的圆通又使他充满了人格魅力，令后代无数人仰慕追随。想更全面地了解亲近苏东坡吗？林语堂的《苏东坡传》很值得一读，女作家方方的《喜欢苏东坡》一文也不可不阅。当然，苏子自己的诗词文赋更不容错过哦。下周语文小活动就是'走近苏东坡'专题阅读交流，请同学作好准备，有条件的可以到网上查找资料，并用power-point做成电子讲稿。"

（五）教学效果自评

由于教学设计反常规，出乎学生的意料，所以在激发学生的兴趣方面效果明显，学生参与的热情较高；小组讨论安排在充分的独立学习之后，而且十个有梯度的问题的引领保证了讨论的质量，集体交流时有一些小争议，各组同学各抒己见，课堂气氛较活跃。最后的拓展延伸很有吸引力，不少学生一下课就向我借阅有关苏东坡的书。当然，总有少部分学生，由于对文言文毫无感觉，厌学文言文，所以，不管老师采用何种教法，他都无动于衷，懒于思考，拒绝参与。对这样的学生应该采取什么对策，还有待进一步思考和尝试。

（六）收获与反思

1. 再老的课文，只要花心思，总能找到新角度，上出新意，关键在于教学上有没有更高的追求。

2. 再新的设计，如果脱离双基的落实、脱离学生的实际，就算不上是好的设计；不能被新的想法冲昏头，而导致课堂教学流于形式。

3. 网络资源带来便利的同时也带来麻烦——如果没有带着明确的目的去上网，很容易迷失在信息的丛林里，浪费时间和精力；互联网时代对我们的信息选择能力和驾驭能力提出了严峻的挑战，必须努力提高自己的信息素养。

4. 多数学生还是爱读书的，只是不知道读些什么；如果教师在课堂上有意识向学生推荐并且把他们的胃口吊得足足的，不愁学生不读书。不过要想吊学生的胃口，语文老师自己一定得多读书，勤思考；读书思考就是在备课。

（节选自《语文学习》，2003 年第 1 期）

第三节 讨论与分析

一、案例讨论

（1）案例一"关于《闲情记趣》"中的阅读教学与以前的阅读教学有哪些不同。你从中受到什么启发？引发你对新课程阅读教学怎么样的思考？

（2）案例二"一堂没有完成教学任务的课"是如何体现自主性阅读的？你还可以采用哪些方法措施来贯彻落实自主性阅读？

（3）案例三"经典文章的现代解读"是怎样体现探究性阅读教学策略的？

二、案例分析

（1）传统的阅读教学是一种接受性学习，注重的是师授生受的结论。新的语文课程标准关于阅读教学在理念上有较大的变化，认为"阅读教学是学生、教师、文本之间对话的过程"。这一阅读理念是以现代对话理论作为基础的。对话理论认为，作者与读者的关系，就其本质而言，体现了人与人之间的精神联系，阅读行为也就意味着在人与人之间确立了一种对话和交流的关系。这种对话和交流是双向的、互动的、互为依存条件的，是主体与主体之间的关系。胡明道老师关于《闲情记趣》一课的教学案例就充分体现了新课程现代阅读教学的理念。

首先，这一案例充分重现了学生在阅读过程中的主体地位。在阅读教学中，存在着多重对话关系：如学生与作者（文本）的对话，教师与学生的对话，学生与学生的对话，教师与作者（文本）的对话，学生、教师与编者的对话等。这些都为学生的个体阅读提供了良好的环境和条件。但对话的中心是每一个学生个人。必须强调学生阅读的主体性和独立性。这一案例的每一个环节活动的主体都是学生个人。

其次，这一案例比较重视学生自己的独特感受和体验。既然每个学生的生活经验和个性气质都不一样，就应鼓励学生对阅读内容做出有个性的反应。如对文本中自己特别喜爱的部分做出反应，确认自己认为特别重要的问题，为文本内容和表达作设计，等等。本案例的第三、四、五几个环节就是如此。

再次，这一案例重视了自主、合作、探究的学习方式的实施运用。新课程中一个基本理念就是积极倡导自主、合作、探究的学习方式。这一基本理念在这一案例中也有很好的体现。整个教学过程五个环节，每个环节都需要学生自主学习，第二、三、四几个环节都有合作学习的因素，第五环节的拓展性阅读实际上就是学生的探究性学习。

最后，这一案例重现了三维目标体系的落实，全面提高学生的语文素养。有知识和能力的目标，如文言字词的掌握、背诵、口头作文等，有过程和方法的目标，如帮助学生总结理解文言文字词的方法等，有情感、态度和价值观的目标，如赏文解"趣"，体验对话等。

（2）《一堂没有完成"教学任务"的课》这一教学案例较好地体现了新课程阅读教学中自主性阅读教学的设计策略。

首先，整节课的教学都是体现了以学生为主体的阅读。教师把阅读的时间和发现问题的权利都交给了学生，实现了学生阅读的自主性和独立性。全节课并没有完全按照教师既定的方针实施，也就是教师所说的是一堂没有完成教学任务的课。但是从实际效果可以看出，这节课又是成功的，是符合新课程精神的。

其次，整节课的教学，教师注重了学习过程，没有要求答案的统一。例如对狗和它自己影子的故事，学生3的回答就抛开了作者的原意，但由于言之成理，老师没有简单地加以否定，而是加以鼓励和肯定。接下来的学生4、学生5、学生6、学生7、学生8的发言也都是学生自己个人的阅读体验，虽没有符合作者的原意，但既然是阅读对话，就应该允许有理解的差异。在珍视学生的独特的感受、体验和理解方面，这位老师是做得好的。

再次，整个课堂，教师当好了课堂阅读活动的组织者、学生阅读的促进者、也是阅读中的对话者之一的多重角色。这从整节课老师在开始、中间、最后的三处发言中可以证实，开始时老师的谈话，完成了课堂阅读活动组织者的责任，中间的谈话承担了学生阅读的促进者的职责，最后的谈话则是对话者之一的体现。

最后，整节课注重了对学生各方面能力的培养，完成了多重目标。例如有对寓言寓意的解读，这是理解能力；有学生的口头发言，这是口语表达能力；有学生的辩论，这是思维训练；有当堂的和课后的寓言写作，这是书面表达能力；等等。同时在对寓言的解读过程中，学生能联系各方面的知识和生活实际进行创造性的理解，又有力地体现了语文学科的人文性特点，完成了情感价值方面的目标。

（3）《经典文章的现代解读》作为课文问题探究性阅读教学设计案例，确实有自己的特色。

首先，是教师创新精神强、教育理念先进、设计独具匠心。苏轼的《石钟山记》是中学语文教材中的传统篇目，在新课程改革的新教材中，传统篇目教学怎样有所突破，上出新意，这是教师一开始就思考的问题。在这种创新意识的驱使下，教师大胆地采用了新的教育理念"研究性学习"策略，提出了"经典文章的现代解读"的独具特色的创造性设计，可谓是不同凡响。

其次，是教师注重了激发学生的阅读兴趣。如一开始教师导入新课的那段话，通过对《石钟山记》有关背景的介绍，有力地调动了学生探究的兴趣和欲望。这从学生眼中的惊讶、困惑、新奇、兴味等种种反应中可以证实。而结尾的总结更是将学生的阅读兴趣从课堂的教材问题探究引向了课外的作家专题性探究。

再次，整个教学教师注重的是学生的学习过程，是探究过程中学生知识与能力，过程与方法，情感、态度与价值观三维教学目标的达成，是学生语文素养的全面提高。这从 10 个问题的设计、学习方法过程的安排、学习结果的评价等教学环节中可以看得出来。从学生的发言中，从学生学习小组的报告中也可以得到印证。

最后，是整节课基本上体现了探究性阅读教学的策略，如学生自读与教师点拨相结合，独立思考与集体讨论相结合，强化思维训练等。遵循了探究性阅读教学的设计步骤，结构比较完整。如从开始的激发兴趣，到 10 个问题的设计，到学生的探究研讨，到探究成果展示交流，到对探究成果的总结与评价，几个环节都比较清晰。

但是，这一案例正如作者在反思中谈到的，再新的设计，不能使课堂流于形式，怎样在创新中又不脱离学生实际，特别是文言文教学落实基础知识、基本技能双基问题，可以作进一步的思考与探讨。

第六章　写作教学的理念

教学目标：把握写作课程与教学的性质、目标，明确写作教学的内容，掌握写作教学的一般模式与方法。

第一节　理论阐述

一、写作课程与教学的性质

写作是运用书面语言表达思想、抒发情感、交流信息、传播知识的活动，是人类特有的一种智能活动和精神生产活动。把写作活动纳入基础教育课程之中，写作就是一种语文活动。在四种基本的语文活动中，它与"说话"同属于"表达"，但它与"说话"的区别在于它运用的是有形的文字——"书面语言"（说话运用的是无形的声音——口头语言），还有"书写"的行为。写作作为语文课程的一种主要类型，其独特的课程功能是培养学生的写作能力。

写作在语文课程与教学话语中，又习惯性地被称为"作文"，在低年级还有"写话"、"习作"的名称，它们指的都是同一种活动，但也表示着程度的区别。"作文"意味着在中小学语文课程与教学中的写作只是一般的短小的文章写作。在课程目标意义上，它不包括文学写作和专门的论著。

写作教学，也称作文教学，是教师组织和引导学生运用书面语言进行表达和交流的综合性实践活动，是培养学生基本的适应实际需要的书面表达能力的活动。

表达、交流和认识，是写作的出发点和归宿，是写作的基本功能。写作教学，就是指导学生运用语言文字来进行表达、交流和认识，使他们掌握这方面的基本知识、养成习惯、提高能力。这种写作和写作教学的性质观，有两个方面的涵义。

（1）写作不是一种与学生的生活无关的孤立的技能，而是在生活中用书面文字来阐述思想、表达情感、促进认识、进行社会交际的重要手段。因此，写作教学就应该贴近学生的生活，通过写作促使学生去探索、去认识、去表达，把写作作为一种有用的工具，用来观察生活、感受生活、思考生活、表达思想、交流信息、训练思维，让写作像说话一样，成为一种在生活中随时随地都要用到的语言行为。使学生在需要的推动下去写作，在写作中去追求和发展技能。

以往形式主义的写作教学的一大弊端就是，把写作当成一种单纯的技术训练，作文课的重点是传授写作知识、训练写作技能，主要关注的"怎么写"，而不是"写什么"。写作教学不太关心学生是否有话可说、是否有表达的需要和愿望，而以写作技能的掌握为目的，强制学生写作。学生为了练习某种技能而去拼凑写作内容。写作不是一种在内在动机的驱使下而进行的有意义的活动，而是一种外在的、强加的要求。

在自然的写作程序中，是人在生活中有所积蓄、有所感发，不吐不快，或者遇到必须运用写作来解决的真实的任务，才产生写作的动机，然后为了达到某种表达效果，才去考虑如何谋篇定体、组材用笔、遣词造句、修改润色。是先有积蓄，后有写作的动机，然后才有表达形式的问题。这是作为表达、交流和认识的工具的写作活动的特点。写作教学也应该符合或尽量接近写作的自然程序。而形式主义的写作教学恰恰违反了写作的自然程序。写作练习脱离学生的思想生活实际，写作与学生的生活无关，没有需要的推动，缺乏内在的动机，导致学生写作兴趣低落，普遍存在动力性困难，作文中无话可说，写作质量低下的现象。

（2）既然写作是一种表达和交流的方式，那么它最重要的原则就是"有话必说，无话不说"、"心口如一"，是"修辞立其诚"。写作教学就应该放开种种束缚，鼓励自由表达，强调写真情实感。

在中小学作文教学中，学生觉得"无话可说"已成为一个非常普遍而严重的问题，成为学生写作的最大困难。1996年，山东荣成市实验中心对该市某校初二和高一的近1000名中学生进行了一次中学生作文心理状态的问卷调查。调查结果显示，在"作文的困难"一项中，选择"没什么可写"的，初中生占52%，高中生占47%。叶圣陶先生曾说："学生胸中有积蓄吗？那是不必问的问题。只要衡量的标准不太高，不说二十将近的青年，就是刚有一点知识的幼童，也有他的积蓄。幼童看见猫儿圆圆的脸，眯着眼睛抿着嘴，觉得它在那里笑：这就是一种积蓄。"学生时刻都在生活，随时都有对生活的观察、感受、体验和认识，但为什么作文中却空洞无物、内容枯涩、觉得"没什么好说"呢？关键的原因就在于强烈的应试思想的影响，使学生不能说真话、抒真情。

在我国古代的科举考试中，写作是求取功名的工具，要达到这一目标，就要"代圣人立言"，站在圣人的立场、以圣人的观点、模拟圣人的口气来作文。至于这些是不是自己内心真实的想法和感受，并不重要。这种思想，在我们的作文教学中仍然存在。为了达到在考试中得高分的目的，我们要求学生作文立意要高远、情感要高尚、思想要深刻，而不是流露自己真实的个性。于是，虽然每个学生都有自己独特的生活经历、人生体验和对事物的看法，但大多数都被这种标准过滤掉了，不能进入作文之中，学生只好编造、模仿一些成人化的语言、伪圣化的思想和千篇一律的假话、空话、大话，使学生一方面觉得写作时无话可说，加大了写作的困难；另一方面则使学生形成了为文造情、说假话、"作文是一套，内心是一套"的不良习惯，不利于其个性的健康发展。

二、写作课程与教学的目标

（一）写作能力目标

写作能力是一种综合的语文能力，其构成的要素比较复杂。究竟由哪些要素构成，由于研究的依据和角度不同，就有各种不同的划分。综合各种研究成果的共同要素，可概括为三个大的方面：一是写作智能，即写作的心理能力，又有人称为写作的基本能力，包括观察能力、思维能力（分析、综合等）、联想和想像能力等；二是写作能力，即根据写作的心理过程概括出来的写作的专门能力和常用的文体写作能力，包括审题（命题）、立意、选材、构思（布局谋篇）、表达（书面起草）、修改等能力和记叙文、说明文、议论文的写作能力；三是写作技能，即表现在外部的操作行为，如文字书写、行款格式、标点符号等。1992 年《九年义务教育全日制初级中学语文教学大纲》的写作能力训练的项目就包括了以上三个方面的能力因素：

书写工整、规范，有一定的速度

养成卷面整洁、注意行款格式的习惯

正确使用标点符号

观察、分析周围的事物，用自己的话写出观察的结果和感受

随时收集、积累语言材料

根据写作需要，确定表达的内容和中心

选择恰当的表达方式，比较准确的表达自己的意思

合理安排内容的先后、详略

运用联想或想像，丰富表达的内容

记事写人，内容具体，有真情实感

选用恰当的说明方法，有条理的说明事物的特征

发表自己的看法，有一定的根据，作一些简单的分析

根据目的、对象、场合，选择比较恰当的语句

根据需要，对文字材料作缩写、扩写、改写、续写

学写一般的应用文

养成修改文章的习惯

在以上 17 项中，第 1 至 3 项属于写作技能；第 5、6、9、12 等项属于写作智能；其余均属于写作的专门能力。

新的《语文课程标准》对写作能力的基本要求是"能具体明确、文从字顺地表述自己的意思。能根据日常生活需要，运用常见的表达方式写作。""具体"，是对写作内容的基本要求，强调的是言之有物，不说空话。对记叙文而言，是要学会用事实说；对议论文而言，是要论据充分；对说明文而言，是要提供足够的信息。"文从字顺"是对写作形式的基本要求，既包括用词的准确与得体，句子的通顺和连贯，更包括条理清晰、详略得当。提出"根据日常生活的需要"写作，体现了写作与生活的联系，其中的主要指向是写作时考虑不同的目的和对象。上述基本要求特别提到表达方式的运用，这也体现了课标的一种导向：轻文体，重表达方式。当然，这是相对而言的。其理由在于：一方面，表达方式的运用是文体运用的基础；另一方面就是现代生活中文体的运用更加灵活，不必过于拘泥。但应当指出，文体的训练还是必需的，比如议论文中的记叙应当不同于记叙文中的记叙，记叙文中的记叙应较为具体，而议论文中的记叙应较为概括，因为那是为议论服务的。在阶段目标中，也有对记叙、说明、议论三种文体写作的具体要求："写记叙文，做到内容具体；写简单的说明文，做到明白清楚；写简单的议论文，努力做到有理有据；根据生活需要，写日常应用文。"

（二）写作态度目标

对于写作态度目标，朱绍禹先生关注最早，他对"作文态度目标"的概括是："作文态度是在作文过程中逐渐形成的对作文的一种持续性反应，是作文教学的重要目标之一。在作文态度方面，我们要培养中学生形成自觉的态度、严肃的态度和观察的态度。"①

---

① 朱绍禹. 中学语文教学法. 北京：高等教育出版社，1988. 152～153 页

　　新的《语文课程标准》比以前的大纲进步之处是特别强调写作的情感、态度、文风等人文素质的养成目标。如特别强调个人的自由表达。《标准》关于写作的定位中有"认识世界、认识自我"、"关注现实，热爱生活，表达真情实感"。在阶段目标中提出："写自己想说的话，写想像中的事物，写出自己对周围事物的认识和感想"（第一学段）；"能不拘形式地写下见闻、感受和想像，注意表现自己觉得新奇有趣或印象最深、最受感动的内容"（第二学段）；懂得写作是为了自我表达和与人交流"；"写作要感情真挚，力求表达自己对自然、社会、人生的独特感受和真切体验"。此外，《标准》在"教学建议"中更是明确地提出："为学生的自主写作提供有利条件和广阔空间，减少对学生写作的束缚，鼓励自由表达和有创意的表达。提倡学生自主拟题，少写命题作文。"可以说，"强调个人的自由表达"将成为作文教学的首要原则。《标准》十分关注学生的写作态度。《标准》在"阶段目标"的陈述中提出："对写话有兴趣"（第一学段）；"留心周围事物，乐于书面表达，增强习作的自信心"、"愿意将自己的习作读给人听，与他人分享习作的快乐"（第二学段）；"懂得写作是为了自我表达和与人交流"（第三学段）；"写作时考虑不同的目的和对象"、"养成修改自己作文的习惯……能与他人交流写作心得，互相评改作文，沟通见解"（第四学段）。这里的"兴趣、自信心、分享快乐、感情真挚、相互沟通"等表述显然已大大拓展了之前教学大纲"感情真实健康"的内涵，注重了对学生情感态度与价值观的培养。

　　这些目标要求说明写作课程与教学的目标不仅仅是培养学生单纯的写作能力，还要在写作过程中促进学生的主体性人格发展。

三、写作课程与教学的内容

　　课程目标的达成，必须有相应的课程内容来做支撑做凭借。写作课程与教学的内容是培养写作能力的凭借和途径。从总体上来说，写作课程与教学的内容包括两个大的方面：写作知识内容和写作活动内容。

　　（一）写作知识内容

　　中学生写作能力的形成和发展是个体习得和运用写作内容知识、写作技能知识和写作策略性知识等三类广义知识的结果。关于以上三类写作知识，何更生的研究结论如下：写作内容知识即言语信息，其本质属于陈述性知识的范畴，是指有关人所知道的事物状况及事物之间关系的、能够被人陈述和描述的知识，或者说是关于"是什么"的知识，包括名称、事实、事件、

态度等。例如，我们平时在文章中所陈述的某些事实或现象、所描述的某些
事件和人物、所阐明的某些观点和事理即是运用此类知识的结果。① 在心理
学界，一些认知心理学家对写作内容知识做过具体的分析。他们认为，写作
内容知识主要由主题知识（如传递的具体信息）和读者知识（如读者对某
个问题的看法）构成。其中，主题知识是写作内容知识中最重要的因素。
储存在作者大脑中的主题知识有命题、表象和线性排序等表征形式。这些表
征形式并非彼此孤立存在的，而是相互联系，相互作用，共同组成一个具有
一定层次的知识结构——命题网络或图式。不同类别的主题知识组成不同类
型的图式，如事件图式（例如关于进餐馆就餐的图式）、人物角色图式（例
如关于维吾尔族姑娘的图式）、场景图式（例如关于剧院的图式）等。

　　写作内容知识对写作活动有重要作用，它直接决定作者是否"有米可
炊"、"有物可言"。具备了丰富写作内容知识的作者比那些写作内容知识相
对贫乏的作者在写作时有更多的信息可以提取，而且，提取的速度也更快。

　　写作技能知识就是关于言语表达技能的知识。写作中的言语技能一般不
包括动作技能，所以写作中的言语技能主要是智慧技能。在写作活动中，智
慧技能具体落实到字词句段篇的表达之上，主要可分两种类型：（1）遣词
技能。遣词技能本质上是指根据一定规则运用字词进行书面表达的能力。遣
词技能强的作者写作时往往"奋笔疾书"、"下笔成文"，写出的文章也是词
汇丰富，文采斐然。相反，遣词技能差的作者写作时往往如负重爬行，即便
绞尽脑汁，也找不到恰当的词语，写出的文章词汇贫乏，甚至词不达意。要
具备较强的遣词技能，作者首先必须在大脑中储备足够数量的词语。但是，
仅仅具备足够字词仍是不够的。梁朝人刘勰说："富于万篇，贫于一字"。
意思是说作者心理词典中尽管储存的词汇很丰富，但由于不善于使用而找不
到一个合适的词语。因为，写作中字词的运用要受到一定写作规则的制约
——作者在运用字词表达思想时并非随心所欲，而是字斟句酌，根据表达内
容的需要从自己心理词典中选用最为恰当的字词。古人说，"语不惊人死不
休"，"丰而不余一言，约而不失一词"。这都说明了写作中词语运用的特
点。因此，评价遣词技能有两个标准：所掌握的字词的数量；对字词的运用
是否得体顺畅。（2）造句技能。写作的造句技能本质上是根据一定的语法
规则和表达思想感情的需要（规则）而进行的词和词组的组合。写作的造
句和日常学生所进行的造句练习既有联系又有本质区别。造句练习是单纯的

---

① 何更生，吴红耘等. 语文学习与教学设计. 上海：上海教育出版社，2004. 127～133 页

语法规则的运用，是单个句子的表达；而作为一种写作技能的造句，除了运用语法规则外，还要运用篇章结构规则，要服从文章整体表达的需要。鲁迅先生曾经指出："这语法的不精密，就在证明思路的不精密，换一句话，就是脑筋有些糊涂。"说明篇章构思与造句的关系。必须指出，作为一种写作技能的造句不是一般意义上的对规则的运用，而是指经过反复练习达到自动化水平的对规则的运用。这就是人们通常所说的语感，语感强即代表规则使用的自动化水平高。

写作策略性知识是一种特殊的程序性知识，其实质是如何审题、如何构思、如何选材、如何剪裁、如何组材、如何遣词造句以及如何修改等规则，它支配着作者写作过程中的认知和情感活动并提高自己的写作质量和效率。具体可分为以下两大类：（1）选择运用适当的写作方法或规则。写作方法种类很多。清人唐彪在《读书作文谱》中提出了"浅深虚实"、"开阖"、"离合相生"、"衬贴"、"跌宕"、"推原"、"照应"、"关锁"、"遥接"、"抑扬"、"顿挫"、"顺逆"、"穿插"、"预伏"、"牵上搭下"、"一意推出三四层"等20余种写作方法。何更生曾经在系统总结前人研究成果的基础上结合学生作文特点概括出审题法、立意法、聚材法、选材法、组材法、剪裁法、遣词法、修改法、顺叙法、倒叙法、插叙法、心理描写法、肖像描写法、行动描写法、景物描写法、场面描写法、定义说明法、分类说明法、举例说明法、比较说明法、引用说明法、立论法、驳论法、直接抒情法、间接抒情法等30余种学生常用的写作方法。如果学生学会使用这些方法，并且能够有意识地运用这些方法来改进自己的作文，提高写作效率，这便说明学生获得了写作策略性知识。（2）对自己写作能力、作文优缺点的意识和监控。研究表明，作者在整个写作过程中都要受到策略性知识的监控。这种监控具体包括以下几方面：第一，写作成败的归因。写作成败有四层含义：写作有无进步；写作进步有多大；写作是否达到目标（计划）；写作目标达到的程度有多大。如果学生从写作方法或策略上而不是从自己主观是否努力、是否聪明上对这四层含义进行反思即为认知策略。第二，写作是否讲究效率。对写作策略性知识有所意识的学生注重写作计划的制定和执行，有自己一套写作方法模式，并能够随时调控、反思自己的写作方法模式。第三，对写作任务难度的认知。对策略性知识有所意识的学生，能够正确认知写作任务或问题的难度，在进行审题和构思时能够针对不同要求选取不同的表达方式和方法。第四，对写作效果的反思和自我评价。反思和自我评价写作效果或作品质量。总结经验教训，特别是在反思和评价过程中能够不断校正自己的学习方法，并由此获得最佳的写作效率。这实际上也是对写作策略性知识有所意识的体现。

现代著名作家兼语文教育家夏丏尊先生指出："专一依赖法则固然是不中用，但法则究竟指示人以必由的途径，使人得到正规……法则对于技术是必要而不充足的条件，真正凭着练习成功的，必是暗合于法则而不自知。"这些经验之谈说明写作策略性知识对于一个成功的作者来说是必不可少的。

（二）写作活动内容

写作课程与教学中的写作活动内容包括写作知识的学习活动和写作训练活动。

1. 写作知识的学习活动。如上所述，中学生写作能力的形成和发展是个体习得和运用写作内容知识、写作技能和写作策略性知识等三类广义知识的结果。那么，在中小学的写作教学中就应该根据以上三类知识的学习规律展开教学活动。因此，写作知识的学习活动就包括写作内容知识的学习、言语表达技能学习和写作策略性知识的学习。

（1）写作内容知识的学习活动。认知心理学家主张，作为写作内容知识（陈述性知识）的综合表征形式的图式是在两个以上实例的基础上形成和改进的。因此，要让学生掌握一定的写作内容知识必须要引导学生接触大量的实例。与写作内容知识有关的实例非常广泛，概括起来，主要有两大类：一是来自社会生活的，一是来自书面材料的。所以，指导学生获取写作内容知识的活动就可从以下两方面进行：

第一，引导学生参与社会实践，丰富他们的直接经验。储存在人的长时记忆中的、与学生的作文关系最密切的图式种类主要有自然范畴图式、事件图式、人物角色图式和场景图式。这几种图式的实例皆来源于社会生活。人们常说：语文学习的外延和生活的外延相等。这在一定程度上揭示了作文与社会生活的关系。

第二，引导学生开展课外阅读。课外阅读一直被大家公认为是丰富写作内容知识、开阔学生视野的一条有效途径。一些优秀语文教师在教学中非常重视拓展学生的阅读面。如魏书生老师经常引导学生读大量的人物传记、名篇时文、科普读物以及教育科学方面的文章；欧阳代娜老师把学习课外读物作为学生每天的常规工作；于漪老师把课堂教学和课外阅读有机地结合起来，如教了《小麻雀》就让学生读屠格涅夫的《麻雀》和《门槛》。学生读的越多，语言文字素材和内容知识素材积累就越丰厚，进行写作时长时记忆中可提取的信息就越多。

（2）言语表达技能学习活动。写作中的言语表达技能的学习主要是通过两种活动进行。

一是在阅读教学中学习言语表达技能。表达技能学习主要指遣词技能和造句技能学习。这两种学习主要是通过课内外阅读进行的。在阅读课上学生不仅要学习词法与句法规则，而且要积累大量词汇和随时可以调用的优秀句子，即所谓名言名句。因此，表达技能学习，既需要学生的理解，也需要学生的记忆。光有记忆，学生在写作时可能犯好词好句堆积的毛病；光有理解，学生在学习时可能会犯词汇贫乏，句式平淡无味的毛病。

二是在作文讲评修改活动中进行。教师的作文指导任务，重点不是在学生作文之前，而是在学生作文之后。教师应把在学生作文中出现的遣词造句的不当之处收集起来，通过集体指导与个别指导两种方式进行讲解，让学生明白他们使用的词句为什么是不合适的、更合适的词句是什么。从心理学上讲，这种讲解是为学生的反应结果提供信息反馈。学生写作时的言语表达技能是应该通过反复练习达到自动化的技能。影响这种技能学习的最重要因素之一是学生能及时知道自己的反应结果。如果学生错误的言语表达技能通过反复练习，又未得纠正，这种技能会自动化。我国大学生中许多言语表达技能未过关，写文章词语使用不当，句子不通，是与中学教学未得到及时反馈从而养成错误的表达技能分不开的。因此，中学作文教学在注重篇章指导的同时，也不应忽视言语表达这种基本语文技能的学习。

（3）写作策略性知识学习活动。写作策略性知识学习是一定的构思、表达和修改规则习得和转化的结果。梁启超说："如何才能做成一篇文章，这是规矩范围内的事，规矩是可以教可以学的。"①

这里的规矩即规则。那么，应该如何进行写作规则的教学呢？用知识分类学习论来看，进行写作策略性知识的教学应该从以下几个方面入手：

第一，要引导学生掌握构成写作规则的概念。"由于一条规则总是体现若干概念之间的某种关系"，所以"在学习规则时，学习者必须提取出组成规则的每一个概念，包括代表关系的概念。教学需要事先已经习得了这些概念，并能轻易地回忆出"②。然而，在教学实际中，学生往往并非对构成某个写作规则的所有概念都已掌握。出现这种情况时，首先应该让学生学习那些尚未掌握的概念。例如，教学"按照一定的顺序组织材料"这一规则，

---

① 梁启超. 中学以上作文教学法. 见：刘国正，陶伯英主编. 中国近现代名家作文论. 郑州：文心出版社，1992. 19 页

② 皮连生. 智育心理学. 北京：人民教育出版社，1996. 153 页

如果学生对"顺序"、"材料"不理解，可以用概念形成或概念同化的方式先让学生习得这些概念。

第二，要让学生学习运用写作规则写出来的例文。"按照奥苏伯尔的同化论，学生习得规则的形式有上位学习、下位学习和并列结合学习。但最基本的学习形式是上位学习和下位学习。"① 上位学习过程是从例子到规则的学习过程，下位学习过程是从规则到例子的学习过程。可见，无论是上位学习还是下位学习都离不开例子。对某个写作规则来说，其例子就是人们运用该规则所写出的一篇篇文章（例文）。鲁迅先生说："凡是已有的大作家，他的作品，全部都说明着'应该怎样写'。"②

因此，写作规则的教学必须结合具体的文章进行。例如，教学上面列举的"按照一定顺序组织材料"这个规则，应该从语文课本或课外读物中选择几篇用该规则写出的例文，引导学生用上位学习或下位学习的方式来学习例文。这样，学生会从文章本身感悟出这个规则的涵义及其运用方法。

第三，要让学生在多种多样、富有变化的条件下进行变式练习。认知心理学家认为，策略性知识与基本技能或程序性知识的最大区别在于：策略性知识适用的情境通常是有变化的；而程序性知识的适用情境通常是没有变化的。所以，对于程序性知识来讲，学习的目标是使知识得以编辑并达到自动化；而对策略性知识来讲，教学目标却要能够针对不同条件或情境采取不同策略，因而，恰恰是不能自动化的。为此，在教学构成写作策略性知识的规则时，必须为学生提供多种多样和富有变化的学习和运用一定规则的情境或条件，让学生在各种情境中和富有变化的条件下练习使用一定的写作规则。如：教学上述写作规则，教师在引导学生通过若干篇例文习得上述写作规则或方法之后，还要让学生进行"按照事情发展的顺序组织材料"、"按照空间位置的顺序组织材料"、"按照人物性格发展过程的顺序组织材料"、"按照作者思想感情变化过程的顺序组织材料"、"按照材料之间的逻辑关系的顺序组织材料"、"按照事物发展变化过程的顺序组织材料"等练习，使学生获得根据不同的要求灵活运用该规则的策略性知识。

2. 写作训练活动。写作训练活动形式多种多样。按作文的类型来划分，有命题作文训练、材料作文训练、自由作文训练等。按写作能力的要素划分，有审题立意训练、聚材选材训练、布局谋篇训练、语言表达训练、润饰

---

① 皮连生. 智育心理学. 北京：人民教育出版社，1996. 154 页
② 刘国正，陶伯英主编. 中国近现代名家作文论. 郑州：文心出版社，1992. 79 页

修改训练等。按文体写作划分，有记叙文写作训练、说明文写作训练、议论文写作训练、各种应用文写作训练等。由此还可以进一步细分为若干小的训练点进行训练。长期以来，人们对写作训练活动的研究比较多，形成了不同的训练体系。下面介绍几种有代表性的作文训练体系。

（1）"三级"训练体系。"三级"训练体系，也叫"三基"训练体系。它是以观察、分析、表达三种基本能力为据，分三个阶段为序的训练体系，也称"作文三级训练体系"。该体系重视指导学生把提高思想认识同从生活中提取写作材料、捕捉切身感受结合起来，突破了传统的藩篱。

观察、分析、表达，原是写作任何文章所要经历的自然过程，体系的设计者（刘朏朏、高原）把它引进写作训练的过程。为了有效地进行训练，把这三种能力的训练处理为相对独立的三个教学阶段，并规定明确的训练目标，安排具体的训练内容，选用相应的训练方式与方法，形成一种富有特色的、行之有效的训练体系。这是一个新型的初中阶段的写作训练体系，对高中阶段写作训练也有重要启迪。整个体系共分三级六段四十四步。

第一级训练（初中一年级），着重培养观察能力。分两个阶段：一是一般观察训练，分九步；二是深入观察训练，分九步。采用写观察日记的训练方式，侧重练习记叙、描写。训练的方法，是交替进行定向观察与机遇观察的练习。

第二级训练（初中二年级），着重培养分析能力。分两个阶段：一是分析起步阶段，分八步；二是分析入门训练，也分八步。采取写分析笔记的训练方式，侧重练习说明、议论。训练的方法，是交替进行命题分析与选题分析练习。

第三级训练（初中三年级），着重培养表达能力。分两个阶段：一是语感训练，分五步；二是章法训练，也分五步。采用写随笔的训练方式，侧重练习语感与结构章法。训练的方法，是交替进行借鉴性表达和创造性表达练习。

在教学过程中，这三个阶段，既相对独立，又有联系、交叉。每个阶段又分别设计若干单元和一系列具体训练项目。既有理论知识，又有可资借鉴的例文，也有相应的练习设计与指导，使之形成一个较科学的训练系统。并在反复实验的基础上，编成训练教材，已正式出版。该体系在训练的课型上，也作了探索，主要有讲读型、读议型、答疑型、评议型、示范型、交流型等。还探索了作业处理的方法，即程序编码积分法。

这个体系从1977年创设以来，一直受到语文界的广泛重视，参加实验的已有两千多个教学班，分布全国各地。这是目前国内影响较大，并颇有成效的一种训练体系。

（2）"双分"训练体系。"双分"训练体系，即分类集中分阶段进行训练的体系。设计者着眼于应用，把听、说、读、写四种语文能力中的"写"，视为主要矛盾，并以之为中心组成训练序列。把写作能力分为三大类，每类又划分若干个阶段：一是记叙能力，又分为状物、记事、写人三个训练阶段；二是说明能力，又分为特征说明、结构说明和过程说明三个训练阶段；三是议论能力，又分为一般论述和特性论述两个阶段。每个训练阶段再划分若干单元，每个单元由一两个训练点组成。整个初中阶段共108个训练点，每个训练点都配有相应的例文，形成读写结合的细胞。通过系统训练，通过点点落实，点点相连，使学生一课一得，得得相连。

这个训练体系通过反复实验，已编写出版了一套训练教材，摸索了一套与之相适应的训练方法，积累了较丰富的经验。这也是当前国内设计科学、成效显著的一种写作训练体系。

（3）"分格"训练体系。"分格"训练体系，即写作基本能力分格教学的训练体系，也叫写作基本训练分格教学法。它以提高写作能力为目的，将写作内容、写作知识与写作技能分解成"点"，再将"点"由浅入深地组成"线"。这种"点"，在写作中称作"格"，是写作教学的最小单位。已编成的分格训练教材共分五条线：即观察线、分析线、想像线、表达线、语言线。每条线又由具有规范性的"格"集结而成。全套教材共设计了265个格。如观察线，就由"五味辨析"、"七情辨析"、"十景辨析"20余格组成。这样，以格为基础，连格成线，再连线成面，形成分格法的布局，组成了"分格"训练的体系。

（4）知能训练体系。知能训练体系，是以写作知识与写作能力结合为序设计的训练系统。这种体系重视写作知识对写作能力提高的作用，以写作知识贯穿写作训练的全过程，组成以写作知识专题为核心的作文单元。同时，也注重训练并讲究训练程序。如《高中作文指导》第一册（于亚中主编，东北师范大学出版社1986年版）的训练安排（供一学期使用）共13次：①移步换形；②寓情于景；③分类说明和引用说明；④定义说明和数字说明；⑤比喻说明和拟人说明；⑥叙述、议论、抒情相结合；⑦如何在生活中选材；⑧材料的剪裁与组织；⑨主题的确立；⑩论点的提炼和提出；⑪记叙的线索；⑫细节描写；⑬书信。每次训练又由四个部分组成：训练目的（明确用意所在）；知识提示（给以理性启发）；练习题目（导入实际操作）；例文指导（使练习者有所依傍）。

以上安排，从全学期到每次训练，均以写作知识为引导，进而落实训练，并体现了明显的训练系统。

现行的人民教育出版社按照新的《语文课程标准》编写的初、高中语文教材中的"写作"训练教材基本就是按照"智能训练体系"的思路编写的。如高中语文第二册五个"写作"单元的题目是"写出人物的个性"、"写出事件的波澜"、"写出景物的特征"、"条理清楚地说明事物"、"生动形象地说明事物"。每个单元围绕一个写作智能点来安排训练，每次训练由四个部分构成："学习重点"（相当于"训练目的"）；"写作指导"（有关写作理论知识的阐述）；"示例"（学习有关的"范文"）；"练习题目"。

这种智能结合的训练体现了写作知识在写作训练活动中的指导价值。这里，"写作知识"往往规定了"作文训练活动"的要求和方向。"写作知识"是该项写作训练活动的基础，是写作活动的认知起点，如果没有写作知识，写作活动就缺少了方向的指引，那么这项写作活动就有可能是盲目的，也就可能不会发生真正的写作教学（学习）活动。因为教师对学生的写作指导往往凭借的就是有关写作活动需要的写作知识。如果没有写作知识这个前提，教师的写作指导也许就无从发生。认识到这一点，我们就认识到了在写作教学活动中"知识"的重要性和教师指导的重要性。在写作教学中，是否有"教师运用有关写作知识对学生的写作活动进行指导"，是真正的"写作教学"或"写作学习"活动发生和存在的标志。

四、写作教学的模式及方法

（一）一篇作文的指导模式

一篇作文的教学模式，以往比较常见的是：命题——指导——写作——批改——讲评。这种教学模式现在受到越来越多的批评。一般认为，它的主要缺点是：一，它只强调了教师的活动，忽视了学生的活动，没有体现师生双方的积极互动。学生没有确定题目的权力，没有自己修改作文的机会，只能被动地接受老师所命的题目，在老师指导的思路下去写作，最后接受老师的评价。二，教师的指导重点在对审题、立意、结构、思路等的指导，确定题目的方式单一，忽视了对学生自拟题目、修改文章等环节的指导。当前，写作教学倡导的是包括写前、写中、写后三个阶段在内的全程指导模式，即，写前：指导准备——写中：指导表达——写后：指导评改。

1. 写前：指导准备

写前指导主要帮助学生从心理、写作材料和写作规划几个方面作好写作的准备工作。教师或以新颖独特、参与性强、热门话题性的作文题目，或以精心设计的导语，或以具体生动的情境，或以丰富多样的形式激发学生的写作动机，使学生产生表达的欲望、写作的热情。然后有针对性地对学生进行审题、立意、观察、积累、选材、组材、表达方法等方面的指点。

2. 写中：指导表达

这是在学生写作的展开阶段对其各个环节进行的指导。作文有一定之法，有一定的规律和准则，有可以模仿、可以传授的法则和常式。同时，写作又是一项非常个性化的行为，是灵活多变的。因此，教师既要指点一定的作文法度，又不应将写作知识简单化、绝对化，要引导学生在写作中反思、总结、领悟写作的规律，培养良好的写作习惯，形成个性化的写作策略和写作方法。如在写作的最初阶段，将关注的重点放在所要表达的思想内容、观点上，而不是语言表达、结构安排、写作方法、书写形式等方面的问题。把写作看作是一种思考的手段，养成在思考过程中随时进行写作，记下自己思考的结果，在初步的写作完成后，再不断进行调整、修改、完善，最终达到整体的相对完美的习惯，等等。

3. 写后：指导评改

写后指导主要分为批改和讲评两个环节。以往的写作教学，只强调教师的精批细改，忽视学生的修改。其实，修改是提高写作能力的重要途径。修改需要对文章进行评价、再认识，发现毛病，探索改进的方法，不仅可以锻炼思维能力、提高思想水平，还有利于总结、归纳和掌握写作的技巧、规律。对修改的重视，也是高水平的写作者区别于新手的一个特征。在写作教学中，培养修改的意识、掌握修改的方法、养成修改的习惯，是提高学生写作能力的一个重要方面。

作文评改应该成为一种师生共同参与的活动。教师是评改的组织者、策划者，学生是作文修改的主体、参与者。要教会学生进行作文批改，学生要动手修改自己的文章。在批改中，要多给学生以鼓励、赞扬，主要应指出问题，启发学生思考、发现，有所感悟，让学生进行改正，而不是自己代替学生修改。

（二）写作教学的一般方式

1. 命题作文。这是一种传统的写作训练方法，是由教师指定题目，学生按照题目所规定的体裁、范围、题材、主题等进行写作。这种训练方法针对性强、方向明确、干扰少，但限制也比较多，有一定的局限性。叶圣陶先生认为，命题作文是不得已的办法，是不自然的，解决的方法就是按照学生的积蓄来命题，使"题目虽教师临时出的，而积蓄却是学生原来有的"，这样就使不自然接近于自然了。也就是说，命题要切近学生生活，要符合学生的思想实际，要使学生有不吐不快的表达欲望。命题作文有全命题、半命题、模仿命题等形式。

2. 给材料作文。就是教师提供一定的材料，学生根据要求进行作文。它能培养学生分析材料、提炼主题、确定标题的能力，既规定了一定的写作范围，又有较大的灵活性，给学生提供了较大的空间。所提供的材料可以是音响材料、图像材料、文字材料，也可以是具体的情境。写作的形式有仿写、缩写、扩写、续写、改写、读后感，等等。

3. 话题作文。话题作文从1999年高考作文题萌生，近几年在中学尤其是高中作文教学中盛行。它提供一段文字材料，把写作者引入一个思维空间，再给出一个明确的话题，让学生围绕话题展开写作。话题作文与材料作文有相似之处，都要给出一段材料，但材料作文是将立意隐藏在材料之中，学生要通过分析、理解材料去把握出题者的意图，它与命题作文一样，也是有预设的立意的，不过更为隐蔽，因此材料是审题的对象。而话题作文的材料主要起启发和引导的作用，不要求归纳材料的中心意思并以此来立意，话题则指出写作的范围，只要写作的内容与话题相关即可。因此话题作文是一种没有预设立意、写作范围宽泛、写作束缚相对较少的作文形式，有利于充分发挥出学生的写作水平。

第二节　案例呈示

一、案例一

认识生活（奥秘）

（一）训练目标

1. 关注事物发展变化的过程及其根源；
2. 体察事物在发展变化过程中的相互联系和影响。

（二）情趣导入

难得轻松

一天，威尔逊总统由特工人员陪同，在华盛顿近郊的一条公路上驾车行驶。路边有个小男孩迎着车子过来，并不回避。

"你看见那个男孩做过什么吗？"威尔逊问他的同伴。

"我没有注意，总统先生。"特工人员面无表情地说，"他做过什么吗？"

"他对我做了一个鬼脸。"

特工人员感到震惊。但总统笑着说："你看到我做过什么动作吗？"

"我没看见，总统先生。"

总统以难得轻松的口吻说："我马上对他也做了个鬼脸。"

提问：总统与特工遇到男孩时各有什么表现？原因何在？

明确：总统做了鬼脸。原因：注意周围事物，并有童心。

特工脸无表情。原因：不关心周围的事物。

（三）要领导析

明代东林书院有副对联："风声雨声读书声声声入耳，家事国事天下事事事关心。"书院要求做学问的人，要"事事关心"。

事事关心，勤于思考，你会发现世间事物往往相互牵连，其中蕴含着无穷的学问。即使是普通的生活现象，也往往包含很丰富的生活内涵。如：

女强人，见了老鼠吓得尖叫——流露女性固有的柔弱；

把腐坏的东西当作礼物送人——待人不诚，为人必诈；

落聘人拾起别针投入垃圾桶——仁厚、细心、负责，有体谅之心。

要 点：

事事关心 $\xrightarrow[\text{勤于思考}]{\text{细心体察}}$ 发现生活规律 揭示生活奥秘

（四）快速导说

方式：口头作文，表现事物之间的联系和影响。

参考题：《风雨欲来》《考卷发下之后》《乡下风尚》《街市民情》

提 示：

《风雨欲来》：1. 路上行人的表现； 2. 家中男女的表现；

　　　　　　　3. 野外劳动者的表现； 4. 城镇摊贩的表现。

《考卷发下之后》：1. 喜：得了高分； 2. 怒：分数出错；

　　　　　　　　　3. 哀：不及格； 4. 乐：得老师表扬。

【附】：《街市民情》（摘自古华：《芙蓉镇》）

十几家铺子、几十户住家紧紧夹着一条膏石板街。铺子和铺子之间是那样的挤密，以致一家煮猪狗肉，满街闻香气；以致谁家娃儿跌跤碰脱牙、打了碗，街坊邻里心中都有数；以致姊妹家的私房话，年轻夫妇的打情骂俏，都常常被隔壁邻居听了去，传为一镇的秘闻趣事，笑料谈资。偶尔某户人家弟兄内讧，夫妻斗殴，整条街道便会骚动起来，人们往来奔走，相告相劝，如同一河受惊的鸭群，半天不得平息。不是逢圩的日子，街两边的住户还会从各自的阁楼上朝对面的阁楼搭长竹竿，晾一应布物：衣衫裤子，裙子被子。山风一吹，但见通街上空"万国旗"纷纷扬扬，红红绿绿……（既狭隘、闭塞，又亲密、纯朴）

（五）范例导思

地震中的父与子

马克·汉林

1989 年发生在美国洛杉矶一带的大地震，在不到 4 分钟的时间里，使 30 万人受到伤害。在混乱中，一个年轻的父亲安顿好受伤的妻子，便冲向他 7 岁的儿子上学的学校。他眼前，那个昔日充满孩子们欢声笑语的漂亮的三层教学楼，已变成一片废墟。

他顿时感到眼前一片漆黑，大喊："阿曼达，我的儿子！"跪在地上大哭了一阵后，他猛地想起自己常对儿子说的一句话："不论发生什么，我总会跟你在一起！"他坚定地站起身，向那片废墟走去。

他知道儿子的教室在楼的一层左后角处。他疾步走到那里，开始动手。

在他清理挖掘时，不断地有孩子的父母急匆匆地赶来，看到这片废墟，他们痛哭并大喊："我的儿子！""我的女儿！"哭喊过后，他们绝望地离开了。有些人上来拉住这位父亲说："太晚了，他们已经死了。"这位父亲双眼直直地看着这些好心人问道："谁愿意来帮助我？"没人给他肯定的回答，他便埋头接着挖。

救火队长挡住他："大危险了，随时可能发生起火爆炸，请你离开。"

这位父亲问："你是不是来帮助我？"

警察走过来："你很难过，难以控制自己，可这样不但不利于你自己，对他人也有危险，马上回家去吧。"

"你是不是来帮助我？"

人们都摇头叹息着走开了，都认为这位父亲因失去孩子而精神失常了。

这位父亲心中只有一个念头："儿子在等着我。"

他挖了 8 小时、12 小时、24 小时、36 小时，没人再来阻挡他。他满脸灰尘，双眼布满血丝，浑身上下破烂不堪，到处是血迹。到第 38 小时，他突然听见底下传出孩子的声音："爸爸，是你吗？"

是儿子的声音！父亲大喊："阿曼达！我的儿子！"

"爸爸，真的是你吗？"

"是我，是爸爸！我的儿子！"

"我告诉同学们不要害怕，说只要我爸爸活着就一定来救我，也就能救出大家。因为你曾说过：不论发生什么，我总会跟你在一起！"

"你现在怎么样？有几个孩子活着？"

"我们这里有 14 个同学，都活着，我们都在教室的墙角，房顶塌下来架了个大三角形，我们没被砸着。"

父亲大声向四周呼喊："这里有 14 个孩子，都活着！快来人！"

过路的几个人赶紧上前来帮忙。

50 分钟后，一个安全的小出口开辟出来。

父亲声音颤抖地说："出来吧！阿曼达。"

"不！爸爸。先让别的同学出去吧！我知道你会跟我在一起，我不怕。不论发生了什么，我知道你总会跟我在一起。"

这对了不起的父与子在经过巨大的磨难后，无比幸福地紧紧拥抱在一起。

【评述】"承诺"创造奇迹——为了一句承诺，父亲决意要把儿子从地震后的废墟中挖出来。同学家长、救火队长、警察们"善意"的劝说、"理智"的阻拦，都不能动摇他的信念。他不停地掏挖了 38 个小时，浑身上下破烂不堪，双手鲜血淋漓，终于听到了儿子的声音。他因此救活了 14 个孩子。

儿子还是一个 7 岁的儿童。在灾难面前，他相信父亲的承诺，勇敢、乐观。遇救之时，又先人后己，最后一个离开险境。小小年纪，竟有如此可贵的品性，真是家传佳风，"有其父必有其子"。

（六）目标导练

细心体察，发现生活奥秘，写一篇蕴含生活哲理的文章。题目自拟。参考题：

《荣誉的背后》《家风与人格》

《怪念头》《依赖与能力》

（七）习作导评

根据训练目标点评习作。（略）

（选自阳利平编著：《作文教学新教程》，海南出版社 2005 年版）

二、案例二

对比写法

（一）训练目标

1. 了解对比写法的特点

2. 初步掌握对比写法的运用技巧

（二）情趣导入

以精为本

在一次世界性笔会上，一位匈牙利男作家旁边坐着一位女士。他见这位女士衣着朴素、态度谦和，只是默默地注视着大家，就傲慢地问：

"小姐，您是职业作家么？这种世界级的笔会，普通作家是难以得到邀请的。"

"是的，先生！"女士友好地回答。

"那么，有什么大作，可否告知一二？"

"谈不上什么大作，我只是偶尔写写小说。"

"噢，您也写小说，那我们算是同行了。我已出版 339 本小说……您呢，小姐？"男作家此时更是洋洋得意。

"我只写过一部，它的名字叫《飘》。"

匈牙利男作家顿时目瞪口呆。

思考：故事中，两位作家构成了鲜明的对比。这是什么写法？

明确：对比写法。

（三）要领导析

对比写法有两种形式，即横向对比法和纵向对比法。

1. 横向对比：指同一时期的事物之间的对比。不同的地域，不同的事物，不同的人，均可以在同一时期构成横向对比。运用横向对比，有利于体现人或事物的好坏优劣，有利于表达作者的褒贬情感、是非见解。下面举例说明：

德国人、意大利人、日本人、中国人四个人乘坐一架飞机。途中，飞机左翼出现故障，需要跳下一人保持飞机平衡，他们商量以抽签方式决定生死。结果，德国人不幸中签，他表情庄严，高呼一声："希特勒万岁！"跳下飞机。不久，飞机右翼出现故障，意大利人中签跳机，他也悲壮地嘶叫着："墨索里尼万岁！"一会儿，飞机再次出事，中国人中签，只见他一脸崇高的神色，打开机舱时大喝一声："中国人民万岁！"一脚把日本人踹下飞机。

这个故事运用横向对比法，展示四人的性格特征。德国人、意大利人遵守诺言，但狂热地忠于他们的反动"领袖"，中国人机智、灵变，但不遵守诺言。

2. 纵向对比：指不同时期的事物之间的对比。过去与现在，古人与今人，旧事物与新事物，均可构成纵向对比。运用纵向对比，有利于全面了解人与事物的历史和现状，有利于揭示事物发展演变的过程和规律。下面举例说明：

婚前的男人，绰号"跟班"，在女人面前时常"小心求证"："这东西你喜欢吗？"为女人的事，半小时奔跑10公里，他说："不累！我锻炼身体的时候，比这跑得还远！"

婚后的男人，绰号"老爷"，在女人面前时常"大胆假设"："这东西你肯定喜欢：我替你作主了！"女人买了大包大包的东西回来，叫他下楼帮忙提，他总是抱怨："你真是麻烦，提不了，就不会少买点吗？"

男人的婚前婚后，是纵向的对比。经过纵向对比，你才能全面了解男人。

对比写法，可以运用于文章的某一局部，也可以运用于文章的整体构思。

要　点：

横向对比（突出一面）

对比写法——

纵向对比（揭示过程）

（四）快速导说

参考题一：口头作文：《威胁与激励》《互不相容的狗》

参考题二：讲述含有对比内容的成语故事：

《前倨后恭》《再做冯妇》《曲突徙薪》

《口蜜腹剑》《黔驴技穷》《死灰复燃》

【附】：羊与狗的故事——

一天，印度国王问一位大臣："世上有成群的羊，却没有成群的狗，这是为什么?"大臣没有直接回答国王,而是先做了一个实验:他将一百条狗和一百只羊分别关在房间里,而房间里分别放上一大块肉和一堆青草。第二天早上,大臣陪国王来到关羊的房间,国王发现羊群安详地卧着,那堆青草已经被吃尽。接着,他们来到关狗的房间,一进门就闻到一股浓烈的血腥味,他们发现所有的狗因撕咬过而身负重伤,正横七竖八地躺着,不能动弹,而房间里的那块鲜肉,除扎上些齿印外,并不见少。国王大为惊讶。大臣说:"狗是聪明而又贪婪的动物,它们宁愿斗个你死我活,也不能容忍食物被分享。所以狗不能群居。羊生性温顺而淳厚,没有独吞食物的私心,因此它们能成群结队,和平共处。"

(五) 范例导思

父亲教我谈恋爱
黄 维

十六岁时,我喜欢上一个女生。我斗胆向她递了张纸条,约十分钟后,她竟给我回了纸条。用大人的话说,我们这叫"早恋"。纸包不住火,后来被老师知道了,老师立即报告了家长。当时我父母恰好出差在外,等我父母出差回来时,我早就听说女生被她父母骂了个狗血喷头,从此她就像一棵被水淋日晒过的树苗,蔫了。我也如临大敌般地等着父母的训斥。

我父母出差回来的第二天晚上,在客厅沙发上,父亲叫我坐下。父亲问:"你谈恋爱了,是吗?"他的声音很缓和,这大出我的意料。我把低着的头抬起来看他,他的脸上竟挂着微笑。父亲说:"这很正常嘛!不递纸条,不知道喜欢女生,反倒不正常。"他这么一说,我的心竟全放松了,我还"扑哧"笑了。现在想起来,那时候父母所说的正常,是一个男孩子生理变化和心理变化的正常状况。如果十六岁的男孩不知道去喜欢女生,那确实是生理或心理上的问题。父亲还说:"我像你这么大时,我也喜欢过一个女生。"

就在我以为父亲同意我谈恋爱时,父亲却说:"我只是替你感到可惜,我的儿子完全可以娶一个很漂亮的女孩做妻子的,你不喜欢更漂亮的女孩吗?"接着他说了新疆的女孩是如何的能歌善舞,俄罗斯的女孩是如何的漂亮,等等。说得我心里立即有了我未来妻子的模样,这模样特俊俏漂亮,使我对身边的女生不屑一顾。

可是我有一个难题,我怎么才能到新疆去?到俄罗斯去?我怎么才能赢得那里漂亮女孩的芳心呢？父亲说："如果你考上中央民族学院，你还怕见不到新疆女孩？如果你读了民院又能到俄罗斯去留学，你还怕见不到俄罗斯女孩？"父亲这么一说，我心中有数了。

此后，为了心中的新疆女孩或俄罗斯的女孩，我竭尽全力地学习，好像那漂亮的女孩就在远方等我，而我去见她并能赢得她的芳心的唯一途径就是读好书有出息。尽管后来我没能考到北京去读中央民族学院，但我考上了一所重点大学。尽管我结婚了娶的妻子不是新疆女孩、不是俄罗斯女孩、甚至谈不上漂亮，但我感到很幸福。而如果父亲当初换一种方式，训斥我一番，那或许是另一种结果。因为没有什么比当时在我心目中有一个漂亮女孩在远方等我更有诱惑力了。父亲是如此巧妙地通过想像把我的事业和爱情推向这么高远的目标，让我为之去冲刺。

我感激父亲。

【评析】有人说，人的最强劲的动力，往往来自于异性的欣赏和鼓励。因此，恰当地处理青少年"早恋"，有利于青少年心身的健康发展。反之，则会给青少年造成极大的伤害。文中"我"的遭遇与那位回纸条的女生的遭遇，是一个鲜明的对比。它形象地说明不同的方式对待"早恋"必然有不同的效果，孰优孰劣，一看便知。

（六）目标导练

明确对比的方式和作用；运用对比写法写一篇作文。参考题：

《酒肉朋友》《两位老师的批评》

《乡里同学》《胆小与胆大》

（七）习作导评

根据训练目标点评习作。（略）

三、案例三

议论文写作训练

（一）启动表达的生活意识

述例：昨天学生会贴出公告，竞选各个部的部长，希望各有志于为学生会工作的同学报名参加竞选。我们班的陈晓同学是班里的文娱委员，又是学校里出名的歌手，工作能力又很强，也很乐意为同学们工作，可是她没有报名。作为她的同班同学、知心朋友，你们不想劝劝她吗？想劝她，想说动她，我们该说些什么？怎么说呢？

（学生觉得一时无从说起）

师：大家之所以觉得不好说，是因为我们不知道她到底有哪些顾虑。陈晓同学，你和大家说说你的顾虑，好吗？

师（板书：分条列出陈晓的各种顾虑）：陈晓同学有这么些顾虑，我们该怎么劝她呢？是针对这些顾虑捆在一起说呢，还是分开来逐条对照着说？（讨论）是的，如果话语简短，捆在一起容易说清要点；如果需要详细展开，分开来逐条对照着说容易把理由说充分。按照我们现在所需要的效果，还是分开来说好。

针对她的第一条顾虑，我们该从哪几方面劝说才能打动她？（板书：列出要点）

针对她的第二条顾虑，我们该从哪几方面劝说？（板书：列出要点）

现在，我们把要解决的问题全都列出来了，把我们要说的要点也全都列出来了。我们再看看这个方案，这样劝说能不能打动陈晓同学？要不要做些修改？内容的次序要不要做些调整？我们和她的谈话怎样开场？（讨论）

现在，哪位同学敢站起来，按照大家共同制定的说服方案，现场劝说我们的陈晓同学？

（学生现场劝说，教师指出优点和不足，提出修改意见）

（二）把生活意识导向写作思维

导引：

1. 现假设：有些男同学觉得在女同学面前做这样长时间的劝说不好意思，或者虽能说一些，但效果不好；有些则会觉得自己不善言辞，口头说还不如书写好。这样，我们现在换一种表达方式，每位同学给陈晓同学写一封信，有困难吗？

2. 我们再换一个角度，每个同学都站在班级的角度来做陈晓同学的思想工作；我们写的不是书信，而是一般的文章，写好后登在班级后面的黑板报上。这样的写作角度，这样的文章用途，写法和刚才的书信会有什么不同呢？（讨论）

3. 用什么样的题目效果最好？（讨论）

4. 内容怎么调整？（讨论）

小结：从上面的过程中可以看到，我们谁都不会感到无话可说，而且一般也能判断怎么说，能判断自己哪些地方说得不妥当，想一想也能知道该怎么改。这当中有什么规律可寻呢？回顾，总结。

板书：

1. 当我们明确了自己想解决的问题时，就有话说，也知道该说些什么了。

2. 当我们明确了文章用来做什么、读者的具体情况后，就知道该怎么说。

3. 当我们明确了自己要收到什么样的效果时，就知道怎样修改自己的表达了。

4. 总之，当我们想起在生活中该怎样处理这一类问题时，就知道文章该怎么写了。

（三）为写作而调动生活意识

导引：其实，像陈晓同学一样，面临表现自己的才能，把自己推荐给大众的时候顾虑重重，这种情形是很普遍的。你们回想一下，在学校里，在社会上自己见到过、听到过哪些这一类现象？（讨论，列出这一类现象）这当中，有我们学生的，还有社会上其他青年的。我们想不想像劝说陈晓同学一样劝说这一些人呢？现在——

1. 给我们的校报写一篇文章，劝劝我们的同学，该怎么写？（按上述规律给予提示，讨论）

2. 给《中国青年报》写一篇文章，劝劝这一类青年，怎么写？（再提示，讨论）

（四）总结

我们刚才讲的其实就是议论文的写作。它并不神秘，也非高不可攀。过去之所以感到它吓人，是因为把它和生活割裂开来了。我们感到文章难写，就是因为我们忘记了生活中我们是怎样处理这一类事的，只是到别人的文章里去找词句，找话说。当我们把自己的生活感受引到写作中来的时候，我们就会发现，写作就是处理生活中的问题。按照生活常情来处理，我们就知道写什么，怎么写，怎么改；要是我们能想办法处理得更好，那么，我们就能写得更好。

（五）作业

按照刚才讨论的内容，根据自己的能力，或给校报，或给《中国青年报》写一篇文章。感到有困难的，就给陈晓同学写一封劝说信，由陈晓同学选出几封最能打动她的。题目自拟，字数不限。要求：务必触动读者。

四、案例四

议论文教学

（课前让学生预习知识短文：《论证的思路与结构》）

师：先问大家一个问题，一篇议论文是由什么组成的？

生：是由观点和材料组成的。

师：那么，观点与材料的关系应是怎样的？

生：材料要能证明观点，观点要能统率材料。观点和材料要统一。

师：很好。看来你们对所学的知识掌握得很好。如果一篇议论文中有好几个观点，好几则材料，那么就会遇到一个如何组织和安排的问题，就需要寻找一条完整的思路和合理的论证结构。那么，基本的论证结构有哪几种呢？

生：并列式、对照式、层进式和总分式4种。

师：这4种结构的特点是什么？

生：……

师：看来你们已经懂得并掌握了议论文的思路和论证结构了。现在我们以《时间小议》为题，分别以总分式和层进式结构拟定两篇文章提纲，并选择其中一种写一篇议论文。

五、案例五

观察和想像

师：同学们请看，我手中拿的是什么？（出示半截红色的粉笔）

师：在同学们的回答中，有粉笔、红粉笔、半截红粉笔……大家一定可以意识到，要回答这个问题，就需要用到"观察"这个方法，仅仅把"观察"理解为"看"还不够，还应该加上"仔细"两字，同时还要加上"思考"。思考的内容越丰富，观察的内容就越多，能抓住的特点也越多。

从这个角度而言，说我手中拿的是半截红色粉笔的同学更接近于"观察"，因为他实际上至少问了自己三个问题：什么物品？物品什么颜色？它是不是完整？他不但注意到质地、颜色，还注意到长度，比前两位同学的观察更显全面，表达也更准确。

下面我们来试一试"观察"这一方法。请同学们观察画面，把所观察到的物及其特点写在自己的笔记上，然后同学们来进行交流。

（多媒体镜头：一段爬满藤蔓的古老城墙）

师：好，下面请同学们来进行交流，说一说哪些景物被摄入我们的大脑。（自由发言）

让我们把它们罗列一下，老师的表达可能与刚才同学们的表达不完全一致，同学们可以进行比较，择优接受。

墙	叶	藤	花	草
古老的城墙破损的	毛茸茸的绿叶充满生机的	长长的藤蔓向上攀援的	紫色的喇叭花开在绿叶的底子上	几丛小草在墙缝里生长

从上表可以看出，同样是观察，但观察的效果会有不同。我们在尝试尽可能地多角度观察，比较全面地把握事物的特点。请同学们看下面的一首诗，这是拍摄这张照片的作者所写的。我们可以获得什么启示呢？

牵牛花

从沉重的土地上萌发，伸出悠悠青藤，

寻遍古老的城墙，也牵不来历史的牛。

白天用毛绒绒的手掌，抚摸城砖收获阳光；

晚上伴秋虫的鸣唱，编织理想放飞梦幻。

谱一串蓝色的恋曲，吟许多紫色的情诗，

总是带着晶莹的露珠儿，发表在云霞灿烂的早晨。

（在学生交流后，教师归纳）"物的观察"成为"有情意的文字的表达"是要条件的。

老师还想告诉大家，思考问题可用追问法，这样我们就能找到表达含情带意的方法，如我们罗列的内容与作者写的诗的内容有什么区别呢？诗中增加了什么？如何增加的？增加之后的效果与原先的观察有什么不同，等等。现在老师先来尝试一下，请依据下列的问题思考。

多媒体镜头：

1. 诗中的哪些描写是离不开眼睛观察的？哪些感受只凭观察是表达不出来的？

2. 作者依据观察如何进行想像的？

师：依据上面的对比，通过同学们的交流，我们可以发现，"悠悠青藤"、"毛茸茸的手掌——毛茸茸的叶子"、"城砖"、"花的紫色"等都离不开眼睛的观察;"晚上伴秋虫的鸣唱,编织理想放飞梦幻。谱一串蓝色的恋曲,吟许多紫色的情诗,总是带着晶莹的露珠儿,发表在云霞灿烂的早晨",这些如果只凭眼睛观察是表达不出的,还要进行思维。

想像是在观察基础上表情达意的一种重要的思维方法。它的表现形式有推想、联想和幻想。对实物的观察,由实物展开丰富的联想,比如由现实想到历史,由白天想到黑夜,由古老想到青春……这样就丰富了眼前之景、眼前之物;推想这一藤秋日的牵牛,她在寻觅,她在享受,又在抒情,这样就把观察到的零零碎碎纺织成了一个充满情意的故事。掉了砖的城墙,太容易忽视的爬藤,普通的绿叶,不起眼的紫色小花,一下子变得含情脉脉,让人忍不住想多看几眼,多想一会儿。

观察到的实物,经过了联想和想像的巧妙加工,确实比实物更具欣赏的价值,更有动人的效果。可见,我们不但要多角度观察,把握物的丰富特征,更重要的是要关注伴随着观察的内心感受,从各个侧面引发想像,这样,情感思维的触须才能尽情伸展。

多媒体镜头:观察——多角度把握事物的特点

想像 $\begin{cases}\text{合理地丰富观察内容} \\ \text{把视觉内外的内容巧妙地统一起来}\end{cases}$

为了更好地掌握并学会运用方法,我们要做一个作业来试一下。请看大屏幕。

多媒体镜头:晓欣十五岁,在一所重点中学读书,是班干部。在她生日那天,她的阿姨送了一件生日礼物。

实物投影仪显示:一个包装精美的透明玻璃糖果瓶,瓶内装的是五颜六色、形状各异的巧克力豆。外面是紫色带心形小花的玻璃纸,瓶口是密封的,并用金色绸带扎束,配金色小花点缀。在束成花状的彩纸边角缀有三颗金色的幸运星。

1. 请同学们运用刚才所学的观察方法,从各个角度去观察,要抓住物的特点,说出你们的观察所得。

2. 假设你是晓欣,发挥你的想像,用第一人称描写人物的心理活动。

六、案例六

环保意识和人文精神的张扬

福建罗源一中　张兆浩

我正在读《最后的家园》中的《濒临灭绝》，我仿佛亲眼目睹 1844 年大海雀的灭绝，1917 年卡罗莱纳鹦鹉的亡种；我仿佛亲耳听到高加索野牛在 1918 年最后的哀鸣，中国麋鹿 1998 年被赶杀的惨叫……一幕幕的悲剧在闪动，撕心裂肺。

而当我读到这一段，已是泪眼迷蒙——

旅鸽：200 年前数量达 50 亿只左右，遍布北美大陆。当北美移民发现其肉质鲜美时便大量捕杀。1900 年 3 月，最后一只旅鸽在野外被射杀，美国辛辛那提动物园曾把动物园中的旅鸽集中到一处进行繁殖，但始终未成。最后一只旅鸽是雌性，叫玛莎。1914 年 9 月 1 日下午 1 时，玛莎在闻讯赶来的许多人的注视下死去，从此世界上再也没有旅鸽这种可爱的鸟类。

玛莎，多好听的名字。玛莎，我可怜爱、可怜悯的玛莎，当你用绝望的眸子最后一次凝睇笼外浩瀚的苍穹时，你想些什么？当你困惑地听着那些嘈杂的人语时心头注满了多少哀怨？

于是，一个想法悄悄地袭上我的心头，何不利用有关"旅鸽的故事"设计一道作文题呢？

玛莎，多像一个天真无邪的安第斯山麓的少女啊！对，我要同学们用拟人化的方式来展开她的故事：她的昨天和今天，她的种群和家庭。我还要同学们以第一人称的口吻来抒发玛莎的哀怨和悲愤，打开她的内心世界，那样会更亲切一些。

以心理描写为主来展示人文精神，以辛辛那提公园的场景为中心辐射到更广阔的想像空间。思想教育与写作技巧训练可以同时并举。

我向同学们朗读了《最后的家园》，将多媒体课件定格在"旅鸽"的画面上，并简说了写作要求："于无声处听惊雷"。一听"开始动笔"的指令，许多同学便挥毫泼墨……文章一节课就完成了，佳作如潮。

怎样才能将这种教育情绪凝结得更加厚重？升华到一个更高层次的理性认识？我又在筹划着讲评课的设计。经过再三斟酌，我把它确定为以下几个程序：

1. 请本班的一个音色纯美的担任校广播站播音员的同学来朗读范文；

2. 要求全班同学以四人小组（前后桌）为单位，结合写作要求展开讨论；

3. 请范文作者谈谈写作构思；

4. 再请一位同学对习作加以点评；

5. 最后由教师作简洁的总结。

朗读范文的同学时而欢乐、时而焦灼、时而凄绝、时而渴望的音调在教室中回旋。她声情并茂，节奏轻重把握得恰如其分。同学们屏息谛听，有的人甚至眼眶都濡湿了。她的朗读唤起了强烈的心灵共鸣。大家完全沉浸在一种凝重的悲剧氛围中。

这时我又不失时机地叫作者叶荣华同学谈谈构思。他说，在写作时我想到了安徒生的《卖火柴的小女孩》，当那砭人肌骨的寒气袭来的时候，她每划亮一根火柴就产生一些幻觉。这些幻觉有镜头感，我也学这种写法，将三个镜头连缀起来，编成玛莎临终前的心理图像。施东向《义理、考据和辞章》中告诉我们追求独特的形式才能更好地表现美好的思想内容。

他的现身说法激起热烈的掌声。叶同学发言后，我又叫一个在讨论中有较深刻看法的同学作典型发言。

他对此文作了鞭辟入里的概括。他说："荣华同学的文章用蒙太奇的手法将鸟性和人性、感悟和理性、现实和幻觉、过去和现在、生理反应和心理感觉十分生活化地水乳交融起来，催人泪下，发人深省。"

在提出观点后，他作了发挥。我们曾学过《美猴王》，孙悟空是猴性、人性和神性的完美结合，这里有没有借鉴《美猴王》我不知道，但这又何妨？"作者未必然，读者未必不然"嘛。玛莎爱吃玉米粒，这是鸟性，而又能如人一样思想，这是人性。通篇文章是感性的文学化的，但这里渗透着人与自然关系的思考，这是理性的。鸟儿对吉姆的呼唤及辛辛那提公园的描写是现实的，而浮想联翩又是幻觉的。作者擅长将临终状态与对以往生活的回忆交织在一起。最后我要说，写心理活动最好要以生理反应来配合，荣华同学这里将鸟儿的冷和饿的感觉来带动鸟儿的心理活动出现便很好。

这位同学讲完，我先肯定了同学们积极主动的参与学习的态度并指出：

1. 中国的基本国策有两条：一是计划生育；二是保护环境。这次写作实际上是进行一次环保教育。地球是我们唯一的家园，我们每一个人都要爱自己的家园，所有家园内的动植物都是我们的朋友，决不可再进行掠夺性的开发了。

2. 光有思想不够，还要借助一定的形式来表现，散文给思想以美丽的包装。荣华同学以及这次其他写得好的同学，就在包装得体上别具匠心。

3. 应该肯定荣华同学的文章既有跳跃性又富有流畅性，但立意的深刻性尚嫌不足，主要是对时代背景揭示不够——北美移民为丰富餐桌对 50 亿只旅鸽的射杀。

第三节 讨论与分析

一、案例讨论

（1）写作课程的根本是"人"、"文"的融合，即将人文素质的培养和写作能力的培训结合起来。写作教学活动的设计主要从这两方面着眼。一般来说，人文素质的教育功能主要体现在写作内容即"写什么"方面，写作能力的教育功能体现在写作技能与方法即"怎么写"方面。前面三个写作教学的设计活动其各自的着眼点是什么？其教育功能是什么？

（2）分析案例一中的写作内容知识的特征和来源。

（3）在案例二中，教师运用什么样的写作知识来组织和指导写作训练，其写作知识在写作教学中起什么作用？

（4）案例四和我们以往常见的作文教学有什么不同？和案例五在教学思路上有什么不同？给我们以什么样的启发？

（5）案例四、案例五、案例六，教师在写前指导中对写作知识的处理上有什么不同？你如何评价？

（6）案例六的作文讲评有什么优点和不足？

二、案例分析

（1）案例一中的教学设计主要着眼写作内容方面的训练，帮助学生认识生活的奥秘，培养学生细心体察、勤于思考的写作素质，提高学生认识生活的能力和水平。这方面的训练可以说是写作教学的基础或根本的方面，它解决"为什么写"和"写什么"的问题，是写作的首要的关键问题。它决定了写作的方向和写作的品格，它是写作课程人文性质的体现，是实现写作教学人文教育目标的途径。

案例二和案例三主要着眼于写作技能和方法方面的训练。主要解决"怎么写"的问题，是培养学生写作基本技能的教学形式。

（2）案例一中主要呈现的是写作内容知识，它包含了人生态度、生活哲理以及对生活的思考方式等知识内容，它以生活实例和编者评析的形式呈现，其图式暗含在生活故事中，主题由编者的评析来点明。来源于阅读。

（3）在案例二中，教师运用写作策略性知识（对比写法）来组织和指导写作训练，采用"例——规——例"的形式来组织学生学习"对比写法"的知识，并以这一知识为中心进行写作训练。这里，写作知识是学生该次写作训练的认知起点，在写作教学中起着规定写作活动方向、规范写作内容的作用。

（4）写作教学，应该做到让学生有表达的需要。有了需要才有写作的愿望和动机，才会有话可说，在这个基础上，再去引导学生考虑如何表达的问题。在以往的作文教学中，我们往往把对体裁和写作知识、技巧的掌握作为教学的重点，把怎样审题、立意、围绕主题选材、安排篇章结构、斟酌词句以及根据不同体裁的特点来进行写作作为主要的教学内容。或者说，以形式方面的要求为主，教学的重点是"怎么说"，而不是"说什么"，认为只要学生掌握了写作的知识和技巧，作文教学就达到了目的，至于学生是否有写作的内在需要和动机，是否有话可说，并不太考虑。这是一种形式主义的作文教学观，把内容和形式的关系割裂开了，把作文教学当成与学生的生活和思想没有关系的孤立的技能的练习，写作的意义只在于获得一个理想的分数或者评语；写作的对象只是任课教师或阅卷教师，他们之间是评判者和被评判者的关系，不存在真正的交流。写作成为一项没有归属的活动，使学生缺乏内在的、直接的动机，也缺乏有意义的、深入的思考活动。叶圣陶先生曾说到自己八九岁时，先生出了一个作文题是《登高自卑说》，还要求说到为学方面去，"登高自卑本没有什么说的，偏要你说；单说登高自卑不行，你一定要说到为学方面去才合式：这就是八股的精神。"这样的题目"到中学生手里，揣量自己胸中没有什么积蓄而题目已经写在黑板上，又非作不可；于是只得把教师提示的点儿，书所说到一点儿，勉强充作内容，算是代教师代书本立言；内容既非自有，技术更无从考究，像不像且不管它，但图交卷完事。"（《重读叶圣陶·走进新课标》195 页）这样的作文教学，使学生视写作为畏途，其实际效果也微乎其微。

案例四这堂作文课在这方面一个有益的尝试就是把生活内容、生活意识引入写作教学。教师首先讲述了该班的文娱委员不敢竞选校学生会文娱部长的事，然后请其他同学商讨劝说方案，再将劝说内容写成书面作文。这样做有两个好处：①写作内容是发生在学生自己身边的真实的事件，写作目的是用来解决生活中的实际问题，能有效激发学生写作的愿望，也让学生有话可说。像文娱委员这样不敢表现自己、害怕失败、缺乏自信的心理，不是一种个别现象，在很多同学身上也同样存在，与很多人的生活有关。因此，劝说别人也是劝说自己，提高自己的认识。学生有兴趣去写，又因为自己有切身的体会和感受，也有话可说。②这样的写作任务为学生提供了明确的表达对象，学生在写作时需要思考写这篇文章是给谁看的，要解决什么问题，要达到什么效果。就要分析问题，理清思路，针对问题选择恰当的表达内容和方式。是针对表达对象选择表达内容，根据表达内容确定表达方式，而不是为了掌握某种形式去选择内容。

案例五则不同，教师指导学生学习写作知识短文《论证的思路与结构》，目的就是为了让学生掌握议论文写作的常用结构，其后的写作练习，是为了让学生进一步运用这些结构而设计的。对文章结构的学习和运用是这次作文的主要内容，形式是学习的出发点和归宿，内容则成为附庸，是可以随意填充进各种文章结构中的材料。写作不是为了表达和交流，而是为了训练技能；不是从内容的需要出发选择表达方式，随意赋形，而是先有结构，再去选择内容。这是一种颠倒了的写作方式，也是以往写作教学中许多弊端的起源。

（5）写作知识的学习和掌握在作文教学中有重要的地位和作用，完全依靠大量的读写实践来让学生掌握写作的技能、技法，以学生的自悟为主要途径，而不追求写作知识的传授，是一种试误的、低效的作文教学。诸虎男在谈到写作的教学时提出，学习写作"若曾多读，而又得父师良友指点，则书中义理，与作文法度，了然于心，握笔构思时，自有确然见解，天然议论，出于心手"。多读、多做，还要教师指点作文法度，把自身的体悟、摸索和适当的、恰到好处的指点、点拨结合起来，才能达到最佳效果。但作文法度怎么教，也是一个需要认真思考的问题，教得不恰当，可能反而起负作用。加涅特别强调作为能力的组成部分的规则和作为表征规则的言语命题的区别，二者不能相提并论。当学生在学习中理解了规则，乃至能够复述时，并不表明他能够运用这些规则，而当他们还不能运用这规则去办事时，就说明他们只是获得了规则的言语表述，而并没有获得规则本身。在写作教学中，当学生学习并理解了写作的知识、规则时，教师往往以为学生已经自动获得了写作的能力。但实际上，这些写作规则可能被学生仅仅作为一种言语表述而接受，学习的结果往往只是获得了关于规则的言语表述，而没有获得规则本身，它们只是作为惰性的知识存在于学生的头脑中，并不能在写作中运用，从而转化为能力。写作知识的教学，要以让学生真正掌握、能够运用为目的。

在案例四中，教师要教给学生的写作知识主要是：写作要明确自己需要解决的问题、读者的特点，以此来确定行文的思路，要达到的效果以及评改的标准。教师在学生面对劝说任务感到无从说起的时候，适时地启发学生了解写作对象的真实想法，针对她说的各种顾虑来理清思路，确定劝说的方案，又在学生按照共同制定的劝说方案进行现场劝说之后，总结出四条规律性的知识。采用的是镶嵌式的教学，即在活动中教，在学生需要的时候教，教学生需要的知识。案例六主要教学生如何多角度地观察、合理地想像，并把观察和想像有机结合，教师没有停留于概念的解释和方法的列举，而是让学生在具体的观察活动中运用和掌握方法，通过比较了解不同的观察角度，用丰富生动的例子示范如何进行展开联想和想像，最后用课堂练习来运用所学的方法，启发学生从各个角度去观察礼物的特点，从多个方面去展开联想和想像。深入浅出，把理论融入具体生动的实例和实践活动中，注意引导学生积极思考，不断地观察、分析、归纳、感悟，主动地建构知识。

在这两个案例中，学生进行的是一种活动中的学习，这样获得的写作知识、规则，是和它所适用的条件、情境以及学习者的知识、经验、体验结合在一起的，这些为知识的运用提供了支撑，使它成为扎实而又灵活、可迁移的知识与技能。

案例五主要让学生掌握议论文的思路和论证结构，采用的方法是让学生复述教材知识短文的表述。在这样的学习中，经简化和抽象过的写作知识，被直接、孤立地传授给学习者，由于没有和学习者的体验、情感以及具体的条件相联结，很难成为一种有用的、健全的知识，很难在写作中被顺利提取，从而影响它的运用。

（6）这次作文讲评让学生朗读范文，作者自己谈写作构思，同学评议，做到了使作文评改成为一种师生共同参与的活动，体现了教师是评改的组织者、策划者，学生是作文评改的主体、参与者的作文评改观。教师的总结做到了文道统一，既注意了思想内容又注意了写作形式的评价。尤其是学生自己谈写作的构思，可以使写作的策略显性化，使其缄默的和隐蔽的加工过程和推理过程被清晰地表达出来，对写作者自己是一种总结，对其他同学来，可以将自己的构思、写作策略与之进行比较、反思，有助于更好地学习、内化别人的成功经验，在行为和思维上逐渐接近作文水平较高的同学的水平。不足之处是停留在对作文个案的分析、讲评上，没有让学生把学到的经验用于修改自己的作文中去。

第七章　口语交际教学的理念

教学目标：明确口语交际教学的性质，把握口语交际教学的目标，掌握口语交际教学的方法。

第一节　理论阐述

"口语交际"一词开始进入我国语文教学领域是在 2000 年。2000 年我国颁发了《九年义务教育全日制初级中学语文教学大纲（试用修订版）》，大纲正式提出了"口语交际"这一概念，将"听说训练"改为"口语交际"。2001 年颁发的《全日制义务教育语文课程标准（实验稿）》（以下简称《标准》），对"口语交际"作了全面、系统、翔实的规定和要求，并将"口语交际"和"阅读"、"写作"一起作为语文教学的一项重要的内容。

《标准》指出："口语交际能力是现代公民的必备能力。应培养学生倾听、表达和应对的能力，使学生具有文明和谐地进行人际交流的素养"，"口语交际是听与说双方的互动过程。教学活动主要应在具体的交际情境中进行"，"鼓励学生在各科教学活动以及日常生活中锻炼口语交际能力"。《标准》将"听话、说话"改为"口语交际"，这一提法的改变，预示着口语交际教学和以往的听说教学是有区别的。把握住这种区别才能正确理解口语交际教学的性质。"口语交际"相对于"听说"至少有以下几个好的特点：

其一，内涵更具整合性。听说虽然是内在统一的有机整体，但终究是听和说两个方面，而口语交际就完全是一个概念，把两者的内涵进一步整合了。

其二，外延更具丰富性。口语交际不但是指听话的倾听，说话的表达，而且还有应对，还有人际交流。

其三，教学更富宽广性。过去讲听说和听说教学，更多地强调个体的口头表达，强调单个的口头表达能力，强调课堂的教学和训练。今天讲口语交际，就把活动、运用与教学、训练的形式和范围大大泛化了，更强调听与说双方的互动过程，更强调教学活动主要应在具体的交际情境中进行，更强调鼓励学生在各科教学活动以及日常生活中锻炼口语交际能力。①

因此，将"听话、说话"改为"口语交际"，绝不是名词术语的简单更换，而是反映了语文教学观念的转变，体现了语文课程改革的与时俱进。

一、口语交际教学的性质

（一）交际性

语言是人类最重要的交际工具，语言存在于交际之中。自从索绪尔把语言和言语做了区分后，人们对语言的交际功能认识得更为深刻。人类是通过语言这种符号来进行人际交往。换言之，言语的目的、功能、价值都是为了完成、实现交际。因此，教会学生如何根据交际目的、场合和对象来进行恰当有效的交际，是口语交际教学的最终目标。交际性是口语交际教学区别于听说教学的本质特征，"口语教学的取向应该指向交际，即培养学生运用口语进行交际的能力。口语是工具，交际是目的"②。

因而，"口语交际"重在"交际"，重在培养学生的交际能力，并把这种能力看作现代公民的必备素养。由此可以看出，口语交际训练的落脚点应放在"交际"上，从而明确了口语交际教学的性质———交际性。

值得注意的是，"交际"不是听和说的简单相加，它是一个听方与说方双向互动的过程。互动是实现交际目标的前提和条件，在口语交际教学中应强调学生互动意识的培养。口语交际是面对面的你来我往的一种信息交流活动，交际的双方要不断地发出信息、接受信息，而且听者和说者的地位又随着交流的需要在不断转换。说者要根据听者的情绪反馈，及时调整自己的语气语调或语言材料，而听者又得根据说者的表述，以完成交际任务。因而，口语交际教学不是简单地教给学生"听"或"说"的方法和技巧，更要在语言实践中培养学生的互动能力，只有在互动的语言实践中，在教师与学生、学生与学生的双向或多向的对话活动中，学生的听说能力、交往能力、合作能力和文明素养才能得到整体、和谐的发展。

（二）口语性

口语交际的另一性质是口语性。

---

① 周庆元. 语文教育研究概论. 长沙：湖南人民出版社，2005. 294～295 页
② 李春喜. 试论口语交际教学的特质. 龙岩师专学报，2005（1）

顾名思义，口语交际主要以口语为凭借。历来，口语被认为是相对于书面语而言，口语能力往往被理解为与书面语能力相对应的能力。但人类交际活动的凭借不仅仅只限于口语和书面语。除了语言这一主要凭借外，还有标志、表情、动作、舞蹈、图画等非语言凭借。口语交际活动，既需要口语凭借，也需要非口语凭借，但口语凭借必须占主导地位，否则就名不副实。口语能力是一种相对独立的能力，它具有无准备性、交际的直接性、对可视情景的依赖性、面部表情和手势的使用性等，它和书面语虽可转移，但有着迥然不同的交际特征，即口语交际追求交际过程互动性。"口语是口说耳听的语言，靠声音传递。由于口语是现场即兴的发挥，因而口语交际是现想现说，语言上比较明快，生动活泼，感情自然。用词上使用较多的带感情色彩的词，常使用俗语、谚语、歇后语，常用语气词，儿化现象普遍；句式上短句多，自然句多，停顿多，省略多，句子成分易位多。表述上允许重复，较不流畅；而书面语则逻辑严谨，符合规范。表达手段上口语表达可借助语调、语气、表情、姿态、动作、手势、音高、语速等多种方式。所以口语交际与书面语交际在语言风格上截然不同。概括地说，口语交际中所运用的语言更具有口语性，更加口语化"①。教师应引导学生把"书本的话"转化成"生活的话"、"学生自己的话"。

总之，"口语交际"既强调"口语"性，又重视"交际"性。

二、口语交际教学的目标

《标准》中对口语交际的总目标是这样表述的："具有日常口语交际的基本能力，在各种交际活动中，学会倾听、表达与交流，初步学会文明地进行人际沟通和社会交往，发展合作精神。"在口语交际教学中，如何才能把握好口语交际教学的目标呢？我们可以将目标按"知识和能力"、"过程和方法"、"情感态度和价值观"三个维度进行整体设计，从而有效地把握和实现口语交际教学的目标。

（一）从"情感态度和价值观"方面出发设计教学目标

既然是交际活动，双方在应对中的情感态度就十分重要，表现为人际交往的文明态度和语言修养，要注重培养学生具有文明和谐地进行人际交流的素养。比如，《标准》所提到的"与别人交谈，态度自然大方，有礼貌"（第一学段第1~2年级）、"在交谈中能认真倾听，并能就不理解的地方向

---

① 李春喜．试论口语交际教学的特质．龙岩师专学报，2005（1）

人请教，就不同的意见与人商讨"（第二学段第 3～4 年级）、"与人交流能尊重、理解对方。在交际中注意语言美，抵制不文明的语言"（第三学段第 5～6 年级）、"能注意对象和场合，学习文明得体地进行交流；自信、负责地表达自己的观点"（第四学段第 7～9 年级）等，都属于情感态度目标。《普通高中语文课程标准》所提到的"在口语交际中树立自信，尊重他人，说话文明，仪态大方，善于倾听，敏捷应对"也体现了在情感态度方面的导向。

因此，在口语交际教学中，必须把情感态度的培养贯穿于交际活动的全过程，要注意学生良好交际态度的养成。态度对口语交际起着调节、过滤甚至取舍的作用，如果一个学生没有良好的情感态度，那他就不可能在交际中很好地参与言语实践，达不到提高交际水平的目的。一个人终其一生都在进行口语交际，能否不断探索、完善和提高自己的口语交际能力，能否凭借口语交际魅力帮助自己实现人生价值，口语交际修养至关重要。

（二）口语交际教学必须注重"过程和方法"

口语交际的核心是"交际"，注重的是人与人之间的交流和沟通，它是一个听方与说方双向互动的过程。《标准》要求每一个学生都"积极参加讨论，对感兴趣的话题发表自己的意见"、"乐于参与讨论，敢于发表自己的意见"、"能就不理解的地方向人请教，就不同的意见与人商讨"、"能根据交流的对象和场合，稍作准备，做简单的发言"、"在交流过程中，注意根据需要调整自己的表达内容和方式，不断提高应对能力"、"讲述见闻，内容具体、语言生动。复述转述，完整准确、突出要点"、"能就适当的话题作即席讲话和有准备的主题演讲，有自己的观点，有一定的说服力"等。《普通高中语文课程标准》中提到的"能根据不同的交际场合和交际目的，恰当地进行表达，借助语调和语气、表情和手势，增强口语交际的效果"、"学会演讲……在讨论和辩论中积极主动地发言"、"在实践活动中提高口语交际能力"等。这两个《标准》都要求学生在互动中，在交往中，在经历、体验、感受中学会与人沟通，在交际中学会交际，发展人际交往能力。

因此，我们在口语交际教学中应想方设法实现课堂教学中的双向或多向互动。要让每一个学生双向互动，不仅要选择他们感兴趣的贴近生活的交际话题，采用灵活的方式组织口语交际课堂教学，以提高学生参与互动的积极性，而且要在课堂教学中创设真实的交际情境，营造和谐的人际交往氛围，提倡师生平等的交流对话，在教师与学生、学生与学生的双向或多向的对话活动中，使学生的交际能力得到发展。

（三）淡化知识概念，注重能力培育

《标准》明确指出，口语交际教学"不必过多传授口语交际知识"，"鼓励学生在各科教学活动以及日常生活中锻炼口语交际能力"。

对于"不必过多传授口语交际知识"这句话，我们要正确理解和把握。这里所说的"口语交际知识"，主要指我们过去那些笼而统之的所谓"知识"。比如"口语表达要做到自然而不做作，简洁而不啰唆，明快而不含糊"；要"得体"、"充实"、"发音正确"，要"姿态和表情配合"，"对话时，要看对方的眼睛；交流时，要适当环视四周；坐着说话时，姿态、视线要自然"等。这些都是等于没说的"知识"。这里所说的"传授"主要指过去所谓的"知识短文"类型的"讲"。这里所说的"不必过多"，主要是对学生而言的，指的是关于知识的名称术语。我们认为，"知识传授是必要的，但教师所传授的知识，应该是熔铸了'知识和能力'、'过程和方法'、'情感态度和价值观'三个维度的真知识"。①

因此，在口语交际教学中，应尽量淡化所谓的"知识"，注重培养学生的听说能力、交往能力、合作能力等。

口语交际教学的目标主要是"情感态度和价值观"、"过程和方法"、"知识和能力"这三个方面。三维之间，相互渗透，融为一体。

三、口语交际教学的方法

要实现口语交际教学的目标，必须探寻与其相适应的科学方法。

（一）选择恰当的话题

口语交际是基于一定的话题、以口头语言为载体而进行的交际双方互动的信息交流活动。教师要上好口语交际课，首先要选择恰当的话题，话题宜真实、诚恳。现行人教版课标教材关于口语交际分两个系统编排：一是与阅读结合在一起，在部分课文后的"研讨与练习"中安排近二十次口语交际练习；二是与综合性学习结合在一起，每册教材安排大小综合活动共六次，且都与本单元的主题和课文内容密切相关，其中都配置了关于口语交际方面的内容。新教材密切联系学生的生活世界和想像世界，贴近学生生活现实，选编了许多使每个学生都能有话可说，有话要说，有说有争，有议有感的教学模块内容。如小学里编入的"学会祝贺"、"爱吃的水果"、"认识标志"

---

① 王志凯，王荣生. 口语交际教例剖析与教案研制. 南宁：广西教育出版社，2004. 10 页

等说话模块；初中编入的"人与自我"、"人与自然"、"人与社会"等交际模块；以及高中阶段的"即席发言"、"演讲"、"体态语"、"讨论"等模块组合，为学生选择了"口语交际"课的好话题。

（二）创设交际情境

有了好的话题，还需要教师精心创设恰当的交际情境。《标准》指出，口语交际"教学活动主要应在具体的交际情境中进行"。什么是交际情境？什么是具体的交际情境？所谓"交际情境"，指的是交际的地点、时间、场合、交际者、交际者的身份及其之间的关系因素构成的交际环境。"具体的交际情境"该如何理解？笔者以为，口语交际课中的情境有两种，一种是课堂的情境，一种是呈现于课堂却类似于现实的生活情境。前者是凝固的、少变的，后者则接近生活的原生态，学习与生活融为一体，学生在生活的状态下不知不觉进入交际活动，真实自然，生动活泼。而符合生活实际的交际情境，是口语交际的实践基础和必要氛围。"过去听话说话课的情境，一般只有前者，《标准》中所说情境主要应该是指后者。口语交际课教学完全抛弃前者，既不必要，也不可能，但必须创设后一种情境，让教学活动'主要'在其中进行。'课标'所说的'具体的情境'超越了课堂，多种多样"①。

因此，要让学生无拘无束、自然而然地进行口头交流，就必须创设一个民主和谐的接近生活实际的交际环境，使学生思想上暂时"忘却"自己所置身的课堂，步入教学指向的交际情境中。因为只有生动、逼真的极富感染力的情境，才能调动学生内在真实的情感体验，激发他们强烈的表达欲望，发展他们的个性和创造性思维能力，达到口语交际训练的要求。情境的创设方式是多种多样的，可联系学生的日常生活和经验世界，也可用极富感染力的语言调动，还可利用音像、图片等各种媒介。

（三）体现交际互动

《标准》提出："口语交际是听与说双方的互动过程。"它指明了"双方互动"是口语交际的主要特点，口语交际中的倾听、表达和应对，只有通过双方互动的方式才能实现。离开了双方互动，也就谈不上交际了。口语交际教学的互动方式有很多，常见的有这样几种：师生互动，生生互动，群体互动。在互动过程中，教师要教给学生交际的方法。《标准》提出，口语交

---

① 包章福，施茂枝. 点击三个关键词——兼谈口语交际教学的三个失误. 云南教育，2005（2）. 69 页

际"应培养学生倾听、表达和应对的能力，使学生具有文明和谐地进行人际交流的素养"。要达到此目标首先要教会学生"倾听"，这是口语交际教学的第一步。我们教师应告诉学生"听什么"、"为什么要听"、"怎样听"，只有听清楚、听明白了，才能逐步理解对方说话的要义。接着要教会学生"表达"，要训练学生如何把要讲的话表达清楚，如何迅速地打动听者，这里除了在说的内容上要加以指导外，在说的语气、语调、重音等方面也需多多点拨。最后也别忘了教会学生如何利用交际中的非语言因素，如面部表情、体态动作等，以增强表达效果。

（四）及时、灵活评价

要保证口语交际教学落到实处，就必须加强评价工作。评价的目的在于反馈情况，推动语言表达的发展。评价既可让教师了解教学情况，及时调整教学策略，又可让学生看到自己的学习成果，激发兴趣，树立信心。评价要及时、灵活，主要着重于语言是否清楚、连贯，方式是否文明礼貌，习惯是否良好。对交际中存在的问题不能求全责备，应多一些鼓励性的评价，让学生得到富有建设性的反馈信息，以促进学生口语能力的提高。

第二节 案例呈示

一、案例一

"我的理想"教学过程

（一）示范、引导，创设情境

从问学生"见过采访吗"开始，在师生问答中简介采访及答话要领——最重要的是要听清记者的问话，才能作出回答。语言文明、清楚，态度大方、自然也很重要。

教师模仿记者，采访一名学生。

师：请你谈谈长大后想做些什么？

陈：我想当一名教师。

师：长大后为什么要当教师呢？（老师点拨，指导学生把原因讲清楚）

陈：老师教给我们很多知识，教我们怎样做人。现在甘肃省许多贫困山区的孩子上不了学，他们没有学校，没有教室，更没有老师。我想去那儿当老师，把知识教给他们，让贫困山区的孩子都能上学。

师：我代表贫困山区的孩子谢谢你，你真有爱心，谢谢你接受我的采访。

陈：不用谢！（同学们鼓掌给予鼓励，教师接着连续采访一两名同学）

（二）自我实践，放飞理想的翅膀

（1）同桌进行采访交流活动。（2）四人小组进行交流活动。（3）组与组进行采访活动。（4）学生采访老师。（5）每组选出的优胜者进行采访实践，教师及时评价，给予鼓励。

教学片断实录

第六组赵同学，第一组孙同学。

赵：您好！请问您长大后想做什么？

孙：我想当一名生物学家，把沙漠变成绿洲，让沙漠种出庄稼、长出果树，让我们生活的空间更大，让那些濒临灭绝的珍稀动物都能生存下来，有一个美好的家园。

赵：你的理想真伟大！祝你成功！谢谢合作！

第八组李同学，第五组谢同学。

李：您好！（握手）请问你长大后想干什么呢？

谢：我想像我妈妈一样，当一名清洁工。

李：你为什么想当清洁工？

谢：我要像妈妈一样，把我们的城市每天都打扫得干干净净，当一名城市美容师。虽然这项工作挣钱不多、很累，但它同样是我们社会不可缺少的一项工作。我要发明新型的清扫工具，高效能的。

李：太好了！你的理想很崇高，谢谢你的合作！

（三）教师小结（略）

（四）课外延伸

回家后，每位同学画一张关于"我"的 20 年后的理想图。

（选自王志凯、王荣生主编：《口语交际教例剖析与教案研制》，广西教育出版社 2004 年版）

二、案例二

如何进行电话交流（有删节）

生：我们在讨论明天爬山的事。

生：我们在议论爬山比赛谁会获得第一名。

师：这到底是怎么一回事？谁能详细告诉我？

生：周老师告诉我们，明天要搞一次爬山比赛。

生：山上有数学题，看谁找得到，做得对。谁找得多，做得多，谁就是第一名。

师：噢，是这么回事。那谁去放数学题？放在哪儿？

生：今天午饭后周老师就去放数学题。有的放在石头缝里，有的放在树枝上。

师：好。这个活动真有意义。那么，你们现在关心的是什么？

生：我最关心的是明天能不能得第一名，得一等奖。（众笑）

生：我最关心明天的天气。

师：为什么关心明天的天气？

生：因为明天要是刮风下雨，我们的爬山活动就搞不成了。藏在山上的数学题就会淋湿了，刮跑了。

师：那么，你们希望有一个什么样的天气？

生：我希望明天天气晴朗，一丝风都不刮。

师：谁能说得具体一点？

生：我希望明天万里碧空飘着朵朵白云，太阳光照在身上暖洋洋的，我们好高高兴兴地搞爬山活动。（众赞叹）

师：说得好。徐州人民广播电台每天上午十点半预报天气，现在正好时间到了（打开收音机），请仔细地听。

（这是根据教学需要，请播音员特别录制的，但学生们信以为真，流露出失望的神情）

师：你要说什么？

生：有时天气预报也不准。（众笑）

师：大部分天气预报还是准的，看来你是很想明天按计划搞活动，是不是？（生点头）那好，朱校长也来听课了，我们问问她明天怎么办。（朱校长回答，活动改在星期六举行）

师：哟，周老师在教育局开会，今天不回学校了，活动改期这件事她不知道，怎样告诉她？

生：写信告诉她。

师：写信太慢，来不及了。（众生纷纷举手）

生：打电话告诉她。

师：很好。打电话是个好办法。那么，我们拿起电话，向周老师说什么呢？

生：我们对周老师说，明天天气不好，爬山活动不搞了，星期六再搞。

师：说得还不够清楚，不够全面。想想看，最要紧的是什么话？谁再来说一说？

生：我们对周老师说，天气预报说明天有雨，爬山活动不搞了，请您今天下午不要到云龙山放数学题了。

师：很好。同学们想不想打电话？

生：（兴高采烈地）想。

师：同桌的同学互相练习一遍。每个人当一次周老师。（学生兴致勃勃地握起拳头当听筒，互练了一遍）

师：正好，我这里有两部玩具电话机，我来当周老师，请同学们给我打电话，谁说得最清楚，谁就代表大家到办公室给周老师打电话。

生：（拿起电话就打）喂——（众笑）

师：拿起话筒要拨号码，老师忘记告诉你了，文教局的电话号码是25206，如果记不住，可以查电话号码簿，或拨114，问查号台。

（该生打电话后，其他同学也争先恐后地举手，要求打电话，老师又找了两个同学表演，说错之处，予以纠正）

师：现在，我找一个同学到办公室给周老师打个电话。

（同学们高兴极了，都把手举得高高的，有的还站起来。课堂气氛异常活跃。老师指定一名学生前去）

师：哎呀。还有一件事。二年级其他三个班的同学们还不知道，怎么办？

生：写个通知到广播室广播一下。

师：这个建议好。因为事情紧急，我们在前面加上"紧急"二字。现在练习写一个紧急通知。

（交代了通知的格式和内容，然后让同学们写，老师巡回指导）

（选自王志凯、王荣生主编：《口语交际教例剖析与教案研制》，广西教育出版社 2004 年版）

三、案例三

课堂上一次特殊的"拍卖会"：人生目标拍卖会
华家炫

（竞拍项目 10 项：①一个小岛；②一张取之不尽、用之不竭的信用卡；③一门精湛的技艺；④一座宏大的图书馆；⑤一张免费旅游世界的机票；⑥家人共度周末；⑦一个高位；⑧直言不讳的真诚和百折不挠的勇敢；⑨强健的体魄；⑩如花似玉的外貌或英俊潇洒的外表）

师：今天，我们要在课堂上举行一次特殊的拍卖会。我所举起的黑板刷具有超越自身的权威——临时充当拍卖锤。拿出来竞拍的东西，是现实生活中人们向往并努力追求的目标。（在黑板上公布或在屏幕上打出 10 个选项）这些选项几乎集中了世上所有的美事，代表着人们不同的追求。人的一生可以有多种追求，但由于客观条件的制约，并不能什么都能得到。所以需要每个人作出选择。还有，全班同学有五十多位，而拍品只有 10 项，所以获得拍品需要你参与竞争。希望各位能勇敢地展示自我，因为你们走向社会，将面临更大的挑战与竞争。

现在，假设你们每人拥有 1000 块钱，它象征着你一生的时间和精力。你就用宝贵的"人生"，来争取你最向往的事物。但我要提醒各位注意的是，在竞拍时，每个人都必须简要地申述理由。如果几个人竞价相同，则要对申述的理由及表达能力作出评判，决定拍品的最后归属。评判与裁决由你们选出的评判团执行。评判的标准为"真、善、美"，真，真诚，不是美丽的谎言，而是真实思想的流露；善，思想健康，理由充分合理；美，语言生动流畅，有品位。……今天的竞拍会是个人生游戏，但绝不是游戏人生，它将引发你对人生的思考，对自身能力的省察。我祝愿你们每个人都能获得成功。

（当场选出拍卖师及评判团，评判团由 5 人组成，教师担任评判团顾问）

竞拍进程

投"岛"问路

拍卖师：今天竞拍的第一项东西是——一座小岛。（举起写有"小岛"的纸片）一座无名小岛，有谁愿意成为这座小岛的主人？

（静场。随后为数不多的人开始竞价，200，400……到了最高价还剩下

三位。于是，他们用语言进入新的较量）

学生甲：在这么多拍品中，我坚定不移地把选择定位在"小岛"，因为拥有它能实现我的夙愿。早在小学时，我就读过英国作家笛福写的小说《鲁滨逊漂流记》，鲁滨逊被海上风暴送到一个无人知晓的荒岛上，他战胜了悲观与失望，以惊人的毅力和智慧克服一个个困难，终于把荒岛建成生存的家园。我喜欢探险，渴望挑战，我认为开拓性的工作才是世界上最有价值的事业。时代发展到今天，人类开拓的足迹无处不在，从海洋深处到宇宙太空，从宏观世界到微观领域。现在，居然还留给我这么一块实现梦想的土地，真是一个机遇，一件幸事！我，不羡慕巨富，更无意于高位，只希望真正拥有属于自己的梦想！

学生乙：一个无名小岛，没有城市的喧闹，没有世俗的纷纷扰扰，只有海浪在轻轻地摇。在我的心目中，海岛不是等待我去征服的领土，而是海上的"桃花源"。生活中，饥饿的人最需要面包，对我来说，最需要的就是有座小岛。应接不暇的考试实在太累人，只担心考不好会愧对师长，而茫茫题海何处是尽头？还是让我登上这座"海上仙山"，拥有一块自己的天地，多一份清静，少一点烦恼。生活在充满竞争的年代，现在为考上大学而拼搏，将来又要为好的工作而竞争。竞争，难以回避；小岛，永远需要。至少能让我歇歇脚，得到片刻的喘息，走好人生之路。

学生丙：我没有他们这么多思考。我认为这10样东西都是值得追求的，最好都能拥有。但人生的目标往往不是凭主观意愿就能达到，需要根据客观情况抓住每一个机遇。全班五十多人，只有五分之一的人才能分得美丽的"蛋糕"。我不愿意成为"五分之四"中的一员，所以我不会放弃每一个机会。

（从出价竞拍转入"唇舌之争"，发言精彩，掌声热烈。最后由评判团作评判裁决）

评判团：三位竞争者都能认真地申述自己的理由，思路清楚，表达流畅。但就其合理性和可行性而言，存在差异。拥有这座无名小岛，首先必须使人具有生存的条件，否则，现代陶渊明会陷入更大的危机。至于丙，所持的理由可适用于每一次竞拍，但没有涉及拍品本身。如果不说出有针对性的理由，什么都想获得，只会一无所有。建议：甲如果真正开发这座小岛，应该保护生态环境。

（拍卖师宣布小岛由学生甲获得，拍卖锤落下，大家以掌声祝贺）

直面财富

　　（拍卖师打出一张"取之不尽、用之不竭的信用卡"时，竞拍者众多，而且报的都是高价。以下是一些高中生对于 money 的见解）

　　学生甲：拥有这张"神奇"的信用卡意味着什么？可以享受锦衣玉食，可以获得名车豪宅，可以……能够过上美好的生活，无可厚非，但如果仅仅把这些作为人生的终极目标，充其量仍然是金钱的奴隶。而我认为它的价值在于让我获得一种自由，做自己愿意做的事。现在，人生的轨迹都是别人给我们规定的，从小学到大学，为了取得高学历，学许多无用的功课，而现在，我可以去做自己最感兴趣的事，人最幸福的是能够拥有自由时间，"寸金难买寸光阴"，而这张信用卡，让我赢得了自由支配的时间。

　　学生乙：老实讲，活到现在还没有真正用过信用卡，但我知道，得到这张卡就如同拥有一座金矿。现在，社会上不少人为了金钱，不顾礼义廉耻，铤而走险，做出伤天害理之事。这容易使人把金钱看作罪恶之源。前几年，上海高考作文出的题目是"我的财富"，大多数考生都是写的亲情、友谊、书本等精神财富，很少有人写到"钱"，似乎一谈到钱，就降低了文章的品位。政治经济学告诉我们，金钱是价值的体现，货币是商品的等价物。它本身无所谓善恶，关键在于人如何支配它。钱，能够使我实现不少美好的愿望。走进书店，想多买几本盼望已久的新书，可是囊中羞涩，只能把书放下；上次给患白血病的同学捐款，拿出全部零用钱也没有多少；而现在社会上的有些人又多么希望得到实实在在的关爱。如果真能拥有这张信用卡，除了实现个人的愿望，我会给需要帮助的人伸出援助之手。帮助别人，会使自己享受到最大的精神快乐。"相信我，没错的！"

　　学生丙：我想要这张信用卡，希望能为父母分忧。为了让我健康成长，他们宁可自己节衣缩食，也要为我创造各种条件。可是最近我父亲所在的工厂，又面临破产倒闭的危险。要摆脱危机，需要开发新产品，需要资金。而银行已不愿意给这样的企业贷款。问题不解决，我爸爸和其他工人将下岗失业。现在拥有这张卡只是纸上的画饼，而我说的却是真实的理由。

　　学生丁：刚才有人把这张信用卡比作一座金矿，我不敢苟同。金矿属于自然界存在的资源，而信用卡则是用于金融流通的"凭证"。"取之不尽，用之不竭"意味着可以任意提款，可哪家银行能承担这种风险？如果不用投入资金只管消费，还谈什么"信用"。还有，如果货币贬值，取款再多也没有多少价值。我想，拥有这张卡的最佳功能是让它成为能孵出小鸡的鸡蛋。我能够运用这充足的资金建立跨国公司，发展高科技产业，有了雄厚的经济实力，也就有了"取之不尽，用之不竭"的信用保证。那时候，我会建立各种发展基金、帮困基金、教育基金等，给社会上需要帮助的人送上及时雨。但愿我的梦想成真！

评判团：竞拍者的发言反映了各人对财富的认识，很高兴地看到，在申述中没有仅仅从个人的角度、物质利益的层面来对待金钱，显示了一种社会责任感，"财迷心窍"与我们无缘。为了让这张"取之不尽，用之不竭"的信用卡真正实现它的社会价值，决定用它建立投资基金、助学基金、扶贫基金、科研基金。基金会主任由具有对信用卡功能有深刻认识的丁担任。希望他能充分发挥自己的才干，成为理财能手、金融专家。

（在笑声中，学生丁从拍卖师手中接过那张"信用卡"）

……

教师（小结）：拍卖活动结束了，这是一场游戏，获得的东西只是"象征"，但却引发我们对人生的思考与反省。选择反映同学们人生追求的价值取向，也显示了个人性格。对于竞得拍品的幸运儿，我要祝贺你们，希望果断的决策和周密的思维帮助你们取得更大的成功；对那些破釜沉舟、背水一战的同学，我想说，请继续扬起自信的风帆，但也带上坚韧这支舟楫；对那些举棋不定、痛失战机的同学，我要说，机遇仿佛闪电的翎毛，假如你已坚定地确认了自己的目标，就紧紧地抓住它！

（选自《语文学习》，2002 年第 9 期）

四、教学案例四

中学生要不要读名著

张柏林

师：同学们，上一周，我们就"中学生要不要读名著"的话题进行了一次作文训练。在作文中，同学们虽然观点截然相反，但大多数人做到了"有理有据"。俗话说，话不说不明，理不辩不清。今天，就请同学们一起欣赏正反两个阵容的课堂辩论！（学生开始鼓掌）担任本次辩论赛的主持人是课代表李强同学。有请！

主持人：（讲话内容）1. 介绍辩论对垒双方：正反方的一至四辩；2. 介绍评判团成员：语文老师（主席）、应邀的班主任以及本班的其他文科教师，学生四名；3. 记时员：两名学生；4. 宣布辩论规则和注意事项；5. 宣布比赛正式开始。

【陈词阶段】（精彩辩词摘要）

正方一辩：（3分钟）主持人、主席、各位老师、同学们，大家下午好！名著是人类优秀文化的结晶，是人类聪明才智的体现，是先辈留给我们的最宝贵的财富……读名著是中学生语文学习中不可或缺的组成部分，不仅可以积累丰富的词汇，借鉴写作的经验，而且可以培养我们的语感，锻炼我们的思维能力。同学都关心读名著是否会有利于高考。试问，不读《三国演义》，蒋昕捷何以能写出高考的满分作文《赤兔马之死》？其次，读名著也可以使我们从更深的层次了解社会、历史和人生，例如史学的名著《史记》中，不就有很多的篇目选入了我们的教材之中了吗？……再次，读名著对于我们的终身发展也有着巨大的作用。《钢铁是怎样炼成的》一书，不是鼓舞激励了几代人的成长吗？《巴黎圣母院》的敲钟人卡西莫多不也是感染了许多人，使他们重新认识了美与丑？……正是基于以上认识，国家教育部明确规定初中生每学年要读名著2~3部，高中生要读名著10部以上。……总之，名著是思想和艺术兼美的经典，是一个国家和民族的骄傲。没有名著的民族是可悲的，拥有名著却远离名著的民族更为可悲！因此，我方认为，中学生要读名著！上下几千年，从屈原到冰心要读；纵横几万里，从歌德到普希金也要读。让我们在蓓蕾初放的花季，在名著的书色、书香、书情中更美丽、更迷人！谢谢大家！（话音未落，掌声已起）

反方一辩：（3分钟）谢谢主持人、主席，各位老师、同学们，大家好！首先，我要指出对方辩友存在的问题。其一，对方说读名著能够陶冶情操，那么我请问：《金瓶梅》也是名著，如果读了之后，我们的情操又能得到怎样的陶冶呢？（笑声）其二，对方举高考满分作文的例子，我觉得并不恰当，它只是特例，不具有普遍性。我们知道，数学里，要证明集合A属于集合B，我们就要证明集合A中的任一元素都属于集合B，如果我们只证明其中的一个或几个元素属于集合B，那数学老师一定会非常爽快地给你个零分。对方辩友是不是也犯了同样的错误呢？（掌声）

我方认为，中学生不适宜读名著，也不要读名著。这并不是否认名著的价值，而实在是要说，我们是中学生，处于一个特殊的学习阶段。我们强调做事要具体问题具体分析，那么我们对于读名著这个问题，是不是也要具体问题具体分析呢？

第一，名著普遍较长。我们中学生正处于高考的巨大压力之下，时间有限，我们哪有那么多的时间读名著呢？我方建议同学们读一读《语文天地》、《文学评论》、《读者》、《意林》等，同样可以丰富我们的知识，开阔我们的视野，省时又高效，何乐而不为呢？

第二，名著普遍深奥。就拿《红楼梦》来说吧，许多专家学者花了大半生的精力来研究尚有未解之处，更何况我们阅历不深的中学生呢？知之不深泛泛而读，又有什么意义呢？

第三，我们中学生不够成熟，受外界影响较大，辨别是非能力不是很强，谁能保证我们从名著中吸收的都是有益的东西？

第四，如今的中学生连《六国论》都背不下来，还高谈阔论要读名著，是不是很可笑呢？（全场大笑）我们固然要吸收课外的知识，但不一定要从名著中啊！因此，我方认为中学生不必读名著！（对反方一辩的发言，场下老师早已议论纷纷。同意？否定？）

（接下来，双方的二、三辩手相继补充了己方的观点和论据，双方你来我往，比赛渐入佳境，进入了更为激烈的自由辩论阶段）

【自由辩论阶段】（精彩辩词摘要）

正方：对方同学说我们的例证不具普遍性，那么他们以《金瓶梅》、《红楼梦》为例不也是犯了以偏概全的错误吗？

反方：同学，高考是按分录取，不仅仅是论文才。陷入长长的名著之中，会不会分散你学习的注意力，影响你的学习成绩呢？高考落榜了，你再有文才，也只能落个"伤心太平洋"啊！你的报国之志、振兴中华之决心又怎能早日实现呢？

正方：对方口口声声说高考，那作文不也是高考的一部分吗？而读名著可是提高作文水平的首选呀！对方又说读不透《红楼梦》就不要去读，也并没有说服力。我们学了多年的数理化，谁能完全研究透？难道对方同学就不学了吗？

反方：大家都知道，人体需要大量的蛋白质，而牛肉中恰恰含有蛋白质，那么你就一定要吃牛肉吗？少林寺的和尚哪一个不是吃嘛嘛香，身体倍儿棒！身边的"绿色食品"不是更好、更安全吗？何必非吃"牛肉"而担心那"疯牛病"、"口蹄疫"呢？

（整个自由辩论阶段高潮迭起，辩论双方妙语连珠，台下掌声不断！双方都用足了各自的4分钟时间，比赛在近乎白热化的争论中进入到总结陈词阶段。最后，评委们在艰难的抉择中确定了获胜方和最佳辩手，教师则对本场比赛做了点评）

（选自《中学语文》，2005年第13期）

第三节　讨论与分析

一、案例讨论

（1）"我的理想"（案例1）这一话题是否恰当？

（2）"如何进行电话交流"（案例2）最大成功之处在哪里？

（3）"人生目标拍卖会"（案例3）是如何体现"情感态度和价值观"、"过程和方法"、"知识和能力"三维目标的相互渗透的？

（4）"中学生要不要读名著"（案例4）这节课的最大收益是什么？

二、案例分析

（1）"我的理想"（案例1）在教学中注意了师生的互动，符合《标准》提出的"重在参与"的精神。但从口语交际的角度看，教师选择的话题显然过于宏大，虽然形式上具有"采访"的具体情境，但这种宏大的"谈理想"式采访，从根本上看不具有真实性，学生的回答恐怕有作假之嫌，也可能是临时应对，根本没想到要对自己所说的话负什么责任。像这种导向性的话题，在口语交际中不宜提倡。教师应该将所要鼓励的"理想"转化为更贴近学生思想水平的具体话题，以求学生真实、诚恳地表达自己的见解，哪怕有失"崇高"、并不"伟大"。真实、诚恳是口语交际的第一要义，也是口语交际教学的第一要义。

（2）"如何进行电话交流"（案例2）这节课的最大成功之处在于教师精心创设了一个逼真的教学情境，该情境融进学生真实的学习生活中，师生在仿真的情境中自然、流畅地交谈。

口语交际是在特定环境里产生的言语活动。为了使年龄小、注意力易分散的低年级学生饶有兴趣、主动地投入到口语交际中去，教师要为学生巧妙创设形式多样、新颖活泼、符合生活实际的交际情境，使学生入情入境，尽可能地回归常态，还原生活，产生一种身临其境、似曾相识的感觉，学生就会克服心理障碍，情绪也会因此变得高涨起来，就会带着丰富的情感和浓厚的兴趣，积极主动地参与交际活动。像这样还学生以生活的真实，就能够最大限度地调动学生参与口语交际活动的积极性，并能提高他们的表达、交际能力。

同时，学生在活动中还培养了解决实际问题的能力。教师让学生自己来感受在什么情况下需要广播、在什么情况下需要打电话、在什么情况下需要写通知，学生在体验中学得轻松愉快而且扎扎实实。

再次，教师在课堂上的角色发生了变化，由传授者变为学生学习的引导者，由"居高临下型"转变为"平等的合作型"。实际上课堂重心已发生转移，由重教师"教"向重学生"学"转变，由过去的重结果，向重学生的学习过程转变。教师的切入及时、准确，启发得力，确实调动了学生学打电话的积极性，所以学生跃跃欲试，纷纷举手发言。可见，兴趣一旦激发，思维将更加活跃。教师适时强调打电话的要求和注意的问题，这就是注重了学生学习的亲身体验和实践，学习方式也发生了变化。但对教师的要求可更高了。口语交际的习惯养成不是一朝一夕的事，教师对学生的这种训练要持之以恒，坚持下去，这样就能养成良好的听说态度和语言习惯。这堂课也充分体现了学生是课堂的主体，教师是主导者。

（3）"人生目标拍卖会"（案例3）这节口语交际课将"拍卖会"这一商业活动形式引入课堂，举行了一次别开生面的"人生目标竞拍会"。

在口语交际教学中，要落实口语训练目标，增强教学效果，必须重视"情境"的设置。"人生目标拍卖会"这一主题是学生较为喜欢的话题，学生有话可说，有话想说。"人生目标拍卖会"虽然带有虚拟性，却是现实生活的再现。学生在活动中能真切地体悟生活，认识自我，增长才干。一样拍品，就是一个话题，而充满竞争的氛围促使学生在外向追求时不断"内省"，形成内语言向外语言的转化。拍品的获得虽是少数人，而每个人却获得了一个有价值的"过程"。它使竞争者在个人选择的时候要考虑到思想的品位、道德的水准和社会的责任，避免走向金钱至上、拜金主义的极端。课堂上形成的民主气氛，又使德育能自然渗透。为"真、善、美"的评判标准，发挥了有效的导向功能。

通过竞拍时的"唇舌之争"，学生既可以活跃思想，锻炼口才，又能在交际的同时达到教育和自我教育的目的。"人生目标拍卖会"体现了"情感态度和价值观"、"过程和方法"、"知识和能力"这三个方面的相互渗透。

（4）"中学生要不要读名著"（案例4），是高中语文第三册"写作、口语交际"第二单元的内容，其内容是"议论要有理有据"，其中作文题目之一就是"中学生要不要读名著"。教师把作文中持有不同观点的同学组成了正反两方，为他们印发了辩论的程序和规则，并让他们进一步搜集论据，巩固自己一方的观点，准备进行一次大型的课堂辩论。课堂辩论目的，一是通过转变教学方式，激发学生的写作兴趣以及探究、合作意识，二是让学生在辩论中进一步学会"议论要有理有据"，又让他们了解辩论知识，培养锻炼他们的口才、辩才，三是引起全校领导、教师对中学生课外阅读特别是阅读名著问题的关注。

"中学生要不要读名著"（案例4）这节课的最大收益，就是锻炼了学生们的口才和辩才，展示了他们的聪明才智，激发了他们的合作探究意识，培养了他们的团队精神；而教师也在作文教学改革方面做了一次有益的尝试，找到了调动学生学习语文的主动性、积极性以及深化语文教改的一个新思路。

这场课堂辩论虽然暂时分出了胜负，但"中学生要不要读名著"的争论远没有停止，它也时刻在警示我们语文教师要更加重视对学生课外阅读情况的关注和引导。因为，在高考升学压力、学生学习负担有增无减的现实下，中学生课外阅读（特别是读名著）的情况实在不容乐观！

第八章　语文综合性学习的理念

教学目标： 了解语文综合性学习这一新的课程类型设置的意义，明确其性质、目标和功能，初步掌握该课程教学设计的一些方式。

第一节　理论阐述

一、设置语文综合性学习课程的意义

（一）设置综合性学习突破了传统的、狭隘的语文课程观

传统的课程结构，不仅分科过细，而且在学科内部也过于强调知识的条块状。这样的课程所带来的教育弊端日益凸显。它主要表现为：容易造成对本来完整知识的割裂，知识与生活、实践的脱节，不利于学生全面和谐地发展，不利于构建学生健康完整的人格。

语文学科与其他课程一样，在课程设计上，曾过于强调学科本位，过分追求语文学科内部知识体系的完整性和技能训练的系统性，把知识体系细化为"字"、"词"、"句"、"段"、"篇"、"语法"、"修辞"、"逻辑"八大块，把能力训练分解为"听"、"说"、"读"、"写"四种技能，使之各自为政，相互分离，即使偶有结合，也仅仅局限于语文学科知识与技能的内部，且结合的维度单一，视野狭隘；在教材建设上，缺乏与其他学科的联系，甚至在语文课程内容的编排上纠缠于"文学与语言"是分是合、"阅读与写作"是合是分这一自设的难题中；在教学实践中，过于注重知识的传承，忽视语文实践活动，忽视语文综合素养的培养，过于突出教师的地位，忽视学生学习主体性的发挥。

综合性学习的设置突破了长期以来占据主导地位的、孤立封闭的语文课程观，用联系的、综合的、开放的观点来理解语文课程，使语文课程呈现出广阔而多维的空间，把语文课程带进了历史文化、人类生活的大背景中，带

到自然世界、科学世界、自我世界、社会实践中，带到与其他学科进行纵横联系的视野中。语文教育由此而拥有了宽阔的渠道、丰富的资源和多样的形式。语文课程不再仅仅是课本，也不再仅仅是教师主导下的课堂教学，更不再是僵死的语文知识记忆和机械的语文技能训练了。

（二）设置综合性学习有助于语文课程教育功能的充分发挥

首先，密切了语文课程与多个领域的联系。综合性学习密切了学校教育与家庭教育、社会教育的联系，加强了校内外、课堂内外的教育整合，把语文课程延伸到了学生生活与社会活动的各个领域，使社会（社区）、家庭乃至大千世界、自然风光、传统文化都成为语文课程教育的资源或场所，使学生在各种情境中受到语文教育，同时又让学校的语文教育在各种情境中发挥作用。"语文学习的外延与生活的外延相等"的理念不再停留在认识层面上，而是纳入了课程实施的视野中。

其次，为语文学科与其他学科的整合提供了保障。综合性学习不仅追求"听"、"说"、"读"、"写"等多种语文技能的整合，而且提倡多学科联系、跨领域学习。这就为语文学科渗透科学教育、加强人文教育以及与其他学科的整合提供了课程保障，为学生语文综合素养的全面养成和提高开辟了空间和途径。

第三，促进学生各种能力的培养。在综合性学习中，学生面对的大多是真实的问题与情境。学生在真实的问题与情境中可以使已有的知识得以活用并学到实际有用的知识。教师可以借此培养他们的问题意识、解决问题的能力及创新能力。

应该说，在以往的语文教学中这三个方面都或多或少被关注着。但因为没有从课程设计的层面予以充分考虑，而仅在课堂教学的层面进行改革，因此往往是左右掣肘，难以进行深层突破，难以收到理想的效果。在语文课程中设置综合性学习，为充分发挥语文课程的教育功能提供了可能。

（三）设置综合性学习可以弥补分科课程的缺陷，有利于语文学科教育目标的全面达成

语文学科教育的根本目标是：全面提高学生的语文素养，培育学生热爱祖国语文的思想感情，培养学生正确理解和运用祖国语言文字的能力，提高学生的品德修养和审美情趣，使他们形成良好的个性和健全的人格，促进德、智、体、美的和谐发展。

分科课程是具有悠久历史的课程类型，它具有系统性、逻辑性、严密性、简约性等特点。其优越性主要表现在：能使学生获得系统的科学文化知

识，能最大限度地发展学生的智力；以传授知识为基础，有利于教师发挥主导作用，易于组织教学，也易于进行教学评价。分科课程的优越性是不可取代的，但它本身也有弱点和偏颇，主要表现在：这种课程以科学知识的固有逻辑为依托，在横向范围上形成了学科壁障，各门学科只顾自己的领域，彼此之间不相往来，割裂了知识世界的整体联系；在分科课程中，每门学科只关心自身的学术价值和内在逻辑的严密性，脱离了生活实际，不利于学生掌握，不利于学生的知识与生活实践相联系；分科课程所要求学生的，主要是对已知经验的接受、理解，很少鼓励学生自己发现问题，忽略了探索、寻求答案的过程，长期下去，势必造成学生在学习上的依赖性，使学生的探索精神萎缩。因此，分科课程虽有无可取代的优越性，但执此一端，也会带来教育的偏颇和缺失。在学科课程中设置综合性学习，就能关注到知识的联系性、学习的情境性和学科之间的融通性，这在一定程度上可以收到纠偏补缺之效。

二、语文综合性学习的性质

（一）语文综合性学习是一种新的学习方式

相对于传统的课堂语文学习方式而言，语文综合性学习具有如下"新"的特征：

1. 学习时空的拓展。学习空间由课内向课外延伸，学习时间由一个课时（45 分钟）为单元扩展到几天、一周乃至更多时间为一单元。语文综合性学习是课内与课外相结合的一种学习方式。

2. 学习内容由课本世界走向生活世界。语文综合性学习是指密切联系学生自身生活和社会生活，以学生的直接经验为基础，综合运用多种学科知识来完成学习主题任务的学习方式。语文综合学习与其说是对语文学科的逻辑体系的超越，不如说是对语文本体必然的回归，是到产生、发展和运用语文的地方去学习语文。语文的活力和语文学习的活力，在需要它的现实生活之中。现实生活是语文永不衰竭的动力和源泉。人、社会和自然是彼此交融的有机整体，这种关系决定了教育不能让学生远离现实世界，同时也决定了语文综合性学习的方式。

3. 学习方式由"接受式"为主转变为"自主、合作、探究"为主。在语文综合性学习中，学生的主体性将得到充分发挥。学生在教师的指导下可以自主地选择学习主题，组织实践活动，学习的方式以解决问题的探究式为主。

（二）语文综合性学习是一种新的语文课程类型

过去的语文课程只包括识字写字、阅读、写作、听、说教学等类型，现在的《语文课程标准》不仅把综合性学习作为一种学习方式，而且把它作为一种课程组织形态，与识字写字、阅读、写作、口语交际并列为语文课程的五种类型。对于语文综合性学习这类课程的性质，《语文课程标准》是这样定位的："综合性学习主要体现为语文知识的综合运用、听说读写能力的整体发展、语文课程与其他课程的沟通、书本学习与实践活动的紧密结合。"

对于这种性质定位，我们要明确以下几点：

首先，它是综合性的课程。它沟通了听说读写，沟通了语文课程与其他课程，沟通了课内课外，沟通了校内校外，沟通了书本学习与实践，是一种综合化了的课程。它引导学生综合运用语文知识去分析问题、解决问题，有利于促进学生语文素养的整体提高，有利于学生知识能力与情感态度和价值观的协调发展。

其次，它是生活化的课程。它开放了语文课程，使语文课程从封闭的课堂走出来，走向了生活和家庭，走向了自然和社会，拓展了语文学习的空间。它与传统的教学不同，每次学习的目标、过程、结果都是开放的。在社会生活中学语文，会学到比课本上更多、更珍贵的东西。

再次，它是经验性的课程。与阅读、写作等传统意义上的学术课程不同，它是一种经验性课程。根据建构主义观点，人的经验也是一种很重要的知识。综合性学习大多以"问题——解决"和"活动——探究"为载体，在这样的学习活动中，更注重学生的参与和体验，有利于学生丰富自己的阅历，整合知识，运用知识生成新的知识。学生情意态度方面的发展，组织、协调、合作等能力的发展，将会比在知识性课程中更为显著。也许这种课程让学生得到的大多是隐性的，不像知识性课程那样能有显著的收获，但常常会有"蓦然回首，那人却在灯火阑珊处"的惊喜，会有"踏破铁鞋无觅处，得来全不费功夫"的感叹，而且经验的增长、阅历的丰富是终生受益的。

第四，它是个性化的课程。综合性学习不再是标准化、模式化的学习。也许每一个人学习内容和学习方式都会不一样，因为它是一种充满个性化创造性的学习活动，特别有利于促进学生个性的健全发展，特别容易激发学生的好奇心、求知欲和进取精神。每个学生都有可能根据自己的兴趣爱好去选题、探究、活动、创造与表现。

三、语文综合性学习课程的目标

根据《语文课程标准》的要求，语文综合性学习课程的目标，可以从以下三个方面去认识。

（一）培养学生的问题意识和解决问题的能力

培养学生具有提出问题、发现问题的能力，具有分析问题、解决问题的能力，是综合性学习的重要目标。这样的问题可以多种多样，有身边的，有自然的，有生活的，有社会的；有家庭的小事，也有学校、社区、国家的大事。解决问题的方法也可以多种多样，可以通过查找资料、调查访问、相互讨论等方法去解决，可以合作完成，也可以独立完成。展示研究成果的形式，也可以是多种多样的。新课标对各学段的"问题——解决"方面的目标是这样规定的：

对周围事物有好奇心，能就感兴趣的内容提出问题，结合课内外阅读，共同讨论。（1~2年级）

能提出学习和生活中的问题，有目的地搜集资料，共同讨论。在家庭生活、学校生活中，尝试运用语文知识和能力解决简单问题。（3~4年级）

为解决与学习和生活相关的问题，利用图书馆、网络等信息渠道获取资料，尝试写简单的研究报告。（5~6年级）

能提出学习和生活中感兴趣的问题，共同讨论，选出研究主题，制订简单的研究计划。从报刊、书籍或其他媒体中获取有关资料，讨论分析问题，独立或合作写出简单的研究报告。

关心学校、本地区和国内外大事，就共同关注的热点问题，收集资料，调查访问，互相讨论，能用文字、图表、图画、照片等展示学习成果。（7~9年级）

（二）培养学生留心观察自然和社会的习惯并对其进行表达的能力

在小学低中年级，要求学生能结合语文学习观察自然，观察社会，运用语文知识和能力表达自己的观察所得，这是综合性学习的重要目标。新课标对各学段的"观察——表达"方面的目标是这样规定的：

结合语文学习，观察大自然，用口头或图文等方式表达自己的观察所得。（1~2年级）

结合语文学习，观察大自然，观察社会，书面与口头结合表达自己的观察所得。（3~4年级）

（三）培养学生组织语文活动的能力和探究事物的能力

语文活动充满探究，语文活动的过程就是学习探究的过程。培养学生具有自主地组织丰富多彩的语文活动的能力，培养综合运用语文知识和能力探究事物的能力，这是综合性学习的重要目标。新课标对各学段的"活动——探究"方面的目标是这样规定的：

热心参加校园、社区活动。结合活动，用口头或图文等方式表达自己的见闻和想法。（1~2年级）

能在老师的指导下组织有趣味的语文活动，在活动中学习语文，学会合作。（3—4年级）

策划简单的校园活动，对所策划的主题进行讨论和分析，学写活动计划和活动总结。对自己身边的、大家共同关心的问题，或电视、电影中的故事和形象，组织讨论、专题演讲，学习辨别是非善恶。（5~6年级）

能自主组织文学活动，在办刊、演出、讨论等活动过程中，体验合作与成功的喜悦。（7~9年级）

（四）培养学生的收集信息和处理信息的能力，学习查找资料、运用资料的方法

现代社会是信息社会，信息意识和处理信息的能力是一个现代人必备的素质。收集资料和运用资料是一种基本的学习方法，这一点在其他语文课程与教学类型中很少体现，而在综合性学习中则是主要的学习内容。新课标在各学段对这一目标有以下具体要求：

能提出学习和生活中的问题，有目的地收集资料，共同讨论。（第二学段）

为解决与学习和生活相关的问题，利用图书馆、网络等信息渠道获取资料，尝试写简单的研究报告。初步了解查找资料、运用资料的基本方法。（第三学段）

从报刊、书籍或其他媒体中获取有关资料，讨论分析问题，独立或合作写出简单的研究报告。掌握查找资料、引用资料的基本方法，分清原始资料与间接资料的主要差别；学会注明所援引资料的出处。（第四学段）

四、语文综合性学习课程的活动类型

语文综合性学习的活动方式不拘一格，具体的内容更是丰富多彩。但从总体看可以概括为两大类：

（一）学科延伸活动类

学科延伸活动类相当于原来的语文课外活动。是把语文学习由语文课内向课外延伸，利用学校的课外语文资源（如阅览室的图书、报纸、广播、

网络等），以讨论、表达和演出等形式开展的语文学习活动。可以鼓励学生自己成立阅读兴趣小组，办文学社，编校报，组织演讲、辩论会，也可以在教师的指导下改编课本剧和演出。这类学习和语文实践联系紧密，学生容易置身其中，因而具有较显著的语文发展功能。

课外阅读是学科延伸模式中的重要内容。山东高密一中的"语文实验室计划"就建立了专门的"语文阅览室"，并安排专门的课时让学生自主进行有计划的课外阅读。俄罗斯非常注重学生的课外阅读，而且和课外写作、听说活动密切联系，构成一个开放的语文学习系统。他们推荐的是适合学生年龄特点的文艺、科普和社会政治等方面的读物，而其中文学名著是阅读的主体。苏霍姆林斯基向他的学生推荐了苏俄文学名著 116 种，外国的 150 种，并为他们建起了图书馆和阅览室。他深情地对学生们说："男女青少年们！开列在你们面前的是一些收入世界文学宝库的不朽名著的书目。人类将永远研读它们。你们不仅应当读完这些书，而且应当反复阅读，从中寻找智慧和美，获取愉快和美的享受。'书籍集中了人类的瑰宝并把它们传给后代。我们将化为一捧骨灰，然而书籍却如铁铸石雕的纪念碑永世长存'。"①

课外阅读指导的模式一般分为五个环节：

1. 教师的开场白。介绍有关作者作品的情况，推荐读物。

2. 学生发言。选择读物的理由，讲故事，各种形式的朗读，编成演出的形式等。

3. 辅助活动。以直观的形式拓展认识，激发探讨的兴趣，促进理解。主要是演示幻灯和电影片断，听录音、看图片等。

4. 交换读书心得。全班讨论，表明自己的意见。提倡分组合作完成。

5. 发展性的评论。教师总结并提出下次阅读内容的建议。

课外书读得越多，课外活动参加得越积极，语文学习就越轻松，越富有成效。语文学习需要广阔的知识背景和智力背景，语文学科的延伸是绝对必要的。在延伸学习的过程中，学生通过一些较为复杂广阔的内容的学习，思维水平得到提高，整个人格的发展得到促进。

（二）主题活动研究类

主题活动模式是语文综合性学习的主要模式。

语文主题活动是一种言语实践活动，活动的主体是学生，他们的实践活动大体指向文化、他人、社会、自然、自身等方面，这些方面就可以作为我

---

① 苏霍姆林斯基. 帕夫雷什中学. 北京：教育科学出版社，1983. 286 页

们考虑活动内容的基本方向。褚树荣概括为六个大的主题：人与文化、人与思维、人与他人、人与社会、人与自然、人与信息，并设计出高中语文主题活动的六大系列：（一）继承传统，弘扬人文——文化传承系列。（二）声声入耳，事事关心——信息处理系列。（三）学会生存，学会合作——社交模拟系列。（四）头脑风暴，思维灵光——创意想像系列。（五）深入社会，关注人生——社会实践系列。（六）崇尚科学，亲近自然——自然探索系列。每一系列，又可分解出五至十个主题活动，涉及系列的各个方面。这六大系列贯穿高中三年的六个学期，每个学期从本系统中选择几个主题进行活动，六大系列之间没有严密的逻辑关系，在选择上可先可后，这正是语文学科的特点，但六个系列合起来又涵盖了人与外部世界和内部世界的各个领域。每个系列内部的主题活动可多可少，根据实际教学时间和学校的客观条件决定。虽没有学科课程那样在内容上有层递性和逻辑性，但主题活动又尽量指向该系列的各个方面，如文化传承系列，其活动主题就可以涉及到文字书写、话语表达、词语积累、文本读解、古典文体写作等。①

第二节 案例呈示

一、案例一

《漫游语文世界》教学案例
冉斌

（一）教学活动设计

1. 收集言语材料

（1）分组：根据学生的生活环境和兴趣爱好，由学生自愿或教师建议组合均可，分日常生活用语（包括方言、一般俗语、常用歇后语）、对联（包括春联、楹联）、广告用语、新词语（包括网上用语、校园语言）、不规范用语等五个小组，并指定（或由学生推选）小组长。

（2）收集：学生利用国庆节放假时间走向社会，在读书看报、上网与

---

① 褚树荣. 教室的革命. 浙江教育出版社，2002

人聊天、看电视、逛商场时收集材料。各组学生以收集本组材料为主，兼顾其他。

2. 筛选整理

返校后，学生分组自行筛选、梳理所收集的材料，同时到图书室查阅相关资料。为分析、研究所收集的材料作准备，也可从资料中选用一些有关的作为本组材料的补充。

3. 分析研究

利用一节课的时间，由组长组织组内同学讨论（如课内时间不够，课外可由小组另找时间继续讨论），对所收集的材料进行分析，教师不加任何限制。学生根据讨论的意义，形成书面材料，并推荐出发言代表，代表小组在班上交流成果。最后将本组筛选后的材料、分析研究的成果编辑成册，学生自行题字、插图、设计封面。

4. 汇报成果（1课时）

课堂上，教师只是组织者，由各组代表作主要发言，其他同学可作简单补充。座位打破传统，采用小组围坐的形式。教师走下讲台置身于学生中间，对各组发言可作简要点评，以鼓励为主。课堂上还利用电教手段，让学生展示他们的成果。

5. 活动的延续

课后发动各小组学生进一步充实小册子的内容，作为成果在班上展览，同时将学生的感想体会展示在张贴栏里，并以这次活动为主题出一期墙报。

（二）教学反思

这次"漫游语文世界"活动基本达到了预期的目的。学生积极参与了活动的全过程，生活处处有语文已成为大多数学生的共识。学生学习语文的积极性有了很大提高，听说读写的能力、自我认识的能力也得到了锻炼。

在活动中，我感受到了学生们可贵的积极合作、认真探究的精神。学生整理展示的一本本精美的小册子，便是他们合作学习、集体探究的结晶。从汇报课学生发言中，可以看出他们能够从多方面对问题进行探究，而且有理有据。有的发言还很有水平，如潘杰同学对对联的探究，不仅谈到春联、楹联、对对子，还谈到对联的悠久历史，以及自己借鉴到作文中如何使句子对称、语言更生动等问题。刘畅同学谈到一家以鱼为主菜的餐馆改成语"年年有余"为"年年有鱼"作为招牌，认为这种做法虽然满足了商业目的，但破坏了成语的整体性。这些都说明，面对丰富多彩的语言现象，学生是有能力从多种角度进行探究的，关键是教师要给学生创造这样的环境。

在活动中我还体会到，生活是语文学习的大课堂。以前，我们习惯于将视野封闭在狭小的教室里，长此以往，学生渐渐远离了美丽的自然、多彩的社会生活，习惯于在教师的教鞭下，用程式化的词句去诠释所见、所闻、所感，他们于是开始讨厌语文，憎恶将生活贴上标签的课本。其实，生活博大迷人，无时不在向我们展示绰约风姿：读书看报，新鲜事不断，美文妙言俯拾皆是；看电视，逛商场，一幅广告就是一首动人的诗……因此，只有松开学生的手脚，鼓励他们走进社会、走进生活，用课堂内学到的知识、方法去观察社会、观察生活，学语文、用语文，才能把课内课外有机地结合起来，开创语文教学的新天地。

（选自黄伟、陈尚达著：《语文综合性学习研究与教学设计》，广西教育出版社 2004 年版）

二、案例二

《我也追星》教学设计

熊芳芳

【活动目标】

1. 通过本次活动，对学生当中普遍存在的"追星"现象加以正确引导，树立健康、高尚的情感、态度、价值观。

2. 通过本次活动，让学生体验语文学习的背景之广阔、乐趣之深厚，学会搜索、利用各种资料。

3. 通过丰富多彩的综合性口语活动，锻炼学生的口头表达能力。

4. 通过写作训练，让学生学习多角度地认识人，近距离地感受人，有感情地理解人，有创意地表现人。

【活动重点】

指导学生多角度地认识人，近距离地感受人，有感情地理解人，有创意地表现人。

【课前准备】

1. 课外阅读名人传记，教师可适当作一些推荐。比如，中国历史上的名人、影响世界的100位名人、中外名人传记、名人传奇、世界杰出人物的少年时代、名人传、院士自述、获诺贝尔奖科学家传记、十大元帅的故事、体育影视名人故事等，也可以是文学作品中的人物故事。

2. 收看电台、电视台播放的有关名人的节目录音、录像，如《东方之子》、《艺术人生》、《对话》等节目。

3. 每位同学自办一张《名人知多少》手抄报，在课前就张贴起来，以供全班同学交流欣赏。

【活动过程】

（一）情真意切话名人

1. 教师先播放一段名人的演讲录像或录音，让学生进入名人的内心世界，感受他们的动人情怀与伟大精神，以此拉近学生与名人之间的心理距离，能够将名人作为一个"人"来认识和理解。

2. 学生真情讲述名人的故事。学生选取令自己最有感触的名人，讲述他的故事。要求形式多样。可以在讲述前后唱一首赞颂名人的歌曲，可以在讲述前后朗诵一首赞颂名人的诗歌，可以在讲述前后宣读几则名人名言等。

（二）客观辩证评名人

孔子说："见贤思齐。"每一个名人的身上都有值得我们学习的地方。然而，"金无足赤，人无完人"，每一个名人的身上也一定有值得我们引以为戒的地方。孔子又说："择其善者而从之，其不善者而改之。"对一个人的评价，不能过于盲目——毕竟"人无完人"，也不能过于苛刻——毕竟每个人都不可能完全脱离其时代、环境的局限以及人性本身的弱点。

1. 每位同学选取一个自己最感兴趣的名人进行评论，先在小组内部互相交流。

2. 小组讨论结束后，组织全班进行讨论。

名人的是与非/名人的功与过/名人的得与失/名人的长与短……

（三）深入思考看名人

名人的世界一定会带给我们一些关于人生、关于社会、关于宇宙的思考。在深入了解他们的基础上，回过头来重新审视名人和名人的世界，你会发现什么？这些发现对你的人生可能产生何种影响？

以"我和我心中的'星'"为题，进行说话训练。

（四）别出心裁写名人

1. 作文题目：以名人为话题，题目自拟，文体、字数不限。

2. 热身运动：选取你最想写的一个名人，选择下面的任意一项进行写作。

为他写一句话新闻（写你认为他最值得关注的事）；

为他画像；

为已故的他写墓志铭；

为他写简历；

为他编写微型剧本。

3. 课文导练：你可以学习《邓稼先》片段组合式的结构、饱含深情的笔触，你可以学习《闻一多先生的说和做》诗一般的语言、精于剪裁的手法，你可以学习《音乐巨人贝多芬》将伟人作为平常人来理解的角度、正面描写和侧面描写相结合的手法，你可以学习《福楼拜家的星期天》富丽的词藻、声情并茂的人物描写，你可以学习《孙权劝学》简练的语言、生动而有情趣的对话描写。

4. 写法导引：可以写成剧本，可以写成通讯，可以写成小说，可以写成诗歌，可以写成散文，可以采访当地的名人，写一篇访谈录或答记者问。

但要注意的是，一定要有真情，一定要有创意，一定要有深度，一定要有理性，一定要多角度，一定要有联系——联系社会，联系生活，联系宇宙，联系人生，联系自己。千万不能照搬资料，千万不能过于偏激，千万不能平铺直叙，千万不能冷眼旁观，千万不能颠三倒四，千万不能空喊口号。

5. 总结动笔。

（选自黄伟，陈尚达著：《语文综合性学习研究与教学设计》，广西教育出版社 2004 年版）

第三节 讨论与分析

一、案例讨论

（1）语文综合性学习既要体现综合性，又要体现语文性，以上案例是如何体现这两个特性的？

（2）语文综合性学习课程呈现在教学内容上的最大特点是开放性，它最能体现语文学习与生活的联系，以"案例一"说明之。

（3）上述案例体现了语文综合性学习哪些独特的课程目标？

（4）案例二是怎样将人文教育目标和语文能力目标统一起来的？

（5）案例一的教学设计体现了语文能力的整合，突出了语文能力的整体发展，试分析之。

（6）在语文综合性学习课程教学中，教师应充当什么角色？应发挥什么作用？试结合案例一分析。

（7）语文综合性学习是以新的学习方式为课程特征的，结合案例分析其学习方式的特征。

二、案例分析：

（1）语文综合性学习的综合性主要体现为教学内容的综合性和教学目标的整体性。具体来说，表现为四个方面：一是语文知识的综合运用，二是听说读写能力的整体发展，三是语文课程与其他课程的沟通，四是书本学习与实践活动的紧密结合。如《漫游语文世界》教学案例，从活动内容看，组织学生到社会生活中收集资料，做到了课内外的沟通。虽然这次综合学习课只是漫游语文世界，但学生除了接触到语文和分支学科，还涉及了语文之外的学科，如社会学、文化学、民俗学、心理学、美学等，这意味着"与其他课程相结合"的开始。活动中，安排学生整理材料、分析材料、编写材料，讨论、发表、交流等活动形式则体现了书本学习与实践活动的紧密结合、语文知识的综合运用、听说读写能力的整体发展等特征。

所谓语文综合性学习的语文性是说语文综合性学习的活动应该是以语文的运用为核心的活动，是与语文密切相关的活动。并且，活动中要有语文教师运用语文知识对学生语文学习的指导，不是那种纯粹自然状态下的语文习得活动。也就是说，语文综合性学习中的"语文"属于"学校语文"，不是单纯的"生活语文"。如《我也追星》案例，是以"名人"为话题开展的读、说、评、写等语文活动，是从语文的角度展开的（区别于品德课中单纯从思想教育的角度而展开的活动）。而且，在活动中应该有关于文体知识的指导、学习和运用，如新闻、墓志铭、简历、微型剧本等知识，还有结合已学过的课文的写作模仿。这些都使它与自然状态下的语文习得活动区别开来，呈现为一种"学校语文学习"的活动状态。从"学校语文"性质的角度看，《漫游语文世界》的教学设计还缺少了有关语文知识的学习、指导的环节。

（2）《漫游语文世界》是人教版课标教材七年级上册的一篇语文综合性学习的课文，教参上罗列了许多有关资料，但教者没有简单地利用这些资料来教学，而是"自找麻烦"，开放教学，组织学生走进生活，学用语文。教者的想法是，教参上的资料毕竟不是学生自己搜集的，不能代替学生的实践。而生活中的语文将会更新鲜、更活泼、更具生命力，也更能激发学生的热情。因此，他决定松开学生的手脚，鼓励学生走出课堂，走进生活，观察生活。为此，他给学生制定了此次活动的时间表，利用国庆放假的良机，去收集家庭、校园、社会中的语文现象，给学生创造一次"漫游语文世界"的机会，充分体现了语文学习与生活的联系。

（3）语文综合性学习课程的目标体现在两个层面：一是语文能力培养的层面，主要是信息收集、处理能力和语文的综合应用能力。二是人文素养的涵养层面，主要是问题意识、探究意识、科学态度、组织能力、沟通能力、合作精神以及对社会的责任心和使命感等。上述案例都包含了这些目标内涵。如"案例一"的整个活动过程就是收集、筛选、整理、分析言语信息的过程。在这个活动过程中，将听、说、读、写训练整合在一起，既培养了学生信息收集和处理的能力，又培养了学生综合应用语文的能力。同时，学生在对家庭、校园、社会生活中的言语材料的收集与筛选中，会得到许多新鲜活泼的言语资料，会发现语文在生活中丰富多彩的表现形式，增强学语文、用语文的兴趣、动力和信心，也会增强认真学语文、规范用语文的责任心与使命感。

培养合作精神，学会合作、共处，是语文综合性学习课程的重要目标之一。《漫游语文世界》的教学活动，学生在分组收集、筛选整理、分析研究、汇报成果的整个过程中，就是一个组内合作、组外协同的过程。在这一过程中，学生合作学习的意识以及策划、组织、协调和实施的能力均得到培养。

探索和研究是综合性学习的主要方法，探索和研究的过程对学生来说至关重要。《漫游语文世界》活动，教者组织并引导学生探索和研究生活中的言语现象，是学生探索研究某一问题的开始。可以想像，学生面对社会生活中生动有趣的语文材料时是多么惊奇与兴奋。惊奇与兴奋之后，开始关注、探究某一方面。这时每个学生对某一方面的言语材料都会有一番自己的探究与独立分析，每个学生在这一过程中都会有独特的感受和体验，每个学生都会对说普通话、写规范字，对学好语文、用好语文有不同程度的理解与体会了。而这种探究，既有学生个体的独立钻研，也有学生群体的讨论切磋。更重要的是，他们尝试过探究的方法，经历了研究的过程，问题意识、探索精神与研究能力得到了锻炼。

（4）"案例二"的教学活动旨在通过读、说、评、写的实践活动，引导学生获得关于名人的丰富感受和认识，在与同学的对话交流中产生深刻的自我反思，最终促成学生的经验转变，由简单而感性的"偶像崇拜"转向复杂而理性的"辩证认识"。这一活动本身不仅能引发学生生动的言语实践，而且有利于中学生心理的健康成长。学生会因此改变以往对名人的盲目崇拜与简单模仿，转而严格要求自己，化幻想为行动，走向实实在在的自觉追求。"偶像崇拜"是青少年较为普遍的心理特征，学生追"星"很多时候是盲目的，需要教师进行正确引导。因此，本次综合性学习便是针对学生可能存在的心理误区开展的有的放矢的学习活动，具有较强的教育意义。在"客观辩证评名人"中，学生围绕名人的是与非、功与过、得与失、长与短进行讨论，在"人无完人"和"宽以待人"的观念的引导下，获得关于名人的正确认识。同时，活动还充分关注学生的思辨能力、口语交际能力、合作探究能力、书面表达能力以及自我反思能力的培养。活动前的"读名人传记"、"看名人报道"、"编名人手抄报"，活动中的"情真意切话名人"、"客观辩证评名人"、"深入思考看名人"、"别出心裁写名人"，为学生提供了丰富多样的活动形式。学生在读中感悟，在看中沉思，在编辑中整合，由说来展开，由评来辨析，在交流中反思，在写作中创造。通过这些活动形式，自主性学习、合作性学习和探究性学习得到充分体现，过程与方法目标、情感态度与价值观目标得到高度重视。学生在多样化的活动形式中获得关于名人的丰富感受和全面认识，学会正确地看待和评价人物，口语交际能力和写作能力都得到了锻炼，高度体现出语文综合性学习实践活动将人文教育目标与语文能力培养目标高度整合的综合化特征。

（5）案例一的教学设计体现了语文能力的整合，突出了语文能力的整体发展。比如，培养学生听、读的能力：与人聊天，看电视，逛商场，阅读有关资料，收集语言材料，获得语文信息；培养说的能力：收集材料后，学生分组筛选，梳理语言材料，组内同学讨论，以及在班上交流发言，发表自己的见解；培养写的能力：学生将筛选后的语言材料编辑成集，同时，在讨论和班内交流感受的基础上写成一篇作文，在写作中表现自己语文运用的独特感受。这些内容只是活动过程中的最基本的部分。其实，在综合性学习中听说读写是没有明确分工的，往往是融会在一起进行，这才是符合语文教育规律的做法。

（6）在案例一的教学活动中，教师所扮演的是编者、教练的角色。活动之初，教师制定时间表，提供参考书目；活动中，从大的原则上把握，指导学生收集、整理材料，完成分组讨论，不要过多干预；而在汇报课上，教师只是组织者，由各组代表作主要发言，其他同学补充。教师走下讲台，置身于学生中间，对各组发言作精当点评，穿针引线，尊重每个学生，鼓励他们在学习中的新尝试，保护他们的自尊心和积极性，让学生感到教师既是他们学习的指导者，又是可以进行思想交流的朋友。值得注意的是，在语文综合性学习活动中，教师除了组织者的角色，还要担负指导者的责任，尤其要运用有关的语文知识进行指导，不然，活动就会流于没有"语文学习"的"生活语文"的自然习得状态，影响作为语文教学活动的效果。

（7）综合性学习课程的设置，对语文学习方式来说是一次革命。这次革命就是特别强调自主、合作、探究的学习方式。"案例一"中，这些新的学习方式得到了充分体现。如整个活动主要由学生自行设计和组织，这离不开学生的身体力行，更离不开每个学生主动积极的参与，突出了学生的自主性。活动是以小组的形式开展的，这自然是一种合作学习的方式。而整个学习活动都是一种探究活动，没有现成的学习材料，没有现成的知识结论，有的只是对未知的探索。这里，知识的结论不是最重要的，探究过程显得特别重要。也许，学生探究的结论和取得的成果并不成熟、完善，有时甚至还有错误，但学生经历了探究的过程，增强了探究意识，培养了探究精神，其目标就已达到了。

第九章　语文课程评价的理念

教学目标：简要了解课程评价价值取向的发展历程；掌握语文课程评价的基本内涵，即依据什么进行评价，评价语文课程的哪些方面，用怎样的方法达到评价的目的。

第一节　理论阐述

一、课程评价价值取向的发展历程

人们对于一切有意识的活动都有评价，不管这种评价有意与否，正确与否，事实上，评价成为构成人们活动的一个有机组成部分。"评价"一词在汉语中出现得较晚。《宋史·戚同文传》中有"市物不评价，市人知而不欺"的记载，在这里"评价"是指评论货物价格的意思。现在人们对它的理解在范围上大大扩展了。比如《辞海》对"评价"的理解是"泛指衡量人物或事物的价值"；韦氏大词典认为评价是"决定或确定价值或数量"；美国《心理学大词典》提出"评估，一般说来是对于某事的价值作决定"；顾明远主编的《教育大辞典》将"评价"界定为"是指事物价值的判断"。统观以上定义，在具体的表述方面尽管存在一定的差别，但都将"价值"的"判断"作为理解评价的基本方面，评价就是对认识对象价值的判断活动。对于课程评价的理解，从表层的意义来看，就是以一定的方法、手段对课程各个层面的问题的价值作出判断的过程。具体来说，课程评价要涉及到以下具体问题：（1）价值判断问题。课程评价首先要在一定的课程与教学理念指导下对课程与教学的价值作出一个基本的判断，关注课程的制定、展开及实施结果的合目的性与合规律性，考虑课程具体代表什么样的价值观，这种价值观为谁所拥有，是否符合社会、学生的现实和长远需要，等等。（2）评价对象问题。课程与教学由不同的层面构成，如课程标准（或教学大纲）、课程的展开（教学）、实施的结果等，人们对课程评价对象理解的差异往往影响到课程评价实施的范围，影响到具体评价方法的选用，传统的课程评价以课程标准的达成程度为主要依据，以考试作为评价的主要方式，因而忽视了课程除目标以外的很多内容，在实际教学中产生了许多弊端。（3）评价方法问题。课程评价目标的达成，需要在界定清晰课程评价对象和内容后，采用多种合适方法，收集各方面的信息和数据，并对这些信息和数据进行分析，及时诊断问题，更新课程。

在课程评价中，人们对于课程评价所涉及的具体问题观点不一，理解多种多样，但总的来说"价值与判断是评价领域的基本问题，也是一个相当棘手的问题，因为这一问题的确定直接关系到对其他问题的理解，甚至整个评价观。"课程评价的价值取向支配着评价的具体模式和操作取向，影响着评价功能的充分发挥。有学者从取向维度，将国外各种各样的课程评价归纳为三种，即"目标取向的评价"、"过程取向的评价"和"主体取向的评价"。①

（一）目标取向的课程评价

目标取向的课程评价是对课程计划和实施与预定课程目标符合程度的判断。泰勒为领导的"八年研究"成果和布卢姆等人提出的目标分类学是这种评价的主要理论依据，我国课程评价受到这种评价理论很大影响。目标取向评价追求评价的"客观性"和"科学性"，着重于对结果的量化研究，通常用行为目标的方式来陈述预定的课程目标，"评价过程在本质上是确定课程和教学大纲在实际上实现教育目标的程度的过程。但是，鉴于教育目标实质上是指人们发生的变化，也就是说，所要达到的目标，是指望学生行为模式中产生某种期望的变化。因此，评价是一种研究行为实际变化的过程。"在评价内容上，过分着重于人的认知方面，而忽视作为完整心理构成重要组成部分的非认知心理发展的评价；在评价方法上过分依赖定量研究，因此在评价过程中不可避免地会产生许多问题。

（二）过程取向的课程评价

过程取向的课程评价强调要对课程制定、实施运行过程中的全部情况进行判断，对其中有价值的结果进行肯定与支持。与目标取向课程评价相比，过程取向课程评价范围更加广泛，不仅涉及学生认知水平的发展情况，而且考虑学生学习过程中情感态度和价值观的变化；评价的时效性更强，能及时

①　张华著．课程与教学论．上海：上海教育出版社，2000.393 页

反馈学生学习情况和课程实施中的各种信息，便于学习者和课程制定者、实施者根据反馈信息作出相应的课程调整；评价主体呈多元化趋向，尤其是学习者参与到评价中来，有利于发挥学习者的积极性，提高评价的客观程度；评价的现实性更强，过程取向课程评价强调评价者与评价情境的交互作用，在具体情境中展开对课程的评价，突破了目标取向评价抽象化的樊篱，评价者在具体情境中可以更准确地作出正确的判断。总之，过程取向评价突出了过程本身的价值，承认评价是一个价值判断的过程，将人的主体性、创造性提高到前所未有的地位，这是值得充分肯定的。

（三）主体取向的课程评价

主体取向的评价认为课程评价是评价主体之间共同建构意义的过程，强调评价不仅是一种价值判断过程，而且这种价值是多元的，倡导对评价情境的理解而不是控制，以追求人的自由与解放为评价的根本目的，认为课程不应当是外部强加的一种力量，而应是借此获得自身良好发展、社会良好发展的一种凭借和依据。课程的展开应依赖于主体的"自主"意识和行动，重视内在的驱力推动主体参与课程评价。同时，个人作为社会的一个组成部分，对他人又负有不可推卸的责任和义务，主体取向评价中的主体具有"自主"和"责任"统一的要求。

持这种取向的课程评价者反对传统评价方法中以实验或心理测试为中心，重视质性的研究方法，对整个课程方案，包括前提假设、理论推演、实施效果及困难等，进行全面深入的研究。但并不完全排斥其他的评价模式，而是根据具体评价情境内外的实际情况与要求，与其他评价模式相互补充。当前较为流行的"档案袋评价"、"苏格拉底评价法"都与这种评价理念有相似的追求。目前，这种价值取向在我国课程评价中为越来越多的人所接受，并且在实践中不断完善和发展。

二、语文课程评价的基本内涵

根据人们对课程评价的科学认识和《基础教育课程改革纲要（试行）》的基本精神，依据语文学科本身的特性、个体发展和社会发展对语文素养的基本要求，我们认为语文课程应当着眼于对学生全面发展的积极引导，着眼于学生主动建构语文知识、获取语文能力、形成良好学习态度的过程，强调学生对语文课程的体验、感悟和教师、学生、课程之间的情感、态度、价值观的互动交流等。语文课程评价应是：运用包括考试在内的多种评价方法，从多种途径获得语文课程目标、语文课程实施及实施结果整个过程中关于学生、教师和课程本身的情况作出价值判断，通过价值判断，发现、激发学生语文学习的各种潜能和引导学生形成良好的态度品德，促进教师教学水平的提高，形成不断发展的语文课程机制。评价应当改变单一评价主体现状，关注如何使学生最大限度接受评价结果而不是结果本身的正确性，体现包括学生在内的评价主体互动化；注重学生综合素质的考察，实现评价内容多元化，尊重个体差异，以质评为基础，不仅考察认知层面，而且要考察非认知和行为层面；评价过程的动态化，将终结性评价与形成性评价结合起来，给予多次评价机会，将评价贯穿于日常教育教学行为中。

（一）为什么进行语文课程评价

语文课程评价主要是作为选拔和甄别人才的方式，还是要直接促进学习者个体全面健康发展，满足个人和社会发展的长远要求？亦即我们的指导思想是要"选拔适合教育的儿童"，还是要"创造适合儿童的教育"？长期以来的事实给我们的答案是：高考、中考考什么，学生就学什么，教师就教什么，考试成了学生改变身份和教师与学校获得荣誉的工具，成了教育行政部门管理教育的法宝，考试本身的局限性导致围绕考试展开的教学活动不可能落实全面发展的教育目标，教育目标的全面实现在教学活动中成了一句空话，语文教育对学生个体的关怀湮没在功利性的理想之中。那么到底需要依据什么进行语文课程的评价？即合理的语文课程评价目的是什么？语文课程评价应当体现怎样的价值？明确这一点，对建立符合新课程改革理念的语文课程评价与考试制度具有重要意义。

长期以来，教育一直在强调社会本位与个人本位两极之间倾斜，将个人发展处于社会发展的对立面，两者互不相容，从而静止地将语文课程的各种具体价值分离割裂，人们的教育价值观处于非此即彼的状态。事实上，"每个人的自由发展是一切人自由发展的条件"，社会是由单个人组成的社会，离开个人去谈社会只是一句空话，社会结构只有爱护个人并有利于个人发展时，这种社会才是合理的，如果它是束缚乃至妨碍个人发展的，它就是不合理的；同时个人的自由、平等、全面发展，也需要健康的社会机制作为根本保障，个人有义务为社会的进步与繁荣不断努力，并在这种努力中进一步发展自己，在这个意义下，关心社会，服务社会，奉献社会也是一种个人的发展。基于这一认识，语文课程的目的是在促进社会健康发展前提下的个人自由全面发展，语文课程评价的根本价值在于这一自由全面发展的保障和促进。

从个体发展的要求来看，全面发展不仅仅包含认知水平的发展，而且包含非认知结构的完善，只有两者和谐统一，个人的进步才是可持续的。美国哈佛大学心理学家霍华德·加德纳（Howard Gardenner）认为，人的才能是多方面的，他认为每个人至少拥有言语—语言智力、逻辑—数理智力、视觉—空间智力、音乐—节奏智力、自我反省智力、人际交往智力、自然观察者智力以及存在智力这9种类型的智力。教育的作用就是在于通过适当的情境使学生展示各种不同的潜能，学生的发展就是在学习中发现自身的智力优势，培养创新精神和实践能力。从语文课程的角度来看，学生的语文素养提高与言语—语言智力、自我反省智力、自然观察者智力及存在智力关联更为密切，随着网络对语文生活的介入，语文课程必然要涉及网络文化的内容，视觉—空间智力的开发对语文学习也日渐重要。语文课程涉及到促进人全面发展的多种智力，而智力是"个体解决实际问题的能力和在各种文化背景中生产或创造该文化所重视的产品的能力"，这就要求语文课程与教学要提供构建学生语文听说读写等能力的知识基础，要提供形成这些能力的真实情境，要与生活紧密联系，能够运用语文能力解决生活中与之相关的实际问题，并且创造出独特的语文产品，语文课程的评价要反映在这一系列的关于获得知识、形成能力、创造产品的过程并与伴随这一过程发生的学习者的情感、态度、意志、习惯、价值观等方面的变化，获得学习者在学习的各个阶段的情况，及时反馈给学习者和课程本身，有效地调整教与学的方式与课程的内容。

（二）评价语文课程什么，谁来评价语文课程

1. 语文课程评价内容的多样化

语文课程是一个非常复杂的领域，人们可以从不同的角度来对它进行理解、认识和评价。坚持促进学生自由全面发展这一根本思想的指导有助于对评价范围的正确认识，突出评价要素的全面性及要素合理关联形成的整体结构。

从纵向维度来看，语文课程评价包括知识与能力、过程与方法、情感态度和价值观三个方面。语文课程的知识与能力评价要求在原来评价的基础上，凸显社会发展的要求，如社会信息大量增加，传递速度十分迅速，这就要求"初步搜集和处理信息的能力"；现代社会人际活动频繁，人际关系处理相当重要，要求人们文明交往和具有合作精神，要求"在各种交际活动中，学会倾听、表达与交流"。对语文知识掌握的评价不是看学习者背了多少语法知识，记住了多少名词术语，更重要的是对适用能力发展的知识运用水平。此外，与语文"知识和能力"相关的语文积累过程以及在积累中形成和发展的语感、文化品味和审美情趣也是评价的一个重要方面。

学生的语文素养的提高是一个渐进的过程，是在具体的语文实践中形成与发展的，传统的评价将重点放在期中、期末或升学考试的考试分析基础上，不太关心学生如何去学习语文知识，如何形成语文能力，不关心他们每一次具体的语文活动中的发展变化，很难发现学生语文学习的特点，难以因材施教、有效发挥课程评价的各种功能。学习是一个将人类积累的知识在较短的时间内化的过程，具有简约性的特点。有的人掌握知识较快，有的人掌握起来比较困难，学习方法是一个重要的影响因素，恰当的学习方法能够缩短学习者认识的时间，在相对的时间内掌握更多的知识，关注语文学习的过程，关注学生在这一过程中各种认知活动与非认知活动的方法、策略是语文课程评价的重要方面。

从学习活动的内在需求来说，学习首先要有一个内在动机，尽管在起始过程中，这种动机可能是始于一种外在的压力与要求，良好的教育能够引导学习者在学习中形成对学习的热情和兴趣，从而主动地、自觉地进行学习，语文课程丰富的人文内涵在这方面相对其他课程更有魅力，学生理应在语文学习过程中获得爱、快乐、崇高等丰富的情感体验，不断端正学习态度，培养乐观的人生态度、求实的科学态度、豁达的人生态度等，形成个人价值与社会价值的统一，人类价值与自然价值、科学价值与人生价值等方面的和谐统一。情感、态度与价值观的评价是评价学生全面发展的重要方面，对学生的终身发展和素质教育深入开展具有重要意义。

从课程的横向内容来看，课程评价包括识字与写字、阅读、写作、口语交际和综合性学习等方面，评价的具体标准与不同的学习阶段相联系。教育部 2001 年制定颁布的《全日制义务教育语文课程标准（实验稿)》和 2003 年制定的《普通高中课程标准（实验稿)》在"评价建议"中对这部分内容作了较详细的说明。

从课程实施的过程来看，课程评价包括教学前准备评价、教学展开评价和教学后总结评价，以及依据特定语文教学条件师生在语文课程展开的过程中各种活动的价值判断。

从课程与教学构成要素来看，包括教师、学生、语文教材三个最基本的要素，课程评价又可分为教师组织教学评价、语文教材评价和学生开展语文活动的评价。

2. 语文课程评价主体的多元化

以往的语文课程与教学的评价，过分强调统一性，从目标、测验到测验评定都实行一个要求，学生的语文学习要求按一个统一的模式进行，教师通过考试成绩形成的单向评价几乎成为衡量语文学习的唯一依据。这样一种缺少全面性、客观性的评价结果，僵化了学生语文学习的积极性和主动性。评价主体的多元化有利于改变这种不利局面。

学生参与评价。传统的考试方法很难评价学生语文学习的方法、策略，在语文活动中形成的关于情感、态度方面的情意过程，学生学习语文所作的努力程度，在传统的考试中基本都难以反映出来。语文课程与教学是在教师的"教"和学生的"学"中共同展开的，以学生发展为根本价值的语文课程评价客观上要求作为学习主体的学生参与到课程评价中来，在评价中尊重学生的个别差异和个性特点，允许学生依据自身实际情况作出不同形式、内容的问题解答，寻求个性化的学习方式。

家长参与评价。由于语文课程开放性的特点，学生课外语文学习也是语文课程实施的一个重要方面，家长参与评价更有利于课程评价的完整。在标准化考试中，家长是旁观者，他们除了拿到学生的考试成绩单以外，其他一无所知，自己的孩子在学校里学到了什么，是怎样学的，他都无从了解。学生的语文学习要求家长提供一定的条件，包括物质的和精神的支持，比如课外阅读的书籍购买，家长对子女的课外阅读是鼓励还是禁止，孩子在家里阅读了哪些书籍，这些信息的获得都有赖于家长参与到评价中来。

（三）怎样去评价

新的课程评价理念的实现，评价内容的范围扩展，学生评价主体地位的确立，需要采用相应的评价方法。传统的语文考试尽管在形式和内容上不断改进，对学生认知水平的发展有较好的体现，但无论如何也不可能承载课程评价的全部功能。多种适合的评价方式的选用是实现课程评价功能的关键。

语文测试主要用于对不同认知水平的学生进行比较和甄别，而不考虑学生学习语文的努力程度，必然使一部分认知水平较低的学生产生失败感，从而容易丧失语文学习的信心，在语文学习上产生悲观情绪。然而每个学生都具有自己能力发展的特点，如背诵诗词文章，有的人背得快，遗忘得快，有的人背得慢，体验深，记忆深刻，以一种统一的、片面的标准来对待全部学生显然是不公平的。针对这种"考试唯一"的现象，语文课程评价方法选用上，要做到：

1. 加强形成性评价

形成性评价是在课程实施处于发展和完善阶段所作的评价，主要目的是要收集实施过程中各个方面的资料，作为对课程进一步完善的依据。"语文的外延等于生活的外延"，语文课程在实施过程中，由于学生个体发展的不平衡性，教师教学风格，教学组织形式等方面差别较大，可能会出现各种不同的情况，及时收集语文课程实施中各个方面的资料，如学生对教材、对自我的评价，以及来自家长、社会的信息等，有利于更及时地对语文课程进行反馈、诊断等。

2. 重视定性评价

量化评价能够收集课程实施中的数量信息，通过数量的比较与分析，从而推断课程的效果，但评价中过分依赖量化评价，甚至错误地依据分数高低为学生排队，这就完全扭曲了评价的"为学生的发展"这个根本的价值取向。学生的语文学习是在语文活动实践中展开的，在活动中获得独特的"语文经验"或者说"体验"，"语文学习的体验"或"经验"显然不同于语文教学内容中的客观知识信息，很难用量化的手段获取评价数据的，这就需要定性评价，力图全面充分地描述和提示评价对象的特质，以彰显其意义，增进理解。随着认识的深入，技术的发展，测量手段的更新，量化的范围还可能扩大，也会更精确。但这种变化，不仅是定量方面的进步，更为定量分析与定性分析在更高水平的结合创造了更好的条件。

（四）成长记录袋评价

在具体的课程评价实施中，评价方法是多种多样的，在这众多的方法当中，成长记录袋评价是一种日益受到重视、独具特色的评价方法。记录袋是"学生作品的有意收集，以反映学生在特定领域的努力、进步或成就。它必须包括内容选择过程中的学生参与选择的指南、评分标准及学生自我反省的证据。"成长记录袋评价方法不仅突破原来评价方法的单一局面，具有形式上的独特性和方法上的创新性，而且对"加强形成性评价"、"重视定性评价"理念的落实具有重要作用。对教师而言，获得学生在语文活动中的成品如读书笔记、学习心得、作文修改、问题设计与解决策略，能够更全面地了解学生学习过程的具体情况，因而评价更为深入；对学生而言，成长记录袋评价让他们学会判断自己学习状态，真正参与课程成为评价主体，从而更准确地自我认识、自我反思、自我诊断。

成长记录袋基本可以分为三种类型，即过程型记录袋、成果型记录袋和综合型记录袋。过程型记录袋主要是反映学生学习准备、探索、努力、反思、达到目标的过程基本资料，包括学生在教师指导下从事某项语文主题活动中有意义的能够体现学习变化的各方面的细节资料，也包括由教师、家长等人完成的各种形成性测验记录。成果型记录袋是记载学生完成某一个或多个主题活动的作品与成果资料汇集。学生根据记录主题及制作相关要求，选择自己满意的作品或成果，并加以整理，如学生将课外阅读的读书笔记整理成册供教师、学生、家长同时评价。综合型成长记录袋是兼指成果型和过程型或者具有多个主题的成长记录袋，适合于对学生能力倾向的发展性评价。

制作和使用成长记录袋需要注意：（1）考虑评价的目标，即要反映学生语文学习哪些方面的内容，从而根据目标选择合适的记录袋评价类型。（2）考虑评价的参与者是以学生为主，还是以教师为主，还需要哪些人参与，评价内容主要由谁来确定。（3）考虑学生的个别差异，评价不能只局限达到目标程度及能力层面的评价，还要依据学生的学习基础、生活环境、本身禀性等差异性，对学生所付出的努力程度予以肯定。

当然，成长记录袋评价作为评价方法的一种，本身也具有局限性，科学的评价应包括多种评价方法的有效综合，而不是单一地使用某种方法。

第二节　案例呈示

一、语文发展性课程评价案例

新课程理念下语文发展性教学评价的构想
山东青岛市普通教育教研室

发展性评价的具体实施为全面贯彻实施课程标准，在促进学生不断提高语文素养的同时，全面提高人文素质，形成积极的人生态度，养成主动探究的良好学习习惯，我们必须淡化评价的选拔、甄别功能，充分发挥评价对于学生全面发展的激励、导向作用。具体评价措施要将过程评价、阶段评价和学段评价互相关联、紧密结合起来。过程评价由学生根据管理者制定的评价标准自我评价日常学习行为，反思自己的学习态度、学习情感、学习方式和学习习惯，吸收同学互评和家长评议的意见，实施数字化的等级评价，记入《语文学期发展记录表》。教师主持阶段性评价，审阅学生日常发展记录，参考学生的自评成绩，依据搜集的学生学习成果资料作出数字化评价，然后与学生的阶段检测成绩加以权衡，得出学期阶段学科评价成绩。这样做，可以使阶段性评价更具多元性、实践性和开放性，更能体现学生作为人的发展成果。当学生结束初中阶段学习任务时，老师综合初中学段各学期的阶段评价结果，结合学生在整个学段的发展趋势，依据客观翔实的资料积累，公正地对学生作出数字化评价或文字性评价。这样的评价结论，可以为班主任进行综合素质评价提供充分依据，避免人为因素的介入。如果高中招收新生需要参考语文学科单项评价意见，也可以做到确保学科评价意见的客观性和可信度。根据以上构想，我们提出以下发展性评价的具体实施意见。

（一）关于学习过程的形成性评价

《语文课程标准》指出："形成性评价和终结性评价都是必要的，但应加强形成性评价。提倡采用成长记录的方式，收集能够反映学生语文学习过程和结果的资料，如，关于学生平时表现和兴趣潜能的记录、学生的自我反思和小结、教师和同学的评价、来自家长的信息等。"为此，我们决定采用成长记录方式实施形成性评价。具体做法是设计学生人手一份的《语文学期发展记录表》，以学生作为评价主体，多角度收集个人行为表现作为自我评价量化依据，并吸收同学、家长的评价意见，实施自我评价记录。在每一个评价方面，要求学生依据管理者制定的评价标准，根据自己的学习行为方式及成果确定评价等级，自我量化学习行为表现，自主选择学习行为发展目标，在巩固现有水平的基础上，努力向更高层次发展。管理者从课堂基本学习行为和良好学习习惯养成方面制定评价标准；《记录表》由学生保存使用，记录自己的日常行为表现。课堂学习基本行为评价：只要到课、守纪就记3分（合格）；参与小组讨论、举手争取发言就记4分（良好）；全班发言或提出疑问就记5分（优秀）。课堂上妨碍同学学习活动正常进行的违纪行为，引起老师、同学不满者，应该降等记分。学习习惯形成评价：只要携带课本、笔记本到课堂学习就可记3分（合格）；读书时能动笔圈点评注，能利用笔记本整理学习收获或复习自查，经同学见证就可记4分（良好）；课外每天平均阅读量不少于3 000字、结合词语积累整理生字不少于20字，每周练笔（作文）不少于500字，每周背诵默写诗文不少于一篇，每天能够完成其中一项任务，周内完成全部四项任务，经家长见证可记5分（优等）。以上评价标准，不仅把我们规定的常用字识记、语言材料积累、课外阅读、写作练习等基本考核任务分解到日常学习行为中去考察，而且还隐含着对学生学习态度、学习习惯与过程的考察，其评价等级完全可以反映学生的学习态度、学习习惯、学习过程。为了引导学生经常反思自己的发展状况，我们又规定了学生每周进行自我反思评价的标准。在课堂基本学习行为方面，学生可将本项每节课的得分相加求出平均分，作为本项一周得分，满分为5分。在学习习惯形成方面，学生可将本项每天得分相加求出平均分，作为本项一周得分，满分为5分。该项评价可根据自己一周内（包括休息日）完成课外学习任务的情况进行评价调整。一周内全部完成以下四项任务：阅读课外读物 20 000 字，整理生字、词语不少于 150 字，练习写作不少于 500 字，背诵默写课内外诗文不少于一篇，经家长认可，周小结可视为每天都完成了课外学习任务而得 5 分。反之，如一周内有一项任务未完成，习惯形成周评价最高只能记 4 分。这里的调整性规定，是为适应学生个性化学习需要而制定的。学生只要做到日记录、周反思，实际上就做到了从完善人格的角度来评价自己的学习行为，使语文学科的学习过程对学生的全面发展切实起到促进作用。

（二）关于学习过程的学期阶段性评价

学习过程的学期阶段性评价，主要依据是形成性评价的每周小结成绩，同时由老师参考自己收集的被评价学生的学习实践成果进行评价调整。学期阶段性评价的各项成绩，为各项周评价成绩累加（满分为 100 分），减去欠缺实践成果扣分所得之差。如课堂学习基本行为评价，考察字词积累、写作练习、综合性学习资料荟萃或小论文三项实践成果。未交存"读一读，写一写"已完成的书面作业本，该项成绩扣 10 分；写作练习不满 10 篇，每缺一篇扣 2 分；综合性学习资料荟萃或小论文不足两份，每缺一份扣 5 分。"习惯形成"学期评价，考察写作练习、课内外诗文联读方案设计两项实践成果。写作练习不满 20 篇，每缺一篇扣 1 分。课外阅读考核，要求为每一篇现代文课文搭配五篇课外诗文，并写出 20 篇"课内外诗文联读方案"，说明将这六篇课内外诗文组合在一起的理由。联读方案每缺一篇扣 2 分；一套联读方案中所选课外文章不足五篇扣 1 分，缺联读理由扣 1 分。在上述两项考核基础上，将两项的学期阶段性评价成绩相加被 2 除，所得之商为本学期学习过程阶段性评价总成绩，满分为 100 分。将阶段性评价总成绩的 70%，加上该生阶段性检测成绩平均值的 30%，为本学期阶段性评价综合成绩，满分可以超过 100 分。以上单项学期考核成绩、学生阶段检测成绩以及学期阶段性评价综合成绩，均记入《学期发展记录表》。在进行学期阶段性评价时，要注意肯定学生的学科特长表现。例如，凡是在报章杂志上发表文章者，发表一篇，学期阶段性综合评价成绩加 10 分；在此基础上，每多发表一篇再加 1 分。在校级以上演讲、朗诵、普通话比赛中获奖，学期阶段性综合评价成绩可加分，校级加 3 分，市级以上加 10 分。

（三）关于学习过程的学段终结性评价

1. 学段终结性评价，依据初中学段六个学期的阶段评价综合成绩进行评价。三个学年按 2∶3∶5 的比例数取值相加，得出学段终结性评价成绩。

具体操作方法是：七年级两个学期的阶段性评价成绩相加,求出平均值取20%,加八年级两个学期阶段性评价成绩平均值的30%,再加九年级两个学期阶段性评价成绩平均值的50%,得出学段终结性评价成绩。如果管理规定有所要求,教师应依据学生三年的《学期发展记录表》显示出的发展轨迹写出文字评语,客观公正地反映学生三年的发展趋势,肯定学生的学科特长表现。

2. 教师必须妥善保管学生三年六个学期的《学期发展记录表》,学生本人必须妥善保管个人的实物资料,以备上级管理部门检查,或高中招生查验。

3. 学生的学段终结性评价成绩和评语,按青岛市教育局将来出台的具体规定纳入高中入学考试考核范围。

（选自"课程与教材评价网"）

二、语文课程评价方法探索案例

语文评价方式——面试的探索与实践

深圳市南山实验学校 王润梅

（一）问题的提出（略）

（二）构想的原则（略）

（三）具体操作

1. 教师在平时要做好学生各方面的检查督促工作,如做词语卡片和背诵古诗文等,面试前做好思想动员工作,让学生重视起来。

2. 学生竞选考官。每班选五至六人做考官,先进行就职演说,然后全班投票。各班确定考官后,年级开考官培训会,发考官证。既要给考官统一的评价内容和标准,又要让他们认识到这一工作的光荣与严肃。要求考官面试时,要尊重和尽可能地满足受考者的自尊心理,要尽量调动同学的竞争意识,要公平、公正,当场打分并签名。

3. 面试时教室内除了考官和考生外,还有两名纪律检查委员,主要负责考场秩序和监督考官。

4. 面试内容可根据不同学段而有所侧重,如八年级时就把卡片的积累换成了对手抄报的评价,在文学常识中加进了名人名言的背诵等。评价学生阅读古诗词和文言文时,重点在于考查学生记诵积累的过程。

5. 面试评分细则表一式两份,一份放在学生成长袋里,一份教师留底,以备家长查询。(学生语文学习成长袋,包括学生入学前家长评价表,学生

月进步记录表，家长月反馈表，教师评价、激励表，学习经验录。内容涵盖了从任务制定到完成的全过程）

附：七年级期中面试评分细则

姓名		班级		学号	总得分		老师签名	
内容	读一读	写一写		背一背	说一说	卡片、作业、随笔	活动及资料	发表文章
	读生字、词语	写拼音、解词		背古诗文	说文学常识、名句			
分值	4分 (8×0.5)	4分 (4×0.5 +4×0.5)		8分（6首诗句2句名言）	2分（4×0.5）	1分	1分	加分
得分								
考官签名								

（四）处理好几种关系

1. 平时和面试的关系。在面试过程中，既有对学生基础知识的考查，又有对学生平时作业、随笔、搜集资料及参与综合性学习情况的评价。虽然分数不多，但是它是对学生学习过程的一个肯定。考官除了考查学生认读和拼读的正确与否外，还负责纠正其读音。

2. 定量和定性的关系。新课标指出："定性评价和定量评价相结合，更应重视定性评价。"我们在面试时注意对学生的语文学习档案资料的分析，力求用最有代表性和说服力的事实来评价学生。如面试中有学生参与活动的态度和搜集资料的情况、投稿情况等，虽然分数不多，但这种激励性的肯定，是对学生的正面引导。

（五）起到的效果

1. 由于考官角色的转换，学生由消极被动的地位转为积极主动的地位，同学们普遍重视起古诗文的背诵和基础知识的积累及综合性学习活动课的参与。因面试的内容较多，不知考官会考什么，所以依靠侥幸、猜题押题行不通了，只有老老实实去记去背。

2. 家长由一开始对面试的不理解、不信任到支持配合，有的家长给面试提合理化建议，有的家长甚至在家督促孩子背诵古诗文。

3. 其他学科的教师，看到学生对面试的重视和面试产生的作用，也纷纷模仿起来。如英语学科也加进了面试的内容。

（六）应进一步注意的问题

1. 质量问题：面试要得到广泛的认可并坚持下去，首先是要公平、公正，面试的结果要准确反映出学生掌握基础知识的水平，就要得力于考官的坚持原则，但随着面试次数的增多、考官的换届，同学在投票选举考官时就暴露出一些问题，如那些坚持原则、严格把关的同学票数少，而老好人、要求松的同学的票数却多。这就需要老师严格把关，以求面试的质量能得以保证。

2. 重视问题：随着面试次数的增多，学校领导、家长在对语文学科进行评价时，往往忽略了面试分数。长此以往，会减弱学生对面试的重视程度，会影响面试的坚持。

3. 诚信问题：从评价的效度和信度出发，我们应该淡化评价的功利色彩。但完全取消评价的功利色彩是不可能的，而面试就带来一个诚信问题，如果没有诚信，面试就失去了意义。同时，有些领导、教师、家长急功近利，过分追求功利，不愿相信学生考学生的评价结果，而愿相信那种大家公认的有局限性的闭卷考试。

面试这一新型的评价方式是一项综合性极强、要求极严的工作，不是一朝一夕就能做得尽善尽美的，它需要我们广大语文教师和全体学生坚持不懈的努力。

（选自《语文建设》，2003 年第 2 期）

中小学课堂教学评价方案（试行）
（北京教科院基础教育教学研究中心课堂教学评价研制小组）

（一）基本理念和设计思路（略）

（二）中小学课堂教学评价体系

本方案中课堂教学评价指标共设置 6 个评价项目和 14 个评价要点（见表 1）。

"评价项目"，从影响课堂教学质量的基本要素出发，设置项目。

"评价要点"，列出了对各个项目进行评价的主要内容。

"对评价要点的特征描述"，采用描述性语言对评价要点中具有典型性的特征进行列举和描述。

"＊"，标示的是衡量课堂教学最基本的评价要点。

　　"其他"，是留给评价者列出自己认为所需要补充的评价项目和要点。

　　"教学特色"，主要有两个方面的特征：一是教师教学在某些方面具有独创性；二是指教学效果突出。

　　"评课等级和评语"，是评价者依据评价标准，评定等级，再写出评语。

　　"符合程度"，是根据特征描述，对课与评价要点是否符合所作的判断，包括两个等级，即"基本符合"和"基本不符合"。

表1　中小学课堂教学评价指标

评价项目	评价要点	符合程度	
		基本不符合	基本符合
教学目标	＊（1）符合课程标准和学生实际程度		
	（2）可操作程度		
学习条件	（3）学习环境的创设		
	＊（4）学习资源的处理		
学习活动的指导与调控	＊（5）学习指导的范围和有效程度		
	（6）教学过程调控的有效程度		
学生活动	（7）学生参与活动的态度		
	＊（8）学生参与活动的广度		
	（9）学生参与活动的深度		
课堂气氛	＊（10）课堂气氛的宽松程度		
	（11）课堂气氛的融洽程度		
教学目标	＊（12）目标达成度		
	（13）解决问题的灵活性		
	（14）教师和学生的精神状态		
其他			
教学特色			
评价等级	A	B	C	D
评语			

对课堂教学评价指标中 6 个评价项目和 14 个评价要点作如下具体说明和要求。

1. 教学目标

（1）符合课程标准和学生实际

符合课程标准的要求，包括知识、能力、情感态度与价值观等方面。

与学生的心理特征和认知水平相适应，关注学生的差异。

（2）可操作的程度

教学目标明确、具体。

2. 学习条件

（1）学习环境的创设

有利于学生身心健康。

有利于教学目标的实现。

（2）学习资源的处理

学习内容的选择和处理科学。

学习活动所需要的相关材料充足。

选择恰当的教学手段。

3. 学习活动的指导与调控

（1）学习指导的范围和有效程度

为每个学生提供平等参与的机会。

对学生的学习活动进行有针对性的指导。

根据学习方式创设恰当的问题情景。

及时采用积极、多样的评价方式。

教师的语言准确，有激励性和启发性。

（2）教学过程调控的有效程度

能够根据反馈信息对教学进程、难度进行适当调整。

合理处理临时出现的各种情况。

4. 学生活动

（1）学生参与活动的态度

对问题情景的关注。

参与活动积极主动。

（2）学生参与活动的广度

学生参与学习活动的人数较多。

学生参与学习活动的方式多样。

学生参与学习活动的时间充分。

（3）学生参与活动的深度

能提出有意义的问题或能发表个人见解。

能按要求正确操作。

能够倾听、协作、分享。

5. 课堂气氛

（1）课堂气氛的宽松程度

学生的人格受到尊重。

学生的讨论和回答问题得到鼓励。

学生的质疑问难得到鼓励。

学习进程张弛有度。

（2）课堂气氛的融洽程度

课堂气氛活跃、有序。

师生、生生交流平等、积极。

6. 教学效果

（1）目标达成度

基本实现教学目标。

多数学生能完成学习任务。

每个学生都有不同程度的收获。

（2）解决问题的灵活性

有些学生能灵活解决教学任务中的问题。

（3）教师和学生的精神状态

教师情绪饱满、热情。

学生体验到学习和成功的愉悦。

学生有进一步学习的愿望。

（三）评价表的操作使用说明

制定本课堂教学评价方案的目的，是为任课教师、教育管理人员和教学研究人员实施课堂教学评价提供基本依据。本评价方案主要适用于对日常教学的形成性评价，评价对象是一节课。

1. 等级评定方法

本评价方案采用模糊评价的方法，评价等级共分为 A、B、C、D 四级。为了鼓励教师在教学过程中的突出表现，等级评定办法由基本等级评定办法和特色表现升级办法两部分组成。

一人评课可以根据听课实况，按等级评定办法给出恰当的等级；多人评课，则采用多数定等法，即以多数评价者确定的等级为结果，或者通过集体讨论和评议确定等级。

（1）基本等级评定办法

如果6个标有"＊"评价要点中有被评为"基本不符合"程度的，应被评为D级；如果这6个标有"＊"的评价要点都被评为"基本符合"程度的或在这个基础上还有其他1～3个评价要点被评为"基本符合"程度的，应被评为C级；如果这6个标有"＊"的评价要点都被评为"基本符合"程度，并且还有4～6个其他评价要点被评为"基本符合"程度的，可被评为B级；如果这6个标有"＊"的评价要点都被评为"基本符合"程度，并且还有7个以上的评价要点被评为"基本符合"程度的，可被评为A级。

（2）特色表现升级办法

基本等级评定为C级或C级以上，并且教学过程中出现某一方面的特色，则该课可在原来等级基础上升一级；在两个方面表现突出，具有特色，则该课可在原来等级基础上升两级，最高等级为A级。例如，教师能创造性地使用教材，使学生取得良好的学习效果；在网络教学中，教师通过有效的指导策略，促进每个学生的自主学习；学生在解决问题的过程中创造性地解决了问题；学生在解决问题或探究的过程中，发现了教师或教科书不能解释的新问题；等等。

2. 使用程序

（1）评课前，评课人认真阅读评价方案，熟悉评价要点的特征描述。

（2）评课前，评课人一般要对被评教师的教案进行分析，并根据需要拟订检测试卷或调查问卷。

（3）评课人在评课过程中，根据评价要点作好听课记录。

（4）被评教师根据评价指标自我评价，并就教学条件、教学设计、教学实施等方面作简要说明。

（5）评课人按照评定等级办法，根据教学实施情况、学生测试或问卷结果、教师自我评价等，评定等级，再写出简要的、有针对性的评语。

（选自《课程·教材·教法》，2003年第2期）

第三节　讨论与分析

一、案例讨论

（1）语文课程发展性评价与以考试为主的语文课程评价相比，体现了评价理念在哪些方面的变化？具有什么意义？根据语文课程发展性评价方案的内容概括评价运行的程序。

（2）面试评价作为一种形成性评价的方式，在语文课程评价中有何特点，使用这种评价应注意哪些问题？

（3）课堂教学评价是课程评价的重要组成部分，试分析《中小学课堂教学评价体系（试行)》的主要特点。

二、案例分析

（1）传统的语文课程评价以纸笔测试为主，过分强调评价的比较和选拔功能，忽视改进与鼓励作用；过分关注学生学习结果，忽视评价过程本身意义的理解；过分注重语文知识识记和问题的解决能力，忽视学习过程中学生的体验与情感态度的变化。任何一种评价方法都有一定的适应范围，过分依赖一种评价方法，必然会出现许多问题。当前教育界片面追求升学率现象并没有消除，"高考"、"中考"依然是大多数学校教学的指挥棒，学生的考分决定一切。在这种状况下，学生的全面发展目标仅是一个口号，这个问题的存在与课程评价方法的单一性有很大的关系。语文发展性课程评价的提出和实施，为语文课程评价指出了新的方向和去路。

建构主义理论认为，真正意义上的学习是学习者主动建构意义的过程。因此，尊重学生的独特感受和体验，尊重学生个体从而因材施教，为学生全面发展和终身发展打下扎实的基础是语文发展性课程评价的基本理念。从语文课程评价实践来看，在评价措施上"将过程评价、阶段评价和学段评价互相关联、紧密结合"相对单一的考试评价是一个历史性的突破，尤其是成长记录方式评价（内容包括课堂学习基本行为和学习习惯）和自我反思评价的运用，对教师、学生和家长掌握学生语文学习具体过程的信息有重要价值。评价标准明确，内容分解较具体，有较强的可操作性是这套方案的显而易见的优点。不足之处是整个评价方案的比较意识仍然较强，没有很好考虑学生发展的个体差异，评价结果量化倾向明显，对于学习基础差而现在又很努力的学生激励作用没有体现。此外，评价的反馈作用没有突出，评价标准的制定由管理者控制，教师和学生都没有参与。

语文发展性课程评价的程序：①明确语文课程评价内容；②制定语文课程评价标准；③设计语文课程评价工具；④搜集学生语文学习情况；⑤反馈语文课程实施信息。

（2）语文课程评价中采用面试的方式，反映了课程评价的新理念，丰富了语文课程评价方法。案例所展示的面试评价，具有如下特点：

第一，重视语文基础知识的掌握。字词读写、诗文名句背诵积累不仅是学生阅读、写作的基础，也是学生人文素养的基础，初中阶段夯实这一基础对学生今后的发展无疑有极重要的作用。这种重视主要反映在评分细则中，古诗文的背诵情况占 8 分，权重是最高的，也符合学生的年龄特点。另外，这种评价方式的经常开展也有利于学生养成背诵、积累的良好语文学习习惯，也克服了考试受卷面的限制，不可能全面反映学生积累的情况，偶然性较大的弊端。

第二，评价主体多元化。学生作考官，家长加以督促，教师作指导，各司其职，充分调动各种影响学生语文学习力量参与到评价过程中，实现评价信息的多向交流，可以更全面地反映学生语文学习情况。

第三，评价过程民主。考官由学生选举，教师对考官进行培训，具体评价由考官掌握，并有纪律检查委员会负责考场秩序和监督考官。评价内容公开，学生事先可以作好充分准备，对评价结果，是用最有代表性和说服力的事实评价学生，学生更愿意接受这种评价结果并及时获取自己学习中的有关情况。

这种评价应注意的问题除案例中呈示的几点外，还有以下方面要加以考虑：

第一，这种评价会相对加大教师的工作量，面试情况的分析和语文学习成长袋的制作和整理要花费教师大量的时间。因此应考虑如何让学生尽快养成背诵积累的习惯，让家长的作用充分发挥，以减轻教师工作负担。

第二，面试评价要与其他评价方式结合，才能全面反映学生语文学习的情况。语文学习除背诵积累外，还有其他任务要完成，单一的面试评价涉及范围有限，需要与其他评价方式结合，才能充分发挥语文课程评价的功能。

（3）这个评价方案是一个一般性的体系，可以适应于不同学科的课堂教学评价。当前各种形式公开课很多，有力地促进了教师教学水平的提高，然而作秀造假的也不少，怎样有效评价课堂教学效果，通过评价促进教师专业化水平的提升，而不是把评价当作一种管理和控制的手段，制定合理的评价方案是一个前提。案例呈示的课堂教学评价具有以下特点：

第一，评价尊重学生学习的主体地位和独立人格，鼓励发现、探究和质疑，重视培养学生的创新精神和实践能力。

第二，对教学目标的设定和达成度非常重视，受目标取向评价观念影响较深，在评价要点中有 6 个带 * 号的基本项目，其中 2 个是关于教学目标的，当然评价方案也重视教学过程中情况的反馈。

第三，侧重于对教学情况的质性评定，可以更真实地反映具体课堂教学情境中各种情况，为分析课堂教学质量提供翔实的信息，有利于发挥评价的诊断功能和激励功能。

第四，方案的可操作性较强。课堂教学评价体系要符合当前课堂教学改革实际，把课堂教学改革新理念具体落实到易于操作的评价方案中，才有可能为广大教师和评价者所接受，在实践运行中产生良好的效果，"说明"部分较好地体现了这一要求。

评价体系的完美无缺是困难的，即使有一个很好的评价方案在那里，也并不意味着评价本身已经完善，评价功能的实现关键在于操作者对评价理念的正确理解和对评价方案的恰当运用，而不应将课堂教学评价仅与教师评优、晋级这一类高利害关系结合起来，如果这样，再好的评价方案也将失去意义。

下编　技能篇

第十章　语文教材的钻研和处理

教学目标：明确钻研和处理教材的含义和要求，掌握钻研和处理教材的方法。

第一节　要求与方法

一、含义

对语文教材的钻研和处理是语文教师首要的专业技能。与其他学科教师相比，这项技能显得更为重要。因为语文教材不像其他学科教材直接呈现为一种教学内容形态，而是一篇篇课文，教学内容包含在课文之中，相对而言是不确定的。对于"教什么"的问题，要语文教师通过钻研和处理教材才能解决。对语文教材的钻研和处理包括两个层面：一是对课文通过深入研读达到正确理解，也就是平常说的"吃透教材"。二是对课文内容的选择和组织。一篇课文可以作为教学的内容是很多的，但不可能面面俱到，这就要求选择。被选择的课文内容要成为教学内容就需要重新组织。对课文内容的选择和组织，用课程术语来说，就是教材内容的教学化。

二、要求

对语文教材的钻研和处理具体来说包含以下几个方面的要求。

（一）对语文教材（具体为某一篇课文）的创造性解读和个性化理解

也就是研读教材时，不能依赖"教参"，更不能被"教参"所局限，要读出自己对课文的真切感受和体会。这样才能使外在于教师的客观课程变成内在于教师的思维乃至精神结构（或感性与理性）的主观课程。这种由"外"至"内"的转化在语文课程的生成中特别重要，它是决定课堂教学是否体现教师主体性并具有生命力的关键。

（二）对课外教学资料的合理性吸纳

吸纳课外教学资料的途径和取向是多元的，即可以纵向开拓，从文献方面查找与课文有关的作家生平经历、作品评论等历史资料，也可以横向扩展、旁枝逸出，与其他学科链接，与其他文本比较，与现实生活接轨。既可以吸纳与理解课文直接有关的文字材料，又可以吸收对学习课文具有间接作用的其他课程资源，如引起学生兴趣的音乐、图画、电视、电影片断等。

（三）对教材内容的取舍、选择

语文课程教材与其他学科课程教材的不同之处是，后者的教学内容相对确定，知识点是明确的，而语文的教材是一篇篇的文章和作品，它具有内在的动态性、生成性，因而也就具有不确定的品质和难以把握的特征。唯其不确定，它更显丰富；唯其丰富，它更显得不确定。面对语文教材这样一种不确定的丰富或丰富的不确定，给语文教师处理教材带来了难度也提出了更高的要求。要求语文教师依据教学目标和学生的实际需要进行理性的取舍、明智地选择恰当的教学内容。所谓"任凭它弱水三千，我只取一瓢饮"，语文教师要具备这样的气魄和能力（那种一上来就是解题、作者介绍、分段、概括段意、归纳中心、总结特色的包揽一切、面面俱到的教者是教学的庸才）。如果说，个性化的理解是语文教师把握教材、驾驭教材的第一道感性的门槛；那么，取舍、选择是语文教师驾驭教材、处理教材的第二道理性的门槛。前者指向的是教师阅读、鉴赏的心理逻辑，体现了教师的主体性；后者指向的是学生语文素质的培养与发展的逻辑，体现了学生的主体性。

（四）对教材内容的组织、安排

首先表现为确定教学主题（话题）。一堂课就像一篇文章，应该有一个（或几个）主要的教学话题，构成教学板块，这样才能起到中心的组织作用。其次是安排教学内容在课堂教学过程中的呈现顺序和呈现方式。总之，对教学内容的组织和安排就是设计一堂课的教学结构。教学结构最佳的状态是严而不密，松而不散，大体预设，随机而成。教学结构本质上不是由"方法"构成的，而是由"内容"构成的，是一种教学内容的有组织有顺序的呈现方式。如果对教学内容的取舍、选择是决定教（学）什么、不教（学）什么，详教（学）什么、略教（学）什么，7 那么，对教材内容的组织安排就是决定先教（学）什么，再教（学）什么，后教（学）什么，中间又怎样过渡、衔接。

三、方法

（一）钻研教材的方法

语文教师钻研教材，应运用如下一些方法，力求有自己独特的发现：挖掘以求深，辨误以求真，考查以求准，发散以求活，变角以求新，对比以求博，类联以求趣，系统以求全，探幽以求奇，创新以求异。

余映潮老师从对传统阅读方法进行创新的角度，介绍了一个科学、实惠而又有一定创造性的阅读教材的方法系列，那就是：1. 理读；2. 类读；3. 品读；4. 扩读；5. 巧读；6. 助读。

1. 理读，要求一个"细"字，它解决"进入课文"的问题，解决课文"精华是什么"的问题。所谓理读，就是寻找式地读，清理式地读，整理式地读；就是细细地读，把落实基础知识、进行语言教学、培养思维能力的眼光深入到课文的各个角落。对每一篇课文，我们都要认真地找寻，找出那些最有用的、最能落实课文教学要求的、最需要教给学生的语言知识或其他内容，把它们罗列出来，以做到教学时心中有底。理读是教师为了理解教材、设计教学而进行的有目的的阅读整理工作。

2. 类读，要求一个"联"字，一个"牵"字，它解决的是教师对教学材料的归类问题。类读就是连类而读，就是从某一点生发开去，或在本课文中、或在其他课文中找到与之相同相近的内容并将它们组合起来，从而铺展出一个又一个知识的板块。换言之，类读就是集"散"材料为"类"材料的阅读。这种读法可以开拓出教材的无限疆界，使教师成为知识花篮的编织者，使教师手中占有大量的第一手资料，从而大大提高教师理解教材的水平。

3. 品读，要求一个"深"字，解决"深入课文"的问题，解决课文"如何好"、"为什么美"的问题。品读，就是精读、深读，就是对课文的赏析、体味，就是从不同的角度，或选点，或铺面，对文章进行品评赏析，从字里行间看出作者遣词造句的功夫与用心，看出文中的美点妙要，品出力透纸背的意蕴。

4. 扩读，要求一个"配"字，一个"补"字，它解决的是为配合课文教学而找到课外美文、课文赏析材料或其他语言材料。扩读，是为了增加课文阅读容量，从课文内容出发"为课文找朋友"的阅读。它不是严格意义上的教材阅读，但与教材阅读息息相关。没有对课文的认真阅读和深刻了解，就难以找到与课文相配读的文章。扩读，实际上是教材阅读中的一种板块粘连式的艺术，就是从课内文章出发，从某种角度出发，进行扩展式阅读，为课文找到扩读、比读、衬读、助读的其他文章；就是由此及彼，连类而及，找到主题上、题材上、写法上、内容上、语言表达上具有相同或相异特点的课外材料，在课堂或课外与课文联在一起来读，以增加学生的学习兴趣，扩大学生的学习视野，加深学生印象，让学生在有规律的语言现象中理解语言、积累语言和运用语言。

5. 巧读，就是别出心裁地读课文。巧读，往往是一种"自定义"阅读。也就是说，巧读所得出的结论都新奇有味且是自己的，没有一点儿别人"说法"的影响。巧读就是用起心思来读，开动脑筋来读，变换角度来读，自己下定义、提观点地读——读出自己独到的发现，读出自己有新意的见解。这样的读，表现出教师思维的创造性、敏捷性、深刻性，有利于发展教学机智，提高教学水平。一个教师如果能够巧读课文，就应该在别人已经品出味道的地方再品出更有味的东西，要在别人略有所悟的地方品出新意，更要在别人没有想到要探究的地方提出别有新意的见解。如此便有教学设计中的"活水"，如此便可以将课文中的"一瓢水"变为"一桶水"。

6. 助读，就是利用资料来读书，这是一种阅读理解教材的重要方法，也是一种治学方法。教材阅读中的"助读法"，指的是利用中学语文书籍、专业报刊、光盘上的精美资料来帮助我们阅读理解课文的一种方法。这是一种向别人"借脑袋"、"借智慧"的有效阅读方法。我们既能借此高效、深刻地理解课文，又能受到教学论文写作方面的熏陶，还能积累课文教学的详细资料。相比而言，最为活泼有力的助读资料是中学语文专业报刊，因为它们每"月"都是新的，是教学新信息永远生动的源头活水。

（二）一篇课文的研究方法

一套教材的教学，最终是要一篇课文一篇课文地教学。因此，研究教材的重心和落脚点是单篇课文的钻研。单篇课文的钻研在遵从文体特点的基础上，可按以下程序和方法进行：

1. 全面钻研课文。全面钻研课文的程序和方法是：概览通读→识字释词→解题分段→辨语析句→求旨探法，达到对课文的思想内容、篇章结构、语言表达和写作方法的全面掌握。

2. 深入钻研课文。在全面钻研课文的基础上把研究深入一步。深入钻研课文的程序和方法是：理清思路→解决疑难→深究重点→把握特点，对课文的理解达到"深"和"透"的要求。

3. 整理加工课文。整理加工课文是对理解了的内容进行梳理归纳和对教材所作的教学处理。其程序和方法是：广泛参考→大胆取舍→归纳条理→感同身受，对所要教的内容达到"熟"和"化"的程度。

（三）处理教材的方法

教材处理是语文教师的基础功力。一般来讲，我们在这方面应该有这样一些基本素养：第一，能根据教材的篇章特色，确定对教材的处理；第二，能根据教材的文体特色，确定对教材的处理；第三，能根据教材的内容特色，确定对教材的处理；第四，能根据教材在全册或单元中的"地位"，确定对教材的处理。

处理教材包括两个层面：

第一，是处理"教什么"、"选什么教"、"教什么最好"的问题。这是语文教学相对于其他学科教学最难的问题。其他学科的教材是知识的陈述形式，教学内容相对确定；语文学科的教材是知识的运用形式，教学内容相对地不确定，在很大程度上要靠教师自己选择取舍。从这里就看出一个语文老师的个性和水平。

第二，是如何提炼与组合教学内容的问题。确定怎样的教学目标，找一个什么样的教学切入口，提炼几个怎样的教学主题，引进哪些恰当的课外资料，组织一个什么样的教学结构。这里体现一个教师的知识视野、思考力、创造力。

总之，处理教材就是从总体上对教学内容、教学思路进行思考、设计和决策。它是决定语文课堂教学优化的首要的、关键的步骤，显示着语文教师的基础功力，是语文教师能力素养中最重要的部分。

教材处理的基本原则就是要简化教学头绪，优化教学内容。新的课程标准（试验本）在这方面直接对教材编写提出了要求："教材内容的安排应避免繁琐化，简化头绪，突出重点，加强整合，注重情感态度、知识能力之间的联系，致力于学生语文素养的整体提高。"

根据以上原则我们从课文整体阅读教学的角度主要探讨对单篇课文的整体处理方法。

整体阅读教学是针对"分析"教学模式的弊端提出的一种阅读教学策略，是近十年语文教学研究中逐渐形成的一种阅读教学新理念。它的操作性概念是"整体感知"和"整体把握"。《九年义务教育语文课程标准》（2001 年）将"整体把握"放在"汉语言文字的特点"语境中严谨表述，并提升到"语文教育"的三大"特点"之一:"语文课程还应考虑汉语言文字的特点对识字写字、阅读、写作、口语交际和学生思维发展等方面的影响,在教学中尤其要重视培养良好的语感和整体把握的能力。"《普通高中语文课程标准》(2003 年)中有关整体阅读教学的要求是:"发展独立阅读的能力。从整体上把握文本内容,理清思路,概括要点,理解文本所表达的思想、观点和感情。善于发现问题、提出问题,对文本能做出自己的分析判断,努力从不同的角度和层面进行阐发、评价和质疑。根据语境揣摩语句含义,运用所学的语文知识,帮助理解结构复杂、含义丰富的语句,体会精彩语句的表现力。注重个性化的阅读,充分调动自己的生活经验和知识积累,在主动积极的思维和情感活动中,获得独特的感受和体验。"高中《课标》主要是从培养学生独立阅读的能力,提倡"个性化"阅读,强调学生阅读的感受和体验的角度来要求"整体把握"的。如果说义务《目标》主要是从阅读方法和阅读怎样"入乎其内"(整体把握)着眼,那么,高中《课标》就主要是从阅读教学的目标和阅读怎样"出乎其外"(感受体验)着眼。个性化的感受和体验往往是直觉的、意会的,因而也只能是"整体把握"的。

新《课标》指导下的新编教材,对整体阅读教学提出了具体的要求,在单元教学要求里有具体的说明。如初中第一册的单元《说明》对学习重点的表述依次是:整体领悟,深入局部;揣摩语言,仔细探究;发挥想像,潜心感悟;读读背背,了解大意。第二册的《说明》:感知全文,提炼主旨;理清思路,把握文意;理解内容,概括要点;整体感悟,发表见解;读读背背,了解大意。高中第一册一至三单元的教学要求依次是:整体感知,揣摩语言;把握文意,理清思路;概括要点,提取精要。高中第二册第一单元的要求是:整体把握,筛选信息。高中第六册第一单元的要求是:提要勾玄。这些要求,都是从整体把握出发的。根据这些提示,我们可以将整体阅读教学的方法和策略概括为以下几个方面:

第一,在课文的内容上,抓关键问题和关键句段来做为教学的突破口。课文整体阅读教学的最主要的特点,就是确定地解决课文一至几个方面的关键问题。这一至几个关键的教学问题,既能带动对全篇文章的阅读理解,又能带动学生生动活泼的阅读活动。在解决这一至几个关键问题的过程中,让学生思维的触角深入到课文的每一个角落之中。具体说,提炼一至两个有关文章整体理解的关键性问题,让学生围绕这些问题去阅读、思考、讨论、交流,从而获得对课文的整体把握。或者找出课文的关键段和关键句,让学生根据上下语境，前后勾连，反复阅读，仔细体会，深入思考。

一篇课文的教学不一定要从开头教起，可以"中间开花"，也可以"倒吃甘蔗"。如《拿来主义》，开头写的是"拿来主义"提出的时代背景（即"送出主义"、"送来主义"等社会心理）。如果按常规从开头一段一段讲起，讲一节课还入不了题，怎么谈得上"整体把握"？完全可以从中间或最后讲起，首先提出"什么叫拿来主义"，把握这个中心后，再往前回溯"拿来主义是针对什么社会现象提出的"，再仔细研讨"作者是怎样提出拿来主义这一主张的"。对于关键段和关键句，要根据教学目标来判断。如《荷塘月色》，"领会思想感情"的教学目标的关键句是"这几天心里颇不宁静"，关键段是"路上只我一个人，背着手踱着。这一片天地好像是我的；我也像超出了平常的自己，到了另一世界里。我爱热闹，也爱冷静；爱群居，也爱独处。像今晚上，一个人在这苍茫的月下，什么都可以想，什么都可以不想，便觉是个自由的人，白天里一定要做的事，一定要说的话，现在都可不理。这是独处的妙处，我且受用这无边的荷香月色好了。"（想摆脱现实的、世俗的烦恼，反衬"颇不宁静"）。或者是写《采莲赋》的那一段（用热烈活泼的生活反衬和"早已无福消受"的表白来表现内心的苦闷）。而"学会怎样写景"的教学目标的关键段则是第四、五写景段（情景如何交融）。以上实际上是如何选教学切入口的问题。对于这个问题的处理要有整体意识，整体眼光。

第二，在教学结构上，理清作者思路，进行思路教学；或提炼教学主题，进行主题性教学。如文言文教学，在落实字词句翻译之前，有必要向学生讲述一下课文的整体内容和文章思路，这有助于学生对文言字词句的理解和翻译。最后，也要归纳课文思路，有助于学生的背诵。如《五柳先生传》以"好读书，性嗜酒，常著文"为核心内容，以"闲静少言，不慕荣利"为总起，以"赞曰"为归结。

所谓提炼教学主题，实际就是设计教学思路，就是这堂课分几个板块来讲。教学主题是围绕一个教学目标而组织的整体教学结构中的一个小单元，它不单纯是指教学内容的主题，它可以说是一个教学目标的主题。它是包括教学内容、教学方法乃至教学策略、教学思想的主题。如余映潮在《鹤群翔空》的教学结构中，提炼的三个主题是：1. 速读课文，整体式概括（具体的教学操作手段是"扩写一个句子"）；2. 寻读课文，板块式积累（"续写一个句子"）；3. 细读课文，多角度品位（"创造一个句子"）。这几个教学主题显然包含着教者对教学目标的思考、对教学内容的提炼、对教学方式方法的设计，其背后还有他教学思想的体现。

提炼教学主题关键在于优化、整合教学内容，富有创意的设计课堂活动。能否提炼出恰当有效的教学主题，标志着一个语文教师的钻研、处理教材的水平和创造力。

有逻辑关联的知识和主题性知识都是整体性知识。思路教学是把握文章整体与部分，部分与部分的逻辑关系的一种教学方法，是一种有"逻辑关联"的知识结构；主题教学围绕教学主题选择教学内容，组织教学结构，形成一个相对独立的整体。所以，思路教学和主题教学都能发挥整体性教学的效能。

第三，在教学方法（学习方式）上，诵读、复述、概括、提要、讨论、改写、情景教学等都是常用的整体教学方法。诵读是整体阅读教学最重要的方法，甚至可以说是第一位的方法，因为它与"分析"模式形成鲜明的对照，它是对"分析"模式最具革新意义的方法，也是最能体现整体感知、整体把握精髓的方法，它诉诸读者（学生）的感受、体味、体验、想像，它更多的是整体感性的把握，它是整体的，不是分析的。我们这里着重谈谈这种方法。

"诵读"是一种"目视其文、口发其声、耳闻其音、心通其情、意会其理的阅读实践活动和情感体验活动"。也有人概括为"口咏其言，耳听目视，心惟其义"。诵读，不能把它单纯地理解为一种"出声"的"读"（即朗读、朗诵）的外在行为方式，它包含和运用朗读、朗诵等方法和形式，但它更注重强调以下这些要素：（1）注重多种感觉器官的参与，综合调动各种感觉器官，眼到、口到（中介）、耳到、心（沟通视觉到思维的器官）到，整体感觉作品。（2）注重读的量，反复多遍的读，强调读的遍数，不是读一遍两遍，而是反复多遍，直至成"诵"。（3）注重读的质，它是品读、味读、玩读、美读，重在"味"（动词），重在"玩"，是"整体直觉"地"玩味"，"须是沉潜讽咏，玩味义理，咀嚼滋味"（朱熹语）其核心是"涵咏"。"涵泳"一说，最早是由朱熹提出来的："学者读书，须敛身正坐，缓视微吟，虚心涵泳，切己省察。"涵者，潜入水中也，谓读书当潜于书中，与书合为一体。清代的曾国藩对朱子的"涵泳说"颇为推崇，并对"涵泳"二字作了十分精辟的解释："朱子教人读书之法，此二语（指涵泳）最为精当。……涵者，如春雨之润花，如清渠之溉稻。……泳者，如鱼之游水，如人之濯足……善读书者，须视书如水，而视此心如花，如稻，如鱼，如濯足，则'涵泳'二字，庶几得之于意，言之于表。"这段话深刻地揭示了语文学习是一项关乎心灵的活动，必须达到心与书的融合，让书上死的文字化为人心中活的养分！《红楼梦》第48回黛玉教香菱学诗，用的就是"诵读"的教学方法。黛玉要香菱"将王摩诘五言律一百首细心揣摩熟透"，香菱读诗就是"玩味"："诗的好处，有口里说不出来的意思，想去却是逼真的；又似乎无理的，想去竟是有理有情的。"黛玉说："这话有了一点意思。"诵读是古代语文教学留给我们的宝贵经验。

诵读具有以下作用：（1）整体积累、储存字词句篇语言材料；（2）在头脑中建立感性的语言模型；（3）从头脑到发音器官以及其他器官形成良好的语言反映机制；（4）经历情感的体验，接受文化、审美的熏陶。由此可见，诵读具有培养语感的独特功能，整体性的"语感"只能用"诵读"这种"整体把握"的语文学习方式来培养。王尚文总结"传授型的阅读教学"轻过程重结果的具体表现如下：一是诵读不足，分析介入太快；二是咀嚼不足，结论给出太快；三是讨论不足，分歧消解太快；四是欣赏不足，理性说明太快；五是整合不足，阅读结束太快。① 这里的"咀嚼"、"欣赏"、"整合"也就是"诵读"的特征。可见"诵读"是针对传授型阅读教学弊端最具革新意义的教学方法。

第四，在教学策略上，建立"语境"，进行语境教学。语境，是运用语言的环境，包括外部语境（如社会背景、文化背景、人际关系等）和内部语境（如文章中心、上下文等）。先说联系外部语境。比如，读《在马克思墓前的讲话》，要理解"斗争是他的生命要素"，"他可能有过许多敌人，但未必有一个私敌"的深刻含义，就要了解马克思所处的社会背景，才能弄明白。读《拿来主义》，要体会"还有几位'大师'们捧着几张古画和新画，在欧洲各国一路的挂过去，叫做'发扬国光'"的奚落意味，也离不开作者所处的社会背景。鲁迅当时这样说，在情理之中，现在就不能这样说。这说明历史背景对话语的干涉。再如，中国人读外国作品，常常因为不了解作品所反映的文化心理、价值取向而影响阅读效果；外国人要感受中国相声语言的幽默讽刺意味，就需要接受中国文化的熏陶，否则，即使掌握了汉语也逗不起乐来。这说明文化背景对话语的干涉。至于人际关系对话语的干涉，就更为常见。如语用学中的"得体"，就是对适当的人，在适当的时间，在适当的地点，说适当的话。

再说联系内部语境。《在马克思墓前的讲话》文末说到，欧美千百万革

---

① 王尚文. 中学语文教学研究. 北京：高等教育出版社，2002. 136 页

命战友无不对马克思表示"尊敬、爱戴和悼念"。要问这三个词的顺序能不能调换，就与本文的中心意思有密切关系，而且答案可以从上文找到。由于马克思在革命理论和革命实践方面的伟大贡献，革命人民尊敬他、爱戴他，而政敌却嫉恨他、诬蔑他、诽谤他、诅咒他。现在他逝世了，全世界革命战友自然对他表示悼念。恩格斯写这篇悼念文章，正是表达了这种悼念之情。这三个词的顺序合理，逻辑性强，感情逐层递进，符合本文的整体思路，不能调换。又如要理解《拿来主义》中"拿来主义"的含义，联系上下文即可找到答案——"占有、挑选"。

对于文学作品的教学，要采用"知人论文"、"知世论文"的教学策略，而"知人"、"知世"就是建立阅读理解的"语境"。诗歌难懂，现代诗歌更难懂，有一位教师在教《面朝大海 春暖花开》时，为了教懂海子的诗，采用了"知人论文"的策略，在教读课文之前，先介绍了对海子自杀原因的各种说法，又介绍了海子的其他有关诗歌以及其他诗人对海子的评价。这就使学生对海子这个人有了相当的了解，在这一基础上，再来读课文，就能从整体上把握诗歌的意蕴了，这比只局限在本课文逐字逐句解释显然具有整体性。

对整体阅读来说，阅读的"语境"很重要，而语境是需要教者建构的，或者说是需要教者唤醒的、点明的。没有建立语境的解读分析是违背整体阅读教学的原则的。也就是说，建立语境是整体阅读教学的重要策略之一。

第二节　案例呈示

一、案例一

解读：寻找最佳切入点
——《琵琶行》课堂教学镜头回放
江苏张家港高级中学　李元洪

提起《琵琶行》，许多教者和一般读者都往往会将目光锁定在其中的一段音乐描写上，击节称赏，津津乐道。诚然，白居易能想人所难想，道人所难道，将抽象的音乐写得生动可感，异彩纷呈，堪称音乐描写的行家里手。但我总觉得，读《琵琶行》，如果仅将重点放在这里，恐怕难免有挂一漏万之嫌，因为这毕竟只是一个局部。这首"童子解吟"、"胡儿能唱"的诗歌历千年而盛传不衰，在我看来，更多的应该说是缘于其整体艺术构思的精妙绝伦。如果把这首诗比作是一道迷人的沿岸风光，一段奇妙的曲径回廊，一串晶莹的珍珠项链。那么，其中的音乐描写不过是沿途的一株奇葩、回廊上的一扇花窗、项链上的一粒珍珠而已。因此，从教学上说，我们应该引领学生穿过语言材料构筑的壁障，走进诗歌的内部世界，去探寻激情流注之河源于何处，归向何方。

如此，则选择一个怎样的切入点，便成了能不能上好这一课的关键。

写文章有"立片言以居要"的说法。我想解读《琵琶行》，它的切入点也就应该是能够"牵一发而动全身"的"居要"之言。在深入备课的基础上，我发现"沉吟放拨插弦中，整顿衣裳起敛容"正是我要找的"居要"之言。也许从"言志"的角度看，这句话无关宏旨，但我感到抓住了它便可以贯通上下，左右逢源。

"沉吟"是心理活动的外现情态，表征为迟疑不决；"敛容"则标志着心理矛盾过程的结束，它是内心有所决断的状态呈现。如何理解其中包含的丰富内蕴及其在结构上挈领全篇的重要作用呢？为此，我花了一节课的时间与学生共同进行了探讨。

我提出来的问题是：琵琶女的演奏的技艺极高，效果极好，大家都被深深地感动了，"东船西舫"沉浸在琵琶曲优美旋律营造的艺术氛围之中，连一轮秋月也如白璧浮江，无声地透明着，似乎一动就会打破这美妙意境似的。作为演艺人，应该为此而兴奋自豪，等待着收取掌声，接受赞誉，但为什么琵琶女反而"沉吟"、"敛容"呢？请联系前后文并结合书本上对这两个词的解释，谈谈自己的看法。

学生经过短暂思考后，开始发表自己的意见。

生1：琵琶女的"沉吟"，出现在应邀演奏一曲之后，书上解释为"迟疑的样子"，也就是拿不定主意。我觉得这个注释是正确的，但比较含糊。"迟疑"有两种表现：一是欲行未行，一是欲说未说。也就是在"行动还是不行动"或者"说事还是不说事"上拿不定主意，这是当事人在特定情境下心理活动的外在表现。那么，琵琶女"沉吟"究竟属于哪一种呢？

师：你认为属于哪一种情况好呢？

生1：我觉得应该指前者。她是在"要不要继续弹下去"这个问题上拿不定主意。因为她很孤独，夜深难眠，想起了"少年事"又很伤感，肯定希望有人听听她用琵琶"说尽心中无限事"，哪怕就是与人闲聊，也能暂时消解一些寂寞，但她又不知道人家爱不爱继续听下去，所以她迟疑不决。但经过一番思想斗争后，她还是决定"放拨插弦中"。

生2：我赞成你对注释的看法，但不赞成你对琵琶女"沉吟"的理解。在我看来，琵琶女的迟疑不决，是心中有事想说，但又不知道说出来好不好，故而拿不定主意。常人都有这样一种特点，当心情不愉快时，总想找一个人一吐为快。下文所写琵琶女自诉就充分证明了这一点。

师：那么琵琶女的"迟疑"究竟是哪一种呢？

生3：琵琶女的"沉吟"，我也认为是心中有事想说，而且是在"琵琶声停欲语迟"时就想说了。但将下文琵琶女的自诉理解为"心情不愉快时"的"一吐为快"恐怕不够恰当。琵琶女的诉说重心应该是"老大嫁作商人妇"，是要让诗人白居易与他的友人明白，她已经不再是"倡女"，而是一个正经人家的妻子，他们把她当作倡女来对待是不够尊重的轻率行为。正因为如此，琵琶女在讲下面一番话之前首先"敛容"，以示严肃庄重，不容冒犯。

生4：说白居易和朋友对琵琶女不尊重，我看是想像之词，没有可以用来证明的文字。再说，如果真的不尊重，白居易又怎么会把她引为知己，说什么"同是天涯沦落人"呢？

生5：我认为琵琶女的一席话确实含有责怪的意思，白居易等人也确实有不够尊重或有所冒犯的地方。"琵琶声停欲语迟"、"千呼万唤始出来，犹抱琵琶半遮面"就是证明文字。什么叫"欲语迟"？刚才大家已经说过，就是心里有难处，想说又不便说。试想，如果真是倡女，还不呼之即来吗？而琵琶女在"千呼万唤"之下还不肯出来，勉强出来后又抱着琵琶遮着面，这种反常的举动分明是心中有难言之隐，你一个做官的，难道连这点蹊跷还看不出来吗？为什么一定要千呼万唤，强人所难呢？这不是不尊重又是什么？

生4：那"同是天涯沦落人"又怎么解释呢？不尊重就是骨子里轻视别人，一个人怎么会将自己瞧不起的人引为同路人呢？

生5：说白居易"轻率"、"不尊重"，那是从琵琶女的角度来看的，是琵琶女对白居易的误会。因为有了误会，才有了婉责。当然，琵琶女的自诉在婉责之外也有含蓄地解说一下自己夜弹琵琶的原委的意思。因为白居易等人的"不尊重"可能正与自己"夜弹琵琶"的轻率之举有关系。

生6："误会"一词用得好，我看诗人和琵琶女都是无心的，这就是一场误会，两个人于无意之中造成的双重误会。

师：哪双重误会呢？

生6：首先说琵琶女，她在"江口守空船"，只有"绕船明月"相陪伴，孤独凄凉可想而知，恰好此时又梦到了做"大明星"时的"少年事"，禁不住悲从中来，泪流满面，可是她向谁去倾诉呢？没有人可以倾诉，只能借助于琵琶自哀自怜一番。哪里会想到竟还有客船停泊在近旁呢？再说白居易，本是京官，被贬已经凄惶，何况又是在荒蛮之地，"终岁不闻丝竹声"，连与朋友别离时都"举酒欲饮无管弦"，他的心情肯定非常愁苦。可就在"惨将别"的时候，"忽闻水上琵琶声"，而且是"仙乐"般的"京都之声"，能不令他喜不自胜？再说，琵琶弹得能令"主人忘归客不发"，其技艺之高超可以想见，不是京都倡女还会有谁？况且又是深夜，哪有良家媳妇此时还不睡觉而弹琵琶的？因而，在忙着"添酒回灯重开宴"时，也就想不到这个"倡女"在表现上与其他倡女有别了。要是在异时、异地、异境之下，也许白居易是不难看出个中蹊跷的，正所谓此一时、彼一时也。（同学们热烈鼓掌）

师：大家的分析很深入，也很有道理。假设这种分析成立，那么，白居易是否听出了琵琶女话中的婉责呢？或者说是否意识到了自己的行为有欠稳妥，以至于引起琵琶女的误会呢？

接下来的讨论便将重心移到了诗歌的后半部分。

生7：我认为白居易不仅听出了琵琶女话中的婉责，而且还以他的真诚消除了琵琶女的误会，打动了琵琶女。可以从两方面来看：一是白居易在知道了琵琶女的身世后，一点也没有掩饰自己的仕途失意，把自己被贬后的凄惶落魄和艰难处境毫无保留地告诉了琵琶女，这样做一下子就拉近了两人的距离，消弭了隔阂。二是不以自己的士大夫身份俯视普通百姓，而是将一个曾经是倡女的地位低下的平民女子视为知己，唱出了"同是天涯沦落人，相逢何必曾相识"的千古名句。这一点难能可贵。前者显示着真诚，后者体现着平等。这使琵琶女大为感动，情不能已，以至站立"良久"。

师：是啊，一个没有明着责备，一个也没有明着致歉，但经过真诚互诉，两人的心灵是沟通了，误会也消除了。诗人的用笔真是精妙绝伦呀！

生8：我还要补充一句，可能更让琵琶女感动的还有"莫辞更坐弹一曲，为君翻作《琵琶行》"。这两句是白居易对琵琶女的请求，前一句是请求她奉献（这词过于现代化），后一句是请求她接受馈赠。我想应该包含着这样的意思：我以你为知己，请你也理解我的心情，你的演奏如仙乐一般，可以抚慰我受伤的心灵，既然我们同为天涯沦落之人，命运相似，情感相通，那么也请你接受我的赠予吧。

师：刚才这位同学补充得很好，琵琶女虽然没有说话，但何尝不是"此时无声胜有声"呢？她的理解、她的感激、她的身世之悲全都倾泻在琵琶声中了。白居易呢，则把宦海沉浮中的酸甜苦辣化为泪水，一股脑儿洒到了青衫之上。

课上的片断记述到这里，一个念头忽然闪现出来：为什么有时上课如行云流水，轻松愉快；而有时则如牛负重，冷涩艰难呢？也许，切入点的选择正是重要原因之一呢。

（选自《语文学习》，2004 年第 1 期）

二、案例二

蒋氏幸运吗

刘世友

为启发学生加深对课文内容的理解，教学《捕蛇者说》，我设计了这样一个问题："蒋氏幸运吗？"

问题一提出，学生觉得容易之极，抢着回答："幸运！"另有数生短暂思考后，做出否定性回答："也不幸运！"对此截然相反的回答，我要求同学们深入讨论，得出较为完整的答案。

经过讨论，一学生回答："蒋氏是幸运的，由于他掌握了捕捉毒蛇的技术，而不必像其邻居那样，'殚其地之出，竭其庐之入'，'死者相藉'；不必受悍吏骚扰之苦、赋敛之毒，而'甘食其土之有'。但他又是不幸的，为捕蛇，他的祖父、父亲都丢了命，而他自己 12 年捕蛇生涯，也是数蹈死地而侥幸生存。因此，他自己也把握不了自己的命运，不知会在哪一次捕蛇过程中，命丧蛇口！况且，如此毒蛇，捕捉定然不易。所以，蒋氏的幸运是泪中带笑而已。"

另一生补充道："无论是蒋氏，还是其乡邻，他们对自己的处境都知之甚详，却无法把握自己的命运，知其必死而为之，是人生惨剧。"

"如此悲惨的境地，是什么缘故造成的？"我再追问。

"异蛇之毒，赋敛之毒，苛政之毒。"

"蒋氏之悲，是因为朝廷以王命征集毒蛇，蒋氏为免其租，而不得不为之；乡邻之苦，是因为朝廷过重的赋税而造成，更是被逼得无法逃避。"

"统治阶级为了自身的利益，而把蒋氏之乡邻推向死亡的深渊；为了能去病长寿，而驱使蒋氏步向死亡境地。足见统治阶级的享受是建立在剥夺他人生的权利的基础之上。"

我再进一层：

"我们今日读之，则足见封建社会的实质是——"

"人吃人。"

教学话题设计

教学话题与教学提问设计不同。提问设计往往是以教师为主的单向提问，学生根据问题展开讨论。而教学话题则是提供一个议论中心，问题是并发式的，多向的。在一堂课中教学话题一般只有一个，由一个"话题"引出多个问题。问题的解答可以是教师，也可以是学生，使课堂交流呈现多向性。这样做有助于激发学生学习的主动性和创造性。

《蒋氏幸运吗》就是采用"话题"这一形式展开教学的。这里，我们试着概括一下教学话题应具有的教学特征：

1. 一堂课宜选择一个教学话题，使课堂讨论相对集中。

2. 教学话题与教学目标应是包孕关系，即教学话题应有助于教学目标的实现。

3. 教学话题是一个容量较大的、能激发学生讨论欲望的教学中心。

4. 教学话题的展开，应让学生成为主角，教师参与讨论。

5. 教学话题的答案由学生自然得出。

（选自《课堂教学艺术》，上海教育出版社 2000 年版）

三、案例三

《再别康桥》教学设计

四川省绵阳市外国语学校　李　航

（一）设计思路

《再别康桥》充分体现了徐志摩诗歌语言华丽轻巧、章法整齐、音韵和谐柔美的艺术特点。学习本诗，旨在通过指导学生朗读，结合音乐、图画、视频等手段，让学生充分感受诗意美，同时体会徐志摩诗歌的音乐美、建筑美、绘画美；指导学生讨论、探究、归纳，使学生通过对徐志摩情愫的把握，来领悟诗中蕴涵的至真至善的情感，并在这一过程中培养合作、探究、创新的精神。

（二）教学目标

1. 在反复诵读中，细心体会徐志摩诗歌和谐柔美的艺术特点。

2. 在诵读中揣摩诗歌语言，透过语言把握徐志摩的情愫，领悟诗中的情感。

（三）教学过程

1. 导入新课：

设计一：乡土难离，故人难舍……正是这些，凝成了诗人笔下一首首含着泪、带着笑的离别之歌。茅盾说徐志摩既是中国的布尔乔亚的"开山"诗人又是"末代诗人"，他笔下的离别，又是怎样的销魂呢？让我们和徐志摩一起挥手《再别康桥》。

设计二：板书"Cambridge"，问学生这个单词的意思：康桥，即剑桥，英国著名剑桥大学所在地。徐志摩对这一天下学子心目中的圣地怀有怎样的一种情感呢？

2. 介绍背景、作者，营造抒情氛围：

（1）播放歌曲《再别康桥》，并附剑桥的图片，让学生从另一个艺术层面去感受徐志摩的诗，同时让他们产生一定的感性认识。

（2）徐志摩其人及写作背景：徐志摩（1897—1931），浙江海宁人，笔名有云中鹤、南湖等。《再别康桥》这首诗抒写了诗人1928年秋重到英国、再别康桥时的心情，表现了一种淡淡的离情别绪。康桥的一切，早就给他留下了美好的印象，如今又要和它告别了，千缕柔情、万般感触涌上心头。康河的水开启了诗人的性灵，唤醒了诗人沉睡的激情，于是他吟成了这首传世之作。

3. 整体感知，品味情感：

学生聆听《再别康桥》朗读录音（或教师示范朗读），教师指导学生模仿朗读，注意对诗歌节奏和感情的把握。

4. 鉴赏诗歌，激发共鸣：

（1）提问：自古抒写离别之情的诗作可以说数不胜数，把那些诗和这首诗比较一下，看看它们在送别的对象上有什么不同。

一般离别诗描写的对象是人，这首诗却是"康桥"。"西天的云彩"、"河畔的金柳"等物象寄托着诗人的感情，成为一种意象。诗人如何选择意象来表达自己的感情是我们要重点体会的。

（2）从诗歌的意象入手赏析诗歌。请同学们找出本文的意象有哪些，并讨论它们有什么作用。

（3）从诗歌的形式入手赏析诗歌。

《再别康桥》在形式上具有三美：绘画美、音乐美、建筑美。绘画美指诗的语言多选用带有色彩的词语。如"云彩"、"金柳"、"夕阳"、"波光"、"艳影"、"青荇"等词语，给读者以视觉上的色彩想像，同时也蕴涵了作者对康桥的一片深情。音乐美指采用重叠手法，加强节奏感和旋律美，增加诗的音乐性。建筑美指诗节的匀称和句式的整齐。《再别康桥》共七节，每节两句，单行和双行错开一格排列，无论从排列上看，还是从字数上看，都整齐划一，给人以美感。

5. 拓展延伸：

（1）讨论：有论者批评《再别康桥》缺乏深刻的思想内涵，你们怎么看？

（2）阅读徐志摩的《偶然》或《沙扬娜拉》等诗，感受徐志摩诗的风格。

（3）资料：

①康桥的灵性全在一条河上：康河。我敢说是世界上最秀丽的一条河。……我那时有的是闲暇，有的是自由，有的是绝对单纯的机会。说也奇怪，竟像是第一次，我辨认了星月的光明，草的青，花的香，流水的殷勤。（徐志摩《我所知道的康桥》）

②我的眼睛是康桥教我睁的，我的求知欲是康桥给我拨动的，我的自由意识是康桥给我胚胎的。（徐志摩《吸烟与文化》）

③徐志摩数度吟咏康桥，作品有《康桥再会吧》（1922年8月10日离英返国前夕）、《康河晚照即景》（1923年5月10日）、《康桥西野暮色》（1923年7月7日）、《再别康桥》（1928年11月6日）。

④他（徐志摩）那种潇洒与宽容，不拘迂，不俗气，不小气，不势利，以及对于普通人生万汇百物的热情，人格方面美丽放光处，他既然有许多朋友爱他崇敬他，这些人一定会把那种美丽人格移植到本人行为上来。（沈从文《三十年前的十一月二十二日》）

⑤他（徐志摩）的人生观真是一种"单纯信仰"，这里面只有三个大字：一个是爱，一个是自由，一个是美。他梦想这三个理想的条件能够会合在一个人生里，这是他的"单纯信仰"。他的一生的历史，只是他追求这个单纯信仰的实现的历史。（胡适）

【操作实践设计】

1. 为《面朝大海　春暖花开》收集帮助学生理解诗歌的背景材料，并处理成为教学内容。

2. 选择一册语文教科书作为研究的对象，然后对该册教科书进行大致了解。先阅读课本前面的编辑说明，了解课本构成和编辑意图；再了解全册教材有几个单元，每一个单元有哪些课文，各单元是由哪些因素构成的，单元的特点是什么；教学要求有哪些，怎样落实这些教学要求。要求学生进行口头和书面的课本介绍。

3. 教师选择一篇具有代表性的课文印发给全班学生，用两节课左右的时间，指导学生进行单篇课文的钻研。目的是掌握单篇课文的研究方法。训练的方式和步骤是：（1）说明训练的目的和要求；（2）下发印制的课文、有关资料和钻研课文的测试卷；（3）学生当堂完成教师设计的关于钻研课文的测试；（4）教师讲评测试卷。

4. 从自己选择的一册教材中确定一篇钻研的课文；（2）按照钻研课文的方法进行独立钻研（除工具书外，不许参考其他资料）；（3）撰写关于所钻研课文的"参考资料"初稿（"参考资料"按照"课文简介→中心主题→逐段内容的具体分析→写作特色→教学设想"的模式进行撰写）；（4）广泛的参考有关所钻研课文的"参考资料"，对自己撰写的参考资料初稿进行修改、誊正，作为一次作业交教师评改。

5. 为《我与地坛》设计两至三个教学主题，并设计整体教学结构。

6. 设计《再别康桥》的诵读指导方案。

第十一章　语文教学计划和教案的设计与编写

教学目标： 认识有关教学计划和教案的基本知识，并了解设计和编写的要求和方法，掌握设计和编写的基本技能。

第一节　要求与方法

一、语文教学计划的内容和要求

语文教学计划有总体的，也有微观的。总体的是对某一阶段的语文教学的总体设计。根据教学时限划分，总体教学计划有：学段教学计划，学年教学计划，学期教学计划。微观的有单元教学计划、课题教学计划和课时教学计划。微观教学计划指的就是教师的备课和撰写教案。对于语文教师而言，一般是每一个学期制定一个教学计划。所以，语文教学计划一般指学期教学计划。

（一）语文教学计划的内容

语文教学计划一般包括以下几个方面的内容：

1. 基本情况分析

主要是对施教班级的基本情况进行概要的陈述和简明的分析，如学生的生源特点，语文学习相关因素的基础状况等。摸清基本情况，是制订出切实可行的教学计划的重要前提。计划中写明基本情况，则为教学目标和要求的确定提供了客观依据。

2. 教学目标和要求

教学目标是根据语文课程标准规定的目标要求，结合本学期的教学内容和教学对象的实际状况提出具体的目标要求。教学目标和要求是教学计划的纲，其他所有内容都是为其服务的。因此，表述尤其要准确、精当。

3. 具体的教学安排

这是教学计划的核心部分，由于内容比较多，用表格表示如下：

单元序号	教学内容	教学方式方法	教学手段	教学时间安排	实践环节（含课外语文活动）	教学效果检测

这里以教学单元为块，"教学内容"含阅读、作文、口语交际、语文基础知识。其他各栏根据教学内容来设计，兼顾单元教学的整体性。整个安排，还应注意单元间的联系和迁移。

（二）制订语文教学计划的要求

1. 要准确把握语文课程标准的实质，体现新的语文课程理念。全面落实课程标准的要求。

2. 要深刻领会教材的编纂体系及意图，完整地体现教材要求。

3. 要深入了解学生的语文学习实际，使教学计划切实可行。

4. 要充分体现语文学科的特点，一方面致力于语文学科内部读写听说的有效配合，另一方面还要谋求语文学科与其他学科的渗透与迁移。

5. 要重视语文课堂教学与课外语文活动的相互作用，重视学法指导、能力培养与素质养成。

6. 要本着适应差异性原则，兼顾不同层次学生的实际，使教学计划具有一定的针对性和灵活性。

二、语文教案的基本类型及结构

语文教案就是语文课堂教学实施的方案，是语文教学微观设计（相对于整体教学计划而言）的书面表现形式，是教师备课的结晶和施教的蓝本。

教案的基本类型按教学内容分，有阅读教案、作文教案、听说教案、语文基础知识教案；按教案内容的详略分，有详案和简案；按教学过程的长短分，有单元教案、单篇课文教案；按教案的用途分，有课堂实施教案、微格实验教案、教师说课方案等。

对于语文教师而言，编写教案可谓是最基本的职业技能了。教案可以说是最重要的教学实用文。既然是实用文，那就有基本结构和格式的要求。一般说来，一篇完整的课堂实施教案应有两大部分组成。

（一）课题计划

是指一个相对独立、具体且完整的教学过程的总计划，由课题、教学目的、教学设想构成。教学目的，一般包括语文训练和人文精神熏陶两个方面。教学设想可以分列教学重点难点、课型、主要教学方法手段及课时安排。教学重点一般根据教材编者的重点提示来确定，两三点为宜。难点则根据教材难度和学生的能力来确定。教学重点和难点要与教学目的相一致。

（二）课时计划

把教学内容分解到计划的课时内，课时之间既有连贯性，以形成完整的教学过程；又有相对的独立性，即每课时都有特定的教学任务。因此，课时计划一般包括教学要点、教学内容和步骤两项。教学要点概括地提示本节课教学的重点和主要教学方法。教学内容和步骤是教案的主体部分，教师要设计整体的教学思路，围绕这条思路，要考虑教学内容的实施步骤和具体环节。实施步骤要合理简明，要有内在逻辑联系，以帮助学生形成思维流势，而不是块状的拼凑。具体环节要衔接自然、紧密，教师要对导入、提问、讨论、讲解、板书、读写听说的训练、教具和现代化教学手段的运用、复习、练习等具体教学环节进行精心设计，并估计各个环节所需的时间。

（三）微格实验教案

它是师范院校的学生在训练教学基本技能技巧的过程中，利用现代化教学媒体，将教学过程中的各种教学技能分解为单一的技能，使学生和教师在有控制的条件下进行教学实验时所使用的微型教学方案。与课堂实施教案相比，微格实验教案课题计划单纯，只要写明主要训练项目和要求即可；也不需要详尽的课时计划，只要把训练内容和步骤写清楚就行了。

（四）教师说课方案

通俗地说就是口头教案，主要适用于集体备课、教学比武等教研活动。与课堂实施教案相比，其基本结构是相似的；不同的是，说课不仅要说出主要的教学设想、教学内容、教学过程、教学步骤、教学方法和手段以及具体的教学环节等，而且要说清楚为什么教"这些"、为什么"这样教"的道理。如果说课堂实施教案中教师的教学思想、教学意图是隐含于其中、让别人去意会的话，那么，说课方案中必须由教师来直接言传。可见，这对教师的教学理论水平和口头表达能力提出了更高的要求。

三、语文教案编写的要求

教案的编写要求做到以下几点：

（一）教案编写要求规范

教案是具有固定格式的专业应用文，一个科班出身的教师要能写出比较规范的教案，写成"师生对话录"、演讲稿或课文评析文章都是不符合要求的。

（二）要保证教案质量

一份高质量的教案要做到"格式对、目的准、重点明、内容实、思路清、方法活、衔接紧、使用便"。

（三）要求操作性强

教案是教学实施方案，要有很强的操作性。为了保证操作性，一是注意教法和学法，做到所有的教学内容都有配套的教法和学法，无游离于教学方法之外的教学内容；二是要用好执教语。执教语是教学步骤的执行语、教学方法的使用语、教学活动的指导语、教学内容的领属语等。它们是教学说明性语言。

四、语文教案的使用

教案写得好不等于教学效果就好。教案写得好是教学成功的基础，要取得好的教学效果，还有一个如何使用教案的问题。如何使用教案，我们分教学前、教学中、教学后三个环节提出相应的要求。教学前，要充分熟悉教案。熟悉教案要做好三项工作。一是进一步琢磨、提炼教案，使其更为成熟；二是把教案的书面语言转化为课堂的口头语言，要想像课堂与学生，思考教案中的话该怎么说；三是强记教案内容，使教学过程清晰于脑，教学内容烂熟于胸。教学中，要处理好教案与课本、教案与"教"、教案与"学"三个关系。执教时，教师手里应拿着课本而不是教案，示范学生把注意力集中到课本上，教案应放在讲桌上，仅供备忘之用。教学过程中，教师要全神贯注地引导学生学习，而不要把注意力放在教案上，更不能背教案或念教案。教案作为一种教学方案付诸实施，首先要认真按教案执教，但如果教案确有与学生的实际不相符的情况，应及时进行调整。如果出现了意想不到的情况，要沉着应变，做出恰当的处理。教学后，教师要及时进行教学小结，总结教学成功的经验和失败的原因，写出"教学后记"，以利于今后的备课，为教研、教改积累资料。

第二节　案例呈示

一、学期教学计划示例

八年级上学期语文教学计划

（一）所教班级学生现状及对策

根据我校学生实际特点，以及语文学科特点和目前本学科发展方向的把握，结合我校"学有所长，优有特色"的办学方针，我们的语文教学最初以"激发兴趣，指导方法，培养习惯，搭建舞台"为口号和行动原则，加强了日常教学和学科活动的针对性和有效性，从小学六年级到现在初一两年来，从整体来看，学生身上好的习惯（课堂听讲，记笔记，发言提问）正在逐步养成，学习兴趣和学习态度也有了明显的转变，语文的综合能力也在原来的基础上有了较大的提高。下面根据初一期终考试成绩进行具体分析如下：

从考试成绩数据看出，两个班级语文水平存在比较明显的差距：一班的差距主要是历史原因，所以现在一班同学在学习兴趣、习惯、态度、语文基础等方面都与同级其他班级存在明显的差距。虽然和一班上学期第一次月考和期中考试等比较，有了一定的进步，但具体教学中还是感到和三班的差距，所以虽然已采取种种措施，但提高幅度不大。因此，本学期在保持三班总体较好的势头之下，还要大力抓一班的教学，力求进步。

一班和三班虽然平均水平有所差异，但存在的问题是相似的，这些问题也不容乐观：目前本（年）班级学生最大的特点是两极分化严重，而且"尾巴"较大，大部分学生学习自觉性不强，随着学生年龄的增长和知识难度的增加，加上现在根据二期课改的精神对教学目标进行的调整，本学科更加注重考察学生理解、运用能力，对学生掌握知识的深度和广度、思维能力和认识水平都提出了更高的要求，这对个别优秀的学生来说是如鱼得水，但对我们这样普通中学的绝大多数学生来说，并非福音。因此我们的教学必须未雨绸缪，我们在继续以前工作中行之有效的方法手段的同时，还应加强对二期课改的学习与研究，在把握好教学的大方向的前提下，对教与学做出相应的调整。

（二）教学目标和要求

根据对二期课改精神的学习和对语文教学方向的把握，我们初步拟定了本学期语文教学的培养目标。

思想品德目标：在语文教学过程中，进一步培养学生的爱国主义精神，激发学生热爱祖国语言文字的感情，培养学生社会主义的思想品质，努力开拓学生的视野，注重培养创新精神和创造能力，发展学生的智力，培养学生健康高深的审美情趣，提高学生的文化品位，发展健康个性，逐步形成健全人格。这是初中三年的最终目标。本学期要创造一个良好的开端，打下基础。

知识目标：了解课文中出现的有关重要作家作品的常识，了解描写方法和修辞方法和词类的有关知识，熟记课文中出现的生字生词的音形义。

掌握和运用知识能力的目标：在小学语文的基础上，指导学生正确理解和运用祖国语言文字，使他们具有基本的阅读听话说话的能力，养成学习语文的良好习惯。具体地说，就是能领会词句在语言环境中的含义和作用，理解思想内容和文章的思路，了解基本写法，具有一定的语言感受能力，初步掌握精读略读的方法，培养默读的习惯，提高阅读速度，能用普通话正确流利地朗读课文，背诵基本课文中的一些精彩片段，初步具有欣赏文学作品的能力。读文言文课文，要了解内容，背诵一些基本篇目，熟练使用常用字典词典，养成读书看报的习惯。

人文素质目标：初步学会在日常生活中能正确运用语言文字来进行交流表达，把课本中感受学习到的有关人的语文素质的东西灵活运用到生活中，从而提高自己的文化品位，例如待人接物的仪态，为人处事的心理，读书看报看电视的习惯等。

具体应达到的指标：

1. 通过分析我发现，本学期教学的主要任务就是要想尽一切办法稳定优良率，提高合格率。班中有以下学生是有潜力可挖，应该能及格的有：朱华，孙磊。

2. 按照年级组分层教学、集中抓 A 层的要求，本学期我努力工作，力争将 60% A 层（约 16 人）同学的成绩保持在 80 分以上，并能让尖子生有更多的进步，基本保证优良率稳定在 25% 以上。

3. 根据教研组的要求，本学期我班参加区的统考或联考要力争进入十四所学校的中三分之一的行列，优良率要力争超过区平均。

（三）具体实施计划

1. 教学安排：根据教研所统一安排，第一周至期中考试完成第一、第二和第七单元的课文教学，表达完成一、二、四单元的；期中考试至期末完成剩余单元课文及表达的教学。具体计划如下（略）。

2. 具体措施：

（1）在阅读教学中要进一步培养学生的阅读兴趣，注重在阅读教学过程中让学生参与活动，做到人人参与，参与全过程，让学生们在课下多读书看报，将自己喜欢的文章，精彩的段落摘抄积累，并定期在班上举办摘抄本展览，从中推选出优秀的文章和摘抄、积累本在班上朗读、展示。

（2）在各课时，把学生活动作为重点内容来安排落实，使学生最大限度处于动态之中：动脑想，动手写，动口说，动眼看，动耳听。

（3）注重让学生参与到作文讲评中来，让较好的学生对作文进行自我评价，然后广泛地征求所有同学的意见，相互评价，最后是教师与学生共同评价，使学生们正确地认识自己作文中的优点和问题，课后进行必要的修改，建立民主的教学风气，进一步融洽师生关系。

（4）调动学生语文学习的积极性，努力从培养兴趣着手，用图片、实物、多媒体创设情景进行教学，力求课堂的多样化、生活化和开放化，力争有更多的师生互动、生生互动的机会。

（5）培养学生良好的语文学习习惯：①课前预习习惯。②课后复习习惯。③课文背诵习惯。④作业习惯。⑤积极思考，主动发言习惯。⑥上课作笔记习惯。

（6）对古诗文无法过关的学生采用"一帮一"、"人盯人"的办法，并与家长取得联系。

（7）深钻教材，精心设计每一节课；讲清每一个知识点；认真筛选作业；及时反馈每一次考试情况。

（8）注重进行学法指导，本学期准备给学生举办两次专题讲座：①如何写随笔。②修辞总汇。

案例分析：这个学期教学计划格式规范，结构完整，且具有个性。特别是对学生情况的分析细致中肯，使该计划具有很强的针对性。目标明确、措施具体也是该计划的突出特点。

二、单元教学总体计划示例

初中第一册第五单元教学计划

（一）内容

学习《春》、《济南的冬天》、《海滨仲夏夜》、《香山红叶》等课文。

练习写作以景物描写为主的小作文。

（二）单元教学重点

1. 掌握"涨、散、晕、和"等多音字在课文中的读音；识记"髻、窘"等生字；理解并掌握"酝酿、皎洁"等词语。

2. 理解比喻、拟人的修辞方法对写景的作用。

3. 培养学生细致观察的习惯；学习抓住景物特点，按照一定顺序、注意不同角度的观察、描写方法。

4. 体会作者在课文景物描写中寄托的感情。

（三）课时安排与课型

第一课时：通读课（初步了解单元内容与重点）

第二课时：讲析课（学习《春》）

第三课时：导读课（学习《济南的冬天》）

第四课时：自读课（学习《海滨仲夏夜》，品评小作文）

第五课时：检测课（阅读《香山红叶》，单元检测）

第六、七课时：写作课

案例分析： 这个单元教学总体设计，变单篇备课为单元总体备课，改变了单篇教学设计的老习惯。其主要特点有：（1）课文、知识短文和写作训练统一安排。（2）呈现出通读、教读、辅读、自读、比较、测试、写作、总结等一体化结构，有利于师生主观能动性的充分发挥。(3)考虑了多种课型的有机结合,实现了点面结合的教学方法的使用,使学生有常学常新之感。

三、课题教学计划示例

综合性学习教学计划《漫游语文世界》

（一）教材分析

本教学内容是人教版《语文》七年级上册第二单元的"综合性学习"。

教材以"生活中处处有语文"为主题，开展一次在生活中学语文的活动。通过这次活动让学生明白除了语文课上学语文外，在生活中学习语文、运用语文也是很重要的。活动内容根据各人的兴趣爱好，分成不同的小组，在家庭里、校园里、社会上学习和运用语文。

（二）学生分析

七年级的学生有强烈的求知欲和创新精神。活动课能为学生展示自己个性和特长，提供一个非常广阔的空间。在学生明确活动内容后，放手让学生积极主动参与到活动中去，使全体学生都能在自己感兴趣的语文调查活动中积累语言，全面提高语文素养。学生具有初步的查找资料、运用资料、搜集信息和多角度观察生活的能力以及口头表达能力。

（三）教学目标

1. 认识语文与生活的密切联系，了解语文学习的资源和运用语文的关系，沟通课堂内外、课本内外和学校内外的联系，从而开发利用社会现实生活中的语文学习资源。

2. 搜集家庭、校园和社会生活中最新鲜最活泼的语言现象，了解社会上语言文字使用中的不规范现象，初步树立规范使用汉语的意识。

3. 多角度地观察生活，发现语文世界丰富多彩的表现形式，注意街头语言文字和广告语言的表现形式，锻炼口语表达能力。

4. 初步了解查找资料、运用资料的方法。

（四）教学设想

整个活动中，围绕"生活处处有语文"的主题，展开四个方面的内容："莫把错别字当小事"、"轻轻松松十五分钟——趣味语文"、"公益宣传——我们最棒"、"创意无限"。每个内容由一组同学（10～20个人）收集资料，每组自行推选一个主持人，让主持人带领该组完成活动。在开展活动的过程中充分体现自主、合作、探究的学习方式。教师在课堂上通过组织学习活动，使学生在听、说、读、写能力在潜移默化中得到训练和提高，体现教师是学习的指导者和支持者。力图体现趣味性和竞争性，使学生在愉快中学习，在积极参与中主动学习。

（五）教学准备

1. 发动学生搜集街头语言文字的使用情况。

2. 发动学生搜集关于公益活动的警句和新颖广告词。

3. 分四个小组，以小组为单位开展一次语文调查活动。

4. 将学生收集的资料制成幻灯片。

(六) 教学过程

1. 创设情景，引入主题

生活中处处有语文，无论是读书看报，与人聊天，还是听相声，看电视，逛商场，常规的或新奇的，别扭的或富有艺术性的，只要留心观察，随时注意语言现象，总会碰到与学习和运用语文有关的问题。（多媒体显示：人们在生活中读书、看报、聊天、听相声、看电视等图片）

今天我们一起漫游语文世界，与语文来一次亲密接触。下面我们同学分成四组，每组有一个小主持人，让小主持人带领我们进入他们组的语文世界。

2. 自主课堂，学生展示成果

让学生自己确定活动形式，设计活动过程。

第一组（"莫把错别字当小事"）

可以将收集到的错别字放在一起利用幻灯展示出来，也可编话剧或小品，表现错别字的危害性，最后可以提出倡议，拟出倡议书。

第二组（"轻轻松松十五分钟——趣味语文"）

可以用竞赛的方式做游戏或表演，如猜谜语、找朋友、绕口令等。

第三组（"公益宣传——我们最棒"）

可以宣读或朗读收集来的公益宣传口号，展示收集来的宣传图片，还可以自己编节目表演（语言节目），或设计公益宣传口号，看谁更棒。

第四组（"创意无限"）

利用多媒体展示收集来的精彩广告词，展示自己组里设计的广告词。

3. 老师总结

有人说语文是海洋，是森林。我们每个人每时每刻都生活在语文的海洋和森林中，通过这次活动，大家充分认识到了这一点。老师衷心地说一句："你们真棒！你们真的行动起来了，积极参与到活动中去了，真正成为了语文爱好者，恭喜你们！"

案例分析：《漫游语文世界》是以"生活中处处有语文"为主题展开活动，内容丰富多彩，形式有创造性，注意了调动学生的兴趣和积极性，学生在游戏、比赛、创作、表演等活动中真正地动了起来，发动了全体学生参与。师生共同设计的四个小主题活动充分体现了自主、合作、探究的学习方式，融合了知识与技能、过程与方法、情感态度与价值观三个方面的教育，基本体现了新课程的理念，也体现了综合性课程的特点。但对学生的个性差异关注不够。

四、教案示例

念奴娇·赤壁怀古

（湖南省桃源一中　文静）

【教学目标】

1. 领略苏轼豪放雄迈的词风，初步了解豪放派词的特点。

2. 理解词人复杂的心情，用文学的视角去解读词中的景物描绘和人物刻画，能够感词人所感，让学生体味艺术美的感染力。

3. 掌握一些常用的鉴赏诗歌的方法。

4. 培养积极奋发的品质。

【教学重点】

1. 景、史、情的自然结合。

2. 用典的贴切自然。

【教学难点】

如何理解"人生如梦，一尊还酹江月"？

【教学方法】

1. 诵读法：通过多种方式让学生反复朗读，体会作品的风格及词人的情感。

2. 问答法：在梳理词作时，教师提出问题让学生解答，在问答中品析作品内容、风格以及作者的情感。

3. 探讨法：对词作中的疑难点，让师生共同讨论，得出结论。

4. 点拨法：对词作中的疑难点，教师可进行点拨。

【教具准备】

Flash 课件

【课时安排】

1 课时

【教学步骤】

（一）导入

同学们看过电视连续剧《三国演义》吗？还记得这部电视剧的主题歌吗？杨洪基先生那豪放、浑厚而略显苍凉的歌声给我们留下了长久的回忆。下面我们一起来欣赏这首优美的歌曲。（播放《三国演义》片头曲及赤壁大

战的画面。选用电视剧片头作为导入，使学生进入特定的情境，奠定了鉴赏的基调）

今天就让我们一起欣赏苏轼的《念奴娇·赤壁怀古》。（板书课题）

（二）朗读、感受词的意境

1. 学生试读。

2. 播放视频朗读课件。然后请学生自己比较，找出差距。

（三）品析鉴赏

1. 整体感知

思考：这首词主要写了哪些内容？（板书：写景、咏史、抒情）

2. 具体赏析

上片：

①教师范读后,学生自由发言:这首词的上片主要写了赤壁壮美的景色。在写景的句子中你比较喜欢哪一句?理由是什么?体现了景物怎样的特点?

②由小故事引出上片中最豪放的句子"大江东去，浪淘尽，千古风流人物"，体会不同凡响之处。

（"浪"淘尽的对象是千古风流人物，而不是沙砾，可见，这里的"浪"不只是长江中卷起千堆雪的浪，也是淘尽千古风流人物的历史长河中的巨浪。所以在这里长江不仅仅是一条江水的名称，还是滔滔历史长河的代名词。这样一来，作者就将眼前之景与历史的风流人物联系在一块儿了，形象地表现了历史的沧桑变迁）

③鉴赏品析描绘赤壁景观的词句"乱石穿空，惊涛拍岸，卷起千堆雪"。（结合课件，让学生在视听上有最直接的感受）

思考：作品中描绘的是长江汹涌澎湃的景观，但长江也有平静的时候，作者为什么只写长江壮阔之景，而不写长江平静之景呢？（为下片英雄人物的出场渲染了环境气氛）

④指导学生有感情地朗读词的上片。（采取个别读、齐读的方式）

⑤分析过渡句"江山如画，一时多少豪杰"的作用，引出对下片的分析。（承上启下）

下片：

①赤壁壮景，如诗如画，哺育了"多少豪杰"。（请学生谈谈他们熟悉的三国时期的风流人物）

自由讨论：横槊赋诗的曹操、驰马射虎的孙权、隆中定策的诸葛亮、足智多谋的周公瑾都曾是赤壁两岸叱咤风云的人物。辛弃疾就曾唱道：天下英雄谁敌手，曹、刘，生子当如孙仲谋。而苏轼为何偏偏想起了"公瑾"，而且还是小乔初嫁的"公瑾"呢？

（此问题难度稍大，在学生讨论前可插入对周瑜形象的分析，为回答上面的问题做铺垫）

学生讨论时结合作品的写作背景（课件展示相关内容）

我的看法：第一，周瑜对于苏东坡来说，应该算是小小的年纪就非常的得志，二十四岁开始被重用，三十四岁建立功勋，而苏东坡头发都白了还一事无成。第二，当时周瑜在赤壁之战中应该属于主要的角色，是主将。第三，这是一种机遇，在当时来说，他们分别碰到了不同的机遇，或者说不同的君主。周瑜碰到了一位明君——孙权。孙权识人才，重用了周瑜。而苏东坡很遗憾没有碰到这样的机会，所以他更加有感慨。

②苏轼怀念周瑜最终目的是抒发感情，那么他抒发的是一种怎样的感情呢？请一位同学朗读最后几句。

探讨：对"人生如梦，一尊还酹江月"所反映的思想感情，历来就有不同的看法。有人认为是消极颓废的处世态度，也有人认为是积极奋发的处世观。余秋雨先生在他的《苏东坡突围》这篇散文中，有着自己的理解。（见课件）但这都是别人的理解，我们也来一个各抒己见，请同学们大胆地表达一下自己的看法。

（引导学生从作者的生平及词作的写作背景入手，鼓励学生的创新精神）

我的看法：这里有感奋和感伤的双重色彩，反映了理想与现实的矛盾，是诗人仕途坎坷、壮志难酬的悲叹和愤慨，但在貌似自慰自解的言辞之中又激荡着一腔追慕英雄、渴望建功立业的豪迈之情。苏轼的感伤是由于建功立业的激切愿望不能实现而萌发的，我们应当更多地体会他对事业对人生的激情和思索，而不是伤感。"人生如梦"反过来也可以激发我们对人生的追求，这也正是这首词的理趣所在。所以，我觉得是"奋"压倒了"伤"。

我想正如苏东坡写给他朋友的信里面所说，苏东坡虽然一生坎坷，但他始终笑面人生。（联系学生生活实际，使他们受到人生的启迪）

③在新的理解上，指导学生有感情地朗读。（采取个别读、齐读的方式）

（四）小结

苏轼的《念奴娇·赤壁怀古》，以写滚滚东流、惊涛拍岸的长江引出不平凡的历史岁月，以岸边的赤壁古战场引出三国名将周瑜，又以周瑜当年的风姿异彩、年轻有为引出作者自己"早生华发"的感慨和"人生如梦"的感叹。即由写景到咏史,从怀古到抒情,使"景"、"史"、"情"浑然一体。

最后让我们"会当凌绝顶,一览众山小",伴着音乐一起朗诵《念奴娇·赤壁怀古》。

(诗词鉴赏离不开诵读,在学生熟读的基础上,播放电视剧《三国演义》的片头音乐,指导学生朗诵。在音乐中学生很好地进入了情境,取得了满意的效果)

(五) 板书

念奴娇·赤壁怀古
苏 轼

上片: 咏赤壁 写景
下片: 慕周瑜 咏史 ⎱怀古伤己
　　　 嘲自己 抒情

案例分析:《念奴娇·赤壁怀古》是一个比较规范的教案,从教学目标到板书设计各要素具备齐全。从教学步骤来看,导入注重教学氛围的创设,在教学进程中注重多种教学方法的运用,针对词的特点重视学生欣赏活动,采用多种形式的诵读形式进行活动,对教学内容的挖掘也较透彻。运用多媒体教学,对学生的情感熏陶和教学效果肯定很有帮助。整个教学环节流畅,教学重点突出,基本上实现了教学目标设计中的任务。

【操作实践设计】

(一) 比较下面两个"教学目标"的设计,谈谈教学目标设计的要求和方法。

《醉翁亭记》教学目标

【例一】

1. 知识教学点:

(1) 正确理解文中的难词、难句,了解文意。

(2) 进一步体会文言虚词"也"、"而"的作用。

(3) 巩固对"骈散结合"句式特点的理解。

2. 能力训练点:

(1) 引导学生反复诵读、感受优美的语言,力求熟读成诵。

(2) 扣住"文眼"认真思考,理解文章主旨。

（3）引导学生发挥想像，再现美文的意境，由此体会文章所构造的优美意境。

3. 德育渗透点：

让学生懂得并学会在受到挫折不幸时，应持积极乐观的人生态度，具有旷达的情怀。

4. 美育渗透点：

引导学生感受本文流畅婉转、抑扬错落的语言风格，激发学生热爱祖国的语言。

【例二】

1. 看注释后，能解释文中的几个难词（环、壑、辄、暝、觥、筹等）。

2. 阅读课文后，能结合自己的感受说出"也"、"而"的作用。

3. 能独立找出"文眼"，并据此说出文章的主旨。

4. 学完课文后能说出自己喜欢本文语言的理由（至少两条）。

5. 能运用文中出现的成语造句。

提示：教学目标设计和表述如何做到科学适用、符合要求？

通过比较我们会有深刻的体会：

案例中的例二，它的教学目标设计得比例一要好得多。行为主体是学生，且所用词语是可观察可检测的，如"解释"、"说出"、"找出"等。目标分类十分清楚，1、2、3是认知领域的，4是情感领域，5是技能领域。认知领域的三项层次清楚，并不重复，且重点明确。学生行为产生的条件的叙述是准确的，如"看注释后"等。情感目标"能说出自己喜欢本文语言的理由"也有可操作性。

语文教学目标通常分为认知、情感、技能三个领域。如果将教学目标定位于认知领域，就可以具体到知识的识记把握、内容的理解分析、对内容和知识的表达和运用以及评价欣赏方面；如果定位于情感领域，则目标设计比较抽象，往往都是"培养……感情"之类，教学实践中虽不很明晰，但也可操作，主要侧重于学生亲身体验、情感反映以及对知识哲理的内化；技能领域方面主要侧重学生实践，操作性强，如查字典、朗读、默读、口语交际等等。所以，在设计教学目标的时，要做到心中有杆秤，对不同目标类型作不同处理，不能含混，也不能将同质同级的目标分割开来。

（二）试分析以下两例教学目标设计存在的问题并对它们进行修改：

《从百草园到三味书屋》教学目标：

1. 领会课文按空间顺序安排材料的写法；

2. 理解课文中运用对比突出中心的写法；

3. 学习抓住特点、具体而有序地描写景物的写法。

《羚羊木雕》教学目标：

1. 理解倒叙手法的运用及其作用；

2. 学会分析记叙文的构架与思路，掌握记叙文写作的一般规律；

3. 学习本文，理解文章的中心思想，以真诚无私的友爱为贵，正确处理与同学、朋友的关系。

提示：

例一，三个目标是同一个层次（同质），都是掌握写作方法。例二，目标分类混淆，"理解文章中心思想"是认知领域目标，"以真诚无私的友爱为贵，正确处理与同学、朋友的关系"是情感领域的目标，表述也不正确，"处理与同学、朋友的关系"不应该是语文教学目标。

（三）请根据制订教学计划的要求，评析下面这份教学计划。

初一第一学期语文教学计划

单元序号	教学内容	教学课时
第一单元	老山界	2 课时
	挺进报	2 课时
	枣核	2 课时
	一件珍贵的衬衫	1 课时
	伞	1 课时
	作文：使我感动的一个镜头	2 课时
	（或：他真是一位好老师）	
	基础知识：汉语拼音规则	1 课时
第二单元	从百草园到三味书屋	2 课时
	生命的意义	2 课时
	幼时记趣	2 课时
	鲁迅自传	1 课时
	三颗枸杞豆	1 课时
	作文：难忘啊，我的童年时代	2 课时
	（或：童年生活趣事）	
	基础知识：标点符号用法	1 课时
第三单元		

提示：这位新教师制订的学期教学计划，有下列几方面不合要求：

（1）内容结构不完整、缺少基本情况分析和总的教学目标要求两部分内容。

（2）教学安排不全面，欠具体，没有考虑教学方式方法、教学手段、实践环节等。

（3）单元整体设计的意图不明显，未能体现单元内、单元间的内在联系。

（四）下面是一个单元学习指导设计，请根据要求将它改编为单元教学计划。

高中第二册第五单元学习指导

本单元学习唐代散文。所选四篇散文，都出自名家之手，代表了唐代散文不同时期的创作成就，体现唐代散文创作的不同风貌。

唐代散文逐渐摆脱了六朝以来骈文的浮华之风，恢复了秦汉散文内容充实、形式自由的传统。初唐时期，虽然仍以骈体为主，但已经透出新的气息。中唐时期，韩愈、柳宗元倡导"古文运动"，提倡质朴的文风，注重反映真实的社会人生，在理论和实践上，都成就卓著，对后世产生了深远影响。晚唐杜牧的《阿房宫赋》，骈散结合，借古讽今，具有较强的批判精神，开启了宋代骈体散文的先河。

本单元四篇散文，体裁各不相同，但其政论性是共有的。《师说》是"古文"的代表作，是一篇论说文，表现了作者不顾流俗、锐意改革世风的进取精神。

《阿房宫赋》是一篇文赋，作者通过描写阿房宫的兴建及其毁灭，总结了秦统治者骄奢亡国的历史教训，向唐朝统治者发出警告，表现出一个封建时代正直文人的忧国忧民、匡世济俗的情怀。

《谏太宗十思疏》是一篇奏疏，魏征从国家的长治久安出发，提出了"居安思危"的政治主张。

《种树郭橐驼传》名为"传"，实际上是一篇讽喻性极强的寓言故事。文章运用对比和映衬的表现手法，借种树人之口，先谈养树，后论养人，以"种树"喻"治民"，含蓄地表达了作者进步的政治立场和深厚的同情心。

学习本单元，应以诵读为主，背诵《师说》、《阿房宫赋》、《谏太宗十思疏》全文，了解各篇的文体特点、创作风格。重点理解《师说》中关于从师学习的论述和《阿房宫赋》大量运用比喻、排比、夸张的表现手法，积累文言词句，增强文言语感。

有兴趣的同学，可以进行勾连式阅读、拓展性阅读或专题性阅读，扩大视野，巩固所学。譬如《师说》：

勾连式：系统阅读古文中的"说"，如《马说》、《捕蛇者说》、《黄生借书说》、《杂说》等。上下联系，把握这一文体的基本特点。

拓展式：以"论师"、"学习"为中心，进行发散性阅读。如《答韦中立论师道书》、《答李翊书》、《劝学》、《为学》等。

专题性：确立"韩愈散文的说理性研究"论题，广泛阅读韩愈散文及同时期其他名家的散文，如柳宗元等。

（五）分析并评价下面课时计划案例（主要评价教学目标实施情况）。

《边城》教学设计

1. 教学目标

通过各种形式的朗读品味小说的人物，主要品味翠翠那看似平静、实则热烈、又带着淡淡寂寞和无奈的情感，走进她的内心世界。

2. 教学过程

（1）导入

在中国居住 60 年的新西兰作家艾黎说："在中国有两个美丽小城，第一是湖南的凤凰，第二是福建的长汀。"今天我们就要一起走进被称为最美丽小城之一的湖南的古镇凤凰，一起去欣赏沈从文笔下湘西人民曾经有过的生活画卷，去体验湘西人民曾经有过的关于爱的故事。当然我们只能通过阅读凤凰之子沈从文先生的文字去欣赏和体会。

（2）品读课文

①默读课文，整体感知，谈谈作者是写一个怎样的关于"爱"的故事。

——课文里有：祖孙之间难分的亲情；

兄弟之间深厚的手足情；

兄弟与翠翠之间朦胧含蓄的爱情。

（还有翠翠父母之间看似平静其实轰轰烈烈的爱情）

②再次回味从字里行间透出来的他们之间的爱，请选择自己喜欢的文字读读，并说说喜欢的理由。

（3）品味人物的感情

①翠翠的哭是小说精彩之处，通过哭的动作较能反映人物的内心，那怎样理解翠翠突然的哭？

——缺乏父母的爱；爷爷的爱是有限的；触景生情。

②如何理解翠翠两次梦摘虎耳草？（向学生解释何为"虎耳草"，就是像老虎的耳朵，倒过来就是一颗心的形状）

——她是在梦中寻找爱情，通过这情节，可以了解湘西少女那种对美好生活和爱情的渴望和追求。

③总体感受翠翠对祖父的爱和梦中的爱有何特点？

——有点无奈，有点寂寞和凄凉。

④感觉在爷爷和天保身上有吗？简单地说说。

——爷爷对翠翠的爱是完全的，唯一的生活目标就是使翠翠快乐，但他并不真正了解翠翠的内心，所以他的一切努力并没有让翠翠理解，也没有成就翠翠的爱情，透过他的言行举止能感觉到老人心中那爱的矛盾和无奈的孤独并在孤寂中死去的痛苦。写天保的笔墨不多，但人物形象很鲜明。他爱翠翠，却无法使翠翠爱上自己。当得知弟弟也爱翠翠，就怀着十分复杂的感情退出角逐，表现了他浓重的手足之情，又流露出失败的落寞。为了爱，他孤独外出闯荡；为了爱，他孤独地客死他乡。

⑤每个人物都爱得有点无奈，有点寂寞，有点凄凉。但作者在课文提示中却说这是一种"优美，健康而又不悖乎人性的人生形式"，你怎样理解？

——这种无奈、寂寞和凄凉本身就是人在这样的处境中最自然、最本真的思想感情流露，这种最自然、最本真情感的流露就是最优美、最健康而又不悖乎人性的人生形式。

（4）进一步品味语言，把握人物的精神

沈从文素有"文字魔术师"之称，非常注重语言的锤炼。这篇小说语言艺术特征很鲜明，诗化和口语化相结合，请找出这样的段落，并说说你的体会。

——这样的段落有很多。诗化语言，朱光潜说："第一流小说家不仅是会讲故事，第一流小说中的故事大半只像枯树搭成的花架，用处只在撑持住一园锦绣灿烂生气勃勃的葛藤花，这些故事以外的东西就是小说中的诗。"这很能体现本文富有诗意特点的语言。如："天已快夜，别的雀子们似乎都休息了……气味，还有各种甲虫类气味"；"月光极其柔和……一层白雾"等。

口语化的语言主要体现在对话中，具有湘西地方特色，反映湘西民俗风情。如："老船夫和天保之间的一段对话：'大老，听我说句正经话，你那件事走车路，不对，走马路，你有份的！'那大老把手指着窗口说：'大伯，你看那边，你要竹雀做孙女婿，竹雀在那里啊。'"

3. 课后作业

通过品读，理解了沈从文的诗化语言，了解了故事中的人物那种"优美、健康的人生形式"。我想还有许多学生没有表达自己的理解，请回去写一篇学习本文的体会，文体不限，题目自拟。

（六）请自选一篇课文或综合性学习内容，撰写一个课时的教案。

第十二章　语文课堂教学过程的设计

教学目标： 了解各种教学过程模式，掌握一个课时的教学过程设计。

第一节　要求与方法

一、语文课堂教学过程的内涵

教学过程也称为教学程序（教程）或教学流程，它反映了教学发展的各个阶段、各个环节之间的紧密联系，相对独立，并且是有规律的交替和演进。一个教学过程由若干个教学环节和教学阶段组成。所以，教学过程设计的实质就是对教学环节和教学阶段的划分和安排以及对教学环节和教学阶段之间的衔接的组织。教学过程的组织最终体现为教学的纵向结构，对教学结构规律性的总结就形成一定的教学模式，这就是教学过程、教学结构和教学模式之间的关系。语文课堂教学过程一般指阅读教学的过程，包括三种情况，即一个教学单元的教学过程、一篇课文的教学过程和一个课时的教学过程。下面分别介绍其具有代表性的过程模式。

二、单元教学过程模式

据统计，目前我国语文单元教学的过程模式已有 30 多种。依据众多的模式，我们概括出以下一种比较完整的模式：总体把握——教读示范——自读迁移——单元总结——反馈补偿。

第一步，整体把握。即向学生提示本单元教学目标，使他们明确主攻方向。内容包括：（1）提示教学目标，利用"单元知识"，指导单元学习，使学生在理性上把握本单元所要学习的知识和所训练的语文技能。（2）布置学生浏览课文，初步熟悉课文。这样，使学生对教学目标和教学内容形成总体印象。

第二步，教读示范。即以教师为主导，师生共同较为细致地研讨讲读课文，作为下一步自读的示范。这一步是认知的主要环节，主要工作有：（1）帮助学生理解课文内容；（2）从具体的言语材料中认识规律性的读写知识；（3）掌握阅读这类文章的方法和步骤；（4）养成良好的阅读习惯。这一步也应该结合"单元知识"，让学生把课文与"单元知识"相对照，与上一步合起来形成一个"理性——感性——理性"的认识过程，从而掌握有关规律性的知识。

第三步，自读迁移。就是在教师的指导下，由学生自己阅读分析自读课文，并进行写作训练，使学生把教读课上学到的知识具体灵活地加以运用，实现知识的迁移。这一步是培养学生自学能力的重要阶段。应该体现实践为主的原则，尽量发挥学生的主观能动性。

第四步，单元总结。即师生共同对本单元的学习进行小结，主要通过比同求异，找出本单元几篇课文的共性和个性，培养学生的分析、综合、比较和归纳能力。如果说第一步知识提示是总体指导，那么，第二、第三步则是分别从局部入手，而第四步又把部分再综合成总体，使知识形成比较完善的网络。

第五步，反馈补偿。教完一个单元的教学内容后，运用测试或其他手段反馈学生接受教学信息的质和量。同时，针对从反馈中发现的谬误、缺漏，有重点地进行校正和补救。

在单元教学过程中，有三个关键问题值得注意：第一，整体性和阶段性的统一是单元教学的本质特征。整体性和阶段性的统一，就是既注重单元教学过程的系统性，又注意单元教学中前后内容的层次和连贯。第二，强调运用"比较"手段。每个单元中的各篇文章，既有共同点，也有不同点，比较后才有鉴别。第三，要重视"带"。教读课文既体现单元教学的重点，又是带动学生学习自读课文的"范例"，教师要有意识地"举一反三"。"带"，有利于培养学生的自学能力，体现叶圣陶先生"教是为了达到不需要教"的教学思想。

三、一篇课文的教学过程

现行教材将课文分为教读与自读两种类型，它们分别具有各自的教学功能。根据功能的不同，其过程设计也应有所区别，这样就形成了教读课文的过程模式和自读课文的过程模式。

（一）教读课文的教学过程模式

以往关于阅读教学过程模式的研究都是针对教读课文而言的。这方面的研究成果颇丰。国外的如赫尔巴特的信徒莱因，提出了"预习——提示——比较——概括——应用"五阶段教学程式。苏联的文学教学程序，一向分为三个阶段：起始（介绍作家、背景、解词）——阅读和分析（朗读作品，分析人物、情节）——结束（概括主题、写作技巧）。国内有影响的模式有以下一些。黎锦熙设计的三段六步教式：理解（预习、整理）——练习（比较、应用）——发展（创作、活用）。朱自清提出的四步教段：学生报告预习的结果——学生分述段意、篇意——师生研究课文情思与文笔——口试或笔试。我国建国初期形成了四阶段教学模式：起始——讲读和分析——总结——复习。这个模式至今仍有较大影响。70 年代以来，语文教学改革空前活跃，陆续形成了各具特点的阅读教学过程模式。如上海育才中学的"读读——议议——讲讲——练练"；上海钱梦龙的"自读——教读——练习——复读"四段导读法；武汉洪镇涛，经过改革与实验，构建的以"学习语言"为核心的阅读教学模式：感受语言、触发语感——品味语言、领悟语感——实践语言、习得语感——积累语言、积淀语感。魏书生的"课堂教学六步法"：定向——自学——讨论——答疑——自测——自结。欧阳代娜构建和实施的"预习——质疑——点拨答疑——课后综合练习"的阅读教学方案等。这些模式的共同特点是：强调学生自学，突出读写听说语文能力的全面培养，重视师生之间的多向交流。它对探索语文阅读教学的科学过程，起着重大的推动作用。

教读课文的教学过程模式有常式（基本式）和变式之分。以上介绍的特级教师自创的模式可看作一个个变式。我们首先要把握的应该是常式，即基本式。基本式是根据文章阅读的规律和学生阅读心理以及阅读能力训练的规律而建构的模式。依据"感知→理解→运用"、"整体→部分→整体"、"形式→内容→形式"的规律，我们概括出教读课文的教学过程的基本模式：阅读准备——整体感知——具体理解——总体把握——欣赏评价——反馈调控。

第一步，阅读准备。创设情境，形成阅读预期。这一阶段的工作有：（1）教师导入，激发学生的兴趣和求知欲，引发注意，使学生的心理发动机——理智和情绪的感受处于启动状态。（2）学生阅读教师提供的相关资料，根据教师的指导，阅读课文的训练重点、预习提示和课后练习，明确读解课文的目标和方法。这一阶段的时间应尽量缩短，而且要有一定的效 率。

第二步，整体感知。初步通读课文，获得整体印象。具体工作有：（1）学生在教师指导下，越过文字障碍，即对生字、新词、难句作好标记，进行猜读，而不求甚解，一口气读完全文。（2）感知课文大概内容，感受课文表达的思想感情。在这一阶段，教师要指导学生调动原有的知识和生活经验，注意学生直觉思维的训练，根据实际教学需要指导默读与速读。

第三步，具体理解。分析比较，展开具体读解。具体工作有：（1）指导学生借助工具书查清字词的基本义。（2）指导学生结合语境揣摩语句的深层含义、言外之意。（3）重点指导学生读解语段。要求细读语段，理解语言；品读语段，体味语境；诵读语段，增强语感。这一阶段宜重点采用语感训练法，重点训练学生的分析与比较的思维能力，注意指导学生的朗读。

第四步，总体把握。通过概括、抽象、综合，完成对课文的全面理解和认识。这一阶段主要是指导学生完成理清思路、总结意旨、归纳写法等任务。可采用思路教学法、点拨教学法，着重训练学生的抽象、概括与归纳综合的能力。本阶段与前一阶段均应注重指导学生精读。

第五步，欣赏评价。通过想像与情感体验，通过评析与判断，培养审美情趣与创造力。欣赏评价的内容是：就课文的内容、语言、写法提出自己的看法或疑问；欣赏课文中优美、精辟的语句和表达技巧；初步欣赏文学作品中的形象和典型环境。欣赏评价要从学生的实际水平出发，要引导学生自己独立思考、体会，敢于提出问题和发表意见。此阶段宜采用情感教学法，在适当时机进行表情朗读的指导。

第六步，反馈调控。通过总结、练习和矫正，实现积累和迁移，培养阅读习惯。这一阶段的工作主要有：（1）指导学生总结学习过程，培养学生的自学能力和习惯。（2）指导学生通过背诵、摘录、作卡片、写心得笔记等方式进行阅读积累。（3）指导学生举一反三，运用与课文相仿或有关的阅读材料进行练习，学习课文的写作方法进行写作等。特别是要指导学生把学到的阅读方法用于自读课文的阅读和课外阅读中去。如此循环往复，使学生巩固学得的阅读方法，养成阅读的习惯。

（二）自读课文的教学过程模式

这里，我们介绍著名特级教师钱梦龙构建与实施的自读课文的教学方案：初读感知——辨体析题——定向问答——深思质疑——复述整理。

第一步，初读感知。对文章的内容、语言获得整体的感受。

第二步，辨体析题。辨别文体，解析题意，进一步把握文章的形式和内容。

第三步，定向问答。按"文章写了什么"、"怎样写的"、"为什么这样写"的顺序自问自答或互相诘问。

第四步，深思质疑，质疑问难；把理解引向深层。

第五步，复述整理。复述文章要点，整理阅读心得。

以上五步，构成了阅读文章"由表及里，由里及表，表里反复"的基本过程。对学生进行这样严而有"格"的训练，可以使学生打开课文便能"思有其序，读得其法"。习之既久，学生就能摆脱对教师的依赖而独立阅读；一些阅读常规、方式、技巧等，也将随着训练的逐步深入而化为学生的娴熟方法和习惯。

自读课就是学生的阅读实践课，在自读课文的教学过程中，教师要放手让学生独立运用教读课所学的知识、方法去自学、去探索，让学生真正自读起来。当然教师的作用也不可忽视：教师首先是提出要求，让学生自学，使学生通读课文，抓住重点，理清结构，分析重点语段；其次要鼓励学生大胆质疑问难，勇于探索，帮助学生树立自学信心，提高自学能力。

四、一个课时的教学过程

这里牵涉到课型的问题。课型就是课的类型，是依据教学内容的特点和教学目标的性质来组织教学的一种整体活动形式。课型可根据教学内容来划分，也可以根据教学目标和教学活动方式来划分。语文教学的课型根据内容可划分为阅读课、作文课、口语交际、综合性学习等课型，还可以进行第二级分类甚至第三级分类，如作文课还可以分为作文指导课、作文讲评课、口头作文课。而阅读课根据教学目标和教学活动方式可分为教读课、自读课等。一篇课文的教学往往要用2~3个课时，而这些课时又形成不同的课型，如起始课、分析课、总结课、练习课等。当然这种划分不是绝对的，如起始与分析往往合为一节，而总结与练习也往往是合在一起。不同的课型其教学过程也不同。我们这里讲的"一个课时的教学过程"实际就是指一节语文阅读课的教学步骤的安排，也就是教师们写进教案中的一节课的教学环节和教学步骤。这种教学步骤往往因文而异、因人而异，没有统一的固定的模式。但就一节教读课中的起始课而言，有一些环节是必不可少的。这些必不可少的环节就大体构成一个课时教学过程的基本模式：导入新课——目标定向——朗读课文——正音释词——提问讨论——分析归纳——练习活动——总结收束。

第一步，导入新课。一般是用起兴的手法引入新课，接着是解题、辨体、作者及写作背景等知识的介绍等。

第二步，目标定向。即交代本课时的教学目标及教学内容，使师生大体明确教与学的方向，确定教学主题。

第三步，朗读课文。或教师范读，或听朗诵录音，或学生试读，或重点朗读本课时要教学的段落。目的是整体感知课文内容，为分析理解课文打下感性的基础。

第四步，正音释词。主要是进行字词教学。这一环节也可以穿插在第五步中进行。

第五步，提问讨论。教师围绕教学主题设计一系列教学问题，提出来引导学生阅读思考并进行讨论。其目的是用问题有针对性地将学生带入课文的深入阅读之中，使学生在课文中"走几个来回"。

第六步，分析归纳。教师对教学问题进行分析归纳，并明确提出自己的看法，口头概括并板书教学主题的有关结论。

第五步和第六步往往紧密结合在一起，构成阅读教学的主要环节，解决本课时教学的主要问题。在对学生的阅读指导上，使学生对课文既"入乎其内"，又"出乎其外"。

第七步，练习活动。结合课文，可设计朗诵、背诵、复述、概述、造句、仿写等说写活动。这些活动也可穿插在第五、六个步骤中进行。

第八步，总结收束。下课前的几分钟，可以回应开头提出的教学目标，总结一下本课时学习的主要内容（一般是利用主板书进行归纳），检测一下教学效果。还可以布置课外练习，或交代下节课的学习内容并布置预习。

五、完整的阅读教学过程理论

有研究者提出，传统的阅读教学过程理论是不完整的。在以往的语文教学论著作中，一般是把单篇课文阅读教学过程分为四个阶段：感知阶段（预习）→理解阶段（分析）→运用阶段（练习）→巩固阶段（复习）。感知阶段，要求学生解决字词句以及课文内容大意；理解阶段，要启发学生积极思维，分析课文的思想内容及语文形式；运用阶段，进行朗读、复述和编提纲等活动；巩固阶段，要求学生熟读或背诵课文等。看起来，这个过程像是完整的，无可挑剔的，既有解决字词的步骤，又有内容分析步骤；既有运用，又有巩固，非常全面。但仔细琢磨便会发现问题：四个不同的阶段，要解决的和实际解决的只有一个问题，即对课文的理解。即便是第三个阶段的运用，与实际上的阅读运用也并不搭界，依然是对课文的理解，哪里有什么运用？这四个阶段实际上是理解掌握课文的四个阶段。而阅读教学的目的并不单单是理解。因此，现在的阅读教学过程理论，还仅仅停留在理解上，没有真正意义上的运用。真正意义上的运用，应该是用从该课文学来的知识、方法及规律去读该课文以外的其他文章和书。这样看来，通常的阅读教学过程，少了一个阶段。研究者认为，阅读教学过程大体上应有两个阶段，一是理解掌握阶段，二是实际运用阶段。正如叶圣陶先生所说："教课之本旨并非教讲一篇课文与学生听，而是教师引导学生理解此课文，从而使学生自己观其他类似文章。"这里的"使学生自己观其他类似文章"才是真正意义上的运用。有了这样的运用，阅读教学的过程才是完整的过程；没有这样的运用，阅读教学过程充其量也只能算是进行了一半。

阅读教学的完整过程应该是：教师指导学生熟读课文，弄懂弄透课文和从课文中学得的语文知识，掌握阅读方法和规律，再指导学生运用这些知识、方法和规律去读课文以外的文章和书，从而使学生养成读书的习惯和能力。运用阶段可以在课堂进行，如读自读课文和课外读本；每周安排两节语文课进图书馆等。但运用阶段多是在课外进行。要读单篇短章，也要读长篇巨著。这都是运用，既是运用于学习，以提高读的能力，又是运用于生活实践，读懂生活所必需的各类读物。

读课外书是阅读教学过程的一部分，不应该把它当作一般意义上的扩大阅读。这是由语文教学目的决定的。在教学中，开拓学生的视野，是语文教学目的之一。苏霍姆林斯基在《给教师的一百条建议》中说："科学正以空前的速度向前发展，但不可能经常把不断出现的新概念和规律写进中学教学大纲中来。所以，阅读科学读物就成了现代学校教学过程的一个极重要的组成部分。"

阅读教学的完整过程包括必须达到规定的阅读量，确保基本的阅读量。这个量多少才合理呢？吕叔湘先生说，中学生每学期要读 80 万 ~ 100 万字的书（含课本）。除去课本的 20 万字，平均每天至少要读 5000 字。大纲规定每学年读三五本书，平均每天的阅读量也就是这个数。这就是基本的阅读量。有了这个量，就可以确保阅读教学走完一个全过程。

第二节　案例呈示

一、《荷花淀》教学设计

【教学目标】

1. 认识白洋淀地区人民的抗日斗争生活，激发学生的爱国热忱和革命乐观主义精神。

2. 理解充满诗情画意的景物描写和传神的对话对刻画人物性格和推动故事情节发展的作用。

3. 培养学生运用联想和想像阅读鉴赏文学作品的能力。

【教学设想】

1. 教学的重点和难点。

重点：理解景物描写和人物对话的作用。

难点：以充分运用联想和想像为突破口，提高学生鉴赏文学作品的能力。

2. 本文是课内自读课文，要求学生掌握学习小说的一般方法，即根据小说的特点，从环境描写、故事情节和典型人物三要素入手，进而理解小说所揭示的主题。

3. 本课确定为"文学鉴赏课"，采用"引疑——议疑——释疑"的基本方式进行师生双向交流。

4. 因教学时间限制，仅就"夫妻话别"前的景物描写和"夫妻话别"时的对话描写进行鉴赏讨论。其他景物描写和对话描写，只能靠以练代讲，"举一反三"的方式。

【教学时数】

1 课时

【教学过程】

（一）布置课前预习

1. 全文已空行标明是三部分，用简洁、含蓄、连贯的语言给各部分加个恰当的小标题。

2. 简要概述本文的故事情节（一百字左右）。

3. 小说的故事情节有开端、发展、高潮、结局，这篇小说的三个部分各属于哪个阶段？

（二）上课开始时提示本课主要教学目标

1. 认识白洋淀地区人民的抗日斗争生活和他们热爱生活、热爱祖国的精神。

2. 掌握阅读小说的一般方法。

3. 理解景物描写和人物对话的作用。

4. 充分运用联想和想像的方法，提高鉴赏文学作品的能力。

（三）检查预习

1. 全文三部分的标题：

（1）夫妻话别（2）探夫遇敌（3）助夫杀敌

2. 简要概述本文的故事情节：

水生嫂探知丈夫参军，跟丈夫话别。她和几个青年妇女去马庄探夫未遇，在回家的路上遇到敌船，她们躲进荷花淀，无意中把敌人引进伏击圈，为游击队伏击敌人的胜利创造了条件，她们从此迅速成长起来，成为抗日游击战士。

夫妻话别（开端）

探夫遇敌（发展）

助夫杀敌（高潮、结局、尾声）

（四）重点探讨

1. 鉴赏景物描写的作用：

提示：景物描写是整个小说的有机组成部分，是小说三要素之一。怎样鉴赏小说中的景物描写？首先应领会写的是什么样的景，必须联系时代背景和上下文来理解它为人物创设的活动背景。其次，明确"一切景语皆情语"，领会画中之意，理解景物中蕴含着有关人物的丰富感情，体味它对刻画人物性格的作用。第三，理解景物描写、画面情景的转换，对推动故事情节发展的作用。在阅读和鉴赏时，还必须充分运用联想和想像的方法，只有插上联想和想像的翅膀，才能进入美好的艺术境界，才能深刻理解文学作品中蕴含着的丰富的内涵和深邃的意旨。

（1）放朗读录音或范读课文部分内容：从"月亮升起来……带着新鲜的荷叶荷花香。"

（2）问：这几段描写了哪些景物？由这些景物构成了一幅什么样的图景？

讨论明确：月色皎洁，洁白的苇席遍地，银白的淀水，薄雾，清风，荷花飘香，展示了荷花淀的地域风貌，勾画出一幅恬静的充满诗情画意的艺术境界。

问：这段景物描写有什么作用？

讨论明确：第一，为人物提供背景，烘托人物形象。这段景物描写，渲染了一种清新宁静的气氛，水生嫂就在这样的背景里生活、劳动，烘托了水生嫂勤劳纯朴，温顺善良的形象。

第二，情景相生，展现人物的精神面貌。"一切景语皆情语"，作品中的景，都是人物眼中的景，也都充溢着人物心中的情。在水生嫂们的眼里，家乡的一切都是那么美好，这样美好的家乡岂能容忍外国强盗来侵犯？因此必须拿起枪，为保卫可爱的家乡而战，对战争满怀着必胜的信念。这种情景相生的境界，使得作品的意境更加广阔而深邃。

第三，为情节的展开作了铺垫。开头部分对小院子及白洋淀夜景描写，不仅为"话别"提供了时间、地点和氛围，而且也为下文荷花淀伏击战的环境作了铺垫。

2. 鉴赏人物对话的作用：

提示：人物对话要根据上下文和语言环境，考虑分析其用意、心理、情感、效应等因素，充分运用丰富的联想和想像，从整体上去体味，进而理解其对刻画人物性格和发展故事情节的作用。

（1）分角色朗读"夫妻话别"一节（叙述人的语言由一人读），朗读要力求切合人物身份，表达人物感情。

（2）鉴赏讨论：

问：这一节对话可分几层？

明确：可分追问真情、赞同丈夫参军、应承丈夫的嘱咐等三层。

问：请运用联想和想像，结合上下文和语境，认真分析水生嫂的对话，说说这些对话对刻画人物性格、推动故事情节发展有什么作用？

明确："今天怎么回来得这么晚？"——表现了水生嫂对丈夫的忧虑和关切之情。

"她们几个呢？"——水生答非所问，故意岔开话题。水生嫂觉察丈夫有心事，不便直问，只得再次试探。

"怎么了，你？"——水生对妻子的问话用"还在区上"，虚晃一枪，又岔开了话题，无话找话。水生嫂察颜观色，感到今天事情有点蹊跷，只得逼问。

以上几句对话，表现了水生嫂体贴、温柔、机敏和稳重的性格。

"你总是很积极的。"——在妻子的逼问下，水生终于说出自己"第一个举手"报名参加大部队。水生嫂此时的心情是十分复杂的，她爱丈夫，爱自己的家，更恨鬼子。丈夫第一个报名参军，她为自己有这样一个丈夫而感到自豪。所以，对丈夫责怪中含有赞扬。

"你走，我不拦你。家里怎么办？"——丈夫参军去打鬼子，她没有理由也不会阻拦，这是女人的基本思想。但她毕竟是一个普通的劳动妇女，自然会联想起，丈夫一去，留下的生产和生活的担子该有多重啊！

"你明白家里的难处就好了。"——经过水生的一番劝说，水生嫂感到自己的丈夫确实是个好丈夫，他不仅为革命事事走在头里，而且能体谅家里的难处。所以，水生嫂摆正家庭和民族的关系，统一对丈夫和祖国的爱，决心挑起生产和生活的重担，支持丈夫参军。

以上几句对话，表现了水生嫂识大局、明大义的崇高品格。

"你有什么话，嘱咐嘱咐我吧。"——水生嫂为了让丈夫放心，自觉承担任务。

"嗯。"——水生鼓励妻子政治上、思想上、文化上进步，劝诫妻子不要当俘虏，要与敌人拼命。两个"嗯"字，表现了水生嫂既有中国妇女吃大苦、耐大劳的传统美德，又有新一代劳动妇女勇敢战斗的精神。

小结："夫妻话别"这段对话，刻画了水生嫂这样一个勤劳纯朴、挚爱丈夫、热爱祖国、识大体、明大义的农村妇女形象，为后来写水生嫂等机智勇敢地与敌人斗争、发展成为抗日游击战士作了铺垫，推动故事情节的发展。

同时，"话别"也刻画了水生热爱祖国，处处以民族利益为重，事事争先，也爱家庭、妻子、孩子，体贴理解妻子，鼓励妻子进步这样一个革命战士的形象。

3. 生动传神的细节描写，也是本文一个突出的特点。试举一例进行讨论。

"女人的手指震动了一下，想是叫苇眉子划破了手，她把一个手指放在嘴里吮了一下。"请理解"震动"和"吮"这两个词的深刻含义。

讨论明确：这是水生嫂听到丈夫报名参军之后出现的一个细节描写。丈夫"明天"就要参军到大部队上去，的确出乎水生嫂的意料之外，心里受到震动，手指不由自主地震动了一下。我们不难想像，这时水生嫂心里的感情一定是很复杂的：几年的夫妻恩爱，家中生产生活两副重担，上前线前途莫测……但水生嫂毕竟是一个识大体、明大义的人，很快地把一个手指放在嘴里"吮"了一下，她用这个动作迅速平衡了自己的情绪，她不能让丈夫看出自己有软弱的表现,并作出了支持丈夫参军的决定,显示了她的坚强性格。

4. 概括"荷花淀派"的创作特色。

(1) 介绍作者:孙犁,原名孙树勋,河北安平县人。一九四五年后,他以冀中抗日根据地人民斗争生活为题材,在延安窑洞里的一盏油灯下,用自制的墨水和草纸写成这篇小说。他的小说作品追求散文式的格调,追求诗歌般的意境,形成独特的艺术风格,并对当代文学产生极大的影响,造就了一个作家群,被当代文坛誉为"荷花淀派"。《白洋淀纪事》是他的小说散文集。

(2) 试分析小说的主题。

明确:作者为了表现抗日根据地人民热爱生活、热爱祖国的精神,虽然反映的是残酷的战争年代,但是他不是通过渲染战争的残酷来表现人物的革命英雄主义和爱国主义精神,而是通过展现人物对家乡的爱、对生活的爱来刻画人物革命乐观主义精神,从而歌颂爱国主义和革命英雄主义精神。所以在作品中,我们看不到残墙断垣,看不到硝烟烈火,看不到血污泪痕;看到的是明月,清风,荷香,银白的湖水,碧绿的稻秧,粉色的荷箭……一切都是那么清新,明朗,美丽。

(3) 概括"荷花淀派"的艺术特色:

散文式清新秀美的语言,浓郁的诗情画意,在细腻的描写中开拓诗一般的意境。

布置作业:

1. 课后完成"思考与练习二"。

2. 情景作文,要求突出对话的个性化。试围绕谈理想或其他话题写一段对话。

附:板书设计

月下 { 月色皎洁,院里编席 —— 引入优美情境
薄雾,银白的淀水 —— 烘托人物形象
凉风,荷花飘香 —— 展现精神面貌 }

话别 { 追问→体贴、温柔、机敏、稳重
赞同→识大局,明大义
应嘱→爱丈夫,爱祖国 }

二、《咬文嚼字》第一课时教学过程设计

(一) 导入新课

清代唐彪在《读书作文谱》中引用武叔卿的话说:"文章有一笔写成不

加点缀而工者，此神到之文，尚矣。其次须精思细改，如文章草创已定，便从头至尾一一标点。"同学们你能列举出文学史上的作家哪些属于前者，哪些属于后者吗？

前者有李白。后者如贾岛、王安石、欧阳修、曹雪芹等。（贾岛有关于推敲的典故。王安石修改"春风又绿江南岸"句传为佳话。欧阳修《醉翁亭记》的开头便是精心改成的。《红楼梦》更是"披阅十载，增删五次。"）

提问：古今的伟大作家为什么像李白式的诗人很少、而大多数人都要"咬文嚼字"，苦苦修改呢？这节课我们就来研究一下这个问题。

（二）明确目标

理清全文的脉络结构，抓住中心观点。

（三）整体感知

1. 快速浏览全文，熟悉主要内容。

2. 根据"学习重点"，确立学习目标。

（四）重点、难点的学习和目标完成过程

1. 理清观点与材料的关系

首先，让学生找出本文在论证中所运用的材料。

（1）郭沫若听演员的意见改动《屈原》的一句台词。

（2）《水浒传》、《红楼梦》中几句谩骂性的话语。

（3）《史记》对李广射虎的描写，王若虚对它的改动。

（4）韩愈帮贾岛斟酌诗句。

（5）"烟"字的直指意义和联想意义。

（6）《惠山烹小龙团》三、四两句的剖析。

（7）"柳腰桃面"等套语的评述。

其次，让学生分析作者运用这些材料要证明的观点。

以上七则材料可概括为：

（1）炼字的重要性。在结构上起到一个引起下文的作用。

（2）古代伟大作家都注重炼字，古代伟大的著作都是炼字的典范。

（3）文学借文字表现思想情感；文字上面有含糊，就显得思想还没有透彻，情感还没有凝炼。

（4）更动文字，就同时更动了思想情感。

（5）字有直指的意义，有联想的意义。文学的文字有时却必须顾到联想的意义。

（6）善用联想的意义，会使文章增色。

（7）联想意义的误用会造成流弊。

再次，提问学生这些论证材料可否调换位置。如王若虚对《史记》描写李广射虎一段的改写和"僧敲月下门"一句的推敲两例。

不可以，因为每个分论点和它的论据都是相对应的，两者密切相关，不能调换。

2. 理清文章的结构

全文共分 8 个自然段。

①②自然段是文章的第一部分，写"炼"字的重要性。

③④⑤自然段是文章的第二部分，写文字的改动关系着作者的思想感情。

⑥⑦自然段是文章的第三部分，写文学写作要注重斟酌文字的联想意义。

⑧自然段是文章的第四部分，总结全文，提倡人们在创作和欣赏中咬文嚼字。

3. 小结

在论说文中所列举的材料一定要鲜明有力地证明相应的观点，反之则是材料使用不当。材料与观点之间的联系应具有对应性和最佳性。

附：板书设计

材料 $\xrightarrow[\text{最佳性}]{\text{对应性}}$ 观点

三、《山中访友》教学设计

（一）教学设想

本文是一篇抒情性强的散文，文笔流畅，语言优美，意境高远，把读者引入了无边的遐思和精神享受之中……因此本文的教学目的为：1. 体会学习本文的写景状物的手法，提高自己的写作水平。2. 养成善于观察的好习惯，做生活的有心人。3. 对学生进行适当的人文主义教育，如热爱大自然，热爱生命等。

教学过程中本课宜采用朗读体会法、导读法等教学方法。

（二）教学过程

1. 导入新课

师：大家都有许多好朋友吧？谁来说说你的朋友都是什么样的朋友？

（学生自由发言后，教师总结："大家的朋友都各有各的特点，有的活泼开朗，有的沉默寡言，有的做事雷厉风行，有的考虑周到，遇事沉稳。今天我们来看看作者李汉荣到山中访问了许多好朋友，他的朋友是些什么样的朋友呢？和我们的朋友有什么不一样。"）

2. 学习感知课文

（1）学生自由朗读课文。

（2）提问：

①作者访问的是些什么样的朋友？

②作者为什么把看这些景物说成是拜访朋友？

③作者是怀着怎样的心情去拜访自己的这些朋友的？

【设计说明】此题旨在培养学生认真阅读文章的好习惯，一步步深入课文，体会作者理解大自然、热爱大自然的心情，适时地进行人文主义教育：万物皆有灵性，美无处不在，只要你用心去体验，一棵树，一片云，一座古桥，甚至是一只小蚂蚁都可能触动你的情思，拨动你的心弦。使学生体会作者是如何满怀激情、满怀喜悦，用一颗虔诚的心去感悟大自然、赞美大自然、享受大自然的。

（3）进一步深入理解课文：

①作者是如何描写自己山中的朋友的？

②作者的"朋友们"各有怎样的特点？

【设计说明】以问题的形式使内容一步步深入，学生的思想也一步步地发展。意在使学生明白作者是怎样抓住不同景物的特点，进行细致的对话式描写（充满深情），在写作中要注意仔细地观察周围的事物，掌握写作技巧，提高自己的写作水平。

（4）体会本文的语言特色：

①德高望重的老桥，你在这涧水上站了几百年了。

②我闭上眼睛，我真的变成了一株树……

③你好，山泉姐姐，溪流妹妹，白云大嫂……

④我轻轻地招手，告别了山里的众朋友，带回了满怀的好心情，好记忆，顺便还带回一路月色……

【设计说明】体会作者将要溢出的满怀的真诚和喜悦。体会作者用语的亲切、恰当。全文是以一个朋友的身份出现的。对大自然的一草一木、一山一水都留意，都用心去谱写心中的赞歌。读文章时，就好像我们在跟好朋友面对面地叙旧般自然、亲切。使学生更好地把握文章的主旨，体会作者细腻的感情，学习作者的写作技巧。

（5）回忆课文内容，并说说你对这篇文章感触最深的一点：

【设计说明】此题旨在使学生在理解文章、掌握文章的基础上从整体上去感知课文，体会作者融入大自然、领悟大自然的奥妙，接受大自然的恩赐。对学生进行美的教育，美的熏陶，使学生同作者一起领悟大自然，热爱生命，感悟生活的真谛。

（6）闭上眼睛，用心去聆听大自然的声音。

【设计说明】教师可选择表现大自然美妙声音的音乐如林涛、鸟鸣、海浪、潺潺的水声的内容，把学生再一次带入充满温馨和感情的大自然中，使学生真正用心体验到大自然的美，同作者的感情更完美地融合在一起。

3. 拓展课文内容

假如你是某一景物，面对来来去去不同身份、特点的游人，面对游人不同的心情，不同的神态以及他们在你身边的不同表现，你想跟游人说说你的心里话吗？

【设计说明】当你怀着一个好心情看这个世界时，你会发现世界原来如此妙不可言，大自然原来如此神奇，令人陶醉，不禁想做大自然的一员，去亲身感受大自然脉搏的跳动，用大自然的语言去跟游人进行一次心灵的交谈。当然也不排除反面的例子。此题对学生的发散性思维的培养是一次很好的锻炼，并能激发学生的想像力，也通过游戏的方式，让学生在愉悦中体会大自然的语言，加强同学们的集体主义感和合作意识。

四、《济南的冬天》教学过程设计

（一）导入

师：同学们，你们是否曾听说过这样的一句话：美，到处都有，对于我们的眼睛，不是缺少美，而是缺少发现。我们生活在大自然中，大自然的美是无处不在的，尤其是我们祖国壮丽的河山，更是美得让人陶醉。在不同的地方、不同的季节，展现出不同的风姿。今天，让我们一起来学习老舍的《济南的冬天》，去感受一下济南冬天的美。

（二）感知课文

让学生听本文的录音，并借助多媒体辅助手段展示一些与济南冬天相关的图片。让学生领略到济南冬天的美，走进文本。

（创设情境，激发学生参与的热情）

（三）师生共同研读课文，完成课前布置的预习思考题

预习思考题：1. 你能用一个词语来概括"济南的冬天"的特点吗？

2. 作者从哪几方面来描写济南的冬天？

（指名答，其他学生补充、评价，教师再给予点评、鼓励）

教师板书：

天气：温晴

阳光照耀下的山

山景 { 雪后的山景

城外的远山

水色：静、清、绿

（四）品析语言

1. 学生四人一组，选出自己喜欢的句子或段落，互相说说喜欢的理由。

（品味文章优美生动的语言，培养学生合作探究的学习能力）

2. 小组选派代表对喜欢的句子或段落进行讲解。

（教师可伺机点评，使学生了解相关的修辞及写作知识，并提示他们可以运用于自己的写作实践中）

（使教师了解学生情况，培养学生口语表达能力，让他们勇于表现自己，并掌握相关的知识）

课堂上学生的回答，真令我刮目相看。如：

生1：我喜欢第3段，作者从山上写到山尖，再到山坡，最后到山腰，按一定的顺序来写。

生2：我喜欢第3段中的比喻、拟人的修辞手法，如"那点薄雪好像忽然害了羞，微微露出点粉色"，这让我联想到好像有一个害羞的小姑娘站在我们面前。

生3：我喜欢第2段中的"这一圈小山在冬天特别可爱，好像是把济南放在一个小摇篮里"，因为摇篮能挡住寒风，让里面的婴儿感到温暖。

生4：我也喜欢这一句，因为济南如同摇篮里的婴儿，所以冬天是温暖的，四季如春。

（五）小结

师：学了《春》和《济南的冬天》这两篇写景散文，你获得哪些写景的技巧？

（生答后，师归纳板书）

（培养学生归纳的意识）

1. 细致观察，语言力求准确生动。

2. 注意写景的顺序和写景方法。

3. 写景时必须融入自己的感情。

（六）拓展（作业设计）

以《校园的秋天》为题，写一个不少于 100 字的片段。

五、《滕王阁序》教学过程描述

提前一周布置学生预习，要求学生：利用注释和工具书，给生字注音，疏通文字，理解课文大意。

第一课时：上课开始，检查预习，教师提问一些具体字词，要求学生说出这些字词的意义，教师补充订正。学生默读注释 1，了解作者生平，初步理解作者在本文中所表达的复杂感情。学生概述第 1 自然段大意。学生齐读第 2、3 自然段，并动笔翻译。教师检查学生的译文，及时纠正个别翻译有误的地方。教师从文学史的角度介绍骈文的有关知识，要求学生找出这两个段落中的对偶句。引导学生分析作者写景所表现出的出众才华，并谈谈自己读这两段的真实感受。背诵和默写写景名句。教师范读第 4 自然段，要求学生提出自学本段感到困难的地方，教师答疑。要求学生讨论：本段最后三句话表达了作者怎样的心情？这种心情与盛会的气氛协调吗？为什么？教师总结第一课时学习的内容，布置学生课后背诵第 2、3、4 自然段。

第二课时：学生回顾第一课时学习内容。集体背诵第 2～4 自然段。教师从王勃的抱负入手，开始课文第 5～7 自然段的教学。学生齐读第 5、6 自然段，并口头翻译。教师要求学生讨论第 5、6 段中王勃感情的复杂性，并探讨这种复杂性的原因，发表自己的见解。讨论之后，再齐读课文，体会作者的感情。要求学生自由地谈谈自己的阅读感受。教师简要概括最后一个自然段的大意。学生动笔整理本课重点字词，完成课后练习三、四、五题（三题的字词和句式）。布置课后作业：背诵课文第 2～5 自然段，复习重点为文言实词和文言虚词的用法。教师最后用优美的词语联系作品概括王勃的过人才华，痛惜王勃英年早逝，指出《滕王阁序》是王勃的人生绝唱，强调王勃"不坠青云之志"的人生理想。要求学生联系王勃生平，理解王勃在本文中流露的复杂情感。

【操作实践设计】

1. 在语文教学过程的设计中，提炼教学主题非常重要。所谓提炼教学主题，实际就是设计教学思路，就是这堂课分几个板块来讲。教学主题是围绕一个教学目标而组织的整体教学结构中的一个小单元，它是以一个教学重点问题为中心，选择相应的教学内容，采用合适的教学方法构成的教学单元。一般来说，一节课的主体部分由二至三个教学主题（教学单元）构成。有了教学主题，教学活动才能相对集中，教学过程结构才显出分明的层次。试分析《荷花淀》的设计中有几个教学主题。

2. 一个教学主题往往呈现为教学结构中的一个大的步骤，但一堂课的教学结构的设计中，光有大的步骤还不行，还要围绕教学主题设计具体的教学环节，才能使教学活动细腻丰富，呈现出细节之美。试分析《荷花淀》的教学过程中教者是怎样围绕教学主题设计具体的教学环节的？

3. 提炼《滕王阁序》教学过程的教学步骤，写出其教学过程方案。

4. 选一篇高中语文课文，设计其教学过程，注意提炼教学主题，设计好具体教学环节。

第十三章　语文课堂教学的导入技能

教学目标：明确导入的基本任务和主要类型，以新的理念展示最优的导入方法。

第一节　要求与方法

一、什么是导入技能

导入技能是教师在进行新课题时，运用建立问题情境的教学方式，引起学生注意，激发学习兴趣，明确学习目标，形成学习动机和建立知识间联系的一类教学行为。

二、导入技能的功能

无论是讲新课，还是进行一个新的课题，对学生来说都是尚未经历的新的学习情境。因此，教学过程开始便遇到如何导入新教学情境的问题。俗话说："良好的开端是成功的一半。"教学过程的导入环节设计和组织得好，就可以抓住学生的注意力，激发他们学习的兴趣，把他们的思维引入积极状态，收到先声夺人的效果，为整个教学过程打下良好的基础。运用导入技能可实现以下的功能：

（一）提供必要的信息，引起学生的注意，使他们进入学习的准备状态

"注意"是学习不可缺少的条件，因为学习是对情境的积极反应。如果失去注意，学习也就无法进行。注意愈深刻，意识愈清明，则观察、推理、记忆等各种心智活动的成效也就愈强。在新课题的起始，给学生较强的、较新颖的刺激，帮助学生收敛前面活动的各种思想，在大脑皮层和有关神经中枢建立对新学习内容的"兴奋中心"，把学生的注意力迅速集中并指向特定的教学任务和教学程序之中，为完成新的学习任务做好心理上的准备。

（二）设置问题情境，引起学生的认知需要，激发学习兴趣

心理学认为，兴趣是在需要的基础上产生的一种积极的情绪。潘菽在《教育心理学》一书中说："学习动机中最现实、最活跃的成分是认识兴趣，或叫做求知欲。认识兴趣是力求认识世界，渴求获得文化知识和不断探求真理而带有情绪色彩的意向活动"。人对客观外界的需要与否和需要的强烈程度，决定着兴趣的有无和兴趣的浓厚程度。兴趣又有直接兴趣和间接兴趣之分。直接兴趣是由学习过程本身和知识内容的特点直接引起的。间接兴趣是与学习自觉性密切关联着的。有时候学生对某些具体的学习对象或学习活动并不直接感到有兴趣。但是，他意识到学习的目的或任务，比如，为了获取学历、晋级的需要而学习，他也会对学习发生兴趣，从而支配着自己去坚持学习，这就是间接兴趣。两种兴趣对于学习都是必要的。缺乏直接兴趣，会使学习成为枯燥无味的负担；没有间接兴趣，又会使学生丧失学习的毅力和恒心。直接兴趣和间接兴趣有机地结合，是激发学生主动积极学习，从而提高学习效果的重要条件。上课伊始，教师能给学生设置问题情境，引起他们的认知需要，激起学习兴趣，促使他们积极参与学习活动，这对一堂课的教学是十分重要的。一些优秀的教师都特别重视在学习活动的开始阶段，给学生设置问题情境。

（三）明确学习目的、任务、教学活动的方向和方式，使学生产生学习的期待

学习期待是学习动机结构的另一个基本构成要素，是学习者对学习活动所要达到的目标的意念。心理学研究表明，目标性行为的效率明显地高于无目标性行为。目标是人们期望达到的结果。

目标在教学活动中具有启动、导向、激励、调解等心理功能。在教学活动开始时，明确而具体地向学生提出教学目标，能激起学生对新学习任务的动机，形成期待心理和学习定势，从而调动其学习积极性。

学习活动开始，学生对要实现的目标，要完成的任务，以及学习活动的方向和方式都了解得清清楚楚。他们就会自觉、主动地参与学习活动，成为学习的主人，而不是无目的地随大流，学习效果当然很明显。

（四）承上启下，建立新旧知识的联系

学习过程是循序渐进的过程。学习要以较低层次的知识掌握为前提，才能保证对与此相联系的较高层次知识的理解和掌握。是同类知识，要提升到新的台阶，更需要原有知识作铺垫。教学活动开始，教师向学生提供新、旧知识联系的支点，会使学生感到新知识并不陌生，产生一种知识的前后贯通

感，便于将新知识纳入原有的认知结构中，从而降低学习新知识的难度，易于引导学生参与学习活动。

（五）激发情感，创设意境

人的思维活动不是凭空产生的，必须借助于某种环境因素的刺激作用。教师在教学活动中所创设的意境，正是引起学生创造性思维的重要外部条件。导入新课时，教师用充满感情的语言拨动学生的心弦，激发他们的情感，使他们进入文章的意境中与作者产生共鸣。那么，学生阅读起来必然会兴趣盎然。

激发情感的导入在语文教学中显得特别重要。语文学科教书育人更有广阔天地，思想情感内容要比其他学科更丰富。《课标》中也有培养学生审美情趣，培养高尚情操的任务要求。因此，在教学活动的起始，这种情感的激发，会给学生下一步的学习奠定感情基础。

三、导入技能的构成要素

导入技能由引起注意、激发认知需要、形成学习期待。促进参与等要素构成。

（一）引起注意

在新课题的开始阶段，教师要通过有效的活动方式，将学生的注意力集中到教学活动中来，使他们很快地进入学习的准备阶段。我们根据心智技能形成的原理，分别从探查、行动、方式三方面来探讨如何引起学生的注意。

1. 探查。所谓探查，是指教师在教学活动开始时，必须了解学生在上节课或课间休息时的活动对当前学生情绪的影响，以决定进入新课题的时机。也就是说，导入要注意符合学生的情境心理。从心理学角度讲，由于前面的教学活动，学生可能有一种延续思维，也可能由于神经疲劳，大脑处于一种抑制状态，这时马上进入新课题，学生的注意力不容易迅速集中起来。或者，课间发生的事还在吸引着学生，他们的兴奋中心还没有转移到眼前要学习的内容上来。教师必须透过表面的安静，探查清楚学生此时此刻的心理状态，把握好导入新课题的时间。

2. 行动。在探查的基础上，教师要立即采取行动，即提供必要的信息把学生的注意力转移到当前的教学活动中来。如，师生的目光接触，短时间的沉默，教师声音、形体或者是所处位置的变化，或是语言的直接指引。

3. 方式。这里所说的方式，是指创设问题情境的方式要新颖、独特，能联系学生的兴趣和知识经验。换句话说，就是在学生缺乏学习的心理准备或者心理准备不足的情况下，必须充分利用知觉的选择性的特点来设计导入的方式。新颖性是知觉的选择性对知觉对象的要求。导入要具有新颖灵活的方式，归纳起来有两个方面：

一是切入角度灵活多变。如，从作者背景切入，从题目切入，从旧知识切入，从作品人物切入，从作品主题或重点内容切入，从作品表现手法切入，从作品语言情感切入，从学生文病切入等。

二是切入的方式新颖多样。如，可用叙述式、描述式、抒情式、议论式、说明式、图表式、古诗名句引用式、问题悬念式、讨论式，等等。

运用不同的方式，从不同的角度导入，既灵活多样，又相互交织，新颖活泼，富有吸引力。

（二）激发认知需要

激发认知需要就是教师将所设置的学习情境作用于学生，使学生感到新学习内容与他们原有的知识经验不协调，从而产生认知需要。其过程是：设置问题情境，建立联系和使学生意识认知差距。

1. 设置问题情境。教师所设置的问题情境应当既是学生所熟悉的，但又具有新异性特点，使学生处于一种似懂非懂、似会非会、似能胜任又不能胜任的主观体验之中。因此，所设置的问题情境应适合学生的知识水平和认识能力。问题情境的难度太高或太低，都不利于引起学生的学习需要。例如，一位教师设计《桃花源记》的导入。他是从英国人文主义作家莫尔及作品《乌托邦》这一历史人物和著作切入，设置的问题是：《乌托邦》一书的作者是谁？它的主要内容是什么？学生根本不知道莫尔其人，更没有读过此书。教师设置这样高深的问题，与学生已有的知识经验之间差距太大，学生如同听天书，一片茫然，当然也就不可能引起他们的认知需要。

又如，一位教师讲《藤野先生》一文，设置的问题情境是：展示一幅清朝留学生"头顶上盘着大辫子，顶得学生制帽的顶上高高耸起，形成一座富士山"的画图。学生看了觉得好笑，便议论纷纷。画图倒是吸引了学生，但是却把他们的注意力引到一个次要内容上。这种导入过于肤浅，不仅没有引起学生对主要内容的注意，反而引入歧途，教师要花费很大的气力才能扭转这种状况，白白耽误了许多时间。

2. 建立联系。建立联系是指在所设置的问题情境中，要帮助学生建立起新学习内容与他们原有认知结构之间的内在联系。即要依据教学内容本身的逻辑意义，明确新内容对学生原有认知结构所提出的要求。并根据这种联系决定导入的类型。例如，讲《荷塘月色》一文中"通感"这一修辞方式，教师就应该从知识本身的逻辑关系出发，告诉学生要准确把握这一修辞方式，必须联系已学过的有关比喻修辞方式的知识，找出本体、喻体和相似点，着重分析相似点的特点；并讲清移觉的知识，让学生进行思考。

再如，一位教师讲《西湖漫笔》一文，他是这样导入的：

师：我们已学过朱自清的《绿》，全文重点写"绿"，本篇文章也是通过写"绿"来抒情达意的。然而，同样写"绿"，他们在写法上却不相同：

第一，朱自清只写"点"，全文写了那么多绿，但都集中写梅雨潭的水；宗璞则不但写"点"，而且还写"面"，"点"也不是只写一个。

第二，朱自清和宗璞都把不同的绿作比较，但比较的内容和方法不同：朱自清以梅雨潭的绿和外地的风景名胜的绿作比较；宗璞则把西湖内部几个地方的绿放在一起，从不同角度作比较。不仅意在写出西湖到处是绿、无处不绿的普遍性，而且意在写出西湖有各种各样的绿，它们具有各不相同的个性，却又有共性。

第三，朱自清写梅雨潭的绿，抒发了主观的、强烈的感情，表现了大胆而奇妙的想像；宗璞写西湖的绿，有抒情，有联想，把实景当做象征，但总的来说，是偏于客观的、细致的描写。

以上三点，请同学们在阅读课文时，作具体的比较分析。

这个导入设计是运用了比较分析的方法，联系旧知识，提示新知识。这种比较的目的是使学生明白新旧知识之间的异同所在，从"温故"出发，激起学生对新知识的探求。而教师所选择的比较的各个侧面恰恰是新知识的重点和难点，对学生阅读课文具有指导作用。

3. 使学生意识认知差距。这里强调的是，教师不仅要抓住学生认知结构中的相关内容与教学内容之间的联系，同时要将新旧知识之间这种不协调表面化、激化，让学生充分认识到这种差距。学生才能更自觉、主动地参与学习活动。有时教师可直接提示这种差距，有时可以设置问题让学生讨论，使他们在讨论中明确这种差距。总之，教师要采用各种方法使学生认知上的差距明朗化。

（三）形成学习期待

学生意识到了认知上的差距，产生了认知需要，还不能构成学习活动的启动机制。还必须使学生明确学习的目标，学习活动的方向和方式，即产生对学习的期待。这需要做两方面的工作。

1. 提出主问题。主问题是对问题情境的概括，是对整个教学活动的方向指引。是以问题的形式使学生明确教学活动所要达到的总目标。主问题的设计可根据教材内容的特点或是学生学习的特点等方面来考虑。主问题必须体现出教学的总目标，主问题一旦得以解决，那么教学目标也就实现了。关于主问题设计的详细内容，将在讲解技能中加以论述。

2. 组织指引。在明确了教学目标之后，还要向学生交代实现目标的活动方式和方法，使学生对学习程序做到心中有数，方向明确。

（四）促进参与

所谓促进参与主要是指教师通过强化，使学生得到来自教师和集体的承认的体验，获得成功的愉悦感，建立信心，激发进一步参与的欲望。一种情况是，在师生相互作用中，学生发现自己知识、技能的欠缺以及理解上的困难，促使他们进一步参与学习活动；另一种情况是，学生的反应得到承认、鼓励，受到表扬，从而增强了自信，获得成功的喜悦，更加积极参与学习活动。这一点对那些后进的学生尤为重要。

例如，一位教师在课程开始时，提问孔乙己的姓名。学生中有的回答叫孔乙己，有的说不是，有的说不知道。课题是《孔乙己》，学生预习时忽略了主人公的姓名。教师的提问使他们重视了这个问题，这才发现看似容易的问题竟然复杂深奥起来，立即产生了一种急于想搞明白的强烈欲望。因此，阅读课文时需格外用心。

这个导入设计的目的就是促使学生认真读课文。

再如，一位教师讲《人民英雄永垂不朽》一文时，他巧妙地利用教学挂图来促进学生参与学习活动：

第一步：将人民英雄纪念碑浮雕挂图的顺序打乱，遮住文字说明，让学生看图；

第二步：在不准看书的情况下，让学生猜出每幅图的内容，并排出挂图的顺序；

第三步：学生发言、讨论答案的正确与否，并说明理由；

第四步：在学生迫不及待地要看书，以证实自己观点正确与否时，才允许他们看书。

经过观察、思考、讨论等心智活动，学生的学习积极性已被调动起来，产生了强烈的学习欲望，渴望获得正确的答案。在这种心态下参与学习活动，读书的劲头可想而知。这与教师命令他们被动地读书，学习效果显然是不一样的。

四、导入的类型

第斯多惠在《德国教师教育指南》中指出："教学的艺术不在于传授的

本领，而在于激励、唤醒、鼓励。"学生对一篇新教材的学习欲望及其学习效果，与教师两三分钟的导语有很大关系。新课的导入是教师把学生引入兴趣的大门，变"要我学"为"我要学"的重要一步。成功的导语，如同戏剧的序幕，令学生心驰神往，有如投石激浪，让学生启开思维大门。

（一）激发兴趣的新课导入

1. 巧设悬念。中学生有强烈的好奇心。提出疑问，设置悬念导入新课，可以激发学生强烈的求知欲。海明威在谈到自己的创作时曾提出"冰山原则"："冰山在海里移动很庄严宏伟，这是因为它只有八分之一露在水面上。"某些新课的导入也要运用"冰山原则"巧设悬念，用水面上的"八分之一"吸引学生去探索那水面下的"八分之七"。

于漪老师在教《孔乙己》这篇课文时，一开始便设置了悬念。她说，凡读过鲁迅小说的人，几乎没有不知道孔乙己的；凡是读过《孔乙己》这篇小说的，几乎没有不在心中留下孔乙己这个"苦人儿"的形象的。孔乙己是一个怎样的艺术形象？我们仔细读这篇文章之后，就可以得到回答。于漪老师针对学生强烈的好奇心，巧设问题，造成悬念，一下子就抓住了学生的注意力，往下讲述效果自然会好。

新课这样开头，能迅速地集中学生的注意力，并且造成悬念，激起他们探索知识的要求，提高学习积极性。这样，新课的讲授就可以顺利进行下去了。

2. 故事激趣。学生大多喜欢听故事，尤其是初中学生。这时教师如果说："让我先来给你们讲一段故事。"瞬间，他们就会肃静下来，流露出一种渴望的眼光，专心致志地听教师讲故事了。教师就要抓住这个有利时机，把学生的无意注意及时地转换到有意注意上来，而故事仅是起到了牵线搭桥的作用。

甘肃王跃农老师讲解《〈陈毅市长〉选场》时的导语又有一番情趣。上课前先给学生讲个故事：在一次记者招待会上，一位西方记者向时任副总理的陈毅提出了一个非常棘手的问题："最近，中国打下了美制 U－2 型高空侦察机。请问使用的是什么武器？是导弹吗？"陈毅凭自己的机敏和睿智从容作答："记者先生，我们是用竹竿把它捅下来的。"这一妙答，既保守了国家机密，又避免了"无可奉告"之类的简单呆板的推脱之辞，从而迎得了热烈的掌声。陈毅的语言风趣、幽默、具有个性化，那么，他是怎么打开固执、清高、孤傲、倔强的齐仰之先生闭封多年的思想大门，并使他痛快地答应了筹建新中国第一家盘尼西林药厂的呢？让我们一同学习《〈陈毅市长〉选场》。引用历史趣闻把陈毅的风趣、幽默、机智、豪爽的性格活现在学生面前。

这种导语别出心裁、出人意料，吊起了学生的"胃口"，效果特别的好。

3. 热门话题。利用学生中流传的热门话题导入新课，也是一种行之有效的吸引学生注意力的方法。

以上导入法，均属投石激浪，牵一发而动全身。其特点是利用导语刺激学生大脑的兴奋中枢，激发动机及兴趣，从而带动新课的教学。这样，语文教学就在教师轻松、学生活泼的情境中瓜熟蒂落了。

（二）启迪思维的新课导入

1. 温故知新。事物是普遍联系的，我们不仅要见"树木"，还要见"森林"。历史知识头绪纷繁、内容复杂，给教学造成了困难。如果我们利用新旧知识联系或同类问题比较的办法，使学生一开始就知道新课属于他们所熟悉的哪类内容，这样就比较容易接受。教育心理学认为：经常运用已有知识是使旧的知识得到巩固和保持、进而获得新知识的有效方法。这样的导语既使学生复习掌握了旧的基础知识，又激发了学生探求新知识的欲望。

在教学《陋室铭》一课时，引导学生回顾了刘禹锡的唐诗《酬乐天初逢席上见赠》。通过学习，我们了解了作者在诗中不仅表达了长年被贬偏远之地、政治失意的愤懑，而且表达了对生活、对未来的积极、乐观的态度。尤其是"沉舟侧畔千帆过，病树前头万木春"两句诗，更能表达出诗人对世事变迁的豁达襟怀。而《陋室铭》一文又表现了诗人怎样的情趣和节操？我们来学习这篇课文。

再看：在先是经历了"人血馒头"事件的震惊和恐怖、后又为一个神魂颠倒的法国女郎的戏剧人生唏嘘感叹之后，今天，我们轻松一下，来见识一个地道农民令人啼笑皆非的上城奇遇。不弄清"药"的货色，你就不会知道民众有多么愚昧和麻木；不看到《项链》的最后，你就不会知道命运是怎样地捉弄人；同样不跟随陈奂生上趟城，你就不可能知道什么叫我们的乡亲，什么叫地道农民，什么是忍俊不禁、妙趣横生。

这种形式导入新课，有利于知识间的衔接。通过复习旧知识引出新知识，起到承上启下的作用。

2. 类比求异。将同类事件进行比较，找出其不同点，既能巩固已学的旧知识，也能于比较中鉴别，于鉴别中明本质。这种形式导入新课，可以促使学生披文入情，沿波讨源，给学生以思维的启迪。

3. 标题分析。每篇文章都有一个题目，从分析标题入手，引导学生接触教材的中心内容。例如教学《变色龙》一文时："变色龙是一种动物，这篇课文是写变色龙这种动物吗？"学生回答说这篇课文是写人的。"既然是写人的，为什么要用虫来命题呢？这个问题不太好办。现在，让我们带着这个问题学习这篇课文。"解题导入法，可以迅速牵住文章的主线，对培养学生的阅读能力、激发学生学习的兴趣有十分重要的意义。

以上新课导入都是从已有的旧知识出发，或引出新知识，或类比以求异，或阅读点拨，让知识来一个螺旋式的循环反复，使能力上升到一个新高度。这样的导语，使教师的激发兴趣与学生的启迪思维于一体，短时间便创造出一个教学相融、轻松活泼的课堂气氛。

（三）巧设情境的新课导入

1. 即兴演说。语文教材是文情并茂的，但心智不太成熟、阅历颇为单纯的学生往往不能一下子就有所领悟，尤其是那些内蕴较深或因时代环境的不同而易形成思想距离的教学内容，怎样才能让学生披文以入情、动情而入境呢？即兴演说是一种较好的新课导入法。这种导语，不但使学生站在历史高度审视教材，而且在上课一开始就由教师的激情演说，使学生接受爱国主义思想教育，达到知识传授和德育渗透的双重效果。如下面的导入：

《白蛇传》这个故事，不只是歌颂了白蛇与许仙的忠贞爱情，更主要的是反映了正义与邪恶的斗争，告诉人们正义终究战胜邪恶这样一条真理。恶势力的代表法海，秉承所谓的"法旨"，利用他的法术，屡屡挑拨白娘子与许仙的关系，拆散他们的婚姻，并将敢于反抗和斗争、敢于维护自由和幸福生活的白娘子压在了雷峰塔下。最后，白娘子终于获救，雷峰塔倒塌了。鲁迅在听到杭州西湖的雷峰塔倒塌的消息后，巧妙地将它与传说联系起来，把它定名为"镇压之塔"，即作为封建主义的象征加以抨击。

2. 名人诗句。运用学生在课内外学过的诗句引入新课，既能渲染课堂气氛，复现历史情境，也能调动学生情感，有利于知识传授和思想教育。

在教朱自清的《春》时，可以先让学生背诵杜甫的《绝句》和王安石的《泊船瓜洲》。根据农村的特点，让学生利用回家和来校的路上，细致地看看遍野的翠绿，路上的小草、野花，吮吸一下飘香的空气，再认真地回味一下。接着说了这样的话：一到春天，我们就能看到大自然对我们的恩赐，那满野的碧绿，轻柔拂面的风，滋润万物的雨，争奇斗艳的花……现在我们来学习朱自清笔下的《春》，看看朱自清先生描述春天的情景和我们看到的是否相同？就这样，教室里的学生也像春天的小鸟一样，活跃起来了……

教《社戏》一课时，教师首先运用浓郁的抒情语调朗诵了一首小诗："树／如果我是一棵树／妈妈再不会责骂我弄脏了衣服／小麻雀会柔顺的在我臂上／挂一串音符／顽皮的蝴蝶啊／悄悄滑一线尘土／松鼠则在我身上左右跳跃／编一网树荫／嘻！还有可恶的啄木鸟／用他的尖嘴阁阁向我搔痒。"是啊，我们回忆往事，总是充满一种浪漫的理想色彩。鲁迅笔下平桥村的孩子们又是怎样度过美好愉快的童年生活呢？今天，我们共同学习鲁迅的《社戏》。

这样导入就激发起学生的感情和兴趣，增强了学习的主动性。

3. 音像图示。这种方式导入新课，最能激发学生思想的共鸣，达到"课伊始，意境即生"的艺术境界。

河北刘秋红老师讲解《死海不死》一文的导语是这样设计的。他"用一烧杯盛满水，放入鸡蛋，鸡蛋迅速下沉，再往烧杯逐步加入食盐、搅拌。此时，鸡蛋逐步上浮，露出水面。"对刚入初二的学生，还没学过浮力。刘老师不但备了学生和教材，还备了与教材相联系的周边教材，使学生由感性认识到理性认识。接着告诉学生："鸡蛋为什么上浮？这是因为水中咸度大，水的比重大于鸡蛋的比重，鸡蛋就浮而不沉。死海淹不死人的原理跟这个实验的原理是一致的。"通过实验，死海的本质特征——咸度高已不言而喻了。

除此以外，还有"他山之石可以攻玉"的导入法，如游戏竞赛、看图说"画"、开门见山，等等，这里就不再一一例谈了。不同门类的艺术及活动渗透到语文课堂教学之中，可以让课堂生意盎然、多姿多彩。需要注意的是，各种方法可以混合、掺杂使用。还要考虑学生实际和教材特点来进行，不可流于形式。这样，"常教常新"、"越学越乐"，达到"教与学"的和谐。

五、导入的应用要点

（一）定向

所谓定向，是强调导入的目的要明确。无论采用何种类型的导入，都应保证所设置的问题情境是指向教学的总目标。由于导入的根本价值和目的在于导控学生的心理及课堂气氛，这就要求导入的设计要与课堂教学的诸因素保持高度的一致。任何背离课堂教学的总目标，追求浅薄的课堂"效果"的导入，都是不可能实现其真正的价值，甚至会形成一种逆向导引。定向应从内容的一致、情调风格的一致、心理的一致这三个方面考虑。

（二）连接

连接，是强调导入要具有关联性，善于以旧拓新，温故知新。导入的内容与课题重点内容紧密相关，导入能揭示新、旧知识连接的支点，能体现出新内容与原认知结构的不协调。

（三）相互作用

相互作用，是指在设置问题情境的同时，教师还必须组织和指引学生与所呈现的材料相互作用，使学生清楚地意识到自己认知上的差距，他才有可能产生学习的需要。

（四）情感

这里所说的情感包含两个方面的内容：一是说导入是一节课或一个专题的起始阶段，教师必须精神振奋，情绪饱满，以情激情。二是就语文课本身而言，课文是由一篇篇文章所组成。文章情感因素很强，或激昂，或深沉，或喜悦，或悲愤。教学这样的课文，首先要导控好学生的情绪和情感，形成一种与课文情感风格和谐的氛围，这样往往能收到事半功倍的效果。

第二节　案例呈示

一、案例一

导入教例及评析

教例：魏书生老师在乌鲁木齐一中讲《反对自由主义》一课时，他是这样设置问题情境的：

师：我不习惯在讲台上讲课，示范课，是和同学们商量着上课，（学生发出会心的笑）我喜欢在同学中间。我在讲台上不是离同学们太远了吗？

师：你们愿不愿意唱歌？唱一只你们最拿手的歌。（笑声，一多半举手）那就请文娱委员领唱一个。（全班齐唱《世上只有妈妈好》）

师：准备上课。我们班每天上课第一件事是口头作文。大家七嘴八舌，大声说自己的心里话。这是一个袒露自我的机会。你们愿不愿意说？（学生举手不过半）不愿意？那就不做了。我们班还有个习惯：上课时大喊三声"我能成功"。喊的过程也是解放自我的过程。有的同学瞧不起自己，特别是有的女同学学习成绩不好，心里很自卑，上课前挺起胸来大喊出声，可以克服自卑感。

众生（齐喊）：我能成功！我能成功！我能成功！

师：你们猜猜，我要给你们讲哪一课？'

生甲：《藤野先生》。

生乙：《回忆我的母亲》。

师：这两篇课文你们肯定很喜欢，我也很喜欢，特别是《回忆我的母亲》。看来同学们一般对记叙文都比较喜欢，而对议论文就觉得枯燥些。你们喜欢的我不讲，我讲你们不大喜欢的文体。（边说边板书课题）

师：学一篇课文要做几件事？大家清不清楚？

生：不清楚。

师：比方说，三天不上课，你最着急的是哪一门课？

生：英语、数学、物理、化学、语文。

师：还真不错，你们还把语文排在了第五位。有的学生半个月不上语文课，他也不着急，反正考试考个四五十分没问题。原因是学语文不清楚要学些什么。我就和我的学生商量，语文学习三年中要做三件大事，一个学期要做七件事，一堂课也要订出来。我今天第一次给同学们上课，咱们在这堂课里做几件事呢？（边听学生回答边板书学习重点）1. 作品；2. 四个词语；3. 学习本文的论证方法；4. 书后习题。

师：平时你们学习这样的课要几课时？

生：两课时。

师：我们现在用一课时行不行？

生：（齐声）行！

师：如果咱们提前讲完了，就再讲点有趣的事行不行？

生：（兴致勃勃地）行！

评析：魏书生老师是很注意调动学生的情绪的。他让学生唱歌，以此来缓解学生在陌生教师面前的紧张心情；让学生大声喊出"我能成功"来激发学生的自信心，从而振奋精神。在把学生的情绪调动起来之后，紧接着和学生一起订出本堂课的学习目标，目标明确而具体，使学生知道这四十五分钟要做些什么。这样的导入设计，既调动了学生的直接兴趣（教学内容和教学过程），又调动了学生的间接兴趣（学习目的）。学生自然情绪饱满，饶有兴趣也参与了学习活动。

教例：一位教师下午第一节课要讲《谋攻》一文。他事先准备用一个孙子善谋的故事导入新课。但是，走进教室他发现学生议论本班与另一班在中午进行的一场篮球赛。这个班实力很强，却输了三分，大家很不服气，因此教室里乱哄哄的。教师原来备的导入方式显然已不合适，教师立即做了调整。他说：

"同学们，我们班的实力本来很强，为什么今天反而输了呢？这个原因呀，早在两千多年前就有人告诉了我们。"这一下教室里顿时鸦雀无声。教师这番话正针对他们所关心的问题，但又说得如此离奇，使学生受到了心理震动。教师顺势一转，接着说：

"这个人是谁呢？那就是孙子，他写了一部《孙子兵法》，专讲怎样克敌制胜。我们教材选了其中的《谋攻》。读了这篇文章，我们就可能了解今天我们班为什么会失败的。读完后写一篇小作文，结合孙子的观点，评评今天的球赛，怎么样？"

评析：教师的这个导语很快就把全班学生的注意力从课前的活动中到了对课文的学习活动中来。

教例：一位教师讲《背影》一课，他是这样设计的：

师：1991年，香港人举行唐诗评选，最喜爱的10首依次是：孟郊的《游子吟》、杜牧的《清明》、李商隐的《登乐游原》、李白的《静夜思》、王之涣的《登鹳雀楼》、孟浩然的《春晓》、白居易的《赋得古原草送别》、李绅的《悯农》、李白的《早发白帝城》、贺知章的《回乡偶书》。这10首诗同学们多数都学过，但列于榜首的《游子吟》却大多没有读过。为什么在香港人心目中，这首诗受到如此钟爱呢？它到底写的是什么？我们不妨看看。（板书诗文）

儿子要远游他乡了，年迈的母亲拿着针线，正细心地为他缝补衣衫。为什么要缝得密密的呢？担心儿子可能很迟很迟才能归来。独自漂泊在外，风餐露宿，衣衫破了，有谁来给他补呢？谁说一棵小小的春草，能报答阳光无私的沐浴之恩呢？诗表达的正是这种永恒的母爱。那么，父爱呢？中国有句老话"严父慈母"，好像做父亲的一定很严厉。其实，在我们的现实生活中，慈父是很多的。我的父亲就是非常慈祥的。他是个地道的农民，现在已经78岁了。耳有点聋，眼有点花了，背也有些驼了。他住在农村，离我们这里有50多里路。可是父亲每月总要骑着那辆60年代的破车子，来看我们一两次，每次都要带些青菜、萝卜、毛豆之类的东西来。我同他讲过多次，这些东西我们买得起，不要送了，你年纪这么大了路又远，一定要乘汽车来，可父亲却说市场上买的菜说不定刚打过农药，自家种的干净。他一直不断地给我送菜。往往是一吃了中饭就走，无论怎样都留不住他；有时家里没人，他就把菜放在门口，饭也不吃就走了……

同学们，你们的父亲也一定是位慈父，谁来说说？

生1：我父亲烟瘾很大，屋子小，他一抽烟，我就咳嗽。这样，只要我在家，他就悄悄站在屋外抽，过了瘾再回屋。天热倒还可以，天冷就不好办了。后来，我对父亲说，您就在屋里抽吧，我长大了，不咳嗽了。可是他依然到屋外抽，后来他戒了烟。看他戒烟时的难过样，我真想哭。

生2：我的父亲是收鸡鸭毛的，以前他都是骑车收，既方便又收得多。自从我读初中后，父亲把自行车给了我，而他就挑着担子收购了。

（同学们争着发言，充满了感情）

师："可怜天下父母心"，不管是父亲还是母亲，绝大多数对自己的子女充满了爱，而且这种爱是无私的、真挚的、深沉的，完全是发自内心的一种无与伦比的爱。今天我们要学的著名作家朱自清的《背影》，就是一篇表现父子之情的典范之作。

评析：在这个教例中，教师以唐诗《游子吟》受到香港人高度评价的事实引出了"父爱"的课题，并讲述了自己得到的父爱，激起学生对父亲的爱。学生争相发言，讲述自己父亲的故事，与老师产生感情上的共鸣。为学习《背影》奠定了感情基础。这个设计不仅能把学生的注意力很快地集中到要学习的内容上来，同时，这种感情的传递也激起了学生对父子亲情的体验。

二、案例二

我讲《春》这一篇课文时，在讲课头一天特别做了一下发型，上课那一天穿了一件颜色稍微艳丽的衣服，"铃……"上课了，我迈着轻快的脚步，精神抖擞地走上讲台，同学们用异样的眼光看着我，并窃窃私语，我笑眯眯地看着他们问道："你们是不是感到我和以往不太一样？今天是不是漂亮了？""漂亮！"同学们异口同声地喊道，并热烈地鼓掌。"我今天精不精神？""精神！太酷了！"同学们边嚷边笑了起来。"谢谢大家！你们猜猜，老师为什么今天这么漂亮、精神？"等我问后，同学们用迷惑的眼光注视着我。"因为春天来了，我的精神也为之爽朗，故穿上了漂亮衣服，美美发，要和春花比比美。"同学们边笑边议论起来。"同学们奇怪了，认为老师这是在说胡话了，现在是秋季，怎么变成春天了，对吗？"同学们点点头。

"不对，昨天是秋天，今天是春天，她就在你们身边，不信你看水涨起来了，太阳的脸红起来了，花儿也竞相开放了，一派生机勃勃，人们也都出来舒活筋骨了。打开书看朱自清的散文《春》，你就会看到一幅幅美丽的春景图，你就能感受到春风拂面。"在同学们惊讶地议论我的发型和服装时，我自然由此引到课文《春》。

【分析】

一节好课，能否成功，导语设计是关键的一环，它好比一曲戏曲中的序曲一样；教师好似一个导演，把这曲戏编排好，序曲就要费心去设计。导语设计好，能给学生以启迪，激发学生学习的兴趣，撩拨学生的情感，使他们处于亢奋状态，"这出戏"就会有一个良好的开端。《春》是朱自清一篇优美的散文，那么导语设计就要从激发学生美感入手，和下面的教学设计和谐统一，始终使学生处于美的感受中，从而引导学生鉴赏美。

但导语设计不能是异想天开，比如这个设计就有可能不适合其他年级；再有这篇课文是一篇优美的散文，换其他课文就不一定适合了。所以，教师导语设计要动脑筋，要因人而异，因教材而异，要灵活多样，要有独特性，才会有意想不到的效果。

（选自李庆茹：《导语设计》，《学科教育》，2000 年第 10 期）

三、案例三

十五年前，我正在教初中，花繁叶茂的初夏时节，大课间活动后，同学们个个兴致勃勃，有说有笑。第三节是我的语文课，一进教室，我们都愣住了。不知何时，教室后边坐满了听课的老师，足有二三十位，其中还有我们的校长和教务处的冯主任。冯主任告诉我："今天学校来了两拨儿外地来学访的领导和老师，他们听说你是县里的教学能手，指名要听你的阅读教学课！"天啊，这不是打我一个措手不及吗？本来，这节课我安排的是景物观察课，为下节的作文课做准备的，我要带学生们去欣赏校园各处的景色，我要告诉孩子们哪些是乔木，哪些是灌木，那些花木，都叫什么名字，何时开花、结果，怎样观察，又怎样描写，可是……"可是"没有用了，上课的铃声骤然响了起来。事已至此，我别无选择，就上阅读课吧。班长喊了"起立"，我还了礼。待同学们坐下后，我扫视了一下全场，同学们个个敛声屏气，坐姿僵硬，神色紧张，刚才的活泼欢快气氛早已荡然无存。显然学生们被这突如其来的阵势吓坏了。我得赶紧把课堂气氛调节好，不然，下边的课怎么进行啊！我问："学生们，还记得上一课我们学的是谁的什么文章吗?"学生们齐声答道:"贺敬之,《回延安》。""还记得诗的第一句吗?""心口呀,莫要这么厉害地跳!"我说:"今天来了这么多老师听课指导,这是咱们的荣幸啊!我希望同学们'心口呀,……'"学生们立刻领会了我的意图,用极洪亮的声音喊道:"莫要这么厉害地跳!"学生们喊完,不禁都笑起来。听课的老师们也都跟着笑了。当然,我也笑了。大家的笑声刚停,我又追问:"心,还跳吗?"几个平时就胆子大的男生高喊:"不跳了。"我赶紧故作惊慌地说:"坏了,不跳就坏了。"一刹那的沉寂之后,课堂上忽然爆发出欢乐的笑声,学生的紧张情绪也随之烟消云散了。于是,我让学生们打开书,开始了一节轻松而愉快的阅读教学。

【分析】

李老师和他的学生们大课间活动后,兴致勃勃地返回教室,二三十位外地来学访的听课教师正坐在教室后边"严阵以待"。李老师没有心理准备,学生们更是被这突如其来的阵势吓坏了,由轻松活跃的巅峰一下跌入紧张拘束的谷底,教室气氛突然变得"特殊"起来。可以肯定地说,在这样的特殊情境下教学,教学效果难以保证。"沧海横流方显英雄本色"。在这风云突变的特殊情况下,李老师发挥了个人的应变机智。他首先选择的是稳定军心、放松心理、调节气氛的策略。在具体动作上,巧妙地运用刚刚学过的教学内容进行提问,让学生回答,似乎是在"温故而知新",由于问题较浅显,学生能够很快地高声答出,制造了很好的"音响效果",初步冲淡了紧张气氛。最后,李老师又出其不意地用偷换概念的方法,制造出"相声效果",用幽默的语言引发学生的笑声,课堂气氛一下轻松起来。

(选自李天嵩:《为了一个良好的开端》,《学科教育》,2000年第10期)

四、案例四

窦爱君:用心灵品读你——《记念刘和珍君》教学手记

这节课上课前,我别的话没说,先请同学们随意地传看了几张照片,上面有我,有我的同学,有教授,有背景。那些背景,引发了大家特别的兴趣:这是什么建筑?这是哪里的花园?上课了,我没有马上答复同学们的疑问,而是请大家打开书,看看《记念刘和珍君》一文的标题、题解和课文第一句,然后才告诉他们:"这些照片的背景,正是当年北京女子师范大学的校址,她现在的名字是北京师范大学北校,几年前我曾有机会在这里学习。同学们想一想,假如时间可以倒流,那照片上的我,很有可能就是刘和珍君；我旁边的几个同学，很有可能就是杨德群君、张静淑君；我们中间那位博学的教授，很有可能就是鲁迅先生……"伴着我略带抒情的导入语，同学们惊讶、沉思、动情，我分明感觉到，刘和珍君和鲁迅先生一下子走到了学生面前，走进了学生心里，时代的距离、心灵的隔膜倏然消失，同学们美好神圣的感情渐渐被唤醒了。

【分析】

《普通高级中学语文课程标准（送审稿）》在谈到"必修课程内容的组合和教学实施"这一问题时，针对"文学作品"的阅读，提出"应引导学生设身处地、身临其境地去感受，重视对作品主体形象和情感基调的整体感知和直觉把握"——这就意味着，在新的课程标准里，教师的"引导"作用并没有被否定，而仍然是被积极提倡的。由于年龄和受教育的关系，教师的社会阅历、知识背景、情感体验比学生相对要丰富得多，所以有能力也有责任"引导学生设身处地、身临其境地去感受"，从而使学生对作品主体形象和情感基调有较为准确的整体感知和直觉把握。这是学生学习文学作品很重要的一步。要实现这一步，离不开教师恰如其分的"导入"，即"点燃"。

【操作实践设计】

1. 下面是为《我的叔叔于勒》一课设计的三则导语，请分析每则导语的特点，并评价哪一则最好。

导入方法一

有一首歌中这样唱道："星星还是那个星星，月亮还是那个月亮，山也还是那个山也，梁也还是那个梁……爹是爹来娘是娘……"我听后感觉很幼稚，但随着时间的推移，我对此又有了更深刻的认识：在当今这个人心浮躁的社会里，似乎只有日月星辰才是恒久不变的，其实血浓于水的亲情也应该在金钱和地位面前岿然不动。但有时这只是人们的一种美好的愿望。很多时候，面对金钱和地位，亲情显得那么苍白无力。今天就让我们走近法国小说家莫泊桑的《我的叔叔于勒》，看他们的兄弟情谊能否经得起时间和金钱的考验。板书课题，学习新课。

导入方法二

在世界文坛上，擅长写短篇小说者比比皆是，但真正称得上大师的，却寥寥无几。19世纪后半叶法国作家莫泊桑是文学星空中灼灼耀眼的一颗巨星。他一生写了约300篇中短篇小说。其中的名篇佳作，令人心驰神往。发表于1883年的《我的叔叔于勒》就是这样一篇作品。今天就让我们走进

《我的叔叔于勒》，领略莫泊桑短篇小说的风格、特色和魅力。板书课题，导入新课。

导入方法三

我们有很多同学是独生子女，能告诉我还有哪些同学不是？（学生举手示意）哪位同学愿意为我们介绍一下自己的兄弟姐妹？（请一二位同学介绍）你和自己的兄弟姐妹的关系怎样？如果有一天你和自己的兄弟姐妹在金钱、地位上发生变化，你们的这种亲情还会保持吗？（根据学生的回答加以总结引申）在现实生活中，手足之情并不会像大家想得那样美好，今天我们就来学习《我的叔叔于勒》，体会一下人情冷暖和世态炎凉。板书课题，导入新课。

2. 分析《我的呼吁》的导入，并仿照这一方式设计一导语。

弘一法师在圆寂前，再三叮嘱弟子把他的遗体装龛时，在龛的四个脚下各垫上一个碗，碗中装水，以免蚂蚁虫子爬上遗体后在火化时被无辜烧死。看弘一法师的传记，读到这个细节，总是为弘一法师对于生命深切的怜悯与敬畏之心所深深感动。人自诞生起开始拥有生命，感受生命，但并不是每一个人都在意过生命的意义，都思考过如何对待生命。今天，我们就通过学习一篇文章来解决这个问题。就是史怀哲的《我的呼吁》。阿尔贝特·史怀哲（1875～1965）出生于阿尔萨斯（一战前属法国、战后属德国），得过哲学、神学、医学三大领域的博士学位，还对音乐有极高的造诣。然而，就在他事业和前途一片光明的时候，他作出了一个惊人的决定：到非洲去！随后，他放弃在欧洲的优越生活条件和锦绣前程，和妻子一起前往非洲。在那里，他创建了自己的诊所，义务为当地居民治病，他将生命中的半个世纪贡献给了赤道非洲，贡献给了那里的医疗事业。他在非洲蛮荒丛林中度过了五十余年，非洲人称他为"非洲之父"、丛林中的圣者、敬畏生命伦理学创立者，1952 年获诺贝尔和平奖。在授奖仪式上，他发表了一篇演讲，这就是——《我的呼吁》。

3. 下面的导入有实效吗？请分析。

（1）一位老师上《董存瑞》，老师谈自己崇拜的对象导入时，刚说到自己的崇拜对象，学生就齐答："老师崇拜董存瑞！"听课教师皆笑，弄得老师尴尬不已。要上《董存瑞》，老师就当然崇拜战争英雄了；当然，如果上《人民的勤务员》或者《七根火柴》，老师的崇拜对象又会变化的。

（2）《螳螂捕蝉》一课的导入：

老师：同学们都知道，《螳螂捕蝉》这则短文选自蒲松龄的《聊斋志异》。我们来研究一下这个书名，很有意思。

学生（读过注释后）：聊斋，聊天的书房。

学生：是蒲松龄和人谈神说鬼的地方，电视剧里演过。

学生："志异"是记下奇特的故事的意思。

老师：大家说得对，那么，这篇文章里是谁在和作者"聊"（"张姓者"）？以什么方式（角度与顺序）来"志"？（张姓者如何观察，如何告诉蒲松龄？）故事到底"异在何处"？大家把这三个问题解决了，文章就算读懂了。

（结果，学生一节课基本围绕导入语来学习，效果甚好）

第十四章　语文课堂教学的讲解技能

教学目标：针对当前语文课堂讲解存在的问题，找出解决这些问题的具体途径；了解语文课堂讲解技能的作用和特点；明确语文课堂讲解技能的基本要求；灵活运用适当的讲解技能解决教学中存在的问题。

第一节　要求与方法

在新课程背景下，语文课还要讲吗？如果还要讲，那将讲些什么？怎么样讲为好呢？叶圣陶先生说："'讲'当然是必要的。问题是如何看待'讲'和怎样'讲'，教师就要朝着促使学生'反三'这个标的精要的'讲'。"吕叔湘先生也强调："讲的要击中要害，学生哪个地方不懂，不太理解，就给他讲一下，点一下，学生懂了呢，就不讲。要是学生懂了，你还老在那儿逐字逐句地讲，学生就不爱听，只会引起学生的厌恶。在我看来，现在的问题，至少以白话课文而论，不是讲的太少，而是讲的太多。"张志公先生精辟地指出："讲什么，讲的多或少，详与略，深与浅，都要恰到好处。"可见，几位先生都是非常重视语文课堂中的讲解技能的，语文课堂教学的讲解始终是语文教师必不可少的一项重要技能。而在一味强调"由学生自己去读"、"由学生自己去说"的思潮的影响下，语文教学日益陷入"是否还要教"、"还能教什么"的模糊和混乱之中。因此，了解和掌握语文课堂教学的讲解技能在当前显得尤为突出和重要。

一、语文课堂讲解的作用

教学讲解是用语言传播知识、表达思想、传道授业的基本方式，其本质就是通过用语言对知识进行剖析揭示，使学生把握知识结构的内在联系与规律。讲解在语文课堂上的作用主要体现在三个方面：

（一）讲解符合课堂教学的要求

讲解行为作为一种古老的教学方式，是各级各类学校课堂教学的基本方式。课堂教学的大部分功能是通过讲解得以实现的。这是因为课堂教学是在规定的时空里组织学生学习的行为，在时间和空间两个方面突出体现着教师教学的目的性和学生学习进展的统一性。

课堂教学以教师为设计者、主导者，按照既定的目标、要求、程序有步骤地推进达标过程。只有有序的、有目的的课堂教学，才可能在面对数十人的纷纭情景中一定程度的完成定性的教育教学任务。教学内容的系统性、结构性，学习要求的统一性、标准化，教学时数的固定性、精简性，教师讲解的目的性、主导性等，决定了只有教师讲解，才能使课堂教学的形式和潜力得以维系和发挥，才能保证绝大多数学生统一步调共同步入学习轨道，从而获得适应社会的一般基础学力，以基本适应现代教育的升学、选拔制度。

（二）讲解能提升学生的认知水平

讲解在这方面的功能被多年来片面的认识所冲淡和掩盖，有人误认为讲解就是灌输，就是压抑学生学习和思维的主动性、发展性等。其实，这些认识只是注目于不成功的讲解行为。实际上，成功的讲解是增进学生认知水平的重要手段。学生的学习和思维的主动性、发展性，必须建立在充分的认知水平之上。假如没有讲解，教学中知识的综合贯通就成一大问题。正如美国教育心理学家奥苏伯尔所指出的：学生将不能区分表示相同意义的不同术语，不能区分表示不同意义的相同术语之间的区别和联系，造成认识上的混淆不清；学生将不能明白许多有联系的课题内容之间隐蔽的共同特征；先前获取的有关知识将不能适当用来作为后续学习的基础。那么，这样的认知水平即使能够应试，也是不足取的。从传播学的角度讲，教师成功的讲解是一种有效信息的传播。教师讲解的信息是经过教师选择、甄别、加工过的，它们具有明确的内容价值、学习目标和传播意图，在结构知识内容、构建知识链接、点化认知误区、分析材料原理等方面会成为学生认知的依据和范例，成为他们认知、习得、解决问题、获得经验和方法的样本。

真正意义上的讲解是一种师生互动、信息互换的过程，教师个性化的解说、思维轨迹的展示、艺术语言的感染、浓烈情感的熏陶，会产生使学生积极思考、乐于表达、及时反馈以及信息重组的良好的认知场面。学生的认知水平会在教师声情并茂的讲解中不知不觉地得到提升。

（三）讲解能提高课堂教学的效率

教师的讲解行为决定了教师必须优选语言材料为学生建立认知系统、改造认知结构，使学生缩短获取知识的周期，以及尽可能快的进行新旧知识的融合与贯通。而以讨论、自学为主的学习方式，却因自身无法克服的缺陷难以达到以上目的。比如，以讨论、自学为主的学习方式有时因教师和教学内容无法控制或学生行为方面的原因而导致肤浅的机械学习。又如，自主学习以培养学生能力为目标却客观导致了学生难以掌握必要的、系统的真正有助于解决实际问题的知识。有的往往因学习动机不明或学习兴趣降低而徒走形式。以讨论、自学为主的学习方式在课堂教学中的负面情形表现为：有时课堂上多数学生未进入学习情景而教师却无法检验和纠正，讨论过程变相为学生自由交谈的娱乐过程，几乎所有学生都在等候教师意见的终结性发表。还有，在社会大文化背景下，事实上的学科知识总量增加，令发现学习所花的时间太多，也日益成为一个课堂难点，并又凸显发现学习的缺陷。比如，语文阅读课一例：《荷塘月色》文本关键句及规定情境："像今晚上，一个人在这苍茫的月下，什么都可以想，什么都可以不想，便觉得是个自由人"——牵涉到钱理群《名著重读》及其相类似的现代文学重审、现代文学史重释中的朱自清生活、情感背景以及朱自清的人格解释等"大语文"、"大文化"信息，由学生讨论这一知识点，多不能及义，而让学生去图书馆查阅资料或开书目让学生阅读，也由于种种客观的原因而缺乏操作的可能性。这时，讲解便发挥了它特有的功能与优势。美国杜宾·塔弗加的一项研究表明，讲解与讨论相比，讲解对于课堂教学的效率更有帮助。优秀语文教师的经验已有所证明，智育学科的课堂教学中，讲解作为学习语言的方式来组织学习时，课堂知识容量和知识结构，学生的知识习得、学习态度以及知识迁移都是有效甚至高效的。

二、语文课堂讲解的形式

（一）介绍性讲解

介绍性讲解是向学生介绍与教学内容相关知识，以帮助学生掌握知识、强化知识、培养能力的讲解形式。教材编写的内容不可能包罗万象，只是按学科规律、大纲要求将主要教学内容和训练要点进行简要说明。介绍性讲解则可以补充资料，介绍相关的人物、事物、事件、事理等。中学语文教材中介绍了数百位作家和他们的作品，其中许多优秀之作是独具个性的，这源于作家独特的经历、独特的感受和独特的修养。在教学中如何能把这种独特之处介绍给学生，将不仅有利于他们学习语文知识，鉴赏作品，而且有利于提高学生的人文修养，实现文道结合。如《项链》（莫泊桑）的教学中，讲莫泊桑的短篇小说成就，就不宜仅仅局限于《项链》来分析，可以结合《羊脂球》、《一家人》等作品，介绍他擅长于从日常生活的平凡事件中取材，深刻开掘主题，以小见大，题材丰富，构思精巧的特点。还可以介绍他一生写了近300部短篇小说和6部长篇小说。不仅被誉为"世界短篇小说之王"，《俊友》、《一生》等长篇小说也跻身于世界文学名著之列。精神病夺走了他短暂的生命，他"像流星一样进入文坛"一闪而去，而这道耀眼的光华，却令法国人民乃至世界人民为之惊叹。这样的讲解将给学生以更丰富、更深刻的感受和影响。

（二）解释性讲解

解释性讲解是通过说明的方式将未知和已知联系起来的讲解。教学中有许多概念、术语、关键字词句、典故等，往往成为学生理解和运用的要点难点，这就要揭示它们的内涵、意蕴、语境以及其他相关因素。忽视它们，教学效果将大打折扣。因此解释性讲解是一种常用的、简单而又不可缺少的讲解方式，它常常与例证配合进行。

（三）比较性讲解

比较性讲解是教师将风格特点相连、相关、相似或相反的知识进行比异求同，深化认识，有助于培养学生关联式、综合式的思维方法和创造性的思维能力的一种讲解形式。在教学中进行比较讲解是很必要的。乌申斯基说过："比较是一切思维的基础。"这话很有道理，关键在于教师要根据教学的实际需要作出确切的提示，进行积极的引导，包办代替固然不可行，但听之任之亦不可取。尤其是低年级的学生，他们的比较能力还很差，教师的比较讲解，对于他们理解课文提高阅读能力很有帮助。如宋代游记散文《醉翁亭记》和《岳阳楼记》，引导学生比较一下，颇有意义。《岳阳楼记》即景抒情，写出"先天下之忧而忧，后天下之乐而乐"的政治抱负。而《醉翁亭记》通篇都是写景叙宴游之乐，似乎与政治无关，其实处处都是写太守与民同乐，内含着对太平盛世的歌颂和对自己政绩的自得之情。两篇文章中后者需要教师的提示讲解学生才能领悟。

（四）引导性讲解

引导性讲解是教师联系新旧知识、提示启发学生观察思考、调动他们思维的活力、使之主动学习的形式。这种讲解尤其强调学生主体作用的发挥，教师要善于引导学生进行形象思维、抽象思维、辩证思维、灵感思维、比较思维、直觉思维、创造性思维等，这种讲解常常与设问配合使用。教学中有许多内容的理解和掌握较为复杂，教师的作用就是要在思路上进行引导，善于调动学生利用学过的知识或常识，找到思考的路径和方法，进而掌握知识，培养解决问题的能力。例如，教学中复杂句子的理解就需要引导。《故乡》（鲁迅）中有这样两个句子，"希望是本无所谓有，无所谓无的。这正如地上的路，其实地上本没有路，走的人多了，也便成了路。"教师可以分步骤作如下讲解：（1）引导学生根据学过的双重否定的知识分析"无所谓有"、"无所谓无"的含义；（2）让学生说出这段文字所用的修辞手法，引导他们找出其本体和喻体的相似点——路是靠人走出来的；希望是人通过努力实现的；（3）请学生思考：作者是不是提倡个人奋斗？以此启发学生注意"走的人多了，也便成了路"，明确这句话的意思是号召大家起来奋斗。最后教师总结理解这两个句子的三个要点，一要弄清"有"和"无"；二要分析比喻句；三要明确作者写这段话的目的。这样的讲解，有序、深入、富于启发性，还起到导学的作用。

（五）分析性讲解

分析性讲解是在教学中把一个事物、一种现象、一个概念分解成较简单的组成部分，根据学科的理论揭示各部分的本质和彼此的联系的讲解方式。这种讲解可以加深学生对特定事实及相关条件、结论的认识和理解，有效地提高学生的分析问题、解决问题的能力。譬如，语文教学中，《为了忘却的记念》（鲁迅）第四部分，得知五位烈士已被秘密枪杀后，作者用"原来如此！……"独立成为一个强调段，高度凝练，内容极为丰富，反动派竟如此卑劣凶残，柔石等人竟会遭到如此残酷的杀害，政府竟如此对待无辜青年；"！"表明作者的无比愤怒和震惊；"……"则表示许多难以尽诉的愤怒、仇恨和对死难者的思念痛悼之情。这种看似简单，其实含义深刻的内容需要教师综合各种相关信息进行分析，才能帮助学生透过字面抓住主旨。

（六）逻辑性讲解

逻辑性讲解是教学中遵循学科自身的规律和思维规律，进行严密推理，从已知事实推出某种结论的讲解方式。这是培养学生逻辑思维能力和推理能力的一条重要途径。逻辑性讲解包括推理论证、因果论证，大量应用于文章结构安排和议论文论证思路分析的过程中，使学生明确推演的理论依据，明确文章结构的合理性和论证的严密性。在讲解篇章结构时，也要搞清楚段与段之间的逻辑关系。文章段落之间的关系一般有总分关系、分总关系、并列关系、转折关系、因果关系、递进关系等。搞清了段与段之间的关系，才能弄清文章层次，把握作者的思路走向。这对学生学习构思，学习有条理地分析问题，学习严密地分析论证很有帮助。

（七）总结性讲解

总结性讲解是在一个相对集中或相对完整的教学活动告一段落时，把教学中规律性的结论概括出来的讲解方式。总结性讲解有利于帮助学生回顾和整理学习要点，引导他们总结规律，更好地实现知识的掌握和原理的应用，并加深印象。这是教学不可缺少的环节。

三、语文课堂讲解的要求

如何在讲解中达到传授知识和方法，促进智力发展，提高审美情趣，进行思想教育的目的呢？我们认为，应该从以下几方面去努力：

（一）把握语文课堂讲解的时机

"教师是主导，学生是主体"的思想应体现在语文教学的过程中，所以语文教师的讲解不能成为唱独角戏、搞满堂灌一言堂，把课堂视为滔滔不绝、引经据典、东拉西扯、卖弄炫耀自己的舞台。但是遇到文章的重难点、学生一筹莫展之时或学生思维偏差之际，教师还是"该出口时就出口"进行适当的讲解，这其实也就是要一切从学生的实际出发，以学生的发展为教学宗旨。

1. 学生分析理解难以到位时

语文学习要求学生阅读大量文学作品，而对文学作品，尤其是经典文学作品的解读感悟，需要阅读者原有的知识积累来发挥作用。这种积累不仅要靠读者的语言知识，更要靠读者已有的生活和文化积累，以及信息加工整合的能力。教师作为熟练的阅读者，这方面的积累显然优于学生。他们接受过专业训练，拥有相对高质量的信息储备及较强的信息处理能力，所以能使传输的信息高效而优化。学生由于人生阅历浅、基础知识薄弱和文学底蕴匮乏，解读作品时必然存在着一定障碍。

2. 学生出现"误读"时

由于学生一些条件的缺失，对文本的"未定点"和"空白"的填充，很难保证不会出现"虚假的具体化"现象——一种背离作品原意的、导致原作品质量丧失的错误理解。比如有学生在《背影》一文中读出的是"父亲违反交通规则"；有学生用环保的观点批判《武松打虎》；用唯物主义思想批判《画皮》；有学生认为阿 Q 的精神胜利法值得肯定，等等。因此，学生的言说是需要验证的。课堂的意义，对学生而言，正在于实现其从不成熟的"读者"到"理想的读者"的跨越或蜕变。只有学生独自的语文课堂教学，必然导致"对话"的萎缩。这时教师应该"拨乱反正"，指明是非，用正确的讲解分析"误读"的原因，并指明正确的理解方向。

（二）要把握语文课程的特点

语文课是对学生进行祖国语言教育的课程，也是对学生进行人文教育的课程，由于人的思维是运用语言进行的，所以语文课程对培养学生的思维品质、思维能力，具有极为重要的功能。所以，我们语文教学的讲解，就是要教学生领会，作者是用什么样的语言，用什么样的语言形式来表达的，即我们的语文教学就是应当落实在语言上，语言形式和这种语言形式所表现出来的思维形式上。不然就不是语文课。

（三）要有明确的讲解结构

在认真确定教学目标，分析教学内容的重点和难点，明确新旧知识之间相互联系的基础上，按知识结构之序，学生思维发展之序，提出系列化的关键问题，形成清晰的讲解框架。这样易使讲解条理清楚，引起学生的思考。例如《死海不死》，在确定了教学目标、教学重点和教学难点之后，再根据学生思维发展之序，提出系列化的关键问题，以形成一个这样的讲解框架：

1. 死海的地理位置？

2. 死海的表面特征？

3. 死海的本质特征？

4. 死海是怎样形成的？

5. 死海的现状和未来？

6. 在说明中运用了哪些说明方法？起什么作用？

7. 测量死海的最深处和每年水面下降，用约数，这能不能说是数字的准确？

这样就形成了清晰的讲解框架，易使讲解条理清楚，引起学生的思考。

讲解框架就是一个完整的思维过程，它包括思维的起点、逻辑进程、思维结果。思维的起点最重要，也就是讲解的"突破口"。在确立讲解框架时，首先要选好突破口。其次是在逻辑进程中，要抓好点，抓住能实现目标的关键点。

（四）要把握讲解的度

讲解的度是由语文知识之序和学生的实际决定的，语文教师应根据讲解知识处在这个语文知识之序的点和学生的实际，来确定讲解的难易深浅，这样的讲解才能起到良好的效果。

比如讲《这不是一颗流星》，这是初中第一册的第一课，处于第一单元，这个单元的重点是家庭生活与语文的关系，它要求学生体会怎样用语言来表现细微但却感人的人间亲情。这时，如果我们忽视这一切，而引导学生去理解记叙文的要素等等，这样的度的把握就不够充分了。

　　再如《谈骨气》，属议论文，处在初中第二册第七单元上，这是学生最早接触的议论文，这一单元的重点是让学生理解议论中的记叙的作用，倘若这时，我们便大讲特讲论点、论据、论证，则不合时宜了。

　　总之，语文课堂讲解不宜讲得过深，那样学生便难于理解，也不能讲得过浅，不然，学生又会因炒冷饭而提不起兴趣。

　　（五）讲解要有启发性

　　不能把知识直接灌给学生，而应该通过讲解，给学生设置思考的点和线，使学生通过自己的思维来掌握知识，形成能力。

　　例：有一位老师，教《孔乙己》时，发现学生不理解孔乙己的可悲性格，他就注意用启发性的讲解。如他提出，小说最后一句"大约孔乙己的确死了"，作者这里用"大约"、"的确"两个自相矛盾的词，是疏忽还是另有深意？这样一启发，同学们就开动脑筋，寻找答案。有一个学生是这样分析的："小说以'大约孔乙己的确死了'这句话作为这个悲剧的结局，'大约'、'的确'看似矛盾，其实不矛盾，因为从孔乙己当时的境遇来推测，可以断定他'的确'是死了。但对于他的死却无人过问，因此作者又用'大约'这个词作了不肯定的假设，说明孔乙己就是这样一个死活无人过问的可悲人物。"

　　（六）要善于使用例证

　　例证是进行学习迁移的重要手段。例证能将熟悉的经验与新的知识、概念联系起来。举例的数量并不重要，重要的是所举的例子与新概念之间具有实质性的非人为的逻辑联系，并对此联系要作透彻的分析。

　　（七）注意形成连接

　　清楚连贯的讲解是由新旧知识之间、例证和原理之间、问题和问题之间恰当的连接构成的。在讲解中要仔细选择起连接作用的词或短语，说明上述关系，使讲解形成完整的系统。

　　例：在学了《什么是生态系统》后，接着要学习《大自然警号长鸣》，比较两篇文章的文体，以此来导入《大自然警号长鸣》，使文章与文章之间形成连接。导入语是这样的：比较《大自然警号长鸣》同上篇课文《什么是生态系统》，可以看出，上篇课文是说明作者对什么是生态系统的理解，因此是说明文；本文则不然，虽然用许多笔墨说明对生态的理解，却是为了提出主张，有浓厚的议论成分。认真阅读本文，想一想作者提出了什么主张。从以上讲解可以看出，起连接作用的词是经过仔细选择的，很恰当，使讲解形成完整的系统。

（八）会进行强调

强调是使讲解清楚、成功的重要技术之一。要强调重点或关键内容，要对新旧知识的联系和新知识结构作透彻的分析。

1. 可以用讲话声音的变化强调。

2. 用身体动作的变化强调。

3. 做出标记进行强调。

4. 直接用语言提示进行强调。

5. 运用概括和重复进行强调。

6. 通过接受和利用学生的回答进行强调。

7. 要重视获得反馈和及时调控，在调控过程中进行强调。

在讲解中，教师要善于通过观察学生的表情、行为和操作，留意学生的非正式发言，向学生提出问题或给学生提出问题的机会，收集讲解效果的反馈信息，弄清学生的理解程度，并及时调整讲解的程度和方式，以达到教学目标。比如，讲语法知识，教师观察学生呆呆地望着老师毫无表情，就可知学生未听懂。做练习时错题较多，也可知学生未懂。再如，复习修辞手法时，教师讲"比喻"是一种修辞手法，有些同学就说，怎么又说是说明方法呢？根据学生的反馈，讲清比喻既是修辞方法，又是说明方法，论证方法，它们的特点都是一样的，只不过所起的作用不同罢了。

四、语文课堂讲解的原则

（一）讲解要美

语文课堂中的讲解要能表现出语文学科独特的美。语文教育是学生审美素质培养的主渠道之一，语文的课程目标就明确规定——语文教学要培养学生"健康高尚的审美观和审美能力"。作为审美对象，语文教材以文学作品为主干本身就是自然美、社会美、艺术美的仓库，就其中的单篇而言，又往往是思想美、语言美、形象美、意境美、结构美等的和谐统一体。所以语文教育具有得天独厚的审美优势。语文教师必须有发现美的眼睛，要用文章本身的魅力去抓住学生，吸引学生，激发学生对语文的兴趣。正因为如此，语文课讲解的内容不能仅仅停留在字词的注音解释、分段分层、归纳中心、语法分析等传统教学内容上，而是应当运用审美的手段，充分发挥学生视听感官作用和想像、情感等因素，带领学生去感受课文蕴涵的美，进而得到美的熏陶并渐渐内化成为自己的审美情趣。

同时教师的语言要美。著名特级教师于漪说过："教学用语既要有人民群众经过锤炼的活泼的口语，又要有优美严密的书面语言，教课时要让学生置身于优美的文化氛围，浓郁的语言环境中，受到教育和感染。"这对语文教师提出了一个课堂语言的锤炼问题，在教学中要做到：语言要有抑扬顿挫，有诙谐幽默而不俗气，饱含深情而不造作等。

（二）讲解要精

所谓"精"，就是要精心提炼。吕叔湘先生就说过"语文课既然主要是技能课，上课时就应该以学生活动为主，教师活动应该压缩到最低限度。"所以短短的语文课堂 45 分钟里，要留出尽可能多的时间给学生自读、思考、讨论、练习，而做到这一点，就要讲究课堂讲解内容的精要。在一堂课里，要讲的内容很多，有作者简介、作品背景、写作手法、艺术风格、感情线索等，希望把一切问题都讲深讲透是不可能的，所以教师在讲解时要分清主次，去繁求简，抓住重点，进行精讲，不能贪多求全。在讲解过程中，要针对不同的文章、文体及学生，提炼要点，以简驭繁，学会概括，理清文脉，训练思路。过多过长的讲解容易引起学生的心理疲劳、听觉疲劳，且讲解技术使用者的种种性格、能力缺失加剧这种种疲劳，使信息接受率和保持率很难尽如人意。根据美国人约瑟夫·特雷纳曼的研究测试，讲解 15 分钟，学生记住讲解内容的 41%，讲解 30 分钟，学生能记住讲解的前 15 分钟内容的 23%，而讲解 40 分钟，学生只能记住讲解的前 15 分钟的 20% 了。也就是说一个单位的讲解所持续的时间越长，讲解的保持率就越低，而且在这个时段后的讲解往往没有什么接受率可保证（当然，一个单位讲解在适宜的持续时间里是有效的）。应特别指出的是：语文课堂教学中的讲解是一种对谈中的解说，因此，它的单位时间一般不能长于 5 分钟。

"精讲"在内容上表现为在尽量少的时间内讲解的内容包含大信息量，而这个大是指信息的内部涵容，这种涵容的特点是：（1）信息内容关涉的教学层面多。（2）信息覆盖的教学领域宽。（3）信息蕴涵的教学意义深。（4）认知性内容具提示性、启发性、示范性。（5）情感性内容具审美性、艺术性。（6）教育性内容具道德性、评价性。

"精讲"在形式上表现为具有随机性。讲解要发掘教材精髓。咀嚼英华，挥洒教师自我的灵感才气，掌握学生的颜色态度，以变应变。那种按"案"（教案）索骥式的讲解，虽然无意义信息甚少，严则严矣，但由于未能适时而动，往往不够精彩生动，对学生兴趣、行为的推动力不足，因而谈不上"精"。

"精讲"在过程上的表现为言简意赅。意赅之"赅"，第一特征是信息量大；第二特征是言语中每一句子、每一句群、每一段落，均有显在而完整的意义表叙，有重点。言简之"简"不是指无文采，无润饰，无句式变化，无停顿和不交流的简陋，而是指简约明了，恰到好处。概括地说，言简意赅的"言"和"意"的特点是：（1）语词明白精当；（2）语法简单规范；（3）修辞通俗生动；（4）逻辑严密合理；（5）口齿清晰流利；（6）切合听讲心理；（7）观点鲜明；（8）议论确凿。

"精讲"之"精"，体现了讲解的水平，也直接关系到教学的效率。但"精讲"不等同于"少讲"，它并非只是数量上的要求，更是质量的要求。

（三）讲解要活

成功的教师之所以成功，是因为他把课教活了。如果说一种教学法是一把钥匙，那么在各种教学法之上还有一把总钥匙，它的名字叫做"活"。

（1）讲解的内容要活。同一篇课文在不同年代不同社会环境的讲解不能一成不变，应紧扣时代的脉搏，与时俱进，要通过适量的讲，帮助学生灵活运用知识，才能应付当今的信息时代的多变，以及考试内容不断贴近生活的改革年代。例如有教师在讲授《触龙说赵太后》时，从古人触龙的游说词概括出他的几条成功经验，概括时引入了现代人际交往的一些准则，如"营造良好的谈话氛围"、"选择合适有利的话题"、"将心比心，换位思考"等，用现代口才的知识来分析讲解，使学生透彻了解了触龙口才艺术的妙处，调动起了学习的积极性，做到古为今用，同时有利于提高学生的交际能力。

（2）讲解的手段要活。随着科学技术的发展，现代信息技术介入学校教学活动的各个领域、介入各学科的课堂教学已成为普遍的现实。使用多媒体可以用声色光影弥补传统教学中的单纯语言讲解，例如讲解《荷塘月色》时，用多媒体展示出一幅幅婀娜多姿的荷花荷叶图片，营造一个荷塘月色的氛围，使身处课堂的同学们亦能感受到作者当时所处的环境，感同身受地理解课文。又如《胡同文化》（汪曾祺），在讲解时，放段北京老城胡同风景的录像，在一曲北京快板声中走街串巷，同学们自然会沉浸到课文中的京味文化中去，理解起来就容易得多。

第二节　案例呈示及分析

一、案例一

走进海子的世界

——《面朝大海，春暖花开》课堂实录（节选）

设计：浙江金华一中　　滕世群

评析：北师大二附中　　何　杰

【教学实录】

（一）导入课文

师：今天，非常高兴与大家一起学习我所喜欢的诗人海子的名篇《面朝大海　春暖花开》。

课件展示　背景图片：蔚蓝的大海。标题：《面朝大海　春暖花开》。

师：对于许多人来说，海子也许还是一个陌生的名字。可是对于喜爱中国当代诗歌的人来说，海子是一个神话，对于许多人来说，海子也许只是一个写诗的傻瓜，但对于许多人来说，海子是一位烈士，一位圣徒。如果说舒婷是朦胧诗歌的圣母，那么海子就是第三代诗人的精神之父。而从朦胧诗到第三代诗人，正是中国当代诗歌主体意识觉醒的时期。今天，如果要写当代诗歌史，已经不能无视海子的存在。下面请一位同学朗读海子的简介。

师（补充）：关于海子的自杀，有许多说法。我宁可相信海子生前的朋友、诗人骆一禾的说法，他认为海子的死亡与长期艰苦创作、用脑过度、导致精神分裂有关。当然，诗人自杀是一种相当复杂的现象，大家课后可以读一读海子生前另一位朋友、诗人西川的《死亡后记》。

课件展示　海子照片（一）：天安门前，立正姿势。照片（二）：未名湖畔，坐姿，满脸稚气的笑容。

师：这是海子刚到北京时的照片，纯朴、开朗、完全是个乡村孩子。海子去世后，西川在《怀念》中写道："每一个接近他的人，每一个诵读过他诗篇的人，都能从他身上嗅到四季轮转、风吹的方向和麦子的成长。泥土的光明和黑暗、温情与严酷化作他生命的本质，化作他出类拔萃、简约、流畅又铿锵的诗歌语言，仿佛沉默的大地为了说话而一把抓住了他，把他变成了大地的嗓子。"这个乡村的孩子，像许多伟大的诗人一样，注定要成为吟唱土地、乡村的歌手。

课件展示　海子照片（三）：灰黑色的背景，仰卧双手左右平伸，长发抵肩，披在额前的头发遮掩着大眼镜，身着格子带黑白斑点的羊毛衫，外套银色西装。海子诗句：

> 阳光打在地上
> 天空之火在我内部

师：这是诗人海子。伸展的双手，像要拥抱一切；脸部表情表现出诗人的自负。"阳光打在地上"，有谁用"打"字描述过阳光呢？此处，阳光似乎化为一道鞭影，又似乎传出一声闷响。"天空之火在我内部"，多么具有创造性的诗句，内心的激情仿佛和天空之火一同燃烧。海子的诗语言单纯，燃烧着青春的热情。他反对传统诗歌的夸饰，词语往往直达生命的"本真"状态。诚如他自己所说的，"诗歌是一场烈火，而不是修饰练习"。我认为，海子的诗彻底摆脱了中国诗歌的阴柔造作之气，自然清新，充满阳刚的气质。他是当代最富创造性的诗人之一。

课件展示　背景图片：绿色的草原，山冈。海子诗句：

> 目击众神死亡的草原上野花一片
> 远在远方的风比远方更远。

师："众神死亡的草原"，构成了荒凉虚空的环境，生命作为一种自然物体，正如一片野花，或帕斯卡尔所说的一株芦苇，是如此脆弱。可当生命作为一个精神个体时，又如此顽强，它自觉地与虚无绝望抗争，苦苦挣扎，永远不屈。此处"野花一片"并非是纯自然描写，而是融入了海子对生命的体验。而"远在远方的风"，又向我们召唤什么、启示什么呢？这个句子四个"远"字连用，十分新奇，把人带入了邈远深邃的诗歌意境之中。

课件展示　背景图片：麦地，茂盛的麦穗，麦芒如怒。海子诗句：

> 麦地
> 神秘的质问者啊
> 当我痛苦地站在你的面前
> 你不能说我一无所有
> 你不能说我两手空空
> 麦地啊
> 人类的痛苦

是他放射的诗歌和光芒！

师（痛苦低沉地朗读后）：有人说海子是麦地之子，麦地是海子诗歌中的基本意象，是海子发现的自然和人类生命的合成元素。面对人类难以摆脱的个体生命的虚无感，海子满含泪水地要求麦地对自己生命的努力作出承认。"你不能说我一无所有，你不能说我两手空空"，疼痛、绝望，又散发着生命热烈追求的精神气息。这样的诗句，像灼热的鞭子，拷问着你的灵魂。

课件展示　背景图片：青蓝色的背景，辽远的天空，浓云舒卷，起伏的红土丘陵，若隐若现的村庄。

海子诗篇《村庄》：

村庄里住着

母亲和儿子

儿子静静长大

母亲静静地注视

芦花丛中

村庄是一只白色的船

我妹妹叫芦花

我妹妹很美丽

师（朗诵后）：有谁能像海子一样，从母亲的注视中，读出幸福和悲伤？有谁能像海子一样，像热爱芦花一样热爱自己的妹妹呢？海子的乡村诗，朴素无华，充满深沉的温柔情感，表现了海子对村庄的一片赤子之心。

（在教师深情的介绍中，学生渐渐进入海子的诗歌世界，教室里没有一点声音，但空气中弥漫着渴望了解海子的热情，似乎还有海子的呼吸）

……

【评析】

不知从什么时候起，"反对满堂灌"成了学生自主学习的口号，这样，"讲"成了一种落后的教学方式，要被抛弃。这是对自主学习的机械理解。讲授法作为教学方法之一流传千年，自有它的妙处，不能彻底否定，问题的关键是"讲什么"、"怎么讲"。我想，"当讲须讲，讲得适度"应是讲的原则。滕世群老师《〈面朝大海，春暖花开〉课堂实录》就很好地体现了这一原则。

（一）当讲须讲

什么东西当讲？

1. 介绍背景知识

现在的学生们很少读当代诗，对海子更是陌生。如果不对有关海子和当代诗的背景知识加以介绍，学生就根本不可能读懂这首本来就不好懂的诗。这时，教师的讲就可以起到重要作用。在课堂上，滕老师介绍了大量有关海子和海子诗的知识，开阔了学生的视野，使这些平时只知道流行歌曲和漫画的孩子，了解到了一位烈士和圣徒，了解到了一位为诗歌而生的殉道者。这种讲，可以使学生更接近文本，便于理解作品的内涵。

2. 营造情境氛围

诗歌教学尤其需要好的情感氛围。教师充满激情的诵读和讲解就是重要的营造手段。滕老师在这一课就做得很好。他对海子及其诗歌的介绍，既是背景知识介绍，又是情感氛围的营造。如他所描述的："学生渐渐进入海子的诗歌世界，教室里没有一点声音，但空气中弥漫着渴望了解海子的热情，似乎还有海子的呼吸。"他所用的诗化的语言和激情的语调融合在一起，可以想像整个课堂沉浸在一种浓浓的诗的氛围中。

3. 提高认识层次

我们经常鼓励学生大胆发表见解，并且主张对学生的见解要给予充分肯定。这当然是不错的，但这远远不够，在肯定学生见解的基础上，要对学生的见解给予批评补充，要讲出自己的真知灼见，哪怕是一家之言，只有站得比学生高，讲得比学生好，才能使学生"学，然后知不足"，而不是学一点就在老师的赞赏中"欣欣然，得矣，得矣"。滕老师做得很好。学生理解意象往往比较肤浅，他在与学生交流时则能够站得高一层次，又能讲到要害处，画龙点睛。

（二）讲得适度

"讲"是重要的，无人能否认。讲多讲少不是讲得好坏的标准，讲得适度才是标准。怎么算适度？要符合学生的认知水平。

我的学生现在知道什么，讲到什么程度就可以让他吃得饱而不至于消化不良，在什么时机讲就可以使学生在愤悱中获得启发，用什么方式、用什么语言讲才能深入浅出，这可是一门大学问，没有长时期的积累，不下一番苦功是很难做好的。做教师难就难在这儿，既要自己有深厚的功底，又要很好地传达给学生，不能陶醉于自己的独到见解中，而不管学生是否弄明白。从滕老师的课堂实录中，我感到了一点这方面的问题，在此提出与滕老师商榷。海子的诗不好懂，海子的生平很少为人所知，海子对学生而言是完全陌生的，加上诗歌理论本身就比较难懂，如果在介绍时不注意深入浅出，学生只会听个云山雾罩。比如在课堂实录中出现这样的词句："面对人类难以摆脱的个体生命的虚无感"、"海子反对传统诗歌的夸饰，词语往往直达生命的'本真'状态，诚如他自己所说的，'诗歌是一场烈火，而不是修饰练习'"。这些词句平时学生是很少听、也很少说的，乍一听除了感到新鲜外，就只剩不懂了。另外，《面朝大海，春暖花开》本身就有点难懂，但滕老师介绍的其他海子的诗句却更不好懂，若事先没有认真读过海子的诗，只靠当时一听，是根本不可能明白教师所介绍的内容的意义的。这种介绍确实起到营造氛围的作用，却对学生的理解没有益处，课堂效率就会降低，反而影响了本课的教学目的。

当然，我只是看过课堂实录以后根据自己的认识水平做出这样的判断，如果滕老师的学生对海子的诗已经有了较多的了解，这种批评就不作数了。

（选自《中学语文教学》，2003 年第 5 期）

二、案例二

解释式讲解教例及点评

解释式是教学中进行知识转述、意义交代、程序说明、结构揭示、符号传译的讲解范式。典范的解释式讲解的行为特征是：（1）多用叙述的表达方式。言语的一般过程是：介绍知识点——予以客观说明（提示、衍化、诠释、确认）——收束。（2）突出被解释对象的关键字、词、句、义。解释性言语要依凭原字、词、句、意展衍，有必要重复提示原字、词、句、义，以强调解释义。

解释式讲解一般适用于具体的、事实性的、陈述性的知识教学，在语文的课文背景、作家作品介绍、字词认知、段落划分、主旨概括、古文翻译和古文讲读以及复习时常用。

例1 《论雷峰塔的倒掉》

1924 年 9 月，杭州西湖边上一座古老的雷峰塔倒掉了。消息传到北京，鲁迅先生在 10 月写了这篇《论雷峰塔的倒掉》。题目中的这个"论"字用得很别致。因为这篇文章不同于一般的议论文章，它通篇以记叙为主。作者巧妙地把现实生活中的事——雷峰塔的倒掉和传统中的故事相结合，赋予它反封建的意义，把深刻的主题寓于生动的描述之中。

以上讲解对课文题目中的关键字词的解释延伸至文章体裁特点和全文写作特点上，以全文为题目释义背景，这样一来，在释题同时，也为学生提供了审题策略的样本，事实性的文题，在知识信息扩大后，有可能具学习认知策略的功能。

例2　《春》

风是无形的，树枝轻轻摇动，我们知道那是风上了树枝头；水荡起层层涟漪，我们知道那是风吹皱了一池春水。这告诉我们，写无形的事物可以借助有形的事物来加以表现。

分析"春风"一段课文，提示什么？衍化什么？多数教师仅止于分析说："描写生动、贴切"（有与课文言辞同义反复之嫌）——本例以"风"的表现方法为释点，解释中既衍化"春风"的特征形象，又提示写作的一种技巧，将阅读的视点自然地转换为写作的视点，"把学生带入知能的新领域"（本教例教师语），变课文的"没什么好讲"（部分教师语）为"这样可讲，那样也可讲"、"大有可讲"、"就看怎么讲"（本教例教师语），使课文成为知识再生产的原材料。

例3　《易水送别》

师："易水送别"以荆轲为中心，以送行者为烘托，以秋风易水为空间环境，描绘了一个动人的场面，渲染了一个浓重的情感氛围，塑造了一个栩栩如生的艺术形象。下面我们来概括主题。这一节的主题是什么？它之所以感人肺腑，传诵千古，激励了许多仁人志士，原因何在？

生：表现了荆轲的爱国精神。

师：这则材料的中心并不在爱国上。

生：表现了荆轲一往无前的大无畏精神。

师：概括主题不要就事论事，就某人说某人，而应在具体事实的基础上抽象、概括，上升到一般。

生：表现了一种视死如归的精神。

师：有道理。视死如归。明知山有虎，偏向虎山行。明明知道一去不复返，仍然就车而去，义无反顾。这正体现了我们人类不可征服的伟大精神，体现了人类在与自然界、与社会、与命运抗争和搏斗中所体现出来的不屈不挠、不可征服的伟大精神、伟大主题。▲司马迁笔下的项羽，在乌江边上，傲然迎向潮水般涌来的敌骑，杀敌数百人，身被十余创，体现了这种精神，他是悲壮的；海明威笔下的《老人与海》，老人桑提亚哥明知与鲨鱼搏斗是徒然的，但他仍然与鲨鱼展开了殊死的争夺，当他精疲力竭、满身伤痕从海上拖回空的大马林鱼骨架时，疲惫地倒下去，然而老人的精神却升华了，他也体现出了人类不可征服的伟大精神，也是悲壮的；贝多芬的《命运》交响曲，体现了这种精神，是悲壮的；毛泽东笔下的闻一多，拍案而起，横眉怒对国民党特务的手枪，宁肯倒下也不屈服，也体现了这种精神，也是悲壮的。如果艺术失去了这种激情，失去了悲壮，就失去了尊严，失去了壮丽；如果一个民族失去了这种激情，失去了悲壮，就不可能强盛而只有懦弱！悲壮艺术是滋润一个民族的必需的养料。我们不少同学是追星族，热衷于追星星，崇拜港台歌星，喜欢"让我一次爱个够"之类的歌曲。有些同学则喜欢琼瑶、席慕蓉的作品。单是温柔缠绵是不够的，我们更应该从悲壮艺术中吸取必需的养料。在我们的个性构成中，既要有柔情似水的一面，更要有壮怀激烈的一面……

中学的语文教学中，学生对于课文的主题一般都能笼统理解，予以概念性表达并不困难，甚至亦会阐述一番，多数教学场合，教师 的讲解如达到上例▲处已属释义极限。本教例却不仅不止步于此，反而大作文章，在▲以后的大段独白中，引述名人、名作，论域从古及今、从中及外，在渲染铺陈课文主题情结、点化弘扬课文主旨境界的同时，宣示了教师自己的情怀，升华课文精神，也升华学生精神。这是主题解释的范例。"主题"，作为重要知识点，对它的认知理解是一种有别于词语、句段及人、物等"实体"解读的带有"形而上"意味的解读；目前普遍的"穿靴戴帽"的定义式教学，实际上一定程度地背离了"主题"的知识实质。主题解释方式途径当然无定法，但有两点是必得考虑的：一是主题内涵的具体表述（不单是概括，以应对标准化的考试），如例中划线处；二是结合自身感受、体会、领悟的演绎，演绎可以指向课文本身，可以兼及课外信息，更应当推衍出个人的评价。对于语文的课程知识，教师不应是再现者，而应是表现者，更应是创造者。

在课堂教学中，解释式讲解的对象主要是课文中的理解型知识，它与原理中心式讲解和问题中心式讲解的主要对象——实践型知识有所不同。前者主要解决"是什么"的问题，是一种信息/归类知识，后者主要解决"为什么"、"怎么做"的问题，是一种意念/隐含经验知识。理解型知识侧重通过"信息策略"来把握，实践型知识侧重通过"活动策略"来把握。"信息策略"是关于接受、感知、明了、理解、记忆、筛选信息的策略，"活动策略"是关于解决问题、创意应用的策略。语文教学过程中学生的信息策略作为信息的编码规则主要来源于以往的阅读经验、语文课堂学习经验，这些经验加上可供参照的思维材料；思维材料在课内主要由语文"三大件"组成：课本、教学参考书、工具书。从某种意义上说，语文课程以教本——教学参考书——各类工具书（三种之中学生至少已备有课本、工具书两种，使用教学参考书的学生也已非个别）所组成的文字知识信息系统已展示了理解知识的广阔信息空间。在此基础上的课内阅读指导——讲解，如何通过自己的"解释"提供另一层面的经验、思维材料？如果教师不能提供它们，讲解就失去了存在的理由——一切都已现成。目前的一般症候是：学生面对形式上充足的理解型知识辅读资讯（包括教师的讲解），实质上的知识理解仍存在障碍。其主要障碍以教学中的典例来表述，即是这样一个讲解的负性范式："'济南的冬天是响晴的'——'济南的冬天很晴朗'"的同义反复式信息误读。破除障碍的过程，应该是一个建立课程知识的解释系统的过程——课程知识再生产过程。

解释式讲解是语文课堂讲解中随机应用频率最高的行为。然而，又是应用相对随意、技术含量往往较低的行为。在对现场的文字、录音记录分析中，发现大量的解释话语存在"定义化"（有些"定义"又不确切，如前文所举的例子《济南的冬天》中解释"济南的冬天是响晴的"：就是说明"济南的冬天很晴朗"）倾向，言语内容显得肤浅，就事论事，"释点"的解说基本上不能建立"点"与"面"（"面"：相关边缘性信息，与全文、全语段、某语境解读相关的信息，"面"的信息由"点"辐射而形成信息联系，进而成为一个"网络"态的信息群）的联系。这种解释如果在课堂上充斥，语文学习难免"干枯苦涩"。因而，"释点"对于语文课堂上教师对课程知识的学科理论加工和文化经验加工提出了一定的要求，这一课程知识再生产至少需借助以下条件：①教师教学中的课文大局观，牵释点之一发时应考虑尽可能动课文全身（如例1）；②教师"轻"元知识、重引述（暗含）新知新能（如例2）的教学价值取向；③教师表达思想情感、识见、诉求（如例3）的主体意识和能力，对"教学影响"的广义理解。

三、案例三

原理中心式讲解教例及点评

原理中心式讲解是教学中进行定义界说、理念论证、原理演绎、观点归纳、思想分析的讲解范式，是讲解的高级类型。原理中心式讲解的行为特征是：（1）强调原理的推证和证据的组织。既具科学性、学科性，又有趣味性，激发和满足学习动机。论据材料不拘泥于教本。（2）交汇应用分析、比较、演绎、归纳、类比、抽象、概括等逻辑方法，并配合板书、提问等教学方式。（3）多用议论兼叙述的表达方式。

原理中心式讲解是教学中最重要的讲解方式，无论何种学科，作为基础知识的原理、规则、规律教学，总是教学的核心部分。下例是围绕课文题释所作的原理中心式讲解。这是一个对谈式讲解中典范的原理中心式讲解。

师：契诃夫就是这样一个人。那么他写的小说《变色龙》的题目又是什么意思呢？谁先说说"变色龙"的本义？

生：会变色的动物，蜥蜴的一种。

师：引申义？

生：指在政治上善于变化和伪装的人。

师：那么这篇小说是写人还是写动物呢？

生：写人的。

师：既然是写人的，为什么要用动物的名称作题目？

生：是写动物的，奥楚蔑洛夫就是动物。

师：到底是写人还是写动物？作者有什么用意？这些我们还没有完全弄清楚，说明我们还需要进一步学习怎样读小说。

（板书：怎样读小说？）

师：我们以前已经读过一些小说，初步懂得了应当按照小说的特点读小说。谁能说说小说有什么特点？

生：小说有典型的人物形象，有完整的故事情节，有具体的环境描写。

师：对，简明扼要！那么怎样读小说？上次我们归纳了六句话——★

生：了解写作的时代背景，掌握情节的发展过程，分析人物的性格特征，认识具体的典型环境，概括作品的主题思想，学习作者的写作特点。

师：你们记性好！我们就根据这些要求来读这篇小说。谁能说说这篇小说的中心事件？（板书：中心事件）

生：狗咬人事件。

师：对！（板书：狗咬人）中心人物呢？（板书：中心人物）

生：奥楚蔑洛夫。

师：对！（板书：奥楚蔑洛夫）中心思想呢？（板书：中心思想）

师：（不等学生回答）中心思想要从情节和人物中来。

生：罚款。

师：对呀，按理，按法律应当罚款。但后来罚了没有？

生：没有罚。

师：没有罚就没有理嘛！但最后还是"罚"了的呀，不是罚狗的主人，而责罚了被狗咬的人，这就更加没有道理了。所以我说，这个"罚"字里面大有文章，它表现了中心思想。（在"中心思想"后板书：罚）很明显，它是有阶级性的。在反动统治下，这个"罚"字是为统治阶级服务的；现在我们也罚，但罚的是损害人民利益的人，是为了维护广大人民群众的利益。这篇小说中将军哥哥的狗咬了人，照理狗的主人应该受到惩罚，那才是公正的。但在那个国家的那个时代，这是不可能做到的。请同学们想一下，在这篇小说中，奥楚蔑洛夫代表着沙皇政府的法律，作者是怎样暴露他们法律的虚伪和反动的呢？所有这一切又都集中表现在课文题目的哪个字上？

生：变！

师：对！通过这个"变"字，可以看清"罚"字的本质。因此，如果要问这堂课我们"怎样读小说"，就是要——（板书："抓'变'字入手，看'罚'字本质"）这是这篇小说的"个性"。同学们刚才讲的是"如何读小说"的"共性"。

语文学科阅读教学的"原理"与数理化学科的"原理"，在教材呈现方式方面是不太相似的，在"原理"的形态上这种异质表现为：语文"原理""埋藏"在课文中，"淹没"于文字里，它近乎是隐性的，在教与学过程中均需进行发掘和言语水平组织上的加工（如上例★处）。虽然近年来语文课程教材改革中的各种版本的语文教科书已经基本改变了阅读原理知识阙如的旧貌，将原理知识以单元说明、知识短文的形式单列出来，但由于沿用已久的中学语文通用教材未将"原理"（主要是阅读原理）纳入教本的知识系统，即仅仅注重提供了应用原理的经验信息，这一沿袭已久的状况导致教师教材处理和教学"事件"规划时还是缺乏以"原理"组织的意识，教学上五段式千篇一律的形式与此大有关系。在课堂认知过程方面，语文与数理化学科却有共通之处：原理性知识和事实性知识之间的关系是互为教学材料的关系；原理性知识可以通过模式化的认知历程予以操练；原理性知识是可论证推知的；熟习了原理并非能取得好的认知结果，但达到教学要求水平线的认知，必定是原理"内化"的结果。值得注意的是，语文教学的近乎约定俗成的"语文无原理"教学观点，它直接导致阅读教学组织中外部过程的刻板的有序和内部过程的繁杂的无序：刻板的有序，背景作者、字词段、人物事件材料、中心、写作特点，逐一认知，按部就班，"碎尸万段"，线性展开；繁杂的无序，已知未知混杂，信息利用多中心，该文本的阅读展开与该文本的阅读心理疏离甚至相背，无策略式解析，一锅烩，面面俱到。原理，实质上提供着一种认知框架，它有规约、导向教与学认知历程的功能，而以原理知识贯穿的阅读设计、阅读活动，在表面上打散了课文的材料排列次序，改造了课文的原有构架，却令认知更切近文本阅读教学的实质。

四、案例四

问题中心式讲解教例及点评

问题中心式讲解是教学中进行能力训练、方法探究、问题解决、答案求证的讲解范式。这也是讲解的高级类型。问题中心式讲解适用于重点难点、智慧技能和认知策略的教学。语文教学中主要问题的提问以及讨论等场合，适合配置这一类型的讲解。下面两个例子都取自《我的叔叔于勒》的课堂教学，第一个例子是小说刻画人物手法问题，第二个例子是小说情节的评价问题。

例1

师：小说通过神情、动作、言谈、心理描写刻画人物也很成功。先看牡蛎一例。作者写太太们吃牡蛎的动作过程是为了烘托表现谁的心理？

生：为了表现烘托菲利普的心理。

师："托、伸、动、吸、扔"一连串的动作描写非常细致，活灵活现地再现了太太们吃牡蛎的过程。这个过程打动了菲利普，在他看来非常文雅、高贵、令他怦然心动，于是这位穷酸的父亲也很想"高贵"一回。（学生笑）接下来人物对话侧重表现谁？

生：侧重表现菲利普太太。

师：菲利普太太的一番话非常"精彩"，谁能分析一下这番话在她来讲起到什么作用？（学生沉默、思考，教师启发）我们改一下她的话，让她这样说，"吃，我们都去吃，吃他个痛快"，这样好不好？

生：这样不好，菲利普太太舍不得花钱。

师：我们再这样改一下，"吃什么吃，你有几个钱好吃，别打肿脸充胖子！"这样好吗？

生：不好，这样一来丢面子，而且女婿在跟前。

师：同学们再比较一下课文是怎么说的，她这番话作用何在？

生：既维护了小资产阶级的面子，又省下了两个人的钱。

师：说得好，菲利普一时昏了头，而菲利普太太则保持清醒的头脑，她此时处于矛盾的心理状态，要说不吃，明显丢面子；要说吃，又怕花钱，很快想出了一石双鸟的办法。整个吃牡蛎的细节可以看出人物什么样性格特征？

生：爱慕虚荣，庸俗。

师：作者刻画了两个栩栩如生、有血有肉、呼之欲出的人物形象。事实上菲利普夫妇二人同中有异，还有各自不同的个性，这一点请同学们课后思考。小说对若瑟夫虽着墨不多，但也个性鲜明。（请一同学读课文第202页第5、6自然段）若瑟夫细致观察于勒，目光饱含怜悯之意，内心充满叔侄亲情，给小费则直接表现出对叔叔的同情，若瑟夫是一个怎样的人？写他，对主人公菲利普夫妇有何作用？

生：若瑟夫是一个涉世未深、天真单纯、善良可爱的孩子。若瑟夫恰与菲利普夫妇形成了鲜明的对比。

师：对，孩子是纯真的，大人是世故的；孩子是诚实的，大人是虚伪的；孩子是善良的，大人是势利的；孩子是慷慨的，大人是吝啬的。在若瑟夫身上寄予了作者的希望和理想。

例2

师：课文前面已有评价，情节曲折，构思巧妙。曲折体现在哪里？

生：由盼而赶，由赞而骂，最后避开。

师：故事不长却也跌宕起落。小说的情节惟波澜起伏，曲折多变，才能曲径通幽，引人入胜，使人产生目不暇接的美感。构思巧妙主要体现在何处？

生：主要体现在高潮、结局上。

师：何以见得？（学生沉默、思考，教师启发）这里假设两种情况，同学们和原作比较一下。第一种：顺势正向发展。菲一家在船上正好碰上衣锦还乡的于勒，菲赶紧上前，紧紧拥抱于勒，眼泪纵横，菲利普太太在一旁大唱赞歌："好心的于勒，你可真算是一个有办法的人。"

生：这样安排不好，原因是：第一，情节缺乏变化；第二，不能形成对比，削弱了人物性格，人物的本质不能充分暴露；第三，从而削弱了主题。

师：第二种安排，于勒此时已成为海盗，看到兄嫂在船上。怒从心头起，恶向胆边生，手起刀落，结果了他们两人……（学生笑）

生：这样安排也不好，虽在意料之外，但不在情理之中。而且主题也乱了。

师：而原作构思巧妙，妙就妙在：情节安排既在意料之外，又在情理之中。当时法国小资产阶级日趋贫困，根本无法掌握自己的命运，富于勒变成穷于勒有必然性。通过这一课的学习，同学们归纳一下，判断小说情节安排如何，应从那些方面考虑？

生：第一，生动性，要曲折多变，才能扣人心弦；第二，合理性，要合乎生活逻辑，真实可信；第三，有利于表现人物，表现主题。

问题中心范式的讲解是问题情境中指导学生解决问题并继续发现问题的教学行为。解决问题学习中，学生面对问题情境，或应用先前学过的原理，或组合若干原理自行发现新的原理解决问题，凭借解决问题将新的原理作为知识来指导自我认知。伴随解决问题学习的对谈式讲解，是通过学生从具体到抽象、从一种问题情境向另一个问题情境转移的思维流程实现的。从上面两例看，这一流程中充满了教师的问题意欲，表现为在事实材料处理上的描述性讲解——以问题情景的设置引领学生联想、推论；在例证逻辑处理上的正反对比映衬性讲解——以问题解决向度的提示启发学生评价、判断。把教师的讲解在问题情境中抽取出来，连缀成章，可以很清晰地看到一个问题逻辑的层层展现过程。在问题中心范式教学的研究中，这种"论点——论证——论点"式的"议论文分析法"是可行的有效的行为研究方式，对于改善教学中教材内容与问题、教师思路与问题、问题与学生的关联上的弊病有所帮助。

（案例二、案例三、案例四三个教例及评析均选自区培民著：《语文教师课堂行为系统论析》，华东师范大学出版社 2001 年版）

【操作实践设计】

1. 为《叔向贺贫》设计一个解释式讲解导语。

2. 写一段解释《我的空中楼阁》景物描写特点的讲解文字。

3. 总结讲解《道士塔》的文体特点。

4. 结合自身感受、体会、领悟讲解《漫话清高》的主题内涵。

5. 根据小说主题概括原理设计《药》的主题讲解结构。

6. 根据诗歌意象鉴赏原理设计《致橡树》的讲解结构。

7. 以"对话和细节描写表现人物性格"为问题中心为《荷花淀》的教学设计一个讲解程序。

第十五章　语文课堂教学的提问技能

教学目标：把握提问的课程内涵，认识语文课堂教学提问的意义，熟悉语文课堂教学提问的技巧和要求，有效掌握并熟练运用语文课堂教学提问的方法。

第一节　要求与方法

一、语文课堂提问的意义

语文课堂提问在语文教学中占有十分重要的位置，它在引起学生学习注意，激发学生的学习兴趣，提高学生分析和解决问题的能力以及活跃课堂气氛、加强师生交流等方面都有着不容忽视的重要意义。

（一）引起学生注意

以教师科学发问，学生中肯回答为形式的课堂提问，能不断地引起学生的注意。课堂提问给学生以外部刺激，防止了注意力的分散。学生要对所提出的问题作出中肯合理的回答，就必须随着课堂教学的思路走，并对所提出的问题进行紧张积极的分析和思考，这样就使学生自然地产生了一种紧迫感，从而督促和激励他们保持对所学内容的高度注意。这是语文课堂提问的主要意义所在。实践证明，通过课堂提问引起学生的注意，让学生积极参与教学活动，所学知识比由教师对学生单向传递信息所获知识的印象要深刻和有效得多。另外，通过课堂提问引起学生的足够注意，对于教师有效地组织和开展教学也有其独特的意义和价值。例如，教师在正式上课前设置一个新颖别致的问题请学生回答，就能将全体学生的注意力很快地从课前纷乱的状态吸引到课堂中来，从而有效地起到组织教学、保证教学秩序良好运行的作用。

（二）激发学习兴趣

俗话说："兴趣是最好的老师。"语文课堂中的提问能激发学生的好奇心，从而引发学习的强烈兴趣和动机。一个有意义的问题能够促使学生积极思考，努力探求问题的正确答案，以体现他们对未知世界的探索和追求。而在思考和探索问题的过程中，他们也会充分调动和运用自己的聪明才智，激发自己的创造潜能，从而获得对问题的深刻理解和认识。因此，在这个过程中，学生是能够发现和体会到成功的喜悦的。这样，他们的自尊心就得到了满足，其自身价值就得到了确认。这无疑又会大大加强他们对问题进行探究的自信心和兴趣。另外，课堂提问的回答要求学生把自己思考的结果向全班同学报告出来，而回答的结果往往反映了一个人知识水平的高低及其运用知识能力的大小。所以，学生对问题的回答总是力求完美和准确，以期得到老师、同学的肯定和赞扬。而在赞扬和肯定的激励下，他们也会进一步激发学习兴趣，努力拓宽知识面，积极思考和探索，以进一步提高自己的水平和能力。

（三）引导内容理解

语文课堂提问的适当运用，有利于引导学生分析课文中的重点信息和材料，以促进对课文整体内容的理解。教师运用提问技巧，针对学生理解有困难的内容，引导学生分析那些对课文整体起关键作用的材料和信息，能够帮学生扫清这些障碍，从而很快地串起课文的主要线索，抓住文章的脉络，使学生产生对文章内容的整体理解和认识。合适的语文课堂提问，也能够引起学生对"盲点"内容的重视和注意，从而促进、加深学生对教学内容的理解和认识。在学生阅读课文的过程中，常常会把好像对全文理解影响不大但实际上有深刻涵义的一些内容忽略过去，我们把它称之为课文的"盲点"内容。"盲点"的存在，大致反映了学生对教学内容的理解仍停留在比较肤浅的表面层次，缺乏对这些内容的具体内涵的深刻理解。教师恰当地利用课堂提问，有利于提示、引导学生注意这些内容，以促进和加深他们的理解。另外，教师利用恰当的课堂提问，也能够补充进一些对教学内容理解有用的背景内容和关联材料，以帮助和促进学生对教学内容的理解。

（四）提高口语能力

语文课堂提问对培养学生口语交际能力的作用是显而易见的。语文课堂中的提问，往往是以问话、答话的形式出现的，而在这"一问一答"的过程中，就蕴涵着大量进行口语交际训练的材料和因素。教师善用这些材料，根据学生在语言表达和交流中存在的问题，有意识地鼓励、提示、纠正和完善学生的回答，不仅能够起到传授知识、启发思维的作用，而且能够在完成其他教学任务的同时自然而然地进行口语交际教学，提高学生的口语交际能力。

（五）实现互动交流

传统的语文课堂教学，往往采取"先生讲，学生听"的单纯知识灌输的模式，教学中的信息不容易在课堂上传达出来并得到有效的反馈，这不利于师生的双边互动和交流表达。语文课堂提问通过教师提问、学生回答的形式，使师生双方都能接收到来自对方的反馈信息，从而加强了双方的互动交流，活跃了课堂气氛。这种变"一言堂"为"群言堂"的互动交流方式，有利于形成良好的师生关系，有利于促进学生对知识的理解和运用，同时也能促使教师根据交流中得到的信息进行教学反思，以进一步改进教学内容和方法。

二、语文课堂提问的要求

（一）一般要求

1. 提问要有课程意识

提问要有"课程意识"，就是要求语文教师在设计课堂教学的问题时，要从语文课程的特定目的和功能出发，注意对所提问题的课程意义和价值的考虑，从而胸怀课程理想，在课程理念的指导下选择与教学目标和内容相适应的问题，以体现课程对教学内容选择和学生发展所起的指引作用。语文课堂提问有"课程意识"的表现，主要体现在对"提问什么"以及"为什么提问这些"的课程问题的关注和思考上。

"提问什么"也就是"选择什么问题"，即确定问题所包含的主要内容。这里有一条总的原则和标准，那就是要根据课程目标和内容来确定问题的主要内容。课程目标和内容是教学内容选择和确定的依据，是指引课堂教学沿着课程规范顺利进行的保证。教学内容的选择和确定，必须比照、依据课程目标和内容的标准进行。课堂教学所提的问题，由于在很大程度上体现了教学内容和程序的安排，所以这些问题也必须遵循课程目标和内容的要求，而不可过分偏离和扭曲课程目标和内容对它的要求。这种课程意识对于以选文为材料进行教学的语文课程来说，意义尤为可贵。由于所提问题有了明确的课程目标和内容依据，语文课堂教学因而减少了提问的盲目性和随意性。

从语文课程的基本理念来看，"为什么提问这些"有这样几个方面的依据和标准（也就是说，语文课程的基本理念为语文课堂提问提供了参照标准和依据）：（1）从是否全面提高学生的语文素养检验问题的综合性；（2）从是否符合语文教育的基本特点思考问题的适切性；（3）从是否适应自主、合作、探究的学习方式考虑问题的探究性；（4）从是否有利于建设开放、动态的语文课程检视问题的开放性。

2. 提问要有教学价值

提问要有教学价值，就是要求语文课堂中的提问要富含教学意义，符合教学目标的要求，适应学生认知和思维发展的规律，反映对教学内容和过程的合理安排。从实质上说，课堂提问要有教学价值，就是要考虑学生的心理发展水平，加强教师的引导作用，将蕴涵在语文内容、参考资料等原生性材料中的教学因素挖掘出来，致力于培养学生理解、分析、处理和运用语文材料的能力，使提问实现语文课程的培养目标和育人功能。

语文课堂中的提问，不同于我们日常交际和交流中的"问话"。日常交流中的问话通常是比较简单的，无须应答者经过复杂紧张的思维活动就能作出回答，它的意义主要表现在人际间的交流和沟通上，如见面时的"你吃了吗"、"你到哪儿去了"等这样的问话，主要表达的是一种问候的意义，对讲话内容的理解和思维水平的要求不高。语文课堂中的提问一旦进入具体的教学情境，就有其独特的意义和价值，它的主要作用在于促进学生对教学内容的理解分析能力和思维能力的发展，因此需要考虑教学过程中的各种因素和影响作用。在教学过程的要素中，教师、教材和学生是决定教学活动能否成功进行的关键因素。所以，课堂提问必须充分考虑这些教学因素的作用，以实现提问的教学价值。

课堂提问要实现其教学价值，就要求教师努力提高自己的知识素养和提问技能，充分考虑学生的年龄心理特点，同时根据教学内容的特点和教学重点，引导和鼓励学生对所提出的问题发表积极有意义的见解和看法。因此，教师在提问时应该态度亲切，发扬民主作风，重视学生的主体作用，充分发挥学生的积极性和主动性，不能对所提问题的答案作出强求一律的规定，那种硬要学生按照教师预设的答案、标准进行回答的态度和做法是要不得的。

3. 提问要有情境意义

提问要有情境意义，就是要求语文教师在设计问题时，要充分考虑教学中的各种具体情况，估计教学中有可能发生的事情，使提问贴近学生和教学的实际，适应具体的教学情境。语文课堂提问的情境意义，主要体现在对问题是"针对何人"、"在何时"、"于何地"提出等问题的考虑上。

不同层次、不同特点的学生对教学内容的理解和接受能力是不同的。"针对何人"就是要考虑一个班学生的整体水平，并针对不同学生的个性特点，设计不同层次和形式的问题，以使学生更容易、更自然地接受问题。如对习惯深思的学生提出比较尖锐、富有挑战性的问题，对个性活泼的学生以较为开放的形式（甚至可采取适当玩笑的方式）提出问题，而对比较内向的学生则采用亲切的鼓励语气提出问题等。

"在何时"提问，就是要根据课堂教学的实际情况恰当适时地提出问题。在课堂教学的过程中，有时会发生一些意想不到的事情。此时，教师如果能够抓住机会，恰当地向学生提出问题，引导学生转入对教学内容的思考，就能收到出其不意的效果。比如，一位教师在教《花未眠》一课时，一位同学突然大叫了一声："啊！"造成了课堂秩序的大乱。原来，这位同学上课时走神了，偶尔抬头，看到教室外天空上出现了一道美丽的彩虹，使得他不由自主地大声赞美起来。这时，教师利用这个机会，因势利导地提出了一个问题："是啊，真美！××同学偶尔抬头，突然发现了彩虹的美丽，这说明了一个什么问题呢？请联系课文内容作答。"学生马上根据课文内容得出了正确的答案："美是邂逅所得，美是偶尔所得。"这样，学生的注意力就自然地吸引到课堂内了。而通过这个提问，他们对课文内容的理解和感悟也更为深刻了，从而取得了最佳的教学效果。

"在何地"提问，就是在课堂教学中根据教学内容，针对教师或学生所处的位置提出恰当的问题，加强课堂提问的情境意义，给学生留下较鲜明的印象，以加深他们的理解和认识。如在口语交际教学中，对于座位位置靠后的学生，提出一个问题："语言表达在声音上有什么要求？请你根据这些要求回答我的问题。"这样就会使学生对语言表达在声音上的要求有更真切的理解和体会。

（二）具体要求

具体说来，语文课堂提问要实现其应有的价值，就要在以下几个方面下工夫：

其一，明确教学目标。在一堂课中，针对不同的教学内容，语文课堂教学有不同的教学目标，其中就有知识、能力和情感等不同方面的目标和要求。语文教师在设计语文课堂教学的问题时，就必须针对不同目标设置相应的问题，要清楚提出这个问题是要培养和发展学生哪一方面的能力和素养。

其二，控制问题的大小和数量。课堂提问中常见的问题，一是大小失当，二是数量失调，而这都会造成学生思维过于紧张或过于松弛，从而影响课堂提问的质量和效果。问题提得过大或过小，流于一般化或琐屑化，就会拔高或降低问题所应达到的高度和难度，起不到发展素养和启迪思维的作用。例如"作者为什么要写这篇文章"这样的问题，可能会使学生如同蒙了一头雾水，产生迷惘感，学生虽经过努力的思考仍不得要领，这就是问题过大，失之于空泛了；而像"这篇文章的标题是什么"、"这篇文章的作者是谁"这样的问题，则是问题过小，压缩了学生思考的空间，学生不需要经过思考就能直接回答出，这种不成问题的"问题"，并不能构成课堂教学中的"真问题"。同样，一堂课问题提得过多或过少，语文课堂提问的数量失调，也会使问题失去其应有的意义和价值，影响课堂教学目标达成，阻碍学生思维的发展。问题提得过多，学生对一个问题常常来不及冷静的分析和思考，又得转入对下一个问题的思考和回答。这样的课堂提问看似热闹，但学生忙于应付来自教师的简单呆板的问题，常常就忽略了对教学内容本身和重点的关注，就不会形成对教学内容及重点的深刻理解和认识，因而也就谈不上教学目标的实现和达成。问题提得过少，师生的注意力可能只专注于对某些细枝末叶问题的解决上，忽略对大部分教学内容的学习和理解，从而影响教学目标和任务的完成。另外，过少的提问也不利于课堂教学的互动交流，造成课堂气氛的沉闷。因此，适量和适度的提问是课堂教学活动成功开展的可靠保证。

其三，根据教学内容分解问题。在课堂教学中，于教学内容的重点和关键之处，有时需要设置一定的问题，以帮助学生加深对这些内容的理解。但学生对这些内容的理解往往是不能一步到位的，这就需要教师设置合理的问题框架，先提出一个主问题，然后将问题按顺序分解成一系列由浅入深、由易到难的小问题，以逐步达到学生对这个问题的合理理解和自然接受。语文课堂提问的分解技能在促进学生对内容的透彻分析，帮助学生理解问题的实质是非常重要的。遗憾的是，在提问中，许多教师并没有对问题分解的意识、也不能很好地利用分解技能来解决问题。例如，一位实习老师在教《我的空中楼阁》时，当教到"小屋的出现，点破了山的寂寞，增加了风景的内容"这个教学内容时，问了一个很好的问题："为什么说小屋点破了山的寂寞呢？"本来这里可以利用这个问题，引导学生感受和体会小屋灵巧活泼的特点，从而增加他们对空中楼阁及作者寄予其中的生活理想的理解和体悟。但是，由于缺乏对问题进行分解的意识及对分解方法的掌握，这位实习老师在学生难以回答的情况下自行得出了令人啼笑皆非的结论："因为这里运用了拟人的修辞手法。"这种不明不白的问题解决方式，只能给学生以隔靴搔痒的感觉，而不能真正透彻地理解教学内容所蕴蓄的丰富涵义。其实，只要把这个问题当作主问题进行分解，设置几个小问题，如"'点破'的意思是什么？""'寂寞'有什么含义？"，然后引导学生联系他们的生活经验来理解这个问题，就能较好地达到正确恰当地理解教学内容的目的。可见，有效地设置主问题并对它进行合乎情理的"分解"，以引导学生逐步得出正确的分析结论，是促使学生完整、深入地理解教学内容的关键。

其四，注意提问语言的措词。措词，是指问题设计的语言要准确、明白、简洁，具有明确的指向性，问题的表述要适合全体学生的心理发展状况和知识能力水平，能促使他们较快地做出反应。

措词准确、明白包括两个方面的内容：一要准确反映问题的实质。要清楚学生中究竟有哪些问题，文章中哪些地方应当设疑。问题抓得准，摸得透，才能做到有的放矢，切中要害。问题提得不准，就会使提问过程流于笼统肤浅，不关紧要，不得要领。二是问题的表述要明白、确切，让学生明确思维定向。常有这样的情况，问题抓得很准，但文字表述上有毛病，学生听不明白，因而无从思考，失去目的性而造成胡乱猜想，必然会浪费许多时间。如有位教师教《乡愁》，设计了一个导语，目的是想让学生说出课题《乡愁》来。于是他叫起一个学生，启发道：如果有个人到了一个遥远的地方，时间长了，他开始想念自己的亲人，这叫做什么？学生答道："多情！"师：可能是我问错了，也可能是你理解有错。好，我换个角度再问：这个人待在外乡的时间较长，长夜里，他只要看见月亮就会想起自己的家乡，这叫什么？学生干脆说："月是故乡明。"老师着急了，急忙否定："不该这样答吧！"学生立即改口：那就是"举头望明月，低头思故乡"。说完，学生把头抬起来，看见老师满脸阴云，立即感到自己的答法又不合老师的想法，于是再度改口：那就是"月亮走，我也走"。这时，老师再也控制不住自己，武断地说：我只要你用两个字回答，而且不能用"月"字。学生嗫嚅道："深情。"又说得不合老师的胃口。好在此时下面有学生接口：叫做"乡愁"。教师这才如释重负。

措词简洁，是强调问题的文字表述要简洁，不啰嗦，不要有与问题无关紧要的赘语和旁枝杂叶的废话，要避免"是不是"、"嗯"、"啊"之类的口头禅。另外，提问的语言一般要用口头语言，少用书面语言，尽量少用或不用"何谓"、"何为"、"岂能"、"可否"之类的古语词汇，以使提问语言符合口语交流习惯和学生的听力要求。

三、语文课堂提问的方法

《学记》中说："善问者如攻坚木，先其易者，后其节目，及其久也，相说以解，不善问者反此。"因此，要有效地发挥提问的启发和引导功能，就必须注意语文课堂提问的方式方法。

（一）针对教学内容提问

1. 在重点内容上提问。就是对学生理解整篇文章起关键作用或学生不易理解的某些词句和内容提问。抓住这些内容提问，往往可以带动学生对其他内容的理解，起到事半功倍的效果。如教《荷塘月色》一课，抓住这篇文章的重点句（文眼）"这几天心理颇不宁静"提问，使学生弄清楚作者"不宁静"的原因，就能理清作者思想感情发展的脉络，从而带动对全篇内容的理解。

2. 在文句含蓄处提问。课文中常常有许多含义深刻的句子，抓住这些句子提问，能够引导学生的思维向纵深发展，培养学生努力思考和不懈探究的能力。如《记念刘和珍君》里，有许多含义深刻的话："不在沉默中爆发，就在沉默中灭亡"、"时间永是流逝，街市依旧太平"等，如果抓住这些句子设计问题，启发学生思考，就能加深他们对句子的理解，锻炼他们的思维，发展他们对问题的探究能力。

3. 在内容矛盾处提问。有些课文的内容看起来自相矛盾，实际上却正是文章作者的匠心独运之处。在这些地方提问，不仅可以化解学生的疑惑，而且也可以使他们领会并学习到作者高超的写作技巧。如《为了忘却的纪念》，这篇文章的标题本身就是个"矛盾"，而在文章中也有看似互相矛盾的句子："我不如忘却罢"、"我正有写一点东西的必要了"，对这样的地方提出问题："它们是不是真的矛盾？""作者为什么要这么写？"就能引导学生展开积极的思维活动并认真阅读和分析课文，从而达到解疑释惑、领会作者写作妙处的效果。

4. 在句子的独特之处提问。有些课文中的句子具有独特的结构和形式，抓住句子的这些特点提出问题，也可以帮助学生正确地理解课文内容，促进他们的认识。如针对《我与地坛》中的一句话："地坛离我家很近，或者说我家离地坛很近。"这里可以设置问题："这个句子的两部分表达的是不是同样的意思，如果不是，它们的区别在哪儿？作者为什么要这么写？"这样就可以引起学生对句子的言语形式和内容的注意，并引导他们深思，从而形成对问题的敏锐观察和深刻理解的习惯。

5. 在情节的"空白"处提问。有些文章的情节说到关键处突然戛然而止，而又欲说还休，意犹未尽，给读者留下了无限的想像空间和思考余地。在这些情节的"空白"处设置问题，可以激发学生的想像力和思考力，给他们留下自由发挥的余地。如《一件小事》中讲到"我"看到车夫走出去的背影时，感到越来越高，越来越大，须仰视可见，"仿佛要榨出我皮袍下压着的'小'来"。写到这里，文章戛然而止，就此结束了。本来按照一般的常理，作者是要在这里作一番思考和发一通议论的，但是作者并没有这么做，而是把这种思考的空间留给了读者。所以在教这一课时，针对作者留下的"空白"向学生提问，让他们来发表自己的看法，这是有利于学生思维的拓展的。

（二）灵活运用多种形式

1. 温故知新。这种提问方式通过复习旧的知识来学习新的知识，加强新旧知识之间的联系，从而达到巩固旧知识、理解和掌握新知识的目的。

2. 提纲挈领。就段落或文章的结构脉络、整体内容等提出问题，以培养学生的综合概括能力和整体理解能力。

3. 投石激浪。对课文内容提出新颖别致的问题，以激发学生的兴趣，引发学生的思想火花，从而活跃课堂气氛，使学生产生积极思考。

4. 反面设计。是一种"反其道而行之"的提问方式，也就是改写课文中的某部分，让学生比较改写部分和原文，让学生认识到课文为什么要这样写，而不那样写。

5. 定势提问。为了集中学生的思维方向，教师先提出自己的看法，然后通过提问，把学生的思维引向一定的方向和轨道，从而避免不必要的争论。

6. 比较分析。对具有相似点的不同文章和段落提出问题，要求比较它们在内容和形式等不同方面的异同，其目的在于培养学生的分析和理解能力。

7. 有意示错。教师有意说错某些看似简单而又重要的知识，让学生明显地意识到其中的错误，教师乘机引导他们认识错误的原因所在，以加深学生的印象。

8. 回归反问。这种提问方式是在学生提出问题后不忙于解答，而是反过来将问题抛给学生，让他们自己作出解答。学生提出问题，通常有三种情况：一是学生确实不懂；二是学生对问题知道一些，但把握不足，处于想说不说之间；三是提个问题难一难学生，借此显示一下自己。对于这样提出来的问题，第一种情况可以由教师回答，而第二、三种情况则可以留给学生自己回答，以激励学生积极思考，引导他们得出正确合理的答案。

总之，语文课堂提问的方法有很多，可以从提问的内容来看，也可以从提问的角度来看，而从形式上看，提问的方法更是多种多样，这里不可能穷尽所有方法的全部，而只能采取列举的方式。对于这些方法，必须说明的是：尽管它们的形式千差万别，但形式由内容决定，教学内容是决定提问形式的关键因素，只有牢牢抓住教学内容的特点并对它进行提问，才算是把握了语文课堂提问的实质。所以在进行语文课堂提问时，不必过于拘泥于那些形式上的方法，因为形式是可以由我们根据教学内容自由运用和发挥的。

第二节　案例呈示及分析

一、案例一

《一双手》课堂教学实录
执教人：洪宗礼

师：同学们，试用课本第三单元的课文都是写人的。我们已经学过的《一面》，写的谁？

生：鲁迅。

师：《同志的信任》，写的谁？

生：鲁迅。

师：《驿路梨花》写的谁？

生：梨花姑娘。

师：今天我们要学的课文也是写人的，写的是一位林业工人。

大家知道，写人，特别是写人的外貌特征，往往抓住人物的哪部分来写呢？（学生举手），哟，都知道。好，你说！

生：我认为最好抓住人的表情来写。

师：人的表情？我刚才问的是写人物往往是抓住外貌的哪部分来写的？

生：是眼睛。

师：眼睛。为什么要写眼睛呢？

生：从眼睛可以看出人的表情。

生：因为眼睛是心灵的窗户。

师：好，不错。

我在讲台上看你们的眼睛一双双都是亮晶晶的、水灵灵的，的确是心灵的窗户。我就通过你们的眼睛知道你们心里想的是什么。

你说了一点，是对的，写人物为什么写眼睛，还有没有其他什么理由？

生：眼睛是会说话的。

师：眼睛会说话？你的眼睛是怎样说话的？

生：比如说，现在我正在回答洪老师提出的问题。我的眼睛告诉洪老师，我正在思考。

师：你回答得真好，你真聪明！一般地说，写人物的外貌特点，是写眼睛。而我们今天讲的这篇文章的作者偏偏不去写眼睛，而去写一双手。（板书课题：一双手）请大家把书翻到第135页。

美术老师说手最难画，而且又无丝毫的表情，作者的思路是不是有点怪呢？我们一边读课文，一边思考这个问题。"我握过各种各样的手——老手、嫩手、黑手、白手、粗手、细手，还有唐婉似的红酥手，但都未留下很深印象。"

师：唐婉是什么人，××同学说说看。

生：唐婉是宋朝诗人陆游的妻子。

师：你怎么知道的？

生：书上有注释。

师：他会看注释。看注释，这是读书的一种本领，很好。我们大家都要养成读书看注释的习惯。

红酥手的"酥"是什么意思？是不是街上卖酥饼的"酥"？

生：不是的。注释上说，红酥，亦写作"红苏"，指红润细腻。红酥手，是指红润细腻的古代美人的手。

师：作者握过很多手，但都未留下很深的印象。读到这儿，我又想到一个问题：课文题目明明是"一双手"，作者为什么偏偏列举出"各种各样的手"，而且又是未留下很深印象的手呢？是不是走题了，大家可以议论议论。（学生七嘴八舌小声议论）有人反应很快，已经知道作者的用意了，但还有些同学没有领会，读完第二、三两段，大家都会清楚的，然后再来回答这个问题。

请一位同学把第二、三两段读一下。

（学生读第二、三两段，教师运用幻灯片解释词语。肩镐，肩，这里是动词，意思是用肩扛。镐，刨土用的工具。板书：不论……只要……就……）

好，念得很清楚，请哪一位同学回答一下，为什么先不写这一双手，而是一开头就写各种各样的手？

生：我觉得这样写，把各种各样的手与这一双手作比较，可以从各种各样的手引出张迎善的手。这是用的对比衬托的手法。

师：对比衬托的手法？也就是用"各种各样的手"来衬托"这一双手"，是不是这个意思？

生：（齐）是的。

师：这是什么方法？

生：是铺垫。

师：还有其他意见吗？

生：烘托。

师：还有什么说法？

生：衬托。

生：我认为是烘云托月。

师：你用的这个词是哪儿来的？

生：我在昨天的报纸上看到的。

师：你看的课外书报不少，记忆力又好，和刚才儿位同学用的词不同，但讲的意思都是对的。作者一方面写"未留下很深印象的"各种各样的手，一方面又写"不论在什么地方，只要再提到它，就能马上说出"的一双手，目的就是要从各种各样手与这一双手的对比中，更加突出"天下第一奇手"。

（板书：天下第一奇手）

师：那么，这一双手哪些地方"奇"，作者怎么写"奇"的？请大家一起来学习课文的第二部分，也就是第 4 段到第 18 段，共 15 个段落。这是全文的重点，在这一部分中，主要写采访中关于一双手的见闻。请同学们运用试用课本中"阅读方法和习惯"中"四到"的方法自己独立地阅读这一部分课文。请先看幻灯片。

（幻灯映出）

读书"四到"

眼到——仔细看书，一览文意

口到——出声念书，熟读成诵

手到——圈点勾画，摘记撮录

心到——揣摩领会，认真思考

师：眼到的要求是什么？

生：（齐）仔细看书，一览文意。

师：口到的要求是什么？

生：（齐）出声念书，熟读成诵。

师：手到的要求是什么？

生：（齐）圈点勾画，摘记撮录。

师：心到的要求是什么？

生：（齐）揣摩领会，认真思考。

师：用"四到"方法学习这部分课文，我提出几点具体要求。

"眼到"：仔细看懂作者写的是怎样一双"奇"手。

"口到"：出声念描写手的特征的写得好的语段和句子。

"手到"：勾画圈点、标出段序，划出写手的特征的重要语句。

"心到"：用心揣摩，作者按照什么顺序？从什么角度来写"奇"手的？写手"奇"用了什么写作方法？写手的目的是什么？可以借助课文右边的读中提示来思考。

好，下面请一位同学朗读，哪位同学自愿读的？要求读书的人很多。

（指定一位同学朗读，其余同学轻声随读，教师在行间巡视，小声个别指点"四到"读书方法）

……

从语文课堂提问的角度看，这堂课体现了以下特点：

1. 有明确的教学目标

提问要明确教学目标，针对教学目标来设计问题、组织教学，这样的提问才会有内容、有重点，从而减少提问的随意性和盲目性。这堂课的教学目标是学习课文的朴实、生动、形象的语言和外貌描写的方法，并在听说读写训练中体会人物不畏艰辛、无私奉献的精神。所以，洪老师一上来就用几个问题引导学生思考"写人，特别是写人的外貌特征，往往抓住人物的哪部分来写"的问题，并在教学过程中设计了一系列的问题来体现教学目标，如"那么，这一双手哪些地方写'奇'？"，"作者怎么写奇的？"这些问题就是针对教学目标中学习课文朴实、生动、形象的语言的；而通过提问，比较张迎善手的"丑"和绿色宝库的"美"，也是针对教学目标设计的。这样就使问题集中在教学目标上，从而体现了教学重点，提高了教学的效率，避免了问题的枝蔓对教学目标完成的影响。

2. 注意提示学习方法

语文教学的重要任务之一是通过传授给学生语文学习的方法和习惯，授之以渔，以使学生能够逐步达到自能读书的地步。洪老师非常重视学生读书方法和习惯的培养，因此他在这堂课的教学中时时注意利用提问来提示、引起学生对读书方法的注意。如学生在说出了唐琬的来历后，马上追问一句："你怎么知道的？"从而提示了全班同学对"看注释"这种读书方法的注意。另外，洪老师对一些具体的读书方法进行了回忆性的提问，这种提问方式有利于提示学生即时运用这些方法来进行读书实践，同时对强化和加深学生的记忆和理解也是有好处的。

3. 运用了多种提问方法

这一堂课，洪老师运用了多种提问方法，并注意结合学生的个性心理特点。从一开始，他就连续设置三个问题，把学生引入兴味盎然的思考王国。接着，从第一段起，顺着作者描写一双手的思路，步步引导学生围绕教学目标积极思考。在这个过程中，多种提问方法得到了淋漓尽致的运用，如正问、反问、曲问、明知故问等。这些提问多而不碎，短而不空，新而不奇，趣而不俗，环环相扣，饶有兴味，所以通过教师的点拨、引导、启发，使教学逐步步入了高潮，教学取得了很大的成功。这些都得益于提问中教师对学生认知心理特点的熟悉和对教学情境的合理把握。

二、案例二

《再别康桥》教学案例（部分）

浙江省江山中学　郑逸农

在文学作品教学中，对于学生的学习，教师不能替代、不能指示。"非指示性"是笔者与多位志趣相投的同事一起探索研究的教学理念和教学形式。其核心精神是"二不"：不指示学习目标，不指示问题答案。就是说，学习一篇文章，学习目标不是教师根据自己的理解预设，而是学生根据自身特点与文本特点在教室里现场确定，并且带有个性差异；问题答案不由教师宣布，而是由学生思考后得出。教师不是指示者，甚至不是传授者，而是组织者、引导者和促进者。

这堂课教学的基本步骤是：学生自读；学生以此为基础说出各自的原初体验；再读，据此确定自己的学习主题；根据各自的学习主题，开展研读欣赏，欣赏之后交流体会；再将研读中的各种问题提出来讨论；教师根据研读情况补充提问，并介绍自己的研读体会；最后，由学生代教师作总结语。

在教学步骤的研读提问部分，这堂课的教学实录是：

交流之后，教师把学生的阅读理解再往深处引："各位在研读和交流的过程中，肯定会产生一些疑问，请大家先在小组内交流自己的问题，小组内容易解决的马上解决，不易解决的，写在专用纸上，作为本组的问题，提交全班讨论。"

各小组开始提问讨论。之后八个小组向全班提交了八个问题，其中有三个小组的问题都是"为什么不带走一片云彩"（表达稍有出入），这样就只有五个问题了。

"现在，请一位打字速度最快的同学上来，把问题依次打到屏幕上，好吗？"

徐颖倩应声而上，五个问题马上显示出来了——

1. 开头的"轻轻的"与结尾的"悄悄的"能不能互换？
2. 作者为什么说"沉淀着彩虹似的梦"？
3. "向青草更青处漫溯"有什么深意？
4. 作者十分留恋康桥，为何又"不带走一片云彩？"
5. 笙箫是一种乐器，为什么悄悄会变成"别离的笙箫"？

"请每小组选取三个问题来讨论，其中本组提供的为首选讨论题，与本组题目排列最近的两个为次选讨论题。现在开始讨论。"

教室里又活跃起来。

问题1：开头的"轻轻的"与结尾的"悄悄的"能不能互换？

王剑南："轻轻的"是客观状态，"悄悄的"是主观意向，作者不想扰乱那份宁静，所以"悄悄的"走。

毛林军："悄悄的"不仅包括四周环境的静，还包括作者心境上的静，也许作者写到这儿心情很平静吧，自然不能换到前面去。我也认为是作者不愿扰乱康河原有的恬静和美丽。

毛健子："悄悄"包含了"轻轻"，是作者感情的升华。

陈聪：这两个词有相同之处，又有区别。"轻轻"侧重修饰"我"，而"悄悄"则涉及了诗人离开康桥时的环境，而且让人感到诗人是在大家都不知道的情况下离开的，我想诗人离开时的心情并不平静。这两个词不能换。

问题2：作者为什么说"沉淀着彩虹似的梦"？

毛林："沉淀"是指难溶解的物质沉到溶液底层，说明水很清。

郑小窗：在杂质沉淀前，一切是浑浊的。当沉淀后，反而变得清晰。表现作者对昔日的理想有更清醒的认识。

宋倩：我认为，"沉淀着彩虹似的梦"，体现了作者原本有美好的愿望，可是，现在理想没实现，感到很失落。这里跟"悄悄的走"相呼应。

宁晗：我认为这样表达有四个理由，①适合全诗意境；②与"揉碎"前后呼应；③表明一些不好的东西的结束；④说明年代久远。

戴琛：我想顺便问一下，"沉淀着彩虹似的梦"，是否有消极意义？

孙振宇：我认为有一点消极，因为他把"梦"给沉淀了，把自己昔日的纯真、上进的理想抛开了。

问题3："向青草更青处漫溯"有什么深意？

郑升升：我觉得这个问题没什么好讨论的，太简单了。

教师：这样简单否定可不好，不够礼貌，也不能体现钻研精神。

冯俊鹏："青草更青处"可能留下过作者的美好梦想。

阮翔："青草更青处"可能更有梦幻般的景色，会把诗人带到梦里去。

刘峰：我认为两者都有一些。

问题4：作者十分留恋康桥，为何又"不带走一片云彩？"

宁晗：不愿打破康桥的宁静恬美。

饶黎思：留个完整的美好记忆给自己。就像一些公园的标牌上所说的，"除了足迹，什么都别留下，除了记忆，什么都别带走"。

黄宣滕：为什么"带走一片云彩"？我也讲讲自己的看法。徐志摩很潇洒，这从他的散文和爱情中可见一斑。我认为他潇洒地来，又潇洒地走，挥一挥衣袖，抖落的是在这里的美好愿望和对康桥的万千离愁。

问题5：笙箫是一种乐器，为什么悄悄会变成"别离的笙箫"？

王巍：作者是想用"笙箫"这一本来嘈杂的事物来衬托康河的宁静。

余姗姗：作者要表达的意思可能是别离的笙箫是悄悄的，没有发出乐音。

周凤娟：这句的"是"会不会是"像"的意思，"悄悄像别离的笙箫"，这里原本就没有笙箫。

王剑南：是的。英国可能不会有"笙"和"箫"，所以这里还有一种相思之情。况且康桥的景致很像诗人的故乡江南，因此我认为这也是一首乡愁诗。

随着讨论的深入，大家对诗句内涵的理解也越趋深入。在这个过程中，教师也经常参与一些细节的讨论。最后，我也提了两个问题。

"老师在阅读的过程中，也有两个问题，请大家一起考虑。第一，不知大家注意到没有，这首诗的单行与双行是错开排列的，请问作者为什么要这么排列？第二，这首诗的首尾两段语意相似，节奏相同，这样写的效果到底好不好？"

大家听罢，才发现还没来得及整体把握呢，于是又认真讨论起来。讨论比较顺利，较快地形成了共识。对第一个问题，大家认为错开排列有视觉美和听觉美：视觉上，错开之后，造成了一种空灵感，与诗的意境一致，同时参差与整齐相映照；听觉上，双句位置自然会停顿些，这样就突出了双句，强化了双句末尾的韵脚。对第二个问题，大家认为这种写法更能深化恬静柔美的氛围，增强依依不舍的离别之情。

【评析】

这个案例为我们进行有效的语文课堂提问提供了启示和借鉴。

郑逸农老师的这堂课是从"非指示性教学"的角度进行设计的。它主要基于这样一个认识：在课堂教学中，学生是学习的主体，教师不应规定学习的目标，不能根据自己的定见和自己对教学内容的理解预设问题的答案，教师的作用主要在于帮助学生确定学习主题，并组织、引导学生来解决这些问题。这从发扬民主精神、发挥学生的主体作用来看，无疑是正确的，它有利于培养学生自主学习、独立思考的习惯，从而发展学生的自主、合作、探究的能力。而从教学的实践来看，在学生对课文内容的理解和分析鉴赏能力的培养上，这堂课也是取得了较为突出的成就的。

但这样的成功是建立在学生具备较高的综合素质的基础上的。也就是说，实行完全的"非指示性教学"有一个前提，那就是要求学生的整体分析理解能力比较高。因为如果没有教师的指示，学生如果没有较为扎实的知识基础和较高的综合鉴赏水平，对课堂教学如果不能保持高度的注意力和进行探究的自觉性，他们要达到对课文有如此全面的深刻理解的程度，是很困难的。所以从课例研究的角度看，一堂课要取得成功，必须考虑它在大多数情况下对于学生的适切性。也就是说，在教学中必须根据学生的具体情况设计一定的问题，必须考虑他们存在的具体困难和具体问题并引导他们解决这些问题。

郑老师的《再别康桥》一课，如果从课堂提问的角度看，这堂课所确定的五个问题是具有教学价值的，它们抓住了课文内容的实质，是促进学生对课文的言语内容和形式进行深入理解的关键，也往往是学生容易忽视而又存在困难的地方。所以，当学生难于提出这些问题或难于对它们作出正确合理的理解的时候，就需要教师提出这些问题并启发诱导学生促进他们的理解。在这个过程中，学生也许不能像课例中的学生那样有从正确的角度提出问题的意识和方法，这就需要教师加以适当的点拨和指导。例如，对于第一个问题：开头的"轻轻的"与结尾的"悄悄的"能不能互换？学生有可能注意不到这种区别，因而提不出这样的问题；也有可能问题提出来了，但不知道从哪个角度解决，这就需要教师加以进一步的提示和点拨，如进一步提出问题："轻轻的"是什么意思？"悄悄的"有什么含义？这样就可以有目的地启发和引导学生的思考朝正确的方向迈进，并自然地诱导他们深刻全面理解问题，同时还可以培养他们从正确的方向思考问题的方法和意识。针对学生存在的困难，这样的方式对于其他四个问题以及教师在后面提出的两个问题也是适用的。所以在语文课堂提问中，针对学生遇到的实际困难，设置一定问题并诱导学生深入理解是很重要的。

三、案例三

一堂评析小说情节的讨论课

在学完《项链》一文后，一位教师设计了一堂评析小说情节的讨论课，下面是课堂实录：

师：我们通过分析，概括出《项链》这篇小说情节安排的两大特点：跌宕多姿，引人入胜——充分表现了人物性格及主题；铺垫巧妙，结尾出奇制胜——出乎意料又合情合理。

那么，如何来评价一篇文章的情节设计是否成功呢？我给大家提供两条评价标准：(1) 看情节发展是否符合人物性格发展的逻辑，是否为塑造人物性格和表现主题服务；(2) 看情节发展是否合乎生活的逻辑，是否合乎情理。

前不久我们看了电影《大红灯笼高高挂》，散场时，有的观众失望地说："没有看头，情节太简单了。"你们说，这种看法有道理吗？

生1：电影情节太简单，看了觉得不过瘾，不过也不能说不成功。

师：我们刚学过《装在套子里的人》一文，情节曲折吗？（学生摇头）可它却和情节曲折的《项链》一样成为世界名著，是什么道理呢？请运用评价情节的标准进行分析。

生2：对照第一条标准看，情节设计很成功，因为作品情节展示了别里科夫顽固保守、反对新事物、维护旧制度的典型性格，抨击了沙俄的黑暗统治。

师：好，用同样的方法来评析这部影片的情节，不算困难了吧？

生3：我认为这部电影的情节虽不曲折，但却展示不少人物不同的性格特征，像颂莲、大太太、三太太，还有丫头燕儿，所以是成功的。

生4：影片情节没有大起伏，却发人深省。一群女人，在四合院里争宠吃醋，明争暗斗，这是封建制度造成的悲剧，情节为表现主题服务，所以是成功的。

师：这几年社会上流行的大多数武侠小说、侦探小说，片面追求情节的离奇而不顾人物塑造，有些侦探小说和电影，结尾出人意料，但却经不起推敲，这些都是违背了评析情节的两条标准的缘故。所以，阅读课外读物也好，观赏电影也好，都要学会鉴别、选择和评析。

大家还记得《祝福》中祥林嫂捐门槛的情节吧，著名作家夏衍于60年代把小说改编成电影时，在结尾处增添了祥林嫂临死前用刀砍门槛的情节。请大家用评析情节的标准来分析这增添的情节好不好，为什么？

生5：对照第一条标准，我认为这情节添得好，这是祥林嫂"出格"的反抗，她第二次出嫁时就有"出格"的反抗。

师：你的意思是刀砍门槛的情节符合原作中祥林嫂性格发展的逻辑？

（生5自信地点了点头）

生6：新添的情节并不好。祥林嫂以前就有"出格"的反抗，她相信"从一而终"的封建礼教，这种反抗包含了愚昧。而刀砍门槛是和封建迷信对抗了，祥林嫂思想觉悟没有这么高。

师："祥林嫂思想觉悟没有这么高"，你能用小说中的情节作为论据来证实这个看法吗？（生6一时语塞）谁能回答这个问题？

生7：祥林嫂临死前问"我"人死后有没有灵魂的问题，这说明她对封建迷信是半信半疑，但没有否定迷信，所以她不可能刀砍门槛。

师：大家同意他的看法吗？

（学生都向生7投去赞许的目光）

师：生6、生7都说得很好。正因为刀砍门槛的情节违背了原作所规定的祥林嫂性格发展的逻辑。所以我们可以大胆地评判：这个情节添得不成功，尽管改编后的电影从总体上看是成功的。

【评析】

这是一堂恰当地运用提问技能进行语文课堂教学的案例。在这个教例中教师不仅要求学生识记和理解鉴赏情节的方法和原理，而且着重要求学生把刚学到的这一方法和原理应用于与原理学习情景相似的新情境中，去解决实际问题，将知识化为能力。使知识向能力"迁移"的关键是：教师必须创设恰当的问题情境，使提问体现语文课堂教学的要求。这个课例至少体现了语文课堂提问的以下特点：一是所提的问题新颖有趣。如以电影《大红灯笼高高挂》作为话题，使学生产生新鲜感，激发他们的认识兴趣和学习动机。二是所设问题的难度适度。如针对电影《大红灯笼高高挂》的提问，可以从不同角度、不同层面进行评析，而教师只就"没有看头，情节太简单"的观点展开讨论，难度比较适宜。三是设计出一个合理的问题框架，即设计了一组由浅入深、由易入难的有梯度的问题系列，帮助学生一步一步地实现知识的"迁移"。如，为了"掌握鉴赏情节的一般方法，达到运用，分析和评价的水平"这一教学目标，教师设计了相对独立的有层次有序列的富有启发的一组问题。评析《大红灯笼高高挂》时，教师插入《装在套子里的人》的问题，为适当降低难度搭了台阶，形成一个小的梯度。学生只要联系旧知识，运用新知识，触类旁通，就能解决这一知识的迁移，达到应用水平。讨论电影《祝福》中刀砍门槛的情节时，教师要求学生寻找"祥林嫂思想觉悟没有这么高"的根据，则是增加难度而搭的台阶，让学生不满足于思维的结论，要展示思维的过程，使学生的迁移能力达到分析和评价的水平。至此，教学目标得以实现。创设这一问题情境的主旨显然是"授之以渔"，教给学生解决问题的方法，因此又是富有启发性的。

【操作实践设计】

1. 选择一篇课文，根据教学目标设计五个问题，思考它们相对应的教学内容分别是什么？

2. 仿照真实的教学情境在教室里上一堂课（要有适量的提问），课后根据自己的体会总结一下：语文课堂提问的好处有哪些？

3. 和同学认真地听一节语文课，课后一起分析这节课中提问的教学价值，并思考影响语文课堂提问的情境因素有哪些？

4. 从中学语文课本中选取不同文体的课文各一篇，设置几个主问题，并根据学生可能遇到的困难将这些主问题分解成一系列由浅入深、由易到难的小问题。

5. 尝试运用不同的提问方式上一堂课，并思考提问的方式应如何和自己的教学特点以及教学内容相适应。

第十六章　语文课堂教学的板书技能

教学目标：了解板书的一些基本理论，认识课堂板书的重要性；通过阅读分析板书案例，联系有关理论阐述，结合实践，培养语文课堂板书技能。

第一节　板书概述

一、板书的概念和构成要素

班级授课理论的奠定使教学从"个别教学"进入了"集体教学"。黑板是应"班级教学体制"而产生的。有了黑板，便有了板书。《现代汉语词典》（商务印书馆出版，1983 年 1 月第 2 版）上说，"板书"有两个意思，一是指在黑板上写字，二是指在黑板上写的字。很多教育论著也把板书局限于"黑板"这一传统平台。随着科学技术和教育工艺学的发展，呈现板书的平台不断丰富，所以板书的概念也在发生变化。

我们认为，板书就是教师为教学需要而写在黑（白）板上或者呈现在投影屏幕上的文字、符号、线条、表格、图形等，它也指教师设计和运用板书这一行为过程本身。语文课堂板书就是指语文教师上课时根据语文教学需要在黑（白）板或投影屏幕上以极其简洁的文字、符号、图表等传递教学信息辅助教学的一种基本教学手段。对于语文教师来说，板书技能是一项基本的职业技能，它包括板书的设计和运用能力。

有研究者认为，板书是一个动态的、完整的、网状的、复杂的运动系统，是主体（教师）研究客体（教材），用载体（媒介）反映，通过受体（学生），发挥其作用的完整系统。我们也认为，完整意义上的板书应该包含四个要素：教师、教材、载体、学生。这四个要素相互制约、彼此影响，共同发挥板书在语文教学中的"助手"功能。

（一）板书主体（教师）——语文板书的设计者

教学的主体是学生、主导是教师，这一点在教育界已成共识。我们认为，在板书过程中，教师应该是主体，学生是受体。教师是教材的研究者、板书的设计者、编写者和接受学生反馈的"检验者"。学生是板书的接受对象、受众，教师设计的板书通过学生发挥作用。

1. 教师是教材（板书客体）的认识者、研究者。语文教师要上好语文课，首先要对教材课文作出认真地剖析，才能明确"为什么教"、"教什么"、"怎么教"。"怎么教"必然涉及教学方法和教学手段，语文板书正是语文教学中最常见的教学手段。这一手段的运用，取决于主体设计者对教材的认识研究程度。有人说，板书是教师对教材的审美判断。此话很有道理。

2. 教师是板书的设计者和编写者。教学是一个艺术系统，每一个环节都要讲"设计"。导入要设计、提问要设计、结束要设计、练习要设计，语文板书更要设计，因为它是教师的书面语言，代表语文教师的书面表达能力。课堂上，教师的声音稍纵即逝，板书却能长久地呈现在学生面前。在以往的板书设计中，语文教师习惯于使用纯文字板书，使板书成为学生心目中"永远不变"的程式。我们要打破这一常规，要设计出"变式"板书，根据教材的具体情况，课文的不同实际、设计线型（直线、横线、折线、曲线）板书、自然景物造型板书、日常生活用品型板书，千变万化，不拘一格，以丰富学生的视觉图像，拓宽学生的审美空间，以求语文教学的个性化、艺术化。

3. 教师是接受学生反馈的"检验者"和"处理者"。板书设计最终是为了运用于课堂，辅助课堂教学所用，为学生服务。板书的优劣取决于教师，作用的发挥却取决于学生这一板书受众。因此，教师要注意学生的反映和反馈，以学生"喜闻乐见"为主要设计标准。只有这样，板书才不会走向"纯艺术化"的道路，才能成为"最主要的教学辅助手段"。

什么样的主体才会创造出精彩的语文板书呢？

第一，主体要有较高的语文素养和基本技能。板书是教材的缩微艺术，主体对教材的钻研和处理能力直接决定他对板书的设计水平。很难想像，一位连教材都看不懂的语文教师能设计出精彩的板书。另外，一个板书主体——语文教师，他的书法技能、绘画技能、言语技能、计算机操作技能都直接影响板书的质量。只有提高主体自身的语文素养和一些基本技能，语文板书才能真正发挥其"辅助"教学的作用。

第二，主体要有较高的美学修养。谈设计，就牵涉到"美"。主体的审美观决定板书设计的形式、水平。语文教师是美的耕耘者、开拓者、教育者，语文教师要以"美"的标准设计板书、使用板书，以达到以美促智、以美育人的教学目的。

第三，主体要有创造性思维能力。教学是艺术，教学的每一个环节都重设计、创意。板书更是如此，创新的、独特的、富有个性的，极具审美价值的板书，它需要具有极强创造性的教师来完成。

（二）板书客体（教材）——语文板书反映的对象

板书是语文教师对教材的概括，是语文教师对课文的"缩微"艺术。因此，研究板书设计，不研究板书的反映对象——客体（教材），板书就成了"无源之水"、"无本之木"了。

目前，随着语文新课程改革的展开和推进，语文教材也呈现出"百花齐放"的趋势。纵观各种版本的语文教材，这些教材通常包括范文系统、知识系统、助读系统、作业系统等四大要素。语文板书要反映编者的"编路"、作者的"文路"、形成教师的"教路"、指导学生的"学路"。

语文板书主要是反映课文的，是展示课文的"屏幕"，是反映课文的"镜子"。语文板书要再现课文的题目、作者、中心、材料、结构、语言、表达方式和体裁，等等，要表现教师对教材研究的结果，对课文科学的艺术解读。

教师如何"变"教材为板书的呢？

第一步，总揽全文，把握总纲，以求宏观控制。

第二步，研读各段，突出重点，以求微观控制。

第三步，复读课文，抽象、概括、归纳，并用精练的语言、生动的形式升华为板书。这一点，语文教师更要重视板书形式的选择、语言的锤炼、色彩的搭配，尽己所能，使板书内容的科学性和形式的艺术性融为一体，最大可能地发挥板书的效能。

（三）板书载体（媒介和平台）——语文板书的形式

主体的意图都要通过载体的表达，从这个意义上说，载体是形式。这个形式包括板书的输入工具和显示平台，前者如粉笔、白板笔、水彩笔、幻灯机、计算机等，后者如黑板、胶片、投影屏幕等。我们把与黑板有关的板书称为传统板书，把与电子或电脑有关的板书称为现代板书。不管是现代板书还是传统板书，它们都离不开"板书的语言"，即各种表达形式如文字、符号、线条、图形、表格、色彩等，它们又称为板书的构件。

1. 文字。即汉字、数字及其他国家文字，它们是板书语言的主要表达形式。

2. 符号。包括标点符号、批改符号、数学符号、速写符号、箭头符号、记号等。

3. 线条。有直线、曲线，有实线、虚线，有横线、竖线、斜线，有单线、复线等。

4. 简表。也是板书语言之一。

5. 图形。有几何图形，如三角形、长方形、正方形、梯形、椭圆形、圆形、半圆形等。有自然景观、景物造型，如山川河流、日月星辰、亭台楼阁等。有日常生活用品造型，如船、车、铜钱、项链等。有汉字独特的造型，有各种事件造型……数不胜数。

6. 色彩。在传统板书中，一般使用白色，在适当的时候、适当的地方配以红、黄、蓝、紫等不同颜色，可以起到突出重点、象征表情、增加美感的作用。

板书设计过程其实就是运用以上构件进行有机组合的过程。运用构件的方式大致有以下几种：①

赋形，即用图形、线条和符号等使板书设计能够显示形象、揭示含义。它能使抽象的概念形象化，晦涩的内容浅显化，复杂的事物简明化。

强调，即运用添加线条、打框及变化字体等手段，对有关的板书内容加以强调。它能使教学目的更为鲜明，教学重点更为突出，给学生印象更深刻。

勾连，即用虚实曲直长短不同的线条，将有关板书内容勾连起来，以显示它们之间的各种关系。它能使板书内容形成一个互相关联的整体，便于学生理解事物之间的逻辑联系。

诠释，即用文字（包括数字）、符号、简表、图形等对板书中的有关内容进行注释和解析，如点明含义、展示形象等。它能使教学内容更明晰，教学要求更落实。

抽象，即用文字、符号等概括有关教学内容，成为代表丰富内容的、高度浓缩的信息载体。它能使学生从具体到抽象、从感性到理性地学习和掌握

知识，有助于实现学生认识过程中的飞跃。

启发，即用文字、符号、线条、图形等组合成富有启发性的板书，或设置悬念，或激发兴趣，或发人深思，或广开思路，或引起争议，或点拨引路。它能使教学更有深度，也更有吸引力。

（四）板书受体（学生）——语文板书的受众

作为板书的接受对象——受体——学生，他的心理、水平、智力、能力都直接影响板书功能的发挥。因此作为板书的设计者教师，研究教材的同时，还必须研究学生的爱好、年龄心理特征、接受水平。只有这样，板书才能做到有的放矢，而不是对牛弹琴。

综上所述，教师是板书的主体，教材是板书的客体，媒介是板书的载体，学生是板书的受体。主体研究客体，通过载体表现客体，又通过载体让受体接受。载体为主体的手段，又为表现客体的形式。受体通过被主体"内化"的载体接受"客体"，并"内化"为自己的"图式"，又反馈于主体。主体由此调整、改变载体，四者相互制约、彼此联系，形成一个完整的、系统的过程，共同完成板书在语文教学中不可替代的作用。

二、板书技能的作用

（一）接通教学思路

叶圣陶先生说："作者思有路，遵路识斯真。"[①] 语文教学讲究思路教学。要求教师在教学过程中将作者的写作思路、教者的教学思路、学者的学习思路三者有机地连接起来，称之为思路接通。教师在这种思路接通中起着主导作用。思路接通的主要凭借是教师的口头语言和板书。板书是接通三个思路的重要中介。语文教师除了用口头语言表述外，往往要通过文字、符号图表、色彩形式落实教学目的、难点重点和课文内容，传达教学意图，再现教师情意。尤其对那些口头语言表达不是很好的教师来说，板书简直就是教师的教学秘书，是沟通师生关系的纽带。

（二）刺激板书受众

不言而喻，板书是给受众——学生看的。心理学研究表明，学生对同一事物，看一遍比听一遍所接受到的信息要多 1.66 倍。学生单凭听觉获得到知识，只能记住 5%；而用文字线条图表视听结合的方法，学生就能记住

---

① 叶圣陶语文教育论文集．北京：教育科学出版社，1980. 7 页

65%以上。① 设计科学、充满艺术性且运用恰如其时的板书对学生大脑的刺激增大，由此引发学生兴趣、统摄学生注意力、启迪学生思维、增强学生记忆效果、把握课文内容、领会教师意图的作用不可估量。

（三）陶冶美育学生

好的板书是一门艺术。一幅精湛的板书，无论是内容还是形式都包含着丰富的美的因素。如内容的简洁美、语言的精炼美、构图的造型美、字体的端庄美、色彩的和谐美，都给学生以美的享受和陶冶。我们知道，板书中最重要的构件是文字，对于语文课来说，汉字本身就是语文的一部分，书法艺术就是语文学科审美教育的一部分。从某种意义上说，在优秀教师的笔下，板书就是一门书法艺术，听魏书生、钱梦龙、于漪老师上课，且不论他们在其他方面的造诣，就看他们黑板上的一手好字，你也会觉得赏心悦目。也许我们不会忘记，魏巍在《我的老师》一课中回忆自己小时候模仿蔡老师写字的情景："即使她写字的时候，我们也默默地看着她，连她握笔的姿势都急于模仿。"可见，美的板书还能唤起学生对美的追求和美的创造。

三、语文教学板书的分类

按照多维分类标准，我们可以得出以下几种分类及其相应的分类结果：

（一）根据教学板书的地位分类

1. 主板书。主板书是体现教学目的和教学内容内在联系的重点、难点、中心和关键的板书，是能够表现教学中心内容、基本思想的板书，是能够反映教学内容的结构及其表现形式的板书。主板书是整个课堂板书的骨架，一般保留于课堂教学的全过程，是在学生面前呈现时间最长的板书。

2. 副板书。副板书是反映教学内容中有关字音、词义、例句的板书，是简介和指示有关零散知识的板书。它常常是教师视课堂教学需要，根据学生反馈随机出现的板书。副板书是课堂板书的血肉，一般来说，它是对主板书的具体补充或辅助说明，不过，它有时不一定要求与主板书严密配合，它的内容、形式和位置有相当大的灵活性。

（二）根据教学板书的主体分类

1. 教师主导型板书。教师主导型板书是贯彻主导意图，由教师亲自完成的板书。它是教学板书的常见类型。

① 王松泉，徐正．全国语文板书研究论文选．太原：山西高校联合出版社，1996.8 页

2. 师生合作型板书。师生合作型板书是根据课堂教学的需要，由师生讨论或由师生合作书写而成的板书。它是师生共同参与的教学板书，可以增强师生交流、和谐师生关系、达到思维共振、情感共鸣，从而分享教学板书艺术及课堂教学的快乐。

（三）根据板书内容是否预定分类

1. 既定板书。既定板书是指教师授课前已设计好的课堂板书，包括板书所有的内容和形式。

2. 即兴板书。即兴板书是教师根据学生反馈、课堂变化临时改变早已设计好的板书。随着新课程改革的不断推进，语文课堂的开放化程度在不断提高，板书已不再是教师的独占地，"一则成功的板书不仅仅是教师精心构思的成果展示，它还应该包括师生在课堂信息交流中同步思考双向交流切磋不断生成的集体智慧结晶。"① 面对课堂上思维活跃多变、灵感随时迸发的信息流程，教师如能恰当利用即兴板书就能抓获和强化这一生成成果。

（四）根据板书借助的载体不同分类

1. 传统板书。传统板书指的是借助粉笔、白板笔等非电子书写工具在课堂上根据教学进程的不断推进一字一画地写在黑板或者白板上的板书。前苏联著名教育家阿莫纳什维利说："对于学校来说，没有电影放映机固然不好，没有黑板则是灾难。"传统板书虽然耗时长、教学容量小，但它具有即兴可变性、书写示范功能、艺术审美功能、人格陶冶功能。

2. 现代板书。现代板书指的是借助幻灯机或电脑等电子设备呈现在投影屏幕上的板书。现代板书克服了传统板书的不足，具有容量大、呈现快、表现形式丰富的特点。但对于板书本身就是语文教育一部分的语文课堂来说，目前，传统板书的很多优势是现代板书无法取代的。

（五）根据板书的内容分类

语文教学内容包括识字写字教学、阅读教学、写作教学、口语交际教学等内容，语文课堂教学板书当然也就包括以上内容的板书，这里我们只着重谈谈阅读教学课堂板书内容的类型：

1. 综合板书。即体现课文内容、结构、写作方法等各个方面（至少包括两个方面以上）的教学要点的板书。如例1：

---

① 宁冠群．"矫枉"岂能"过正"——有感于板书在语文课堂教学中的冷遇．中学语文教学，2005（7）

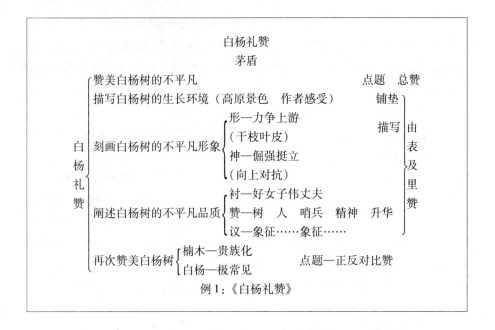

例1：《白杨礼赞》

2. 内容板书。即以体现课文内容要点为主的板书。如例2：

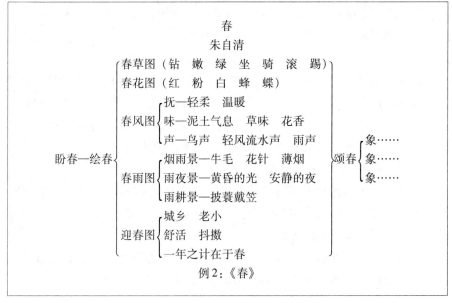

例2：《春》

3. 结构板书。即以体现课文结构为主的板书。如例3：

人民解放军百万大军横渡长江

毛泽东

标题　人民解放军百万大军横渡长江

电头　新华社长江前线 22 日 22 时电

导语　（叙述式）冲破

主体 {
中路军（略）突破
西路军（详）占领　扩展　英勇善战　锐不可当
东路军（次详）歼灭　击溃　控制　封锁　切断
}

例3：《人民解放军百万大军横渡长江》

---

4. 写作方法板书。即以体现课文写作方法为主的板书。如例4：

拿来主义

鲁迅

因为（先破）{
1）闭关主义——打破大门
2）送去主义——沦为乞丐
3）送来主义——大受其害
} 例证法

所以（后立）　拿来主义 {
占有
选择
创造
} 喻证法

例4：《拿来主义》

---

5. 词语板书。即以课文中体现教学内容的重点词语为主的板书。如例5：

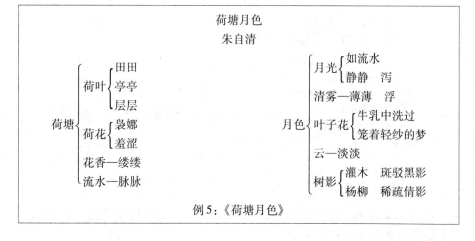

荷塘月色

朱自清

荷塘 {
荷叶 { 田田　亭亭　层层 }
荷花 { 袅娜　羞涩 }
花香——缕缕
流水——脉脉
}

月色 {
月光 { 如流水　静静　泻 }
清雾——薄薄　浮
叶子花 { 牛乳中洗过　笼着轻纱的梦 }
云——淡淡
树影 { 灌木　斑驳黑影　杨柳　稀疏倩影 }
}

例5：《荷塘月色》

内容板书、结构板书、写作方法板书、词语板书都是单一型板书。单一型板书还可以细分为若干层级、若干种类，比如情节板书、景物板书、人物板书，说明顺序、说明方法板书，论点、论据、论证板书等等。

（六）根据板书的形式分类

从板书的形式来分，由于使用板书构件种类的不同，语文教学板书一般分为单一构件式和综合构件式板书两大类。单一式板书包括纯文字式板书、纯版画式板书。综合式板书指运用了包括文字在内的两种以上构件的板书，通常包括表解式板书、表格式板书、图示式板书等类型。现举例如下：

1. 纯文字式板书。是指只利用文字（包括数字）这种板书构件作为板书的板书形式，这种板书一般用来显示课文的内容提纲。如例6：

《农村调查》序言

一、（第1—2段）编印《农村调查》的目的和调查研究的意义。

二、（第3—4段）调查研究的态度、方法和结果。

三、（第5段）进一步说明调查研究的重要性。

四、（第6段）号召全党同志虚心向群众学习，认真做好调查研究工作。

例6：《农村调查》序言

---

2. 表解式板书。用表解的形式体现课文的教学要点。这种板书主要是运用文字构件、辅之以一些符号和几何图形来设计的。如例7：

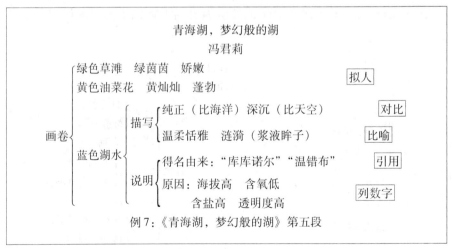

例7：《青海湖，梦幻般的湖》第五段

3. 表格式板书。指用列表格的方式来体现课文的教学重点，这种板书主要是运用文字和表格两大构件来设计的。如例8：

长江三峡

峡名	特点	表现手法
瞿塘峡	壮美"像一道闸门"	拟声绘色，援引民谣，增强生动性和说服力
巫峡	幽美"像江上一条迂回曲折的画廊"	多用比喻，插入神话，引人入神
西陵峡	险美"处处是急流，处处是险滩"	具体描写，引用传说，穿插感受、议论，升华主题

例8：《长江三峡》

4.图示式板书。以文字为主，综合运用线条（直线、曲线、折线）或符号（如标点符号、运算符号）或实物造型（如项链图、对联图、河山图、老鼠图）来构造新颖别致、形象具体、体现教学目的的教学板书。如例9：

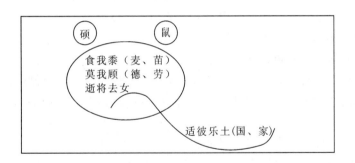

例9：《硕鼠》

此板书以"硕鼠"造型，大胆夸张，构图洗练，形象栩栩如生，给人留下深刻的印象。

四、语文课堂板书的要求

语文教学的板书设计既是科学，又是一种艺术。说它是科学，因为它要反映语文教学内容的特点及其内在联系，体现语文教学过程的规律性，要突出重点，要深化教学内容，有利于教师更好地教和学生更好地学；说它是艺术，是因为它体现了师生的创造精神。我们认为语文课堂板书应该具有以下特点：

（一）科学性

科学性要求主要针对板书内容来说，具体包括以下几点：

板书文字正确。文字是板书的主要构件，课文的内容、教师的意图都要通过这一工具表达。因此要求板书文字要做到正确规范，即不写错字（包括书写笔画、笔顺和文字本身）。

板书语言准确、简洁、生动。准确就是指反映课文的内容和施教者的教学意图，简洁就是指语言概括精炼，不拖泥带水、不重复啰嗦，生动就是指语言具体形象，富有趣味性。

板书内容科学、完整、系统。科学指的是板书内容要准确无误地反映教材、体现教师教学意图。完整是指板书内容完备全面，体现课文的整体性，不过在整体性的前提下，要突出重点，做到整体性和重点性的统一。系统是指板书内容内部联系紧密、条理分明、逻辑性强。

（二）艺术性

艺术性要求主要针对板书形式来说的。具体包括如下几点：

板书文字要清楚、美观。叶圣陶说："实用的写字，除了首先求其正确外，还须求其清楚匀整，放在眼前觉得舒服，至少也须不觉得难看。"板书的文字既是实用的字，也是艺术的字。所以板书文字要做到端正清楚，不潦草难辨，力求做到漂亮优美，适当引入书法艺术，给学生以艺术享受。

板书造型要直观、新颖、优美。所谓直观就是板书造型具体可感、形式可视、富有趣味性；新颖是指板书造型新鲜别致、富有创造性；优美指的是板书造型符合美学规律、审美原理，符合心理审美取向，富有强烈的艺术感。板书造型的美包括整齐美、对称美、曲线美、象形美、立体美、照应美、回环美、参差美、层次美等多种美的形式。

板书色彩要恰当、蕴藉、和谐。恰当是指板书色彩搭配合理。板书有强调作用，在板书中，恰当施加一些与主体文字颜色不同的其他颜色可以突出重点、难点、疑点、要点。蕴藉是指板书色彩含义深刻，富有象征意味，起表情达意的作用。和谐就是指板书色彩搭配协调，有审美价值，满黑板全是白色显得单调，但色彩斑斓则未免有哗众取宠之嫌。

板书设计要注意以上两大要求。此外，要有效地利用板书还要处理好以下几组关系：

1. 处理传统板书和现代板书的关系。时下，由于语文多媒体教学手段运用的过分强调，传统板书在很多公开课上被现代板书取代了。这反映了很多人们心中的一个错误认识，那就是现代板书一定比传统板书优越。其实，现代板书和传统板书两者各有所长，各有所短。我们应该一切从教学出发，从是否有利于培养学生的语文素养出发，因文而异去利用这两种板书手段。我们认为，一般来说，现代板书在拓展相关知识、作为副板书使用比较合适。主板书最好还是由传统板书手段来完成。一是因为语文和语文教学本身的特殊性，课堂上推进师生之间思维与思维链接、灵感与灵感碰撞的联想与创造的火花都不是课前预先制作的课件所能反映的。从这个意义上来说，传统板书手段更具有灵活性和交互性。二是因为现代板书已经淹没了板书文字教师书写的过程，这一方面导致了传统板书对学生的书写示范功能和书法艺术美的熏陶不复存在；另一方面也为那些书写基本功很差的语文教师找到了绚丽的遮羞布，他们很可能会成为语文教师后继者不再练字的理由。另外，学生利用传统板书中教师板书过程自然存在的空隙思考理解课堂内容的机会在现代板书中几乎不存在了。显然，现代板书取代传统板书是不利于学生语文素养培养的。

2. 处理好板书和授课的关系。我们一定要明确板书是为授课服务的，课堂是千变万化的，语文课堂应该是开放的，是充满生成性的。所以，语文教师一方面要在授课过程中利用既定板书，另一方面应该不要被既定板书所束缚，应该根据课堂变化相机进行即兴板书，千万不要以得出板书上的结论、最后完成完美的预定板书为最终目的，闹出削足适履、本末倒置的笑话。

3. 处理好内容和形式的关系。内容决定形式，形式为内容服务，内容和形式的这种关系我们必须明确。我们追求板书的艺术性，力求使板书有创意、有审美意义，目的是为了更好的表现板书内容，从而更好地服务于语文教学。所以那种不顾语文教学实际需要、不顾课文本身的特点、无视学生语言学习的规律，一味追求板书的所谓"视觉效果"，结果导致板书花里胡哨，从而陷入形式主义的泥淖。

4. 处理好板书和教材的关系。板书只是一种教学手段。手段是为目的服务的。不同的课文要用不同的教法，不同的课文也要有不同的板书设计。切合课文的实际设计板书，能更为贴切地体现课文的教学重点，收到更为理想的教学效果。记叙文要突出事件的线索和人物的形象，结构板书、景物板书、人物板书等是常用的；说明文着重事物的特征、结构、功用以及各种说明方法，表格式、图示式板书等比较适合；议论文要抓论点、论据、论证三要素，表解式的内容板书、结构板书也就很需要；文言文教学讲究古今词义沟通，所以词语板书更是非用不可。板书设计要紧扣具体课文的要点。各类课文，板书的内容和形式各有侧重，同一类课文，也不会是一个板书模式，就是同一篇课文，由于具体教学要求和教学要点的不同也能导致板书设计的不同。

五、板书设计的方法

方法是为实现一定目的、完成既定的任务而采取的有效方式、手段、途径的总称。一个好的方法,是达成一个目标的重要保证。板书设计的方法,即泛指设计时所用的方式、手段、途径。一个有效的板书设计方法,是创造一则好板书的保证。下面介绍板书研究者从实践中总结出来的几种主要板书设计方法①:

1. 摘录提纲法。所谓摘录提纲法,就是摘录课文中富有标志性的中心句、段中主句或关键词而形成的"提纲式板书"的方法。这种方法简便易行,但要基于课文内容的明确性、结构的条理性。如例10。

胡同文化

汪曾祺

北京城像一块大豆腐

胡同是贯通大街的网络

胡同文化是一种封闭的文化

北京的胡同在衰败、没落

例10:《胡同文化》

这是高中课文《胡同文化》的板书,这则板书的四点就是课文的四个部分各段的第一句话的摘录而异,但却提纲挈领、纲举目张。

2. 概括归纳法。所谓"概括归纳法"就是用简洁的语言抽象课文思想内容、归纳课文艺术特点的方法。这种方法基于教师对课文的深入研究、分析及自身的概括能力。高度的概括能力是抽象思维的良好品质,这种方法对培养学生的抽象思维能力有较好的作用。如例11:

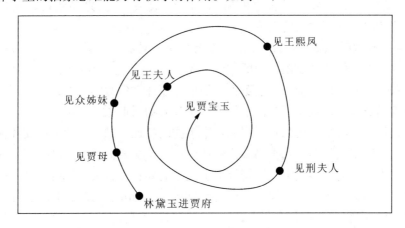

例11:《林黛玉进贾府》

---

① 彭小明. 板书创新五法. 语文建设,2004(9)

　　这则板书首先把课文故事情节概括为"见贾母 – 见众姊妹 – 见王熙凤 – 见邢夫人 – 见王夫人 – 见贾宝玉",极为简练,然后选用优美的螺旋形式表达林黛玉进贾府的路线,形象而生动。

　　3. 图形示意法。即用符号、线条、图形配以简要文字示意课文内容,变抽象为具体、变深奥为浅显。这种方法基于教师对课文认真的钻研、高度的概括、独到的表达。此法能反映教师的兴趣爱好、个性特长、技艺技能及审美情趣。如例 12:

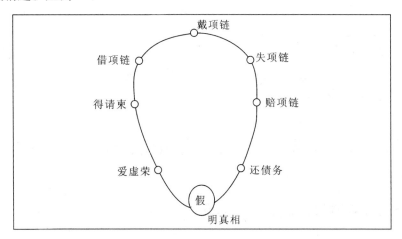

例 12:《项链》

　　这是一串项链造型的板书,正好切题——《项链》。项链上串七颗珍珠(爱虚荣 – 得请柬 – 借项链 – 戴项链 – 赔项链 – 还债务)和一个坠子(明真相),构成小说故事情节。坠子上写有"假"字,揭示出小说的技巧——欧·亨利式的结尾,出人意料之外,又在情理之中。板书造型新颖、示意清楚。

　　4. 板画赋形法。板画,又称简笔画,它是教师以简练的线条,在较短时间内勾勒出各种景物、事物、人物形象的一种绘画。以板画为板书的方法,由于形象直观,因此也成"赋形法"或"描状法"。板画赋形法是语文教师,特别是低年级语文教师常用的形象化的艺术教学方法。它由于生动有趣,十分有利于集中注意力,激发学习兴趣,增强记忆效果,从而提高教学质量,而且赋形板画渗透了语文教师的艺术情趣,也十分有助于学生审美能力的形成和提高。用这种方法设计的板书一般用作副板书。如例 13 就是诗句"海上生明月"的意境简笔画。

　　5. 表格解释法。表格是常见的语文板书形式,更适用于一组文章的比较。表格式板书最大的特点就是信息量大、条理清楚、简约明了,给人一目了然之感,有整齐、对齐、匀称、清晰、简洁之美。如例 8。

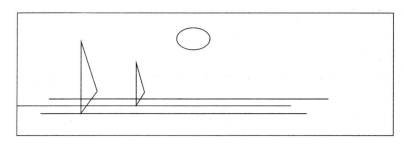

例13：《怀远望月》

6. 夸张变形法。为了突出重点、难点，增强学习的趣味性和板书的表现力，教师可以运用变形、夸张的方法设计板书，以加深学生对课文的印象。这种方法用"漫画"的手法、儿童的思维、大胆设计创意，有强烈的艺术感染力和审美价值，深受学生喜欢。如例9。

第二节　案例呈示及分析

一、《守财奴》板书设计步骤

《守财奴》板书设计过程呈示：

（一）明要求，做到书之有用

《守财奴》一文的教学目的可以确定为两个。一是通过对葛朗台这一人物形象的分析，使学生认识资产阶级贪吝自私、虚伪卑鄙、狡诈凶残的本质；二是让学生理解小说运用个性化的语言、动作及细节描写以刻画人物性格特征的写法。设计板书时应体现这一教学目的。在板面上应该出现"贪吝自私、虚伪卑鄙、狡诈凶残"等词语，以及反映守财奴语言、动作、细节的重点词语。这一步形成的板书草稿如下：

贪吝自私 虚伪卑鄙 狡诈凶残

（二）抓重点，做到书之有据

抓重点首先要找准"突破口"。设计《守财奴》这篇课文的板书，可以人物形象的典型意义为突破口。作品中，资产阶级贪吝自私、虚伪卑鄙、狡诈凶残的本质是通过守财奴葛朗台这一人物形象来表现的。针对教材的这一特点和学生理解水平，分析守财奴如何来为财拼命、爱财如命、视财胜命以及守财忘命的情形应该视为板书的重点。这样，以表现守财奴对待金钱的态度为主要内容的故事情节就成了板书的主要部分。课文按故事情节的发展和人物心理变化过程可分为六段。为了突出守财奴的人物形象，各段均用"为财产"起句，分别概括段意如下：

（1）为财产，决定诱哄亲生女；（2）为财产，抢夺女儿梳妆匣；

（3）为财产，假意温顺待妻子；（4）为财产，剥夺女儿继承权；

（5）为财产，吝啬家风训女儿；（6）为财产，终成金钱殉葬品。

同时，对六段所反映的三个事件可分别概括为：

夺匣——为财拼命　夺权——爱财如命　夺命——视财如命

然后总括为"守财亡命"以点题，从而体现板书对于教材内容及其特点的针对性。这一步形成的板书草稿如下。

贪吝自私	为财产，决定诱哄亲生女	夺匣——	为财拼命	守
	为财产，抢夺女儿梳妆匣			财
虚伪卑鄙	为财产，假意温顺待妻子	夺权——	爱财如命	亡
	为财产，剥夺女儿继承权			
狡诈凶残	为财产，吝啬家风训女儿	夺命——	视财胜命	命
	为财产，终成金钱殉葬品			

（三）选词语，做到书之有度

守财奴的性格是通过他在守财亡命过程中的语言、动作和细节表现出来的。因此，板书中还必须出现这些方面有代表性的词语，以概括地反映人物全貌，配合和强化板书中心，并作为板书中心（守财奴本质特征）的依据。怎样选择板书词语？总的要求是按照少而精的原则，选用能概括有关部分或有关方面的中心意思的具有相当代表性的关键性词语。例如：

第一段是概括地描写葛朗台占有金子的执着狂和爱财如命的守财奴本质的，可在这一段中选择概括地反映守财奴性格的词语："吝啬"、"专制"、"执着狂"。

第二段是写葛朗台无理抢夺女儿保存的梳妆匣，刻画了葛朗台贪婪残暴的性格，可以在这一段中选择反映葛朗台和欧也妮对比性的动作的词语来板书：葛朗台的"纵"、"扑"、"盯"、"推"和欧也妮的"抖"、"跪"、

"爬"、"拼"。

第三段是写葛朗台太太去世前葛朗台一反常态的"温顺"，反映出葛朗台的狡诈伪善，也体现了葛朗台性格的丰富性，可以选择反映这些心理状态的词语："百依百顺"、"一心讨好"。

第四段写葛朗台剥夺女儿继承权的心理变化，可以在这一段中选择反映这些心理变化的词语："哆嗦"、"抹汗"、"抓手"、"拥抱"。

第五段写葛朗台在妻子死后用吝啬家风训练女儿和自己病中守财的情况，可以选择反映葛朗台死死守财的词语："推转椅"、"轮流瞧"、"亲监督"。

第六段写葛朗台之死和他至死不变的性格，可以选择集中表现他要钱不要命的特性的语言："看住金子"、"那边交账"。这一步形成的板书草稿如下。

贪吝自私	为财产，决定诱哄亲生女	夺匣—	为财	吝啬　专制　执着狂	
	为财产，抢夺女儿梳妆匣		拼命 守	纵、扑、盯、推；抖、跪、趴、拼	财
虚伪卑鄙	为财产，假意温顺待妻子	夺权—	爱财	百依百顺，一心讨好	
	为财产，剥夺女儿继承权		如命 亡	哆嗦，抹汗，抓手，拥抱	
狡诈凶残	为财产，吝啬家风训女儿	夺命—	视财 命	推转椅，轮流瞧，亲监督	
	为财产，终成金钱殉葬品		胜命	"看住金子"、"那边交账"	

（四）定形式，做到书之有序

板书设计要眉目清楚。根据上述情况，《守财奴》的板书形式可以考虑分为左右两方：左方为情节分析部分，采用排比式；右方为性格分析部分，采用归纳式。左右两方既有区别，又有联系，有分有合，有主有从。这样，条理比较清晰，便于学生理解课文内容，明确主题思想，认识人物形象，学习写作方法。这一步形成的板书已经比较完善了。

贪吝自私	为财产，决定诱哄亲生女	夺匣— 为财	吝啬 自私	吝啬　专制　执着狂	
	为财产，抢夺女儿梳妆匣	拼命 守		纵、扑、盯、推；抖、跪、趴、拼	财
虚伪卑鄙	为财产，假意温顺待妻子	夺权— 爱财	虚伪 卑鄙	百依百顺，一心讨好	
	为财产，剥夺女儿继承权	如命 亡		哆嗦，抹汗，抓手，拥抱	命
狡诈凶残	为财产，吝啬家风训女儿	夺命— 视财	狡诈 凶残	推转椅，轮流瞧，亲监督	
	为财产，终成金钱殉葬品	胜命		"看住金子"、"那边交账"	

（五）排次序，做到书之有时

以上整个板书不是一下子全部呈现的，根据教学过程，这一板书可大致分为六步逐一呈现：

1. 板书课题"守财奴"。

2. 在分析情节时，板书表示情节发展过程的提纲。

3. 从六条提纲中引出三个事件，板书事件名称和意义。

4. 在引导学生学习课文和分析人物形象时，逐一出现反映守财奴性格的词语。

5. 从以上词语中归纳并概括出守财奴的性格特点：贪吝自私、虚伪卑鄙、狡诈凶残。

6. 归纳主题思想，点题板书"守财亡命"。

（六）留余地，做到书之有择

留余地有两个意思，一是要留下供计划外板书的地方，二是板书内容要有一定的机动性。在《守财奴》整个教学过程中，需要板书的内容是很多的，为了突出教学重点，保持板书内容和形式的有机统一，有些内容只能以讲代书。但是当发现学生尚有一些不明确的地方时，就要运用留空备用的一侧板面适当板书，包括一些拼音、词语、典故等。同时，对于学生可能提出的意见，事先应有所估计，上课时适当补充学生提供的内容。例如，在上述板书中，也可以适当补充有关细节描写的词语，必要时还可以在某些词语下面打着重号，或用不同的颜色书写重点词语，等等。

（选自王松泉著：《板书学》，上海交通大学出版社 1995 年版）

案例简评：这一板书揭示了课文各部分的内容，采用错综组合的方法落实了引导学生认识守财奴本质、学习本文通过语言动作和细节刻画人物的写法两个教学要求，采用新奇概括的方法突出了本文的主题，符合板书设计的科学性要求。这一板书的类型在内容上属综合型，融情节结构与事件、人物形象及描写方法、作品主题及意义于一体；在形式上，此板书除了文字以外，还使用了括号、短线、箭头和方框等构件，将各部分的内容较好地勾连和组合起来，使之成为一个相当完整的板书图示，从而具有理清作品脉络、突出教学重点、强化学生感知、加深学生印象的作用。

二、《驿路梨花》板书设计和简评

讨论：这则关于《驿路梨花》的板书有什么特点？

简评：这是山东的张爱民老师在讲《驿路梨花》时设计的板书，板书中的"小茅屋"是雷锋精神的具体体现，文章又是由"小茅屋"的修建展开故事情节的。因此，教师先要展出一个"小茅屋"的轮廓，巧设悬念，激发学生浓厚的学习兴趣和求知欲。然后，再将课题写入对联上联"驿路梨花处处开"。其中顺时针箭头表示文章以"我"和老余的见闻为主线,采用顺叙的方法组织材料。虚线箭头表示雷锋精神在不断传播,发扬光大。最后教师引导学生填写下联"雷锋精神代代相传",概括文章主题。这种板书可培养学生的概括能力、联想能力和综合能力。同时,又融入对学生的思想教育,实现了文道统一。

(选自赵文生著:《语文板书设计类型例谈》,《湖南教育》,2003年第12期)

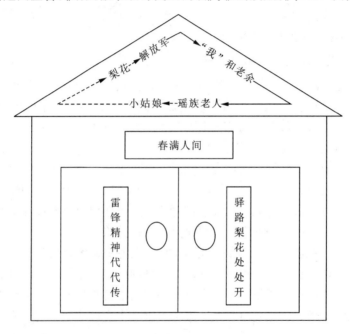

三、《我的叔叔于勒》板书设计和简评

讨论:这则关于课文《项链》的板书设计有什么特点?

简评:《我的叔叔于勒》虽没以于勒为正面描写对象,可是小说却围绕

他的命运展开。板书表现了因为于勒的暴发与沦落，菲利普一家对他的亲疏好恶和喜怒哀乐（盼－疑－躲－恨），揭示了资本主义国家里，金钱造成灵魂被腐蚀、骨肉遭离异的普遍现象。该板书外形以古铜元为造型，直观明了，使我们更形象地印证了马克思所说的（主题）资本主义社会"人与人之间除了赤裸裸的利害关系，除了冷酷无情的'现金交易'，就再也没有任何别的联系了"的深刻含义。

（选自彭小明著：《语文教学专题研究》，中国当代出版社 2002 年版）

四、《向沙漠进军》板书设计和简评

讨论：下面这则关于课文《向沙漠进军》的板书设计有什么特点？

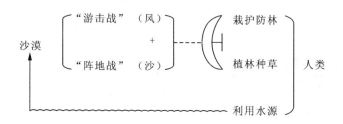

简评：这则板书综合运用了文字、符号、线条等构件，清晰地显示出沙漠和人类之间的"攻守"关系：沙漠向人类进攻的主要方式是"游击战"和"阵地战"，使用的武器则是风和沙。无论哪种方式，武器虽有侧重，但总是二者兼用，因此在"风"、"沙"之间添上了"＋"号。为了与风沙的"形象"相符，表示沙漠向人类进攻的箭头可用黄色粉笔画成虚线。")("形如盾牌，连同后面的文字一起表示人类抵御风沙进攻的手段。除防御外，人类还利用水源向沙漠反攻，表示这种"攻势"可用绿色粉笔画成带有波浪形线条的箭头，从而使"水"之形、色俱现。这不失为一则很好的板书图示。

（选自周庆元、王松泉主编：《语文教师职业技能训练教程》，高等教育出版社 1996 年版）

五、《空城计》板书设计对比分析

讨论：以下是某师范院校一实习生在接受教师指导前后的《空城计》板书设计，指出指导后的板书设计的改进之处。

诸葛亮	司马懿
处乱不惊	多疑自负
临危不惧	刚愎自用
镇定自若	老谋深算
自信勇敢	马失前蹄
足智多谋	
神机妙算	

指导前的《空城计》板书设计

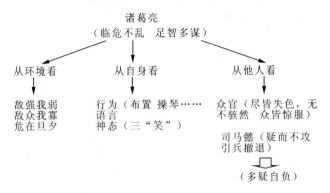

指导后的《空城计》板书设计

简评：《空城计》是语文出版社《语文》教材 2003 年版七年级下册课文。此文是小说《三国演义》第 95 回的节选。根据编者的意图，这个单元的教学重点就是理清故事情节，把握人物形象，体会环境描写的作用，从而理解它所反映的社会生活的意义。我们知道，分析人物形象是小说类文学作品教学的重点。所以，小说教学的重点当然是弄清谁是小说中的主角，小说是怎样刻画这一主角的。从指导前的板书设计看不出课文的主角是谁，设计者将诸葛亮和司马懿作为两个平行人物对待。另外，所用来概括人物形象特点的词语有些意义是重复的，有的概括也不准确，如"马失前蹄"的形象特点在此文中就没明显体现出来。从板书形式上来看，此板书也无特色可言。修改后的板书设计，把主角放在非常突出的位置，符合课文原意。同时，此设计能把分析小说人物形象的三个角度"从环境看"、"从自身看"、"从他人看"渗透进去，使中学生在分析人物形象的过程中学会了人物形象分析，这符合当前新课程所强调的"过程与方法"教学目标要求。此板书高度概括了主角诸葛亮的核心性格"临危不乱、足智多谋"和最重要的配角司马懿的核心性格"多疑自负"，非常准确。板书综合运用了文字、箭头两种构件，造型优美，重点突出。总的来说，指导后的板书是一则比较好的板书。

【操作实践设计】

1. 从写作方法的角度，为《我的空中楼阁》设计一个"表解式"板书。

2. 为《我与地坛》设计一个综合板书。

3. 为《胡同文化》设计一个结构板书。

4. 为《故都的秋》设计一个词语板书。

第十七章　作文的指导、批改和讲评

教学目标：掌握作文指导、批改和讲评的要求和方法

第一节　要求与方法

一、作文指导的要求与方法

作文指导是整个作文教学的重要环节，是作文批改和讲评的前提和基础。作文指导是指教师依照作文教学的计划，出示作文题后，对学生进行审题、立意、取材、构思、修改等方面的指导。学生学习作文，也称"习作"，是在教师的统一安排下进行的写作活动。所以，教师有责任予以认真细致、切实有效的指导。

（一）作文指导的内容与要求

1. 关于观察、分析客观事物的指导

指导学生作文，首先要解决材料来源问题。许多学生作文感到困难，或写起来内容空洞，言之无物，其原因首先在于不会"留心各样的事情"，不注意观察和体验自己的生活，缺乏动脑分析的能力。要改变这种情形，就要寻找写作的源头。因此指导学生作文，就要把培养学生观察问题和分析问题的能力放在重要位置。在每次作文前，教师应该结合作文的具体内容去用心观察自己周围的人和事物，逐步养成他们观察、分析事物的良好习惯，培养学生的观察、分析能力。

在作文指导课上对学生进行观察与分析能力的训练。教师可以通过介绍范文和作者的创作经验，让学生体会、学习作者是怎样观察、分析事物的和如何叙述、描写事物的，使学生体会到作者之所以能够写得逼真生动，正是由于细致观察的结果。有时也可以利用某一具体物件或图片让学生进行系统的观察和分析的训练。结合作文题目和内容进行具体的观察分析的指导，使

学生对所写的事物有充分的了解。这样，作文就会有话可写、言之有物了。结合观察、分析训练，还可以让学生经常写观察日记或观察笔记，这是一种有效的写作积累和准备。写观察日记时，要做到：一、真实。即记录的必须是来自对生活的观察，而不是抄袭或编造的。二、集中。即在一定范围内只选择、截取一个重点事件或场面来写。三、具体。即要写出自己看到或听到的具体情景，以及真切感受。

2. 关于审题和开拓思路的指导

通常写文章，题目一般是由作者自己确定的，并不需要审题，但是训练学生作文，题目（包括话题）大多是由教师提供的。这就需要学生在动笔之前认真审题，先明确题目对作文选材、构思、立意和文体等方面的要求。审题能帮助学生领会题意，避免作文内容离题，养成按照一定的目的要求来写作的良好习惯。审题也是一种思维训练，可以促进思考，锻炼分析综合能力。教师指导学生审题，不要包办代替，定条条，划框框；也不必讲得过多过细，以免束缚学生思想。要用启发式，引而不发，留有余地，使学生学会独立思考，充分发挥自己的才智。

另外指导学生运用分析的方法审题。在审题时，指导学生对题目含义进行深入的分析，以帮助他们正确掌握题意。有的题目要从思想意义上去分析体会，如果是侧重于写人的文章，就要引导学生去分析此人有什么样的思想品格；如果是侧重于写事的文章，就要引导学生去分析此事有什么价值和意义。有的题目可以引导学生通过语法分析领会题意。不同的语言结构有不同的表意功能。如偏正结构、主谓结构、动宾结构、联合结构等不同的语言结构都有其不同的表意侧重点，教师引导学生去分析各种语言结构所表述的作文题目，可以有效地找出中心词，准确把握作文的重点。

总之，指导审题，应分析题目里每个词的意义、作用以及词和词之间的内在联系，使学生弄清整个题目的含义，掌握写作的目的要求。有些题目还要结合时代主流和社会形势去理解题意，这样才能写出紧扣题目，立意明晰的文章来。

3. 关于立意选材的指导

有了题目，就要指导学生学会确立中心，并围绕中心选择材料。中学生作文往往不注意立意，看到题目就信手写下去，结果不是写成"流水账"，就是开起"杂货铺"。这都与事先不明确中心思想有直接关系，因此要加强立意的指导。

教师指导立意时，要使学生懂得"文以意为主"。作文首先应着眼于中心思想。文章总是要表达一定的思想观点的，文章没有正确的思想观点就等于一个人没有灵魂。要通过具体事例，指导学生写作文时必须观点正确，旗帜鲜明，中心突出。教师还要指导学生适当处理题目和中心思想的关系。有的题目直接体现一个比较明确的中心思想，有的题目则可以从不同角度表现几个不同的中心思想，遇到这样的题目，就要让学生仔细思考，确立自己体会最深的中心思想来写。确定文章的中心思想之后，要指导学生围绕中心去选材。根据表达中心思想的需要，对占有的材料进行分析比较，区别主要与次要，本质与非本质，选择其中具有代表性和表现力的材料。在作文过程中，要引导学生学会用材料体现或说明自己的观点和见解，做到观点和材料统一。

中学生作文，在选材上经常犯虚构编造、罗列事例、架空议论、生搬硬套等毛病。要改正这些毛病，除了帮助他们端正写作态度外，还要从选材上给予指导。教师要告诉学生，文章的材料只能从现实生活中去选择和提炼，绝不可以脱离现实，凭空编造，用主观想像代替客观实际。所用材料要具有一定的现实意义。另外，选取材料不是以多取胜，而是要选用那些围绕中心最有说服力和表现力的材料。文章的材料，一般总是通过个别表现一般，只有抓住那些新鲜的、有代表性的材料来写，才能反映出事物的特征和本质，突出文章的中心思想。所用材料一定要力求具体。记叙性作文，应该多用事实说话，少发空洞议论，文章才会有血有肉；议论性作文，应该持之有据，言之成理，文章才会站得住脚。

4. 关于布局谋篇的指导

材料选定以后，就要考虑在文章中怎样安排组织这些材料。教师在指导时要告诉学生，布局谋篇，就记叙性文章来说，是根据中心思想安排记叙的顺序、详略以及情节发展的过程；就议论性的文章来说，是安排论证问题和阐述自己观点的过程。从根本上来讲，布局谋篇的能力取决于观察、体验、研究、分析的程度，是思维的问题，绝不是单纯的技巧问题。

训练布局谋篇的有效方法是帮助学生编写作文提纲。提纲是文章的蓝图，是对文章结构布局、层次段落的总设计。学生编写和修改提纲，实际上是进一步构思的过程，也是一种思维训练，可以使文章条理化。过去有的教师不重视编写作文提纲这项工作，致使学生不善于事先考虑材料的安排，提笔就写，其结果必然是内容无重点，层次不清楚。指导学生编写提纲，就可以帮助他们克服这种毛病。

指导学生编写作文提纲，方法上要灵活多样。教师可以先做示范，最好就一个题目同时拟出几个提纲，使学生明白文章的写法是多种多样的，不能生搬硬套。除教师做必要的示范外，还可以启发学生自己编写提纲，教师进行巡回辅导，发现问题及时纠正。也可以由师生共同讨论编写提纲。不论采用哪种方法，都要注意不要把学生的思路固定在一个死板的框框里，更不能用教师的思路代替学生的思路。作文提纲，要力求线索清楚，重点突出，简明扼要。教师应特别提醒学生注意纠正有头无尾或"虎头蛇尾"、层次不清、思路紊乱等常见的毛病。

作文指导除上述内容外，还可以包括思想动员、明确写作目的、激发写作热情等。根据以往经验，端正学生的写作态度，养成良好的作文习惯，是十分重要的。目前有些学生存在着不愿作文、害怕作文、敷衍应付的错误思想，教师要认真加以分析，找出原因，采取措施，激发他们学习作文的兴趣。没有这个前提条件，其他的具体指导都是谈不到的。作文指导还可以结合作文给学生讲一些文体知识，帮助他们运用各种表达形式。有时还可以针对学生作文中容易出现的毛病，在他们动笔前预先提出，引起注意，避免或少走弯路。

（二）作文指导的方法

作文指导的方法是多种多样的。这里介绍几种：

1. 结合讲读课进行指导。一般说来，语文教材中的课文常常是学生作文的主要范例。鲁迅曾经说过："凡是已有定评的大作家，他的作品，全部就说明着'应该怎样写'。只是读者很不容易看出，也就不能领悟。"教师讲授一篇课文，除了对学生进行思想情感教育，帮助学生提高阅读能力外，还在于让学生在读的过程中懂得这些文章是怎样写出来的，为什么写得好，从而提高他们的写作能力。因此，教师要充分利用课文的讲读来启发、指导学生作文。作文教学紧密结合讲读教学，是提高学生作文能力的好办法。

2. 选读可供仿写的文章，进行必要的指导。这类文章可以从报刊上选，也可以是学生的优秀习作。教师要根据作文的要求对文章进行重点的分析，启发学生学习文章的语言和写法，但也要强调不要机械地模仿。

3. 结合讲评进行指导。即在前一次作文讲评课中，就对后一次作文进行提示性的指导。这种指导针对性较强，但必须注意前后作文的连续性。

4. 教师提供写作材料，指导学生构思立意，布局谋篇。

5. 在普遍指导的基础上进行个别指导。

对中学生的作文指导，还包括学生开始作文后，在学生进行作文写作的整个过程中的指导。教师在学生进行写作的过程中给以指导，能够不断发现学生写作时所碰到的问题，及时帮助解决，达到修正、完善和提高作文质量的目的。

在整个作文指导的过程中，要让学生尽量多动脑、动口、动手。教师的活动自始至终都应当是启发式的，示范性的，既要防止抽象笼统，不着边际，也要防止条条框框，束缚学生。教师的语言要力求简练，力避累赘，指导时间也不宜过长。

二、作文批改的要求与方法

作文批改既是作文指导的继续和发展，又是作文讲评的依据和准备。作为作文教学中的重要一环，教师如果能在作文批改方面明确内容与要求，掌握恰当有效的方式与方法，激发学生的写作兴趣，就能达到提高学生作文水平的目的，使自己的教学工作取得事半功倍的良好效果。

（一）作文批改的内容和要求

1. 作文批改的内容

作文批改是作文指导的继续和深入，是对学生进行更有针对性的细致辅导，这是提高学生思想认识和写作能力的重要一环。在作文教学中，学生多写多练和教师的批改负担重，经常形成矛盾。由于批改不及时或不得法，结果常常是费时费力，却收效不大。另外，大量的事实也说明，学生的作文往往不完全是教师改好的，而是他们自己有浓厚的兴趣、勤学苦练出来的。因此，研究怎样提高批改效率，从事倍功半的状态中解放出来，是作文教学改革的重要课题。

批改作文的范围是相当广泛的。文章是思想内容和语文形式的统一体，批改作文时就必须注意内容和形式两个方面，既要注意作文的观点是否正确，内容是否健康，又要注意审题立意、布局谋篇、遣词造句以及标点符号的使用等是否恰当。

所谓批，就是给作文下批语，指出学生作文的优缺点及其原因。所谓改，是帮助学生改正作文中的缺点和错误。一般地说，属于思想认识、内容和篇章结构上的问题应该批，属于字、词、句和标点符号上的错误和毛病应当改。当然，批和改不能截然分开，改的地方也可以加批语。批语要具体、简明、准确、实事求是，切忌写空话、套话，不要走过场。

作文批改的内容有以下几个方面：

（1）中心思想是否正确鲜明；

（2）选材是否适当；

（3）段落层次是否清楚；

（4）详略比重是否得当；

（5）语言是否通顺；

（6）标点是否正确；

（7）有无错别字；

（8）书写是否工整，是否合乎款式；

（9）写作态度是否端正。

2. 作文批改的要求

（1）把批改的主动权还给学生。

传统的批改，很难调动学生的积极性、主动性。一是批改量大，占用时间多，因而反馈慢。二是老师全权批改，效果并非总好，激不起学生兴趣。基于这种现状，这种传统的批改法应该进行改革，应把批改作文的大权交给学生，以学生为批改的主体，老师只是略加点拨、指导，逐渐培养学生自己修改作文的习惯和能力。这样做有一定的好处，学生能够在近乎"同等水平"上互相帮忙，取长补短，反过来又促进自己的学习，还可以让学生体验做老师的滋味。此外，它还可以直接培养学生动脑、动手、动口去发现问题、分析问题、解决问题，提高写作水平的综合能力，符合新课标的要求。

（2）作文批改的目标应该实现由"评"向"改"的转变。

就眼前目标而言，在传统批改中，由于时间、精力，即使责任心很强的老师也只能更多止步于"评"，评价学生的优点以及不足。事实上，在重视了同学、老师以及自身的多项修改直至推出佳作的努力过程中，实现全员的"改"乃至"出新"才可能成为作文批改的最高也是最后的目的。就长远目标而言，作文批改的目标应该是提高学生的写作水平与提高学生的人格修养比"翼"双飞。作文即做人。毋庸置疑，让学生成为批改的"主角"，让学生"互改"乃至"自改"作文，我们收获的将不只是其提高了的写作水平，更是其健全了的人格修养。

（3）写好评语激发学生写作兴趣。

好批语能有效地激发学生的写作热情，引发其写作内驱力。因此批语首先要恰如其分，切忌褒贬失度，言过其实，以免引起学生盲目自满或盲目自卑。这就要求教师对学生作文中所写的内容要有真正的理解，要在批语中使学生体会到自己作文的价值，体会到作文的乐趣。其次批语要突出重点，要抓住学生习作中的主要问题和主要倾向。这里指的重点，是指该生在提高写作水平中的突破口，可从作文中最简单、最起码的写字和标点开始，也可以从句子的组织开始，还可以从文章的构思开始。总之，要从某一点上指导学生在原来作文的基础上一步一步地迈出去，不断地有所突破。最后批语要有启发性，这是对作文批语较高的要求。它要求教师在作文批语中教给学生以作文的思想方法和写作方法，让学生从根本上摸到作文的门路。

（二）作文批改的方式、方法

批的方式，有旁批和总批两种。旁批也叫眉批，是写在作文旁边的批语，是教师就作文的某一方面具体给予的启发、评点，着重解决个别和局部性的问题。总批也叫尾批，是针对全文的优缺点所做的总的评价，是给学生指出努力方向的文字，着重解决全局和整体性的问题。一般来说，旁批要有启发性，总批要有针对性。旁批和总批需要配合使用，相辅相成，相得益彰。

作文批改的方法很多，常用的有以下几种：

1. 重点批改。批改时，先依据本次作文要求，通览学生作文，进行略改（只改用词造句、标点符号、格式等），了解并掌握全面情况。然后根据作文中存在的问题，选出各类学生有代表性的作文作为本次批改的重点（数量可为全班的三分之一），进行详细批改。略改和详改都要评出成绩，记上分。最后，教师从略改和重点批改的情况中概括出本次作文的主要倾向，作为全班讲评时的材料，使没有得到重点批改的同学也能从中比较出自己的优缺点，得到启发。这种批改的好处是：教师可以节省时间和精力，减少"无效劳动"，学生也能够明确自己写作中的主要问题，及时引起注意。

2. 全班集体批改。这种批改也叫典型批改。教师挑出一篇或几篇具有代表性的作文印发给学生，组织全班学生集体修改和评论，最后由教师归纳学生意见，示范评改。所谓有代表性，就是在遣词造句，审题立意，布局谋篇等方面具有普遍性问题的作文。一般说，应该选择问题较多的或较集中的作文，也可以选出较好的或进步较大的作文。近来，有些学校还采用幻灯批改的方式，将选好的作文及批改情况通过幻灯显示出来，大大增强了批改的效果。

3. 学生自改和互改。学生自改或互改，要在教师指导下进行。教师要提出具体的评改要求和重点，进行合理的组织和及时有效的指导。学生错改、漏改的地方，教师要加以订正。具体做法可以先由学生自己修改或互相修改，然后由教师复评，复改，评定成绩；也可以先由教师用符号进行批改，再由学生按照教师符号加以修改，最后由教师复查，评分。实践说明，符号批改是一种效果明显的方法，既可节省教师的批改时间，又能促使学生动脑动手，得到较快的提高。在必要时，还可以组织学生就一篇作文进行反复修改，经过几个反复过程，学生作文会有较明显的进步。

4. 当面批改。当面批改，好处甚多：师生面对面，互相研究，情况清楚，教师会更好地给予有效指点，学生会更直接地受到启发。在当面批改时，要引导学生独立思考，自己找出毛病，和教师共同讨论，不要形成教师讲、学生听的局面。单个学生面改，进行个别指导，无疑效果会比较好，但为了节省时间，也可以选出同一类型作文的学生，多几个人一起来分析一篇作文，指出共同性的问题，分析一篇，解决一批。

上述几种批改方法，并不是截然分开、固定不变的，教师可以根据实际需要结合起来使用。一次作文，可以是教师改与学生改相结合，或者是书面改与口头改相结合，也可以是全部改与部分改相结合，或者是详改和略改相结合。总之，怎样做有实效，就怎样批改。随着教改的深入，又必然会创造出更多的、行之有效的批改方法。

三、作文讲评的要求与方法

作文讲评也是作文教学中生动、有效的一环，它是作文指导和批改的总结和提高。因此，每次作文以后，教师应当对全班学生作必要的讲评。讲评的任务是对学生作文的优缺点和存在问题进行综合分析，并引导到规律上来认识，以便帮助他们发扬成绩，克服缺点，不断提高写作能力。

（一）作文讲评的内容和要求

1. 作文讲评的内容

一般来说，学生都比较喜欢上讲评课。教师要充分准备，不能流于形式。讲评的内容范围很广：可以就作文中反映出来的有关思想观点的问题，从审题立意上进行适当的指导；可以就篇章结构上存在的问题，总结布局谋篇的规律和要求。如果学生在写字、用词、造句等方面问题较突出，也可以从语法、修辞上进行讲解订正，或集中纠正错别字，还可以进行写作知识方面的补课；等等。每次讲评都要从实际出发，确定重点，集中解决一两个普遍性的问题。

2. 作文讲评的要求

（1）作文讲评要科学引导，准确定位，让学生树立起正确的写作观念。

面对学生的作文训练，要有一个科学的定位，定位的依据应该是我们的教学大纲和新语文课程标准，即"能考虑不同的目的要求，以负责的态度陈述自己的看法，表达真情实感，培养科学理性精神"、"书面表达要观点明确，内容充实，感情真实健康，思路清晰连贯，能围绕中心选取材料，合理安排结构"、"力求有个性、有创意的表达，根据个人特长和兴趣自主写作。在生活和学习中多方面地积累素材，多想多写，做到有感而发"。基于以上的定位要求，我们的作文讲评要重在培养、强化学生良好的写作意识：首先要力求文字明白，条理清楚；再就是真情流露，杜绝假话套话；最后要求学生学会个性的表达，写出创新的文字。

（2）作文讲评要宏观把握，范文开路，让学生知道怎么写。

所谓"范文开路"，不是给学生提供画瓢的葫芦。"文无定法"是古训，"文成法立"是事实。所以鲁迅先生说："凡是已经有定评的大作家，他的作品，全部就说明着'应该怎样写'。"因此，进行作文讲评，老师挑选出本次作文中的典范之作仅仅是第一步，还应该引导学生感悟到，这次作文可以这样开头，可以这样选材，可以这样布局，可以这样结尾，让每个同学都能从中悟出"本次作文这样写就能成功"。换言之，就是老师针对大部分同学存在的共同问题，发现并概括总结出富有启发意义的成功做法，从而实现作文在某方面的突破。

（3）作文讲评要赋予学生成就感，激发写作兴趣，让学生变"要我写"为"我要写"。

如今不少作文讲评课，前半节是少数学生优秀作文的"赏析会"，后半节是对大多数人的"批判会"，批的是"文"，也兼批了"人"，在课堂上学生找不到属于自己的成功。教育专家黄全愈先生说过："教育不是往货车上装货，而是往油箱里加油。"因此，作文讲评，在公平的评价中，及时地肯定就赋予学生以成功感，千方百计发现学生的优点进行表扬，就是往学生油箱里加油，就能鼓励他们走很远的路。这会让学生越来越喜欢作文，亲近作文，愿意去写。这样作文水平的提高便是很自然的事了。

（二）作文讲评的方法

讲评的方式可以是多种多样的。常见的方式如下：

1. 综合讲评。这是讲评的基本方式。这种讲评要求教师对全班学生作文进行概括分析，肯定优点，指出缺点，并举例说明。综合讲评也要注意有点有面，每次讲评提出分析说明的问题要有重点，以点带面。在解决普遍问题后，还可留出时间用来解决个别问题。

2. 佳作讲评。教师选出一篇或几篇优秀作文进行深入分析，以典型指导一般。进行这种讲评，事先要将选出的作文印发，必要时还可以由作者向全班同学介绍写作体会。佳作讲评也可以发动全班学生来进行，教师先提出本次讲评的目的要求，然后发下佳作，让学生展开讨论，最后由教师总结。

3. 专题讲评。即抓住作文中的一两个主要问题，结合有关语文知识深入进行讲评。例如，学生作文中普遍存在立意或选材不当的问题，教师就可以先概括这次作文的总情况，着重强调立意选材的重要性，然后结合学生作文中出现的各种问题予以讲评，使学生有比较完整的认识，最后还可以搞一些这方面的练习。这种讲评内容集中，分析深刻，能收到较好的效果。

4. 对比讲评。这是经常采用，而且效果较好的一种方式。可以将作文与课文或供仿写的文章作对比，也可以将作文的原稿和修改稿作对比；可以是整篇文章的比较，也可以是片段的比较。进行这样的对比，教师可以充分利用具体材料，用较少的语言讲清作文的优缺点，使学生从比较中得到深刻的印象。对比的作文要慎重选择，避免伤害学生的自尊心，打击学生作文的积极性。

5. 交流写作经验与心得体会。这是发动学生总结写作规律的一种好办法。讲评课前，教师把批改过的作文发给学生，让他们仔细阅读，写出心得体会，然后把其中有代表性和启发性的安排为重点发言内容。也可以让作文有显著进步的学生总结经验，向全班报告。最后由教师进行总结。这种方式可以督促学生仔细分析研究批改过的作文，培养他们总结经验的能力与习惯，一般宜于在学期或学年结束前采用。

第二节　案例呈示及分析

一、作文指导案例

话题作文指导案例

河南省河南油田第七中学　高红春

【教学设想】

作文号称中考中的半壁江山，其重要性不言而喻，因为它是学生综合能力的体现。要想在中考作文中取胜，平时的训练一定要科学，临场发挥时的运用一定要灵活。我今年教毕业班，对语文中招试卷的三大版块之一的作文进行了重点的探究和写作指导尝试。我发现在全国 28 个省市中考大作文题目中，有 85% 以上考的是"话题作文"。我一直在思考：为什么话题式作文题引起各地命题者的重视？为什么它备受各级领导、专家的赞赏？通过钻研分析，我明白了，这是因为它合乎教育部《关于中考语文改革考试试点工作指导意见》的精神，它紧密联系考生的生活实际和思想实际，它能使考生有事可写、有物可记、有理可评、有情可抒，能最大限度地发挥各类考生的特长优势，为中学生作文写作打开了无限广阔的空间。因此我设计了一个单元的话题作文专项指导写作训练。

【材料准备】

我搜集、整理、挑选、打印了近几年中招语文话题作文中的满分、高分作文，并一一作了点评。尤其是同一话题的不同角度、不同文体的文章作为重点辨析、探究的对象。

【教学目的】

1. 培养学生积极参与和有效参与的意识。

2. 养成学生自主、合作的学习品质和习惯。

3. 归纳出话题作文的特点。

4. 学会审读话题作文中的材料。

【教学时间】

4 课时

【教学操作过程】

（一）提出问题，引发探索的动力

近几年来，话题作文备受专家、出卷老师的青睐，它已在高考、中考中占了主导地位。话题作文如此受宠，一定有它自身的、独特的优势和特点。今天我们一起来探讨一下话题作文的特点。

由于学生手中有资料，我提出的问题又很具体明确，学生的积极性一下就被调动起来了。我没有像传统教学那样，把我对话题作文的认识、归纳、特点直接灌输给学生，而是打破常规，让学生在体验、对比、辨析的过程中实现对话题作文的深入理解和感性认识。我把问题给了学生，他们便从问题出发，调动已有的知识和经验去解决问题。很快答案就出来了。与传统的命题作文比较，话题作文具有以下特点：

1. 规定话题或主题。话题作文所给的材料都已经明确地规定了写作的范围，出了这个范围，就偏离了题意。如要求以"假如生命可以轮回，你将选择怎样的生命方式"为话题作文，虽然是假定，但仍是一个规定，不可以违背。如果学生在文章中大谈生命轮回不科学，生命不能轮回等，这就脱离了题目的范围，造成文不对题的失误。

2. 设置特定情境。如："爱心，与生命相伴；爱心，与生活息息相关。有人说，爱心如阳光似春风；有人说，爱心是压力是动力；有人说，爱心如良药似神丹……有的渴望拥有；有的默默回报；有的无私奉献；为他人、为社会、为自然……"这组材料里透出的信息、设置的情境，应该是歌颂有爱心的人和事，歌颂生活中的真善美，歌颂社会中阳光的积极的一面。如果学生写消极的阴暗面，就有悖情境设置，难得高分。

3. 立意自由。话题中只提供了一个写作的由头，思路的源头，留给了我们一个自由的思维空间。我们只要敢于变换角度，从传统的思维中"跳"出来，勇于另辟蹊径，在同中求异，在"旧"中求新，突破常规，就能求异创新，就能写出一些新颖别致的文章。

4. 选材广泛。话题作文只有"话题"而没有规定的题目，具有全开放的内容。它便于我们在较大的范围内选择自己最熟悉的题材写。尽可能写身边人，议身边事，绘身边物。学生能看得见摸得着，不感到陌生，写起来就会得心应手。

5. 文体不限。话题作文大多是"除诗歌外，文体不限"，也有的对文体不作任何限制。这样学生可以选择自己最擅长的文体自如写作。或根据自己掌握的材料，选择与之相适应的文体来写，以表现自己的实际写作水平。

6. 写法灵活。话题作文的"话题"只是一个引子。只要与话题相关便符合要求。因此，作文时写作方法可以灵活运用，多种多样。可记人叙事，可议论抒情，可作理性思考，也可展开联想和想像进行扩写、续写、补写等。

（二）围绕话题，树立探究目标

承接第一步我又把第二个问题抛给学生。我们知道了话题作文的特点，那么怎样写好话题作文呢？它有没有规律可循呢？怎么给话题作文命名呢？同时我出了如下的话题作文：

"追求，就是用积极的行动来争取达到某种目的。努力学习是追求，积极工作是追求，帮助他人是追求，争取入团是追求……有的追求知识，有的追求事业，有的追求远大的理想……追求，会演绎出大大小小的感人故事；追求，会碰撞出五光十色的思想火花。请以'追求'为话题，写一篇文章，自选文体，自拟题目。文中不得出现真实的人名、校名、地名。"

这下学生的积极性、参与意识又被调动起来了。我认为积极参与旨在培养学生良好的情感、态度与人际关系智力。学生从情感上愿意参与教学，是衡量他们自主学习的标准，因为在积极的情绪状态下学习的效果最佳。在积极参与的基础上，进一步上升为有效参与。因为有效参与旨在开发学生的智力，培养学生的创新能力与实践能力。而有效参与首先是思维的参与，思维活动是认知的核心，思维的真正参与，就能开发智力，创新能力也能培养出来，离开学生的参与不可能有真正的学习效果。我在设计问题时都是在上述理论指导下循序渐进的。通过一系列问题的探究，证明了积极参与是学生自主学习的前提；有效参与是学生自主学习的保证。

学生讨论、发言的积极性很高，思维被激活。有纵向思维的：思维纵向发散，以寻求事物的变化、发展和因果关系；有横向构思的：思维横向发散，对那些相关的事物进行横向比较；有逆向思维的：思维逆向发散，用求异思维方法，从事物的相反方向立意作文章。

学生归纳说：其实上述话题已经给我们提供了几种写作的可能，或谈看法，或谈经历，或编故事……

若谈看法，还有多种选择，用议论的方式论证不免落入俗套，还不如采用哲理散文的方式进行诗意的描写，用材料中的话作每一段文字的起首，充实内容，有机地连接，一篇佳作便会脱颖而出。

若谈经历或编故事，最好有经典的生活事例能点到"追求"这一话题要求，切不可脱离话题而沉迷于叙述的过程中，形成本末倒置，反而得不偿失。

（三）仔细审读，把握"话题"中心

常见的话题作文提供的"话题"少则一两句，多到十来句，但无论长短，审题时都要仔细审读揣摩，抓住中心词或中心句。如：

贾占标是我的学生，他非常喜欢阅读课外书。文学名著、科普读物、报纸杂志都读得不少。因此，他知识广博，学习成绩优异，被同学们誉为"小博士"。但有人向他讨教学习成功的秘诀时，他却说："我没有什么秘诀，就是书读得多。"

书犹药也，善读者能医愚。健康的课外阅读对于一个人的发展起着重要的作用。它能使人增长才智，修养性情，提高素质。你有这样的经历和感受吗？

请你以"课外阅读"为话题，自拟题目，写一篇600字以上的文章，文体不限。

这一话题中的人物语言"我没有什么秘诀，就是书读得多"以及"健康的课外阅读能使人增长才智，修养性情，提高素质"，这两句是必须重点把握的中心句。也就是说一是要多读，二是要读"健康的课外书"。而审读时只有抓住这一点构思作文，才能不偏离题目，从而写出符合话题要求的佳作。

（四）力求主题深刻，富有新意

有人以为，写话题作文就像拉家常似的。其实不然，话题作文也是不能漫无边际地东拉西扯的。它要求突出主题，围绕主题选材，力求深刻，写出新意。学生不是缺少生活，而是少了一些观察与思考；学生不是不能创新，而是少了一些思考和探索。

创新源于观察、积累、思考，身边很平常的事情，其中都蕴含着深刻的道理。同样的一件事情，我们思考的角度不同，背景不同，目的不同，就会产生不同的感受、观点、认识，就会产生有创意的想法。

（五）写作练习

上述几个话题已经分析讨论过，学生根据自己的认知情况，任选一个话题写作文。

（六）佳作欣赏，提高审美能力

略（将上节课学生的优秀作文展示出来，并评析）

【课后反思】

1. 通过上个学期的段考实践，学生写话题作文的能力确有提高，三次话题作文，没有一人写跑题的，没有低于 32 分的作文，而且学生给话题作文拟的题目有深意、有思想，或点明文章中心，或概括故事，这比较难得。

2. 如何让学生的作文更富有个性，更有创意；如何让学生能针对一个话题写出不同思考角度的文章；如何让学生组织好过渡句，从而提高学生将已熟悉的题材去适应不同的话题；如何使学生的语言有文采、有特色。这是今后的作文教学中需要探究的课题。

（选自中学语文教学资源网 http：//www. ruiwen. com）

【案例评价】

1. 该案例中，教师成功地捕捉了新颖的带规律性的最佳教学切入点和思维激发点，把问题教学引入课堂，有法有序有目的的展开教学，且教学过程显得有悬念、有情节、有曲折，很好地吸引了学生的主动参与。指导方法新颖独特，充分体现了"教育创新"精神。

2. 作文指导中教师注重了引发兴趣，激发思维，让学生思维呈兴奋活跃状。注重了思维引发的逐层深入和发散性联想，让学生多角度多方位地思考问题，有归纳，有发散，有创新，较好地体现了思维训练的科学性。

3. 本案例体现的作文指导教师不是只提空洞的要求，进行空泛的指导，而是抓住学生思维的兴奋点进行具体的引导，在结构的安排、选材、审题、立意等方面都进行了详细的指导，并帮助他们在思考中积累作文材料，让他们感到有话可说，有东西可写。让学生自由联想，自主作文，学生是在思考、讨论、积累后再构思写作，这就遵循了写作的基本规律。

二、作文批改案例

一次作文评价活动的案例分析

刘明珍　浙江衢州柯城区石梁中学

（一）案例主题

作文批改问题一直是语文教学研讨的热点。新课程改革"以人为本"的理念要求改革传统的作文教学及评价方法，将"活动式"教学理念引进到作文批改中，真正让学生成为作文批改的主人，从而实现作文教学的根本改变。这符合了人本主义心理学家罗杰斯提出的"以学生为中心"的课堂教学思想，教师的任务是创设一个相对自由、宽松、平等、民主的学习环境，让学生主动地发挥自己的潜能，愉快地、创造性地进行学习评价，参与到课堂中。

（二）教学案例描述

学了高一第二单元杂文《庄周买水》后，我觉得这篇文章故事性强，以寓言形式讽刺时弊，对学生学习写寓言式的杂文应该是一个极好的范本。结合以前的作文教学，又联系到"3.15"刚过，我就让学生模仿此文也写一篇寓言式的杂文，内容针对当前社会上出现的假冒伪劣现象及其实质。写之前明确告诉学生，这次作文写好之后将由同学互批，评选优劣，评定等级。

（作文由学生课外完成，告诉学生作文由同学批改的目的是促使学生能更认真地写作。因为他们往往很在意同学对自己的看法，这样，"抄袭作文"等不认真写的情况基本可杜绝。学生写好作文上交，教师逐行翻阅，对学生存在的问题做到心中有数）

第一课时

师：今天我们要进行一次作文评价课，要让每一位同学都来当一回老师。做一次评委，大家说好不好？（学生齐声说"好"）既然要做评委，自然就要写评语。评语应从哪几个方面入手？我们以前讲过，谁来说说？

（学生回答）

师：很好，讲得很概括。我们这节课的任务主要是针对这次大家所写的作文从内容和语言两方面进行评价。这次的作文同学们写得都很认真，我相信同学们评得也会很认真。下面8个人一组，选出小组长。每个同学都做评委，对本组的8篇文章进行评定，写出评语。评出一等奖一名，二等奖两名，三等奖若干。小组长是总管，负责综合、表述本小组成员的意见，协调评委组的工作。评定结束后，由组长总结发言，介绍本小组的评定情况并作逐一评价。听明白了吗？

（批改任务明确，各小组分头展开行动，教师巡视，随时准备介入）

（1）陈方川这一组同学情绪高昂，争当组长。当有的同学看到《庄周后续》这篇文章后，大家争相阅读，展开了激烈的讨论。一同学说："课文改编得好。"另一同学说："假冒教师算不算假冒伪劣商品啊？这是两个概念吧！"最后大家认为它有新意但语言欠修饰，概念较模糊。各自写下了自己的评价，组长综合记录了小组成员意见。

（2）钱毅这一组气氛不够活跃。有一位同学拒绝别人看自己的文章。

（3）在评论的过程中，有位同学说："老师，评语我写不出来，怎么写呀？"

（4）许建军同学写了一篇文言性质的文章，小组成员说看不懂，争着要求老师进行分析。最后我和他们一起作了点评。

（评选过程显示：大部分同学责任明确，批改认真，少数同学不够投入。程度差的同学评价较困难，在写评语时，不知所云，废话较多。程度好的同学评得到位，写得也规范。另外，组长的能力在讨论中显示了重要作用）

第二课时

师：上节课同学们进行了热烈的讨论，作了自己的评价。下面就让各组长分别汇报一下本小组的评点情况。

各组长都很认真，写出了汇报材料，如陈方川这一组的材料是这样的：

本组经认真讨论，王海涛的《购买幸福》被淘汰，因他写离题了。其余情况是这样：

一等奖：江涛的《处处都一样》。此文写主人公迷恋网络游戏中的各种武器装备，花了很多钱买来后却全是假货。气愤地关掉电脑回到现实生活却又处处碰到假冒伪劣商品的侵扰，以此说明假冒伪劣商品无处不在的本质。点评：语言夸张幽默，却不离实际，富有个性色彩，把真实与虚拟近乎完美地结合，成为此文的看点。

　　二等奖：陈方川《献宝》。此文写古时楚国卞和因贪权而想到献宝，就到黑市去买宝，接二连三买到的都是假货，导致四肢被截，最后好不容易找到一块和氏璧，却被朋友偷梁换柱，以假和氏璧代之，最后卞和遭辐射而亡。点评：语言简明，幽默生动，只是过于故事化。

　　三等奖：赖文龙《庄周后续》。此文续课文《庄周买水》之后写庄周养鱼，第一次因买到假冒书照着做导致鱼翻白，第二次去参加培训班却因教师是假冒的而再次养鱼失败。

　　点评：续写课文，杂文续杂文，有新意，语言虽有点勉强，但总的来说还是一篇有新意的文章，只要稍作改编可成原作后续。

　　后进奖：郑美丽《与时俱进》。点评：一个不经常练笔的人能写出如此连贯的文章，真乃后生可畏。

　　时尚潮流奖：雷珍《李白寻酒》、龙小英《孔乙己卖酒》、傅振玲《小毛卖酒》。点评：也许看到"假"字，第一个想到的就是假酒吧，所以成了反假酒的潮流。

　　总评：大家都很认真。从同学的文章及评价里我们也学到了很多。如我写的《献宝》，自认为故事不错，可却未深入挖掘故事背后的东西。还有几篇写假酒的文章，我们觉得假酒确实很常见，可它的社会根源是什么却未曾体现，所以建议重写。我们觉得在写文章时大家普遍的问题可能是太注重故事性而忽视了主题的深入了。

　　大家推举陈方川这组为最优秀评委组。

　　师：陈方川同学确实讲得不错，这组同学的文章也很有创意。不过我觉得他讲的最好的地方是提出了大家文章中较普遍的问题，就是由于对故事情节的过于追求而忽视了主题的提炼。有的同学故事写得不错，可别人看下来却可能不知所云。别人看不懂的原因可能就在于你叙述故事的本身没有注重故事内涵的挖掘。不知大家是否记得在第一册语文书后面的写作与口语交际里的那篇 2001 年高考优秀作文《阿 Q 新传》？（学生点头，作"哦"状）这篇文章是通过写阿 Q 制造假冒伪劣商品、制作虚假广告、欺骗消费者、最终破产的故事来表现"诚信"的主题。本文在思想内容上并无特别之处，之所以得到高分，是因为他借助了《阿 Q 正传》中的人物来了一个故事新编，将旧时代的典型人物放入新社会，通过他们的离奇遭遇来表现主题。和《庄周买水》一样，作者紧紧扣住了人物原本的性格特征，既不失原汁原味，也不失时代特征，融古今荒诞现实于一炉，达到了讽喻现实的目的。也就是说，改编人物最好能结合人物自身特点。在这点上同学们可能做得不够，下面时间就请大家结合同学的评价重新读一读自己的文章，看看有哪些意见可以采用，哪些地方可以修改。写得不好的同学最好重写一下，写好再请同学评价。我相信通过不断地修改，大家的文章一定会越改越好。

（学生认真自改作文。徐丽珍同学拿着作文上讲台要求我看看，同学给她的评语说看不懂。我注意到她的内容其实是不错的，表达上采用了文言与白话掺杂的方式，造成文言不像文言，白话不像白话。我向她说明不宜采用这种语言，建议换一种语言表达。她满意而去。张成明同学也拿来了他的文章，他认为同学评价过低。我看看确实有这个情况，不过我告诉他，如果稍微改一下题目与结尾，同学的评价可能就不一样。在指点学生修改作文的过程中我感到了师生互动学习的乐趣）

课后教师将评改好的富有典型意义的文章写上批语，复印张贴，以达到示范与表扬的双重效果。

（三）案例扩展

叶圣陶说："教是为了达到不需要教。"要把独立的"学习能力"教给学生。要使学生能很好地充当批阅者的角色，教师必须首先教给学生方法和规矩，借助一定的精批细改，传授写作知识，提供正确的批改方法。决不能不顾学生的实际而盲目照搬别人的模式，这样的教学表面热闹，但学生的收获却不大。把学生的作文改得满纸通红、体无完肤，让学生失去写作的积极性是一种误区，但是撒手让学生自我批改，教师不作具体的指导和严格的要求也是不足取的。

联想到现今这样那样的创新教学模式，我们感到"套用形式者多，活用精神者少"，有很多是为形式而形式的。而"活动式"教学，它就使永远处在未知状态的课堂，展现了一种动态的魅力，拥有了持久的生命力。我们欣喜地看到"活动式"教学的理念已越来越深入人心，并取得了一定的成果。我们将继续探索下去。

【案例评价】

这个作文批改案例主要的原理是通过活动来开展学生的研究性学习，把课堂真正还给学生，调动学生的学习积极性，让课堂成为促进学生发展的场所。教师把学习的主动权还给学生，为学生创设一个积极的、生动的、自主合作探究的学习环境，使学生在整个作文活动过程中充满探究和兴趣，在不知不觉中被激发探幽寻秘的兴趣，从而实现"作文——批改活动——学生——教师"的一体化，构成一个完整的作文教学生态系统。让作文批改成为引导学生发展的场所，成为写法、思想、情感交流的阵地，在动态中展现作文批改新面貌，引导学生全面发展。

这种作文教学方法改变了传统的因教师一人批改而导致的固定化、模式化的倾向，取而代之的是师生共同批改。这种方式增强了批改的客观公正性，避免了作文评价片面的弊端，避免了学生被教师的指导牵着鼻子走，改变了传统的师生观，变"一言堂"为"多言堂"，学生做主人，更适合他们个性的发展、人格的健全。学生通过自主的发现探究，最终实现心灵的转向，写作能力也得到了提高。而教师也在与学生的互动活动中发现了问题，加深了对学生的了解，有利于更有针对性地对学生进行指导。师生共同参与评析，各抒己见，这样的评价结果肯定要比教师一人的评价客观公正得多，相应地，习作者也比较易于接受批改意见。

另外，这次作文批改活动结合书本的教学，将作文活动与学生书本学习相结合，通过改革作文批改方法来推进作文教学创新是符合新课程教育改革理念的。但是在这种新型的作文批改方式中，老师必须面对瞬息而变的课堂中有可能出现的各种情况，并作出了恰当的处理；同时有效地调动学生的积极性，使他们对自主探究的作文批改与评价产生持久的热情。在这点上教师的调控能力、激励机制的运用就显得格外重要。

（选自《中学语文教学》2004 年第 7 期）

三、作文讲评案例

自主参与式作文讲评课堂教学案例
执教：山东省苍山一中　李梦桃

【教学设计思想】

实施以培养学生创新精神、创造能力为核心的素质教育，在课堂教学中应该首先突出学生的主体地位，让学生主动参与到课堂教学中来，只有这样才能更好地激发学生的创新欲望。那么，怎样才能利用作文教学这一主阵地，通过学生的主动参与培养学生的创新精神呢？语文教育家叶圣陶先生曾指出："假如着重在培养学生自己改的能力，教师只给些引导和点拨，该怎样改让学生自己去考虑去决定，学生不就处于主动地位了吗？养成了自己改的能力，这是终身受用的。""作了文又能自己改，不用请别人改，这就经常处于主动地位，岂不是好？"我们确立"自主参与"这一实验课题，就是意在使学生在自主评改中学得本领，在自主参与中得到发展提高，听说读写并重，主动参与评改，使学生语文整体素质得到提高，创新精神、创新思维、创新能力也得到培养。

本课时教师通过总结分析学生写作过程中出现的问题，重点在于使学生明确一般引申性议论文和读后感的区别，并有针对性地对学生进行审题立意的系统训练。

【教学目标设计】

基础性目标：复习巩固议论文的有关知识，明确一般引申性议论文和读后感的区别。

发展性目标：训练学生据材料审题作文的能力，培养学生求同思维、求异思维或发散思维等创新思维的能力。

让学生记住有关议论文的系统知识，然后明确一般引申性议论文和读后感的区别，掌握一般引申性议论文的写作技巧，然后通过读议评改让学生去发现自己写作中暴露的问题，有针对性地进行点拨训练，在训练中培养学生审题立意、自主写作、自主修改的能力，在这个过程中，通过自由写作、自由讨论、自主修改进行知识迁移训练，培养学生自主参与创新思辩的能力。

这样设计的理论根据是"接受是创新的基础，创新是对接受的发展"，继承和发展是相辅相成的，要想使学生在审题立意方面有所创建，必须有一定的知识基础。

【具体步骤简介】

（一）读例文、激发情趣。学生作文收交上来后，老师先筛选例文，根据写作情况写出具体的写作指导和批改分析，上讲评课时发给学生，2～3名同学各读例文，让同学了解本次作文写作情况，获得感性认识，并激发情趣。

（二）评议例文、主动探究。听读例文以后，根据写作指导，以四人为一组展开讨论，给例文打出等级、写出评语。

（三）自由发言，点拨引导。让学生自由发言，谈出评议意见，教师点拨、引导。

（四）拓展训练、巩固运用。这时，教师可以根据刚才在评议例文中学到的有关议论文的知识，再拟题进行拓展训练，以巩固所学知识，更重要的是培养学生求同思维、求异思维或发散思维，对题目谈出各自的见解。

（五）反馈交流。

【教学实录】

师：今天我们进行第十三篇作文讲评。先请同学们回顾一下上次作文要求。

（投影：写作要求）

1. 阅读《翠鸟移巢》，然后写一篇引申性议论文（不要写成读后感）。

2. 题目自拟，不少于 600 字 。

3. 语言要流畅，书写要工整。）

（附短文《翠鸟移巢》）

翠鸟先高做巢以避患，及生子，爱之，恐坠，稍下作巢。子长羽毛，复益爱之，又更下巢，而人遂得而取之矣）

（生看投影。师板书"作文讲评十三"）

师：这次作文同学们的写作都很认真，卷面工整，字数合乎要求，卷面得甲的达 80%。请卷面得甲的同学举起手来，为自己鼓掌加油。未得甲的同学下次努力争取。各篇作文细读之后，仍有高下优劣之分。老师为大家筛选了三篇例文和作文讲评一起印发给了同学们，下面请同学们速读作文讲评"三、写作指导"。（生速读）接下来，请听读例文，注意修改错别字和不通顺的句子，并为这三篇文章评定等级，最好阐述出理由。

生 1：（朗读例文 1《论极端》，内容见附文）

生 2：（朗读例文 2《故事里的事》，本文是一篇风趣又有教益的记叙文，内容见附文）

生 3：（朗读例文 3《可怜、可敬父母心》，内容见附文）

（三生起立，各读例文。同学掌声鼓励，师就朗读情况稍作点评）

（听读阶段也是整体感知阶段，先获得感性认识，为下边议评作准备）

师：请同学们以前后桌四人一组为单位，生 4 朗读写作指导并主持讨论，评定出三篇例文的等级。推举一位同学发言。

（议评阶段：自由讨论、自主发言，老师可根据发言有针对性地作以点拨）

师：投影分类情况：

例文（1）、（2）、（3）可依次归入一类、二类、三类的六种情况：

A.（3）——（2）——（1）

B.（3）——（1）——（2）

C.（2）——（1）——（3）

D.（2）——（3）——（1）

E.（1）——（2）——（3）

F.（1）——（3）——（2）

师：同意 A 或 B 的同学请阐述理由。

生5：我同意 B.（3）——（1）——（2）。我认为第三篇作者围绕"翠鸟"和"母豹"式的父母展开论述，较好地结合了实际；第一篇《论极端》充分结合了现实生活中的事例，但事例太多，缺乏典型性和灵活性；第二篇《故事里的事》内容虽然十分充实，但引用"老爷爷"讲的故事篇幅太长，使文章成了记叙性文章。

生6：我同意 E.（1）——（2）——（3）。例文1能够根据材料提出自己的观点，然后抛开材料，紧密联系现实生活，很符合引申性议论文的写作要求。例文2没有审清题意要求，写成了记叙文，但能联系生活，在最后提出了自己的观点。例文3写成了读后感，没有抛开材料，没有紧密联系现实生活，不符合引申性议论文的要求。

生5：我不同意第三篇作文没有联系实际的观点，因为在第三篇中间有"当今社会……"的明显标志，这说明他也是联系实际的。

生7：我选 F.（1）——（3）——（2）。我们可以先看一下《作文讲评》"三、写作指导"中"读后感和引申性议论文的区别和联系"，"引申性议论文是根据所给的材料提炼出自己的观点，然后抛开材料，紧密联系现实生活，通过摆事实、讲道理来论证自己观点的一种作文模式。"我觉得第一篇文章的第一段根据材料提出观点，然后便抛开了材料，联系生活论证，很符合写作要求。第三篇写成了读后感，不合写作要求。

生5：我也同意 F 了。

生6：我也同意 F 了。

师：同意 F 的同学请举手。

（生都举手）

师：理越辩越明。其实，三篇文章独立着看，从构思、立意与表达上都是上乘之作，但放在这次写作中却有一、二、三等之分，可见在写作水平相当的情况下，"审题"周密准确成了写作成功的关键。那么，"审"是什么意思呢？

（生查《现代汉语词典》）

生8读释义："审"有三个义项，"审题"的"审"应是"详细、周密地考查"的意思。

（师板书"审题"）

师：这类给文字材料的作文，如何审题才周密、准确呢？可以分两步，第一，审写作要求明确文体。常见的文体有四种，下面又有细小的分类。谁来说？

生8：常见的文体有记叙文、说明文、议论文、散文。记叙文有写人叙事的分别，说明文有事物说明文和事理说明文的分别，议论文有阐述性的、评论性的、引申性的分别，引申性的又有读后感和非读后感的分别。

师：说得很好。（师投影文体分类情况）

（这就是在批改讨论中学习写作知识，在自主参与中提高听说读写能力。评议阶段学生发言精彩，这是运用已学到的知识进行拓展训练，便于培养学生的创新思维能力）

师：第二步，审文字材料抓写作主旨。文字材料的审读可以分三步（由生齐读投影：综观全文，分析要素，抓关键词和评论句）下面举个例子：（师投影短文）

生9读：1814年，英国人史蒂芬逊制造出世界上第一辆蒸汽机车时，有人驾着一辆马车和他赛跑，新生的火车丑陋笨重，走得很慢。漂亮的马车骄傲地跑在前面。然而，史蒂芬逊并没有因为失败而灰心，他坚信：火车比马车有美好的前途。一百年过去了，马车仍按原来的速度转动着轮子，而火车却在飞速前进：高速火车时速可达200公里，实验性火车的速度就更加惊人了。

读后，请你自拟题目，写一篇引申性议论文。

师：请同桌根据所学互相讨论讨论这则材料的要素和关键词。

（生同桌讨论）

师：请看投影，对照自己的讨论，看有什么不同。谁来读？

生10：这则材料的要素是：人——史蒂芬逊，物——新制造的火车和马车，事——新制造的火车和马车赛跑失败了；关键词语是："失败"、"没有灰心"、"坚信"、"惊人"；评价性论述：一百年过去了，马车仍按原来的速度转动着轮子，而火车却在飞速前进。

根据要素和关键词语，从这则材料中就可以确立以下论点：（1）失败是成功之母；（2）信心是事业成功的阶梯；（3）新生事物是不可战胜的；（4）科学是社会发展的动力；（5）新事物必然代替旧事物。

师：同学们的讨论是否一样？检验审题是否准确、周密最快捷的办法是看作文的标题，如《作文讲评》中的三篇例文仅从标题就可看出审题的高下，再如这次作文中的一些题目

（师投影：溺爱≠真爱、爱的误区）

这些标题，是议论文的，也很新颖、醒目、有创意，却是读后感式的。

（师再投影：勿因小失大、做事要恰到好处、过犹不及与恰到好处）

这些拟题是引申式的，从这些拟题就可看出审题十分周密准确。下面请同学们自主评改同学的作文。请先速读"作文讲评四、批改分析"，再结合这节课的学习，综合评议，特别要注意审题、拟题是否恰当，注意评语的格式，书写要工整。

（生前后桌交换批改，写评语）

师：同桌交流一下评语，请两位同学读一读自己的评语。

生11：我批改的作文题目是《谈人们仿翠鸟移巢》。评语是：本文从所给的材料中得出启示，阐明了过分溺爱的后果，要注意分清引申性议论文与读后感的区别。另外，字迹工整，卷面洁净。得分70。

生12：我批改的作文题目是《谈爱》。本文论点鲜明，字迹工整，没有把引申性议论文写成读后感，但有些事理不大准确，比如第二段说"孩子感冒了打针"难道就是溺爱吗？总的说来较成功，望继续努力。得分75。

师：看来，同学们已明确了审题和拟题的重要性，掌握了审题和拟题的基本方法与思路。下面进行两个拟题训练，巩固这节课的内容。（师再次投影关于火车发明的短文）读后请你自拟题目，写一篇引申性议论文。拟题时请不要与前面的重复。

生13：我拟的题目是《暂时落后不等于永远落后》（理由约117字）还可以联系我们中国的实际，虽然暂时落后，最终会有一天赶上世界先进国家。（掌声）

生14：我拟的题目是《时间——最公正的审判官》。因为是时间让人们对火车、马车两种交通工具的优劣有了正确的认识，所以我拟了这个题目。

（其他发言略）

师：同学们拟的题目都很好。下面练习一个难度较大的。（师投影文言短文《西施效颦》）

（生看投影，思考，三生起立口述所拟题目并简释理由）

（由改到练，进一步拓展训练空间，培养学生的创新意识——求异思维，巩固本课训练目标）

师：同学们都开动了脑筋，拟的题目也各有特色。拟题可以从不同的角度，只要合乎要求，说出理由就行。下面我们回顾一下这节课的主要内容，总结一下审题过程。（生回顾，师投影：一审要求明文体，二审材料抓主旨）

（总结归类，本着激励性原则，鼓励学生主动参与、自主评改，调动学生的积极性）

师：下面布置第十四篇大作文，再训练一篇给材料作文。（师投影作文材料，下课）

【案例评价】

此课教学可归为以自主学习为中心的教学模式（即主体性教学模式），其过程包括四个阶段：（1）激发动机阶段、（2）主动探究阶段、（3）巩固运用阶段、（4）反馈交流阶段。这堂自主参与式作文评改课堂教学案例，包括了"写——读——议——评——改"五环节。

在第一个阶段，教师没有作任何指导，学生自由写作，充分发挥学生主体的自由，并在自主参与评改课堂教学中，通过朗读提供的例文，充分暴露学生写作中存在的实际问题，通过范文开路，使教师的指导有明确的针对性，同时老师对学生的作文评价采取了鼓励性的原则，赋予学生成就感，这样有利于激发学生自主参与评改的兴趣。

而在接下来的主动探究阶段，通过让学生和平日熟悉的同学进行讨论，畅所欲言，在各种思想的交锋中，激发学生的思维的灵活性和敏捷性，培养学生在实际交往中的听说能力；通过讨论，还能充分暴露学生在文体知识方面存在的认识不足，从而更好地解决问题，修正错误认识，并激发学生自主思维的热情。因为老师和学生毕竟隔着一层，老师的讲解学生有一种神秘感，理解起来就有化易为难的趋势，而处在同等地位的同学的一两句关键语句往往能轻易化解学生理解上的坚冰，"原来就是这样的啊！"不仅能使学生有茅塞顿开的感觉，而且能激发他的上进心，"其实挺简单嘛！我也会！"这是促使学生进行创新思维、主动探究的一个重要保障。

到了第三阶段，引导学生运用所学知识批改自己或同学的作文，属于巩固运用阶段，从而进行知识迁移训练。这是课堂教学的主体部分，正是通过这一环节进一步训练学生的主动求知和创新思维能力。

到最后的反馈交流阶段，这是创新素质培养措施，通过自主参与式作文评改课堂教学激发学生自主参与、主动求知的热情，引导学生在讨论交流中获取写作知识，陶冶性情，发展语文思辨能力，完善人格。

【操作实践设计】

1. 阅读下面材料，按要求作文：

下面是一位安葬于西敏寺的英国主教的墓志铭：

我年少时，意气风发，踌躇满志，当时曾梦想要改变世界；当我年事渐长，阅历增多，我发觉自己无力改变世界，于是缩小了范围，决定先改变我的国家。但这个目标还是太大了。

接着，我步入了中年，无奈之余，我将试图改变的对象锁定在最亲密的家人身上。但天不遂人愿，他们个个还是维持原样。

当我垂垂老矣，我终于顿悟了一件事：我应该先改变自己，用以身作则的方式影响家人。

若我能先做家人的榜样，也许下一步就能改善我的国家，再后来，我甚至可能改变整个世界，谁知道呢？

这段墓志铭对你有所启示吗？以"人生的目标"为话题，自选角度，自拟题目写一篇作文，除诗歌外文体不限，不少于800字。

以上是一篇给材料的话题作文写作训练，材料是一篇非常精彩的墓志铭，请根据话题作文的指导方法指导学生完成习作。

2. 本次作文训练是在教学完《茅屋为秋风所破歌》一诗后安排的。要求学生把杜甫的这首诗歌改为一篇记叙文。改写提示：①充分发挥想像，适当补充内容，描写细致。②可改换叙事人称甚至叙事者，但不要改换原诗的主题。以下是一学生改写的文章，请根据作文批改要求指导学生进行批改。

风雨中的狂奔

人的一生总会有许多憾事，人们对于它们往往无可奈何，甚至悔恨莫及。但憾事给我们带来的，是生活的触电，是未来的明灯。

我生命中最大的憾事还要追溯到几十年前了。那时的我还是个顽童，住在南村。一次，和几个小伙伴做游戏，不幸的是，乌云背着我们早已悄悄地爬上了天空。刚开始号叫的风似欲吓唬我们，当我们意识到暴风雨即将来临时，已经太晚了。伴随着一个照亮了半边天的闪电，这风与雨的战争打响了第一炮。刚刚还如牛毛般的细雨转眼间就变成了黄豆般大小的雨点，又被风斜着吹来，硬生生地砸在我们脸上。我们只是死死抱着一棵树，生怕被这无情的狂风卷下万丈深渊……

突然，好朋友大叫了一声："你们看！"沿着他的视线，借着露出半张脸的月光，我看到了一团黑糊糊的东西，紧紧地缠绕在树梢上。"太棒了，是茅草！"

于是，在暴风雨微微减弱之时，我们冲出了大树的保护，沿着茅草飞来的方向追了回去，因为有人断定，那儿还会有茅草。大家立马加速冲了过去，我定睛一看，前边果真有一间茅草屋。

在茅屋下，有一个衣衫褴褛的老人，拄着杖，颤抖着双腿欲向上蹦，拦住那漫天飞舞的茅草。老人的动作毕竟不若孩童灵敏。小伙伴们冲上去，两个按住老人，另几个高个的一蹦就抓住了茅屋上仅剩的茅草，像我这样既没有力气又没有身高的，只好蹲在地上捡草渣，不时地抬起头瞟老人。不知是风吹得还是他的确太老了，我看见老人的腿在不停地颤抖。孩子们突然松手，老人一下子跌在地上，两膝深深地陷入了低洼中，两只老的像木枝般的手指在地上维持平衡，眼睛目不转睛地看着小伙伴们，嘴里咿呀叫着什么却被风声遮住了。

眼见新的一轮暴风雨又将袭来，有人大吼一声："回家！"便抱着自己的战胜品蹿得没了影。老人刚刚直立起的身躯又被狂风撂倒。我的脸早已莫名地交织满了雨水和泪水，我抓着手里的草奔向老人，却被一双手抓了回去："走，暴风雨又要来了！""可，可是……"看着自己和伙伴手中的茅草，猝然间我将它们猛地掷到了地上，向前跑去……

回头望望再次屹立在风雨中的老人，耳中茅屋里的哭叫声、林间的簌簌声、老人沙哑但顿挫的吟诵声交叉着，响彻耳骨，我在疾风暴雨中狂奔，周遭的世界天昏地旋。

回想至此，泪水再次爬上了我的脸……

【提示】

思考：①你能说出这篇文章是对原诗的哪一部分进行的重点改写吗？

②这篇文章的突出优点是什么？有缺点吗？

3. 这是一堂作文讲评课，在习题一的话题作文写作训练完成后，请老师根据本班学生的习作情况，按照以下环节设计作文讲评课。

①课前准备，浏览学生作文，定好讲评目标。这一环节可使教师对于指导学生评改有的放矢，克服了盲目性和随意性。

②展示目标，定尺度。这样学生在自评和互评过程中"有本可依，有章可循"。

③学生评改靠目标。这是评课的主要环节，也是学生最活跃、热情最高，提高较快的一个环节。要求每个人必须对每篇作文作出自己的评价，然后和其他的同学进行交流，这样在交流的过程中有助于同学们提高鉴赏能力与综合评价能力。

④班内交流看达标。这是同学互相学习再次提高的过程，也是检验学生讲评水平的重要环节。

⑤课后及时修改再现目标。对收回的修改作文，老师浏览做到心中有数，特别注意有针对性鼓励进步同学，帮助较差同学。

第十八章　语文测试的设计与评析

教学目标：了解语文测试的一般要求和方法，学会编制语文测试试卷。

第一节　要求与方法

一、语文测试的课程内涵

测试是教育测量的具体手段，通常包括测验和考试两种方式。测验是指用一些较简单的反应来回答的那种方式，如选择、判断等，具有较大的灵活性和较强的客观性；考试则多用比较复杂的试题进行测试，既有客观题，也有主观题（如作文），具有一定的综合性和较高的权威性。当前我国语文考试的试卷中一般都包含测验的题型，基本不采用科举时代及建国后 17 年沿用的只考一篇作文的方式。至于有些完全采用客观性试题的小型考试，如某个单元教学结束后的"形成性测试"，我们也称其为"小测验"。

测试又是教育评价的重要方式，是课程评价的一种操作形态。课程评价与测试是两个虽有联系但又不同的概念。教育测试是一种纯客观的过程，它要求测试者尽量排除价值观等主观因素的影响，以保证结果的客观性；评价则是一种主体活动，是进行价值判断的过程，是"实践与认识的中介"。测试是采取某种方法和途径了解客观事物的特点和规律，其目的只是对客体自身有所认识；而评价则是对客体的性质、特点、功能等能否满足人的需要做出价值判断。评价要以测试为依据，因而只有对客体自身的性质、特点、功能有了科学的认识，才可能对它的价值进行正确判断。

课程评价的范式，大体可分为两类：一类是量化课程评价，另一类是质性课程评价。所谓量化课程评价，就是力图把复杂的教育现象和课程现象简化为数量，进而从数量的分析与比较中，推断某一评价对象的成效。量化评价范式的认识论基于科学实证主义，以量化形式表征事物的性质被认为是科学化的特征之一。量化课程评价以学科测试为主要手段，并倡导"标准化"的测试命题。随着时代的发展和课程改革的推进，通过教育常态下的自然调查、全面充分地提示和描述评价对象的特质以彰显意义、促进理解的质性课程评价正受到较多的肯定的运用，而过分强调考试作用的观点遭到了普遍的质疑和否定。教育测试特别是考试正在被请下"指挥官"和"裁判员"的高位，恢复其促进学生、教师和课程发展的本来功能。

综上所述，语文测试的课程内涵可以概括为：语文测试以语文测验和语文考试为主要方式，它是测量语文学习绩效的重要手段，是语文教育评价的重要方式，是语文课程评价的一种操作形态。量化和客观化是语文测试的主要特点，也是其局限所在。正是由于这两个局限性，它在语文课程评价中的作用不可被过分强调。

二、语文测试的内容体系

语文测试的内容体系，可以从考试和能力测试两个方面来把握。这里主要介绍考试的分类体系。

1. 按目的用途分，考试可分为：

（1）学业考试，也叫成绩考试，是用来考查学生在一段时期内的学习状况。这种考试的特点是所测的内容与学生在这个时期内所学的内容密切相关，期中、期末、学年考试和毕业会考都属于这一类。

（2）水平考试，也叫选拔考试，是用来考查学生在某些知识或技能方面已经达到的水平，从而判断其是否足以完成某些特定的要求。这种考试不需要结合考生前一阶段所学的具体内容，而以考生现在所达到的水平为准，高考和研究生考试就属于这一类。

（3）学能考试，也叫潜能考试、预估考试，是用以了解学生的潜在能力的。如果说学业考试主要在于测定学生的"昨天"，水平考试主要在于测定学生的"今天"，那么学能考试就是主要用于测定学生的"明天"。这种考试形式在我国尚未得到充分运用。

（4）诊断性考试，用以了解学生能否使用某种知识或者是否具有某种技能的。这种考试在我国也尚未得到充分运用，不过上面提到的学业考试和水平考试在一定程度上也常常可以起到诊断作用。

2. 按解释分数的方法分，考试可分为：

（1）标准参照考试，又叫目标参照考试，是用以测量学生是否达到某种事先决定的目标或标准的。这种考试有明确的及格标准，应试者可以百分之百通过，也可以一个也没有通过。

（2）常模参照考试，是把一个考生的成绩放在考生团体来衡量，也就是与其他同类考生的成绩相比较，从而判断该考生的水平。它通过建立百分位的常模或标准分的常模来起选拔的作用，所以称为常模参照。

3. 按考试的要求分，考试可以分为：

（1）难度考试，目的在于测量考生解答难题的最高能力。考生作答的时间比较充裕，试题的拟订着眼于难度。它一般包括不同难度的题目，由易到难排列，其中有的题目可以是几乎所有的考生都解答不了的。

（2）速度考试，目的在于测量考生的反映灵敏性或者某种技能的熟练程度。这种考试一般题目比较容易，但时间限制相当严格，所设计的题量可以使所有的考生都难以完成，而以完成的数量（必须正确）为衡量成绩的标准。

此外，根据考试规模的大小，可以分为个别考试、小规模考试和大规模考试；根据考试使用的材料，可以分为文字考试和非文字考试；根据考试所处的教学阶段，可分为形成性考试和总结性考试，等等。

关于语文能力测试，首先应该明确：语文课程的工具性决定了它是应用性很强的技能型学科，这种技能主要是心智技能而非动作技能，因此语文课的教学必须重视语文能力的培养。语文能力可以分解为识字和写字能力、阅读能力、写作能力、口语交际能力，然而在实际测试过程中，口语交际往往分成听和说两个方面进行，因此语文能力的测试就包括了识字、写字、阅读、写作、听话、说话等五六个方面，其中每一个方面又可以分成若干个小的方面，如阅读能力可以从感知、理解、欣赏、评价四个方面进行测试，而理解还可以分为复述性理解、解释性理解、评价性理解和创造性理解等，这些都应根据课程标准的要求和促进教学的需要，适时进行能力测试，从而为客观评价学生的学习情况积累有说服力的依据。

三、语文测试的质量要求

语文测试的质量要求，有三项重要的指标可以作为衡量的标准，即效度、信度和区分度，此外还要考虑测试的实用性即便利性。

（一）效度

效度关乎教育测量的有效性，指考试是否真正能够测出所要测量的内容，以及有效的程度。测试的效度与评定的目的密切相关，丢掉了或偏离了这个目的，就无效度可言。例如，语文考题对测试语文学科的知识与技能是很有效的，但对测试其他学科的知识来说却是无效的。微积分考题用以测试大学理工科学生的知识与技能是一个有效的工具，对初中学生一般说来是无效的。表面看来这似乎是个显而易见的标准，其实违反这个标准的错误情况还是不少。常见的情况是编写一个测试某门学科的考题，因字句艰深难懂，只有那些能读懂的学生才能回答，这种题目只能成为测试阅读能力而不能测试某门学科的知识与技能的考题。所以，一个测试工具如果要有较高的效度就必须选用教师已经教过或是学生可以理解的同一水平的材料。超过课程标准要求的考题显然是违反效度标准的，用它来进行评价肯定是无效的。

（二）信度

信度关乎教育测量的可靠性，指的是某一种测量手段所要测量的任何东西前后一致的程度。例如从同一语文题库中随机抽取几套试题测试同一个班的学生，如果几次测试的均分相差无几，那么我们可以认为这个题库的信度是较高的，反之则较低。一个完善的测试工具在确保其效度的前提下，必须考虑到信度。任何有效的工具都应有前后一致的结果，决不能有效而不可靠，也不能可靠而无效。

信度和效度是两个相互独立而又相互依存的概念。一次考试，有时虽然能反映出受测者在某些方面的稳定水平，即有信度，但并不一定能反映出所要测量的那个方面的水平。也就是说，信度好的试题不一定效度好，不一定就是好的试题；反之，考试的最终目的是取得准确的结果，如果信度很低，则考试的结果没有意义，也就没有效度而言。

（三）区分度

区分度关乎对教育测量对象的鉴别作用，指试题对应试者水平差异的区分能力。如果统计结果证实，用某题测试的结果，好的考生得分高，随着考生水平的降低，得分也随着降低，而且差异明显，则该题的区分度就高；如果好的考生和差的考生在该题的得分差别不明显，则该题的区分度就低；如果好的考生在该题的得分反而低于差的学生，则区分度为负值，该题对考试成绩的评定只能起干扰作用。

（四）实用性

除了上述指标之外，评价一份试卷、一次测试还有实用性即便利性的要求。实用性指测试所需要的人力、物力和时间要为客观条件所允许，应该尽可能地简便。如果一次考试耗费太多的时间、人力和物力，那么它就很少有实用价值。

四、语文测试的方式方法

传统的语文测试以考试为主，且存在着次数过多、学生被动地疲于应付，轻口试、重笔试，一张试卷定优劣，甚至定终身等问题。为改变这些不良现象，需要改革测试成绩评定结构，通过多种测试和考察综合评定，以全面反映学生的语文素养。

（一）采用适当的测试题型

不同的题型是多种测试方法的载体，测试方法的灵活性要求测试题型具有多样性。总的来说，众多的测试题型可以归结为客观题型和主观题型两大类。

1. 客观题型

（1）判断题。它只含是非或正误两个选项，编制简易，学生作答迅速，短时间能测试较多的内容。它一般只适用于基本知识或较低层次的技能，常用于日常的、小规模的测验而不宜于大规模考试。

（2）选择题。它的正确答案可以只有一项，也可以不止一项，前者称为单项选择题，后者称为多项选择题。选择题的猜测对于成绩的整体评定没有显著差异，也可以测试出较高层次的能力，但它不能反映思维的过程，尤其不能测试求异思维和言语的实际操作能力。

（3）符号题。语文测试题还可以用非文字符号作表意手段，直接标在题目上作答，其中常见的是配伍题（也称连接题），作答时在相对应的两个系列之间选项连线。还可以用一些语文特有的符号（如重音号、隔音号等）作为答题手段。这种题型的使用率相对较低。

（4）填空题。作为客观题的填空题有各种形式，多数是以完整的文字表述为题干，留下适当的空缺让考生填补。填空题也可以采取图表的形式或只填序号、不填文字的特别形式。由于属于客观题型，填空的答案是唯一的，不需要考生用自己的语言去概括、表述。

2. 主观题型

（1）填空题。这种试题需要考生把认识转化为自己的语言加以概括、表述，答案也不是唯一的，所以属于主观题型。填空题的题干，其作用在于限定性：不仅限定了答案的内容，而且限定了答案的表述方式。为了防止答案过于分散，也可以限制答题的字数。

（2）操作题。这种试题用以检测考生的语言操作能力，即言语技能的熟练程度，如转述、变换表达方式等。因为受评分条件的限制，给分通常以正确、通顺为准，至于语言的优劣，一般不再作要求。

（3）简答题。填空题的内容都可以改为简答题，但后者的内容容量可以大于前者，有些简答题从答题的心理过程和内容要求看，也可以比较复杂。这种题型可以检测考生能否把握要点、注意要点之间的逻辑排序，并且进行语句完整的表述。

（4）论述题。这种题型要求在把握要点的基础上作进一步的阐述，答题的复杂程度明显高于简答题。内容是否充实、结构是否合理、语言是否清晰通顺，既是论述题的评估因素，也显示了它的测试功能。

（5）作文题。作文题的形式繁多，大体上可以归纳为短文测试（也称小作文）和长文测试（也称大作文）两类。作文是主观因素（考生的主观性加阅卷人的主观性）最强的一种评价，从而决定了它的命题和阅卷是难度最大、问题可能最多的工作。

以上两大类题型在不同的测试活动中应该适当搭配、灵活运用，为科学有效地评价学生的学习成绩和学业水平服务。

（二）采用灵活的测试形式

为使学生能在测试中充分显现出自己的长处和全面发展的能力，并加强锻炼各方面的才能，实现学生健康、全面地发展，可采用灵活多样的测试形式。

1. 书面测试与平时考查相结合。新课程改革强调考试评价要注重期末考试与平时考查相结合。期末考试主要采用书面测试的方式。书面测试是指对某一阶段的学习情况进行的书面考查，主要侧重于知识的掌握和运用。平时考查指的是平时对学生进行非书面的、动态的"检测"。它包括学生的学习态度、兴趣意向（动机、情感、意志）、智力水平、个性特长、基础知识的掌握、运用和迁移情况等内容。

2. 闭卷与开卷相结合。闭卷考试偏重于对概念的理解，对理论、方法的掌握和知识本身的综合运用，在命题上应体现目标性、结构性、适应性、科学性、灵活性等特点。开卷考试则更偏重于考察学生的语文实践能力，尤其是语文素养水平。开卷考试的内容应具有可操作性，让学生自主完成。如让学生选择某个话题进行社会调查，写出调查报告。再如让学生办一张"手抄报"，要求集中反映某一方面的内容，并做到内容丰富、形式多样。

3. 独立完成与分组讨论完成相结合。独立完成的试题可以是闭卷也可以是开卷。分组讨论完成的试题应该是一些带有综合性的实际问题，有一定难度，也可以只提供一些背景材料，让学生自己提出问题，自己解决。这是培养和考核语文素养的有效方法。

4. 笔试和口试相结合。口试是借助于口头语言而进行的考试，是学生语文学习评价不可忽视的重要内容。提倡语文的对话性质，重视口语交际能力的培养，就必须重视口试。口试在目前可以实行的方法大体有三类：一是背诵与复述，以检查课文落实情况；二是提问，以了解学生对课文理解的程度；三是口头小作文，以考查学生的口头表达与口语组织能力。

总之，各种测试形式的交叉结合，不仅可以达到考核评价的目的，同时也将考试变成了培养能力和提高素质的手段和过程。

（三）合理处理测试结果

1. 测试结果的等级评价

考试结果的评价，是为了促进学生的发展，对考试的结果加强分析指导，重在为学生提供建设性的改进意见，而不应成为给学生"加压"的手段。所以应根据测试的目的，灵活选择测试结果的处理方式。现在比较流行的是测试结果的"等级评价"，即把学生的成绩分为 A、B、C、D 若干个等级，分别代表优秀、良好、及格、不及格（或待及格）。等级评价取消了以往的百分制，淡化了原来考试评价中的检查和评比功能，可以缓解按分数排名次给学生及家长带来的心理压力。

2. 测试结果的评价反馈

测试结果的评价反馈对于测试目的的实现有重要的影响，是促进学生发展和改进教学的重要环节。新课程评价改革在测试结果评价反馈方面，要求做到：

（1）测试结果的反馈要以激励为主。除告诉学生测试成绩外，还应给学生激励性的评语，以赞赏的语言鼓励学生的成绩和进步，以关怀的态度指出学生的缺点和不足，切实保护和增强学生的自尊心、自信心、学习的积极性和主动性。

（2）要对考测结果进行具体的分析指导。即在对考试结果进行纵向或横向比较的基础上，指出学生的进步与不足，分析测试结果的意义及其原因，并在此基础上为学生提供建设性的改进意见，避免只给学生一个笼统的分数或下一个简单结论。

（3）对测试结果采取灵活多样的反馈方式。是公开反馈还是匿名反馈，完全反馈还是不完全反馈，群体参照反馈还是个体参照反馈，都应慎重地予以考虑。向家长反馈测试结果，既要实事求是，又要着眼发展，不要让家长对孩子产生过于乐观或失去信心的极端态度。

第二节　案例呈示及分析

一、案例一

宜昌市（课改实验区）2002 年秋季期末调研考试
七年级语文试题

亲爱的同学，七年级的我们开始了崭新的语文学习之旅，学习内容、学习习惯、学习方式都正在发生一场"革命"。对此，你肯定有了真实的感受。我们这张试卷，与其说是考试，不如说是舞台。在此，你可以全面展示听、说、读、写的学识与才华。要坚信：真情的体验、深入的思考和独特的创新永远是有价值的。

——老师的话

书写（4 分）

请将下边四句话写在书写格子内：

自主学习 勤于思考 主动实践 大胆探究

此题根据抄写文字和卷面书写水平综合评分。

听（10 分）

一、请听中央人民广播电台某栏目内容预告，然后答题。（听一遍，5 分）

1. 栏目名称是"＿＿＿＿＿＿"，播出时间为每周星期＿＿＿＿和星期＿＿＿＿。

2. 本次节目主要内容有四个，请写出其中任意两个内容（可以自己概括，也可以用原话）：①＿＿＿＿＿＿＿＿＿＿＿＿　②＿＿＿＿＿＿＿＿＿＿＿＿＿＿。

二、请听"阅读与欣赏"（片断），然后答题。（听一遍，5 分）

1. 欣赏的作品是晚唐诗人＿＿＿＿＿的五言绝句《乐游原》。

2. 唐代许多诗人都曾在乐游原上写诗抒怀，比如＿＿＿＿＿、＿＿＿＿＿和＿＿＿＿＿等。

3.《乐游原》中最有特色也是流传最广的两句诗是＿＿＿＿＿，＿＿＿＿＿。

说（5分）

此题成绩根据学生自评（30%）、同学互评（30%）、教师测评（40%）的情况综合评定。评价标准见阅卷说明。

读（41分）

一、古诗文背诵与默写：（6分）

1. 海日生残夜，＿＿＿＿＿＿＿＿＿＿＿＿。

2. ＿＿＿＿＿＿＿＿＿＿＿＿，谁家新燕啄春泥。

3. ＿＿＿＿＿＿＿＿＿，听取蛙声一片。

4. 学而不思则罔，＿＿＿＿＿＿＿＿＿。

5. ＿＿＿＿＿＿＿＿＿＿不亦乐乎？

6. ＿＿＿＿＿＿＿＿，＿＿＿＿＿＿＿＿。

（请在横线上写出你在课外掌握的诗句）

二、结合批注，阅读下文，然后答题。（11分）

……来啊，孩子，爬到我的树干上来荡秋千，来快活快活！

一棵大树

[美] 谢尔·西弗斯汀著　陈丹燕译

从前有一棵树，她很爱一个男孩。每天，男孩都会到树下来，把树的落叶拾起来，做成一个树冠，装成森林之王。有时候，他爬上树去，抓住树枝荡秋千，或者吃树的果子。有时，他们还在一块捉迷藏。要是他累了，就在树荫里休息。所以，男孩也很爱这棵大树。

● 童年的男孩多快乐呀！

<u>树感到很幸福。</u>

日子一天天过去，男孩长大了。树常常变得孤独，因为男孩不来玩了。

● 幸福源于相亲相爱！

● "孤独"一词可见树对男孩的思念。

有一天，男孩又来到树下。树说："来呀，孩子，爬到我的树干上来，在树枝上荡秋千，来吃果子，到我的树阴下来玩，来快活快活。"

"我长大了，不想再这么玩。"男孩说，"<u>我要娱乐，要钱买东西。我需要钱。你能给我钱吗？</u>"

"很抱歉，"树说，"我没钱。我只有树叶和果子，你采些果子去卖吧，卖到城里去，就有钱了，这样你就会高兴的。"

孩子爬上去，采下果子来，把果子拿走了。

树感到很幸福。

● 幸福源于 _____！

此后，男孩很久很久没来。树又感到悲伤了。

终于有一天，那男孩又来到树下，他已经长大了。树高兴得颤抖起来，她说："来啊，男孩，爬到我的树干上来荡秋千，来快活快活。"

● 由"颤抖"可见大树的激动！

"我忙得没空玩这个。"男孩说，"我要成家立业，我要间屋取暖。你能给我间屋吗？"

"我没有屋，"树说，"森林是我的屋。我想，你可以把我的树枝砍下来做间屋，这样你会满意的。"

于是，男孩砍下了树枝，背去造屋。树心里很高兴。

但男孩又有好久好久没有来了。有一天，他又回到树下，树是那么兴奋，连话都说不出来了。过了一会，她才轻轻地说："来啊，男孩，来玩。"

"我又老又伤心，没心思玩。"男孩说，"我想要条船，远远地离开这儿，你给我条船好吗？"

● 看看，男孩每一次对大树开口说话，都离不开一个"_____"字。

"把我的树干锯下来做船吧。"树说，"这样你就能离开这里，你就会高兴了。"

男孩就把树干砍下来背走，他真的做了条船，离开了这里。

树很欣慰，但他的心里却更难过。

又过了好久，男孩重又回到树下。树轻轻地说："我真抱歉，孩子，我什么也没有剩下，什么也不会给你了。"

● 大树总是在说"抱歉"，可该抱歉的不应是大树啊！

她说："我没有果子了。"

他说："我的牙咬不动果子了。"

她说："我没有树枝了，你没法荡秋千。"

他说："我老了，荡不动秋千了。"

她说："我的树干也没了，你不能爬树。"

他说："我太累，不想爬树。"

树低语说："我很抱歉。我很想再给你一些东西，但什么也没剩下。我只是个老树墩，我真抱歉。"

男孩说："现在我不要很多，只需要一个安静地方坐一会，歇一会儿，我太累了。"

树说："好吧，"说着，她尽力直起她的最后一截身体，"好吧，一个老树墩正好能坐下歇歇脚，来吧，孩子，坐下，坐下休息吧。"于是男孩坐在了树墩上。

● 大树的一片爱心在"尽力"二字中体现得淋漓尽致！

1. 文中有两处写了"树感到很幸福"，其实这两个"幸福"的含义有所不同。老师为前一句加的批注是"幸福源于相亲相爱！"请你结合文章内容，为后一句加上恰当的旁批。（2分）

幸福源于_____！（限四字）

2. 长大后，男孩很少来看大树，就是在仅有的几次中，男孩每一次对大树开口说话，都离不开一个"_____"字，对此，你有什么看法？（3分）

答：_____

_____。

3. 文中的大树真让人感动，也许她还会让你浮想联翩。请你用一句诗、一句歌词或一句格言，来表达你对她的赞美。（2分）

答：_____

_____。

4. 请你为这篇文章补上一个富有深意的结尾。（4分）

又过了好久，男孩重又回到树下。

_____

_____。

三、带着想像阅读诗歌，然后答题：（11分）

……在天晴了的时候，该到小径中去走走……

在天晴了的时候
戴望舒

在天晴了的时候，
该到小径中去走走：

给雨润过的泥路，
一定是凉爽又温柔；
炫耀着新绿的小草，
已一下子洗净了尘垢（gòu）；

不再胆怯的小白菊，
慢慢地抬起它们的头，
试试寒，试试暖，
然后一瓣瓣地绽透；

抖去水珠的凤蝶儿
在木叶间自在闲游，
把它的饰彩的智慧书页
曝（pù）着阳光一开一收。

到小径中去走走吧，
在天晴了的时候：
赤着脚，携着手，
踏着新泥，涉过溪流。

新阳推开了阴霾（mái）了，
溪水在温风中晕皱，
看山间移动的暗绿——
云的脚迹——它也在闲游。

1. 给诗中加点的字注音：(3分)

小径（　　）　　　胆怯（　　）　　　绽（　　）透

2. 诗歌的语言是凝炼生动而意蕴丰富的。阅读中，要善于抓住关键的字或词加以品味，体会其中的诗情画意。请在诗中选择一个你认为最生动的字或词加以品析，说说它好在哪里。(4分)

答：我认为用得最生动的是（　　　）。因为：　　　　　　　　　　

　　　　　　　　　　　　　　　　　　　　　　　　　　　　　　。

3. 读诗离不开想像。在这雨过天晴的环境里，小路、小草、小白菊、凤蝶儿都生动起来。请你结合诗歌内容，发挥想像，选择其中一种，具体描写出它在这个环境中的情态。(50字左右，4分)

　　　　　　　　　　　　　　　　　　　　　　　　　　　　　　。

四、仔细阅读书信内容，然后答题。(13分)

……读书不能只读一个月……

寒假我该读什么

三毛：

　　我是个学生，平常课业压力甚重，在课余只能阅读一些翻译作品和中国作家的散文及报章杂志的文章。个人对文学非常有兴趣，但涉猎不多，常感心虚，现在寒假到了，有一个月的假期可以好好地研读，希望能有些许收获，能否请您推介一些值得阅读的好书或学习的方向。盼回音。

　　敬祝安好！

史及尧敬笔

史先生：

　　在我的看法里，念书的人往往有许多不同的心态和要求。有些人将读书当作一种松弛紧张生活的消遣，这种人，便可能看些轻松而不太费心的书本或杂志，看完熄灯安睡，这对健康有益，是极好的娱乐。也有一种人，将读书当作人生的特种兴趣，他们看书可能便有了更进一步的品味与境界，是比较深入的。更有一种人，将读书视为人生最大的事业，既然是事业，便必然有计划与经营，一步一步来，慎重地挑，仔细地读，甚而阅书之后，用文字记下心得或发表感想，是更有组织的看书法。我个人，很有趣的是，以上三种心态与要求，多多少少都包括了在内，并不是只有一种心态，这么一来，时间便占去很多，可是甘心。总觉得，既然我们身为中国人，对于丰富的中国文化便当首先去涉猎才好。思想性的文字与书籍，我爱老子、庄子、孙子和孔子。文学部分，以我的浅见，《红楼梦》与《水浒传》是白话文学中极易引人入迷的两本好书，不过《水浒》后几十回便不大喜欢了。先从《红楼梦》看起是一个好开始，因为它涵盖的东西太多太广太深，而又绝对不枯燥，是伟大的书。至于翻译作品，我的看法是，要译笔好的才看，译笔好不好，细心看上数页便可了然。如果时间不够，流行畅销小说便先不要看了——除非你只是想着了消遣。要相信世界名著，它们是经过千锤百炼的著作，必然不会太坏。如果一时不能看大部头的书——假设你已在看《红楼梦》了，那么西方的文学，可以先看短篇小说。我个人极爱海明威的短篇，也深喜马奎斯。毛姆的作品故事性强，初看是引人的，他的短篇也好。旧俄作家的文字中，人性的光辉明显而深刻，只怕初看的读者对于那些极长的人名会不耐烦，忍一两本，便顺了。

　　文学的领域浩如烟海，你信中说有一个月的时间，这很少。一个月，慢慢看一两本书，看出心得来就不错了，这么短的时光，要说什么才好呢？登堂入室需要长期的培养，用一生的热爱去对待书本都是不够的。

如果我只有一个月的时间，只一个月，我便去看一本法国作家——圣厄佐培里著的《小王子》。用一个月去看它，可以在一生里品味其中优美的情操与思想，也是绝对不枯燥的一本好书。

一说文学，便很急，写来不能停，但是，你只有一个月，便就此停笔吧。

谢谢你。祝

多些时间！

三毛上

1. 当我们对有些词语不太理解时，要注意结合上下文揣摩其含义。请说出下列词语在文中的意思（2分）

涉猎：_____ 浅见：_____

2. 三毛在信中对史及尧提出了很多好的读书建议，请从中概括出三条：（3分）

①_____

_____

②_____

_____

③_____

_____

3. 三毛说，读翻译作品，"要译笔好的才看，译笔好不好，细心看上数页便可了然"。我们在前面读过的《一棵大树》就是一篇翻译作品，你认为它的译笔好不好？请结合具体的语句谈。（3分）

答：_____

_____

4. 像史及尧同学一样，我们也将迎来一个寒假，这是读书的大好时机。下面是一张好书推荐卡，请你来向大家推荐一本值得一读的好书。（5分）

好书推荐卡				时间	2003.1
作品		作者		国别	
作品的主要内容					
我读后的感受					

写作（60分）

作文一：续写寓言。（20分）

下面两段话是一则寓言的开头，请你发挥想像，为它补上合理的情节，使之成为给人启示的寓言故事。（200字左右）

飘落的黄叶

在那高耸入云的大树上，好几片叶子慢慢地发黄了。黄叶毅然决定和树枝告别。

树枝对黄叶说："我们在一起相处得很好啊，你为什么要离开这里呢？"

……

作文二：礼物，可以传达情感；可以奖赏成功；可以纪念物事；也可以表达特殊的意味……我们每个人都会在生活中收到或送出礼物，并在其中体会到各种人生滋味。请围绕"礼物"这一话题写一篇文章，表达你的真情实感。题目自拟，文体不限。600字以内。（40分）

【评析】

这份试题体现了命题者在考试改革中的一些探索和思考。语文课程标准提出"语文素养"这一基本概念，其内涵是十分丰富的。它所强调的是在发展学生能力的同时，还要全面增强其文化底蕴、提高文学修养。命题者围绕这一课程理念，着力关注学生语文素养的全面提高，力求从"三个维度"、"五个方面"来促进学生的综合发展，进行了新的探索：

1. 新的试卷结构

试题由五个部分组成：书写、听、说、读、写。

试卷结构的变化所要表明的是对学生语文素养的全面关注。而对听、说能力的考查也成为本次期末考试的一个亮点。

结合学段特点，听的考查以正确获取信息为主，取材于中央人民广播电台的节目内容，贴近生活经历。而说的考查则独立于现场纸笔考试以外，完全来自于过程评价。通过学生自评、互评与老师的测评相结合，最终形成具体成绩。

从命题的形式上来看，试题在选文的呈现上也有新的变化，不仅直接呈现全文，而且对于选文《一棵大树》还加了旁批。批注是我们传统的读书方法之一，这在读书策略上也是对学生的一个良好的引导。

2. 新的命题角度

语文课程标准十分重视学生在学习过程中的主体体验。为此，命题中强化了鼓励学生自主选择、独特体验的意识。

①鼓励学生自由选择自己最喜爱的、感受最深的阅读内容加以品味和表达。如阅读三第 2 题，"请在诗中选择一个你认为最生动的字或词加以品析，说说它好在哪里。"第 3 题也是自主选择一种事物来描写情态。有意鼓励学生充分发挥主体作用，选择那些自己理解最深、感受最强烈的内容进行个性化的理解和表达。这也是对学生的一种主体关怀，应该可以较好地激发学生阅读的兴趣和信心。

②鼓励学生对阅读内容有自己独特的见解。如阅读一的第 2 题"男孩每一次开口说话，都离不开一个'要'字，对此，你有什么看法？"阅读四第 3 题"你认为它的译笔好不好？请结合具体的语句谈。"命题中刻意减少了有"标准答案"的设题，阅读部分（总分 41 分）答案唯一的只有 4 分，不足 10%。这种开放的命题所倡导的是开放性的阅读和评价，给学生展示个性和才华以足够的空间。

3. 新的评价策略

试卷开头和评分说明的开头分别写了《给学生的话》和《给阅卷老师的话》，分别表达了命题者在评价策略上的主张。试题鼓励学生以积极的姿态投身语文学习的"革命"，以主人翁的心态参与考试，"我们这张试卷，与其说是考试，不如说是舞台。在此，你尽可以全面展示听、说、读、写的学识与才华……"对于阅卷老师，则要求"不要以自己的思维习惯和个人好恶去评价学生。要饱含爱生之情，细心琢磨学生的答题思路，认真揣摩学生的答题结论，善于发现学生答题思维过程中的亮点。"这些主张实际上就是新课标倡导的评价取向，同时，也可以使考试以可亲的面貌出现。

在设题上，注意着力展示学习过程，将能力考查与过程考查相结合。学习过程中的课堂参与、课外学习、学习方法、表达习惯这些内容在试题上都有不同程度的涉及，力求以开放的形式承载开放的评价。

4. 新的评价追求

这份试题以"三维"为核心，注重从三个方面综合考查学生的学习现状，特别是将"过程与方法"、"情感态度与价值观"这两方面看似较"虚"的内容具体化、现实化。

比如，为《一棵大树》补上一个富有深意的结尾，有的同学设计的结尾更加明确地暴露男孩的自私与贪婪，反映出爱憎分明的情感萌动，而有的同学则以男孩的醒悟和悔恨为结局，表现出他们善良可爱的情感追求。而

《寒假我该读什么》一文，对读书方法的概括、对好书的推荐和评价等，无不表现出对过程与方法的关注。《在天晴了的时候》第3题的情境描写，以及作文一补写寓言，则重在引导学生驱遣着想像来阅读和写作；作文二围绕"礼物"来抒写真情实感则需要学生关注真实而丰富的生活。此类命题体现出命题者关注学习方法、关注情感体验的良苦用心。

在考试过程中，还有一个给学生什么的问题。试题首先在选材上体现出较浓厚的审美倾向：从中央人民广播电台的文学欣赏栏目中，从中外著名作家的童话、散文、诗歌、书信等作品中取材，以浅近、亲切、隽永为主要标准，贴近学生的阅读实际。选文语言平易、生动，再加上老师的评点、引导，学生理解难度不大，有利于激发学生的阅读兴趣。其次，在考试的定位上，命题者认为留给学生的不仅仅是分数，而应该是一种潜移默化的影响。三篇阅读中，对奉献与索取的思考，对大自然的亲近与向往，对文化的追求与品味，都是值得学生们用一生的时间来回味和求索的。

二、案例二

2004 年高考语文上海卷试题

一、80 分

（一）阅读下文，完成第 1 ~6 题。（16 分）

世界报业协会在 2003 年度总结报告中说，在全球报业表现低迷的形势下，中国报纸发行量却增长了 8.5%，从 1997 年到 2002 年 5 年累计增长 30.3%。

根据世界报业协会 2003 年 6 月 13 日发表的全球日报发行量排行榜，中国有 3 份报纸进入前 20 名：《参考消息》以日发行量 270 万份排在第 9 名，《人民日报》以日发行量 186 万份排在第 18 名，《羊城晚报》以日发行量 150 万份排在第 20 名。中国已成为世界最大的报纸消费国，日销量达 8200 万份。仅次于中国的是日本，日销量是 7080 万份。

按照日销量 8200 万份、13 亿人口计算，中国平均每千人拥有日报数量为 63 份，比 1999 年增长了 7 份，但数量仍然偏少。日本平均每千人拥有日报的数量为 545 份，美国平均每千人拥有日报的数量为 198 份。据联合国教科文组织公布，早在 1996 年，世界平均每千人拥有日报的数量就已经达到 96 份，发展中国家平均每千人拥有日报的数量为 60 份，发达国家平均每千人拥有日报的数量为 226 份。1999 年，按平均每个人拥有日报的数量算，挪威排第一，每千人 583 份。

美国是报业最发达的国家，根据 E&P 提供的数据，美国拥有日报 1468 种（2001 年的数据），非日报 7689 种（2000 年的数据）。人口远多于美国的中国报纸数量应该相应多于美国。美国的报业发达是建立在经济高度发达基础上的，因此目前两国还不具有可比性，但这至少说明 2002 年 2137 种报纸的数量远非中国报业规模的极限。

然而，目前中国城乡人口比例悬殊，人口总体教育水平较低，人民生活水平及全国经济水平都处于较低阶段，对报纸的需求必然只能保持在一个有限的水平上。目前总体状况是：就数量而言，乡村人口报纸拥有量极度稀少，而城市人口拥有量相对饱和；就质量而言，前几年报业成长主要都是规模扩张、数量膨胀，在质量方面提高很小，优秀报纸的种数远未能满足读者的需求。因此，中国报业距离成熟尚需时日，还要允许有大量新产品进入市场。

1992—2002 年，全国报纸广告 11 年来以平均约 32% 的增长率迅速发展（见下表）。报纸广告的快速增长，占广告总市场超过 20% 的份额以及不断增长的占 GDP 的比重，说明报纸作为主流媒体的位置仍将持续相当长的一个时期。报纸广告业必将随着总体广告市场的扩张而同步扩张。

1992—2002 年我国报纸年度广告总收入及增长率

年　份	1992	1993	1994	1995	1996	1997
广告收入（亿元）	16.18	37.71	50.54	64.68	77.69	96.83
增长率（%）		133.10	34.90	28.00	20.00	24.60
年　份	1998	1999	2000	2001	2002	
广告收入（亿元）	104.35	112.33	127.76	157.70	188.00	
增长率（%）	7.80	7.60	13.70	23.40	19.50	

近年来，以都市居民为主要读者的综合都市报（包括晚报、早报、时报、都市报）的广告得到了快速发展。据慧聪国际媒体研究中心统计的数据，2001 年都市类报纸的广告刊登额达到 205.92 亿元，占全部报纸广告刊登额的 66.18%，比 2000 年增长了 15.72%，在各类报纸中增长率最高，市场占有率提高了将近 6 个百分点。2002 年 1—10 月，综合都市报广告规模达到 233.54 亿元人民币，与 2001 年同期相比增长 40.08%，占据了 68.20% 的报纸广告市场份额（见下图）。

　　这些数据表明，都市类报纸已经成为广告投放者最重要的广告媒体，都市报纸的广告规模在很大程度上决定着整个广告规模。

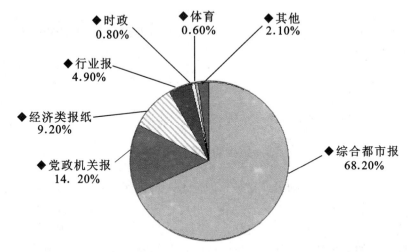

　　1. 第一自然段中的"低迷"指＿＿＿＿。（2 分）

　　2. 下列说法不符合文意的一项是（2 分）

　　A. 不久前《参考消息》等 3 份中国报纸以其发行量巨大、国际影响深远而在全球日报发行量统计中名列前茅。

　　B. 这几年国内报业在规模和数量上有了较大增长，城市人口拥有报纸的数量相对饱和，但质量有待提高。

　　C. 据资料统计，2002 年全国报纸年度广告总收入又创新高，比 10 年前增加了约 170 亿元人民币。

　　D. 目前，中国平均每千人拥有日报的数量，还不到上个世纪末世界平均每千人拥有日报的数量。

　　3. 有人说，这篇文章有以下几个要点：

　　（1）近年来以都市居民为主要读者的综合都市报快速发展。

　　（2）报纸广告增长迅速，综合都市报占据主要广告份额。

　　（3）我国报纸发行量增速较快，但千人拥有量仍然偏低。

　　（4）目前我国报纸的种类和发行数量还大有增长空间。

　　你认为要点和顺序都正确的一项是（3 分）

　　A.（4）（3）（2）（1）　　　B.（4）（2）（3）

　　C.（3）（4）（2）（1）　　　D.（3）（4）（2）

　　4. 从上表中可见 1992 年到 2002 年报纸广告收入不断增长。根据文意，

其原因是（1）＿＿＿＿＿＿＿＿　（2）＿＿＿＿＿＿＿＿。（2分）

5. 上面这幅图在文中的作用是＿＿＿＿＿＿＿＿。这幅图的标题可以拟为＿＿＿＿＿＿＿＿＿＿＿＿。（3分）

6. 在你常读的报纸中，你最喜欢哪一种（报纸名称）？请从两方面作简要介绍。（4分）

＿＿＿＿＿＿＿＿＿＿＿＿＿＿＿＿＿＿＿＿＿＿＿＿＿＿＿＿＿＿

＿＿＿＿＿＿＿＿＿＿＿＿＿＿＿＿＿＿＿＿＿＿＿＿＿＿＿＿＿＿。

（二）阅读下文，完成 7～14 题。（24分）

我看舞蹈的美

①舞之美，是人的美。它是一种艺术，当然有艺术美，但它所假之物并不是声、色、字、词，而是天生的、自然存在的人，因此它首先是一种自然的美。它努力挖掘人的灵秀之气，给人一种高级的美感。我国第一个提倡使用模特儿的美术教育家刘海粟先生说过：美的要素有二，一是形式，二是表现。人体充分具有这二要素，外有美妙的形式，内蕴不可思议的灵感，融合物质的美和精神的美的极至而为一体，所以为美中之至美。当我们看着舞台上那舞动着的美人时，她（他）举手、投足、弯腰、舒臂，那美的形态、身段、轮廓、线条，恰好表现了美的内蕴，美的感情，而不必借助什么道具。

②当然，舞台上的演员不同于画室里的模特儿。舞蹈除自然美外，更重艺术美，于是便要讲到衣饰。但这衣饰决不像旧戏那样给人套上死板的程式，也不像话剧那样过分地写实。它是绿荷上的露珠，是峭壁上的青藤，是红花下的绿叶，是翠柳上的黄鹂，是一种微妙的附着。它不过是为了揭示舞者美的存在，像几片白云说明天空的深蓝；它不过是为了衬托舞者美的形象，像流水绕过幽静的山冈。在舞台上作为外形之物，无论是先天的人体，还是后来补充的服饰，在形、体、色、质上都有极美的苛求，真可谓"四美具，二难并"，从而汇成为一种更理想、更美的"形"。为了表示飞动，西方艺术中有一种小天使，胖墩墩的孩子，两胁下却生出一对肉翅，显得十分生硬。这何如我们敦煌石窟里的飞天，窈窕女子，肩垂飘带，升起在天空。人着衣披带本是很自然的事，但这自然的衣着，顿使沉重的人体化为轻捷的一叶。潇洒、舒展、轻盈、自如，满台生风。人外形的美，内蕴的美，都因那轻淡饰物的勾勒与揭示而成一种美的理想、美的憧憬而挥发开来。国画界有以形写神与以神写形之争，从这个角度观之，舞者真是靠自己的外美

之形来写内美之神了。

③再者，飘动的舞者，又绝不是静止的雕像，所以除造型美外，更讲情感。这便要借助音乐。本来，演员在那铃响幕启之前，是先在体内储满一汪情感的，上台后全待那乐声的煦风拂来，才摇曳荡漾，粼粼生辉。乐声之于舞，如松涛上的清风，如干柴上的火焰，如桂树林间的香馨，如钱塘江面的大潮。当我们耳闻乐声而目观舞台时，更多体味的已不是形、色、物、体，而是神，是情，是韵，是一种充蕴全场、流动飘浮、深幽朦胧的美。是一种逆接千古、延绵未来、辽阔久远的美。当斗牛士的乐曲响起时，那狂热的西班牙舞步，便是催人上阵的鼓点，我们激动、昂奋，仿佛一场决斗就在眼前；当《康定情歌》飘过时，那冉冉的舞影，便是夏日给人小憩的阴凉，我们的心头一片静谧、惆怅，就像仰卧在康定草原上，看月亮弯弯。这时，长袖在台上飘动，音符在空中隐现，舞者所内蕴外观的美，一起随着乐声溶为一股感情的潮流，在观众的前后左右穿流激荡。对观众来说，现在已不是观看，而是在闭目听，凝神想，用心，用身，去与演员交流了。这时再看台上的演员，观众已经绕过直观而通过她心灵深处的那一泓秋水，在波光中照见了一个是她、但比她更美的形象。这便又是以神写形了。

④我们知道，在客观世界上，存在着许多的美：大自然千姿百态的美；几何图形整齐组合的美；孩童天真烂漫的美；中年精壮强健的美；老者深熟沉静的美；美术家的色彩线条美；音乐家的声音和谐美；连被一般人认为最刻板的自然科学，也有它的"工程美"；连最枯燥的哲学，也有它的哲理美。这些美都是不同的人，在各自不同的环境与条件下，乐而自得的。而舞蹈，是一种真正以生命自身来塑造的艺术，因此它也最有灵性。舞者，是一面镜，能照出各人的影；舞姿，是一阵风，能拂动各人的情；舞台，是一面大的雷达，能接收与反射各人的思想。当我们在大剧场里落座、四周灯光渐暗、乐声轻起、台上演员翩跹起舞时，我们便一下获得了一种共同的美。你看她一笑一颦，一起一停，一甩手一投足，挺拔、秀丽、高朗、愁忧，仿佛社会上一切美的物，美的情，这时全都聚在她的身上，成一团美的魅力。她早已不是她自己，而是一位法力无边的美神。她翻起人们的回忆，惹动人们的情思，牵动整个美的世界。这时平日里在你心中储存着的一切美好的形象，清风明月夜，风和日丽春，小桥流水，百鸟啾鸣，都会突然闪现在你的眼前，泛起在你的脑海。刹那间美的信息开始了奇妙的交流。

⑤本来，舞蹈就是因人内心情感的摇荡而不由得手舞足蹈。明月当空，花间的李白无亲自怜，便起舞清影，举杯邀月；大江上的曹操有雄兵百万，

就横槊赋诗，酾酒江心。今舞者，正是从人们平常不自觉的动作中，抽出最美的，规律性的东西，以衣具饰之，以音乐和之，酿成一股酒香，反过来荡摇人的感情。所以，老者观舞，会生还少的乐趣；少年观舞，会陷入一片深沉；科学家在这里能为自己的规律找到美的表述方式；哲学家在这里能为自己的哲理找到美的形象。怀素和尚观公孙大娘一舞而得书法之精妙，杜甫观公孙弟子之舞而有华章传世。人们与其说是在欣赏舞蹈，不如说是在发现与升华自己潜在的美的意识，美的素养。因为，无论是演员还是观者，他们都是最有灵感的高级生命。虽说表演艺术中还有话剧，但它主要靠台词；还有戏曲，但它主要靠唱腔；还有电影，那便更要借助许多手段。只有舞蹈是纯靠人的外形与内蕴。它的美，实在是特别的。

7. 作者认为，舞蹈的美"首先是一种自然的美"，这是因为＿＿＿＿＿＿
＿＿＿＿＿＿。(2分)

8. 第②段中画线的句子形象地表明了 (2分)

A. 舞蹈与艺术的关系

B. 舞蹈演员的人体与衣饰的关系

C. 舞姿与形象的关系

D. 舞蹈的自然美与艺术美的关系

9. 第②段中有多组对比，下列不属于对比的一项是 (2分)

A. 舞台上的舞蹈演员与画室里的模特儿

B. 旧戏、话剧中的衣饰与舞蹈中的衣饰

C. 西方艺术的小天使与敦煌石窟的飞天

D. 国画中的形神关系与舞蹈中的形神关系

10. 用以下例句的形式，仿写一个句子（不能用文中句子）。(3分)

例句：当斗牛士的乐曲响起时，那狂热的西班牙舞步，便是催人上阵的鼓点，我们激动、昂奋，仿佛一场决斗就在眼前。

当＿＿＿＿＿，那＿＿＿＿＿，便是＿＿＿＿＿，仿佛＿＿＿＿＿。

11. 第③段结尾说"以神写形"，从舞者的角度是指＿＿＿＿＿＿，从观众的角度是指＿＿＿＿＿。(4分)

12. 第④段中最能体现该段大意的句子是＿＿＿＿＿＿＿＿＿＿＿＿
＿＿＿＿＿＿。(2分)

13. 第⑤段中举"李白"、"曹操"两例说明＿＿＿＿＿＿＿；举"怀素"、"杜甫"两例说明＿＿＿＿＿＿＿＿＿。(4分)

14. 本文的标题是"我看舞蹈的美"。从全文看，作者认为舞蹈的美表

现在哪两方面？请作具体说明。（5分）_____

_____。

（三）填写下列名篇名句中的空缺。（住选4句）（4分）

15.（1）转轴拨弦三两声，_____。（白居易《琵琶行》）

（2）_____，亦使后人而复哀后人也。（杜牧《阿房宫赋》）

（3）_____，不拘一格降人才。（龚自珍《己亥杂诗》）

（4）纸上得来终觉浅，_____。（陆游《冬夜读书示子聿》）

（5）三军可夺帅也，_____。（《论语》）

（四）阅读下面的诗和对联，完成第16～18题。（8分）

赤壁杜庠①

水军东下本雄图，千里长江隘舳舻②。

诸葛心中空有汉，曹瞒③眼里已无吴。

兵销炬影东风猛，梦断箫声夜月孤。

过此不堪回首处，荒矶鸥鸟满烟芜。

〔注〕①杜庠：明朝诗人，曾任知县，不久罢归；不得志，放情诗酒。②舳舻：船只首尾相接非常多的样子。③曹瞒：即曹操。

客到黄州，或从夏口西来，武昌东去

天生赤壁，不过周郎一炬，苏子两游

——郭朝祚题湖北黄冈东坡赤壁门楼

16. 对联在语言形式上的最大特点是□□，律诗中的额联和颈联也具有这样的特点。（1分）

17. 对联中的"周郎一炬"与上面诗歌中的"_____"一句同说一事；"苏子两游"与上面诗歌中的"_____"一句同说一事。（2分）

18. 就诗歌中画线的句子，结合全诗，从一个角度（如景和情的关系）写一段鉴赏文字（80字左右）。（5分）_____

_____。

（五）阅读下文，完成第19～23题。（16分）

齐桓公出猎，逐鹿而走，入山谷之中，见一老公而问之曰："是为何谷?"对曰："为愚公之谷。"桓公曰："何故?"对曰："以臣名之。"桓公曰："今视公之仪状，非愚人也，何为以公名之?"对曰："臣请陈之：臣故畜牛字牛①，生子而大，卖之而买驹。少年曰：'牛不能生马。'遂持驹去。傍邻闻之，以臣为愚，故名此谷为愚公之谷。"桓公曰："公诚愚矣！夫何为而与之?"桓公遂归。明日朝，以告管仲，管仲正衿再拜曰："此夷吾②之过也。使尧在上，咎繇③为理，安有取人之驹者乎？若有见暴如是叟者，又必不与也。公知狱讼之不正，故与之耳。请退而修政。"孔子曰："弟子记之，桓公霸君也，管仲贤佐也，犹有以智为愚者也，况不及桓公、管仲者也！"

［注］①牛字牛：母牛。②夷吾：即管仲。③咎繇：人名，法官。

19. 写出下列加点词在句中的意思（4分）

（1）以臣名之（　　　）

（2）臣故畜牛字牛（　　　）

（3）公诚愚矣（　　　）

（4）管仲正衿再拜曰（　　　）

20. 下列句中"为"字用法与另三句不同的一项是（2分）

A. 是为何谷　　　　　B. 何为以公名之

C. 以臣为愚　　　　　D. 故名此谷为愚公之谷

21. 把下列句子译成现代汉语（6分）

（1）使尧在上，咎繇为理，安有取人之驹者乎？

（2）若有见暴如是叟者，又必不与也。

22. 从全文看，下列说法正确的一项是（2分）

A. 桓公、管仲都认为愚公不是愚者。

B. 桓公、管仲都认为愚公是愚者。

C. 桓公认为愚公是愚者，而管仲认为他不是愚者。

D. 桓公认为愚公不是愚者，而管仲认为他是愚者。

23. 管仲"请退而修政"的原因是_____，"修政"的内容是_____。（2分）

（六）阅读下文，完成第24～28题。（12分）

（李）广行无部伍，行陈，就善水草舍止，人人自便，不击刁斗以自卫，莫府省约文书；然亦远斥候，未尝遇害。程不识正部曲，行伍，营陈，击刁斗，士吏治军簿至明，军不得休息；然亦未尝遇害。不识曰："李广军极简易，然虏卒犯之，无以禁也；而其士卒亦佚乐，咸乐为之死。我军虽烦扰，然虏亦不得犯我。"然匈奴畏李广之略，士卒亦多乐从李广而苦程不识。

臣光曰：《易》曰："师出以律，否臧凶。"言治众而不用法，无不凶也。李广之将，使人人自便。以广之材，如此焉可也；然不可以为法。何则？其继者难也，况与之并时而为将乎！夫小人之情，乐于安肆而昧于近祸，彼既以程不识为烦扰而乐于从广，且将仇其上而不服。然则简易之害，非徒广军无以禁虏之仓卒而已也！故曰"兵事以严终"，为将者，亦严而已矣。然则效程不识，虽无功，犹不败；效李广，鲜不覆亡哉！

24. 上文选自《资治通鉴》，它是一部_____体史书，文中的"臣光"是_____（人名）。（2分）

25. 对"就善水草舍止"的意思理解正确的一项是（2分）

A. 就近修缮好水边的草房住下

B. 靠近有好水的草地住下

C. 就近好好地在水草边扎营休息

D. 靠近好水好草扎营休息

26. 李广和程不识治军的不同之处在于：前者□□，后者□□。（用文中词语回答）（2分）

27. 作者引《易》中的活，是为了说明治军应该_____。（2分）

28. 从全文看，为什么李广"如此焉可也"，却又"不可以为法"？（用自己的话回答）

（4分）

二、70分

29. 作文

以"忙"为话题写一篇文章。

要求：（1）题目自拟。（2）1000字左右。（3）不要写成诗歌。

【评析】

上海从1998年就开始实行阅读和写作两大块的高考语文命题模式，至今已经6年。6年来，他们积累了比较丰富的命题经验，也总结了十分宝贵的教训，从而为全国高考语文命题提供了有利的借鉴。

这些年来，多数高中生语文学得很累，多数高中教师语文教得很烦，而多年不变的高考语文命题模式是造成这种现状的原因之一。不少语文教师尤其是高三语文教师，对此早有不同看法甚至深怀不满了。

他们认为，当前高考语文试卷中以选择题的形式出现、侧重于理解与辨析的命题模式，并不利于激发学生主动学习语文。在这一指挥棒的影响下，学生三年的语文学习，特别是在高三进行的地毯式、筛子式的集中强化训练，对学生整体语文能力的形成和语文综合素质的提高并无多少作用。相反，它大量地挤占了学生的读书时间，浇灭了学生学习语文的兴趣和热情。这种只重结果、不重过程，脱离具体的语言环境，孤立、静态、机械、古板的考法，其实是违背语言学习规律，是不科学的。这正是长期以来高三语文复习陷入题海而不能自拔、师生苦不堪言而又无可奈何的根本原因。

像上海那样只考阅读和写作，把这些基础的东西放到阅读和写作里去考，把试题出得像上海那样鲜活、大气、有内涵，确实给人以耳目一新之感。

上海卷的试题结构以及命题角度十分宜人，极易把考生引入80分的阅读解题方阵中去纵横驰骋，过关斩将，而后直奔70分写作的表达营垒，各自引吭高歌。这种由阅读而写作两大板块的命题结构，能直接触动考生思维的敏锐点，使之一下子就沉醉到高考试题的求解过程中去，充分发挥大脑的功能，从而真正考出能力，考出语文素养。

2004年高考语文上海卷的命题严格按照《考试说明》的有关规定，结合上海地区考生实际情况设计而成。试卷努力贯彻稳中有变、稳中求新的命题原则，并力图体现二期课改的有关理念，具有鲜明的时代气息。试卷结构、题型、题量与往年基本一致。试题设计科学，整卷难度适当，坡度合理，有利于高校选拔学生，也有利于中学语文教学改革。

试卷第一部分仍占80分。现代文部分选用了两则材料，第一篇是新华社新闻研究所关于各类报纸的调查报告，第二篇是以散文笔调写成的关于舞蹈艺术的文章。两文内容不同，形式迥异，具有较为强烈的时代色彩和鲜明的风格。前者充分体现了语文工具性的实用功能，后者则以其流畅舒展的笔调使读者在获得知识的同时，得到美的享受。文言文部分分值略有上升，占40分。名句填空五句中任选四句，其中三句选自课内背诵篇目。第四大题选用了关于"赤壁"的诗歌、对联，设计了比较欣赏的题目。第五、六大题的材料选自《资治通鉴》等名著。考生可以从中充分领略到祖国传统语言文学作品的精炼、含蓄，以及特殊的语言现象和语言规范。

第一部分的试题设计具有以下特点：

首先，充分体现《考试说明》要求，考查的重点仍以认读、理解能力，分析、综合能力，鉴赏、评价能力为主。

1. 认读、理解能力是阅读能力中的基础部分。例如，第⑤题要求考生答出"2002 年 1—10 月中国各类报纸广告市场份额示意图"在文中的作用，考生结合文意，应能理解在这份调查报告中，插用这幅图所具有的特殊效果，在于它使文中提到的一连串略显枯燥乏味的数据直观、形象地凸现出来了，可直接帮助读者理解文意。

2. 分析、综合能力是语文学习过程中较为重要的能力，它决定了读者是否能够从不同文本中获取有效信息，经过分析、概括，整合成新的语句，体现新的思想成果。因此，对这一能力的考查设计了一系列试题，其中第③题是比较典型的一例，它意在考查对全文结构的掌握。考查形式一是给出几个关于文章的要点概括，二是将其按文意顺序排定。答题时只要对题目进行分析，便可以看到题干的"有人说"已暗示这样的概括具有某种不确定性（这样的概括可能是正确的，也有可能是错误的），有必要结合文意进行判定。题目乍看有一定难度，其实只要能正确概括全文各段大意，此题便迎刃而解。

3. 鉴赏、评价的能力是阅读过程中所需较高层次的能力，它是考生人文素养的直接体现。这类试题近年来备受各方关注。例如第⑩题要求就杜庠《赤壁》诗中画线句结合全诗，任选角度，写一段鉴赏文字。题目要求并不算高，但要真正答好，也并不容易。这一诗句借景写情，意蕴深厚。而全诗八句，也处处耐人寻味，其中牵涉的史实颇多，寄寓的感慨深沉。眼前江山，弥漫历史烟云，勾起作者满腔愁绪，此时此地，情何以堪！80 字的鉴赏评价，自然大有文章可做。

其次，力图培养学生的人文精神，提升其文化品位，也是这份试卷的特色之一。试题设计注重考查学生的文化积淀，努力将课内知识的积累和课外知识的拓展结合起来。名篇名句的默写，就有意识地采用了课内外材料相结合的方式，鼓励学生熟读教材。尤其是这份试卷中诗歌与对联的比较阅读，既沟通了它与教材中《念奴娇·赤壁怀古》、《前赤壁赋》、《赤壁之战》等名篇内容上的联系，又与对祖国传统文化领域常见的对联这种艺术形式的欣赏联系了起来，这对于开阔学生视野，帮助学生汲取精华，充实底蕴，形成健全的审美意识、审美情趣和审美能力，具有积极的意义。

第三，试卷还具有鲜明强烈的时代气息。阅读部分的调查报告数据充分，资料翔实，信息量密集，还精心选用了图和表进一步使各类数据立体化，形象直观地说明问题。语言表述简略朴实，叙述事理清晰严密，是语文工具性、实用性的具体体现。整个大题的题目围绕这一特性进行设计。第⑥题要求"选择一份你最喜欢的报纸，从两方面进行介绍"是读写结合题，给考生提供了极大的发挥空间。应该看到，这一试题除了完成考查功能之外，还具有一定的"潜在意义"，即希望学生能够积极扩大文化视野，把读书看报真正作为自己生活中一个不可缺少的组成部分，有效地提高阅读质量，学好"大语文"这门有用课程。

作文仍占70分。作文题"忙"要求显豁，审题没有障碍，文体选择也有较大自由度。擅长写议论文的同学当然可以引经据典，条分缕析，论证有关"忙"的种种问题。喜欢写散文的同学可以将有关"忙"的所见所闻、所思所想以优美流畅的笔调娓娓道来，让读者在得到启发的同时，获得美的享受。乐于尝试小说、寓言、戏剧创作的同学也不妨一展身手，将自己对"忙"的独特理解演绎成一个个或生动或曲折的故事，它可以发人深思，可以催人泪下，也可以警钟长鸣……

实际生活中的种种现象，是最好的写作素材。站在今天的立场上，审视现代人忙碌的生活，我们可以深入分析其现状，指出其弊病，探究其原因，推断其未来。我们可以指出现实中的种种不足来引起"疗救"的注意。在这个话题之下，思考的角度可以是多向的：你可以充分肯定"忙"的正面价值，因为在当今社会，"忙"几乎是"成功人士"的标志。君不见，有多少人想忙都没机会。你也可以对"忙"持否定态度，因为"忙"与生活质量无法等量齐观。事实上，"忙"已经悄悄取代了我们生活的真正意义。蓦然回首，你会猛省"碌碌无为"已经蚕食了我们的时间和我们的心灵。当然，你还可以持辩证的态度，即肯定在这个社会中，学习忙，工作忙，生活忙，都是无法避免的，但应注意适度，要注意生活质量，必须做生活的主人。此外，还可能有喜欢进行思辨的同学将"忙"与"闲"放在一起思考。生活中完全为"忙"所牵制固然不好，但完全放松休闲，整天无所事事也绝非正道。总之，"忙"这个话题所提供的写作角度相当丰富，考生可以从自己的感受出发，写出对它的思考，写出自己的见解。

当然，也有一部分同志，认为目前全国及各地绝大多数高考卷所沿用的"客观题——主观题"的结构模式不宜轻易改变。他们认为，考试，特别是高考要求试题阅卷的准确性、公正性和公平性，而客观题（即第一卷中的选择题）作为标准化试题对考生更公平、更公正，也更能维护考试的科学性和权威性。如果把阅读题全换成主观题，有可能影响评价的公正性和科学性，从而引起不必要的麻烦甚至混乱。对于高考语文命题形式和内容的改革，仁者见仁，智者见智，广泛而深入的讨论有助于找到一种更加有利于体现时代精神、推进素质教育的命题模式和思路。

【操作实践设计】

1. 独立命制一份初中语文单元测试题，客观题和主观题的分量各占50%，不要作文题。闭卷测试，时间 1 节课。

2. 合作命制一份初中期末测试题，客观题占 30 %，主观题占 70%（含作文题）。开卷考试，时间 2 小时。

3. 尝试命制一道高中现代文阅读测试题，给出阅读材料，要求通过填空、单项选择、判断、操作、简答 5 种形式考查学生的理解、欣赏和评价能力。

4. 尝试命制一道高中文言文阅读测试题，给出阅读材料和必要的注释，要求通过填空、多项选择、连线、译成现代汉语 4 种形式考察学生阅读一般难度文言文的能力。

5. 在全班开展一次为"话题作文"征集"话题材料"的活动。要求内容新颖、有启发性，字数 300 个以内，并提出写作的相关要求。

6. 在全班开展一次"语文考试命题展评"活动，时间可以在期中，也可以在期末考试以前，全体学生参加，可以命制一份试题，也可以命制一道或若干道。由全体学生投票选出"优秀试题"和"有创意的试题"。

第十九章　语文多媒体教学的设计技能

教学目标：了解语文多媒体教学的设计要求，掌握其设计方法。

第一节　要求与方法

一、语文多媒体教学概说

运用多媒体技术进行学校教学活动便是多媒体教学。所谓多媒体教学，具体来说，即运用多媒体计算机并借助于预先制作的多媒体教学软件（也叫课件）来开展的教学活动过程。它又可以称为计算机辅助教学（Computer Assisted Instruction，即 CAI）。

从本质上讲，多媒体教学是教学媒体的变革，它是把多媒体技术当作一种比黑板、粉笔、电教设备等传统媒体更高级的教学媒体应用在课堂教学中。多媒体计算机是目前最先进的教学媒体，它具有强大的数字化技术和交互能力，它包含了文字、图形、图像、声音、动画、视频等多种媒体形式。语文教学借助多媒体计算机，运用它拥有的多种媒体形式来传达教学内容、丰富教学形式，创设教学情境，能够更好地激发学生的兴趣、提高教学效率。

不同的媒体有不同的特性和功能，语文教学中使用多媒体必须考虑各种媒体的特性，有选择地和适量地使用。如声音媒体最有利于培养听、说、朗读的能力，有利于培养语感；图像、动画、视频等媒体有利于提供感知觉的经验，培养观察能力，有利于对缺乏直接经验的事物的理解；而文字媒体有利于培养逻辑思维能力。在教学中，就要注意选择最容易达到确定目的的媒体。

我们也应该看到，在语文课程的教学中，过多和随便使用多媒体，过分追求形象性，会取代学生的思考和想像。例如不论什么课都用多媒体，呈现设计花哨、与课文有关的大量图像，甚至播放与课文脱节的声音动画，这就会使课堂教学出现喧宾夺主的现象。媒体出现的时机也很重要，不能随便。例如，一位语文教师在教《听潮》时，先让学生观看各种涨潮的景观电视录像，然后再阅读课文。这样的课堂可能比较生动有趣，但结果是削弱了学生的想像能力。传统阅读的文化功能在于阅读过程中想像力的充分展开。凭借想像力，抽象的语言文字符号才能被还原转化为丰富多彩的生活图景，也才能被读者理解和吸取。而在多媒体充斥的阅读中，主体的创造性、想像力却受到严重的压抑、消解，乃至被掠夺。① 滥用多媒体的结果是放弃对语言文字的学习，这样的课不是语文课，而可能是影视或美术欣赏课。

二、语文多媒体教学的设计

（一）语文多媒体教学的设计原则

1. 体现语文学科特点

语文多媒体教学首先是姓"语文"，必须能体现出语文学科的特点。语文教学的任务是培养学生理解与运用语言文字的能力，发展学生的语感和思维，养成学习语文的良好习惯，在此过程中培养学生的创新精神，提高学生的文化品味和审美情趣，形成健全的人格。语文多媒体教学也必须为这一目的服务，即多媒体的使用要有利于培养学生语言运用能力，而不是仅仅为了兴趣而兴趣，用视频音频去替代学生的阅读，将语文课上成了单纯的影视课。

要体现语文学科特点，多媒体教学必须注意以下几个问题：

首先，教师要有较强的课型意识，要根据课文的文体、语体来设计课型，教出文体、语体的特点。

其次，要激发学生的情感。

第三，要引导学生品味语言。

第四，要注重朗读。

例如教学古诗词、文言文、抒情性散文，则可以设计成诵读赏析课，在多媒体的运用上侧重于朗读。教学议论文，则可设计成导读课，运用多媒体向学生展现观点与材料的关系及提供相近、相反的观点与材料，供学生辨析思考。而说明文则可提供丰富的关于事物或事理的图片、短文，以此来引导学生揣摩说明的思路方法，以及语言的运用。文学作品的教学则应通过适当的视频、动画等激发学生的联想与想像，感悟主题，品味语言。

① 赵维森. 视觉文化时代人类阅读行为之嬗变. 学术论坛，2003（3）

2. 注意联系生活

注意联系生活就是要求我们在教学设计上，从生活中来，到生活中去。从生活中引入大量的素材，以此来发展学生的语言能力。

语文教学应提高学生关注、认识、思考社会与生活的能力。然而长期以来传统语文教学由于课堂教学媒体单一、信息量缺乏，致使上述能力不能很好的发展。

在教学中运用多媒体的优势，创设一个与生活接近的情境，有效地激起学生的想像、联想，唤起学生的阅读、写作欲望。

（二）语文多媒体教学的内容选择

语文教学内容繁杂，字、词、句、篇，语、修、逻、文，显然不必每节课、每个知识点、每个能力点都使用多媒体。必须看到传统教学手段的价值，以及多媒体的局限性。

语文教学中适宜适应多媒体的教学内容主要有：

1. 配乐、配音、配字母、配图片、配动画的朗读

中学语文教材中有许多诗文名篇，最适宜用多媒体进行教学。多媒体提供的声情并茂、情境结合的环境，不但有利于学生正确朗读，形成语感，增进对文章的理解，还可有效地弥补教师个人朗读才能的缺陷。例如，教《春》这一课，让学生在音乐声中一面欣赏春的画面，一面听多媒体的朗读，效果自然比教师范读或单纯的听录音朗读要好得多。在多媒体范读之后，再进行没有配多媒体的朗读，将使学生充分利用多媒体范读所带来的表象基础，有效激发学生的想像力，有助于学生对作品的整体理解。

2. 演示说明性文章中比较难懂的原理与程序

中学语文教材中有许多说明性文章，例如《中国石拱桥》、《景泰蓝的制作》、《南国六月荔枝丹》等。由于学生缺乏这类知识，教学中仅靠语言的讲解，既枯燥又难懂，本来不是难点的知识，却因为缺乏认知基础，而成了教学的难点。用多媒体进行教学则可轻易地突破难点，把更多的时间放在对语言的分析与品味上。

3. 显示相关的背景材料

理解新课文，需要给学生提供背景材料。多媒体技术可以帮助教师大量、高速、省时地提供背景材料，而且提供的时机比较灵活。例如，在教学《项链》一课导入时，可以提供作家、作品、写作背景、时代背景、前人评论等材料；当讨论马蒂尔德的形象和小说的主题不能进一步深入时，教师可以插入关于莫泊桑的经历及小说所表现的时代特点等材料，会有效地促进讨

论的深入。

4. 创设特定的教学情境

教学情境指教师在教学过程中为了达到既定的教学目的，从教学需要出发创设的能够引起学生的情感体验，帮助学生迅速而正确地理解教学内容，促进他们的心理技能全面和谐的发展，提高教学效率与教学内容相适应的具体场景或氛围。根据教学内容所形成的情境，可分为直接情境和间接情境。直接情境是由现实生活提供的直接形象为主体的情境，学生得到的感觉是直接感受。间接情境是由教师根据教材内容所提供的材料创造的间接形象为主体构成的情境。间接情境一般分为两种：一是通过各种教具所模拟的某种形象；一是教师运用教育语言所描绘的某种形象。多媒体为创设间接的教学情境提供了极大的便利，它通过提供图片、视频、声音等，构建情景交融的教学情境，活跃课堂气氛，把本来要强制学生有意接受的知识，变为无意、轻松的获得，效果较好。例如，教学《安塞腰鼓》一课时，先放一段"安塞腰鼓"的录像，黄土高原上人们忘情表演的场面会很快地感染学生，从而有效地帮助了学生对课文的读解与品味。

5. 安排练习与测试

语言运用的练习和测试是语文教学的重要内容。通过练习来巩固知识、强化记忆；通过测试来检测学生学习情况，获得反馈，为课堂教学调控提供依据。

利用多媒体可以逐个或一批批地向学生提出问题（练习），当学生回答后，计算机进行判断，并根据学生回答的情况给予相应反馈，将有效地促进学生掌握某种知识与技能。当学生答对时，计算机予以适当鼓励，强化学生的理解与记忆；当学生答错时，计算机给予适当提示与帮助，或者让学生再试一遍。像教师提问一样，多媒体可帮助学生复习和巩固已学知识。

6. 组织讨论与交流

交互性是多媒体的重要特征之一，多媒体的使用，大大地拓展了学生讨论与交流的渠道，使小组活动、班级活动更易组织。

7. 课堂总结

多媒体电脑处理数据能力很强。利用这一特点，在课堂总结阶段，可以省时、高效地将整节课或整个章节的内容渐次显示出来，有利于学生形成良性的知识结构，促进长时记忆的形成。

8. 作文修改与作文讲评

这一直是作文教学中的最让人头痛的问题，一方面教师苦不堪言，另一方面对提高学生的写作能力作用不大。这是因为写作——批改——讲评的周期太长（一般在一周以上，有时甚至是两周），等到讲评作文时，学生对自己写了什么都已无多大印象，讲评的效果自然不好。写作训练后及时的反馈问题一直得不到很好的解决。

运用多媒体进行批改和讲评，是非常方便的。我们将学生的作文扫描成图像，并将其投在大屏幕上，进行实时的批改或讲评。

（三）语文多媒体教学设计中媒体与教学内容的对应

根据语文学科特点，选择不同的媒体形式来表征教学内容，才能达到多媒体教学效果的最优化。语文多媒体教学设计中常见的媒体形式可划为六种：文本、图形、图片、音频、视频、动画。一般来说，媒体形式和教学内容存在对应关系。见下表：

教学内容	媒体形式
朗诵、讲解	音频
事件、过程	视频
事实、材料	文字
物件、景色、人物	图片
结构	图形
意境	图片、动画

从表中可以看出，一定的教学内容对应某种媒体形式。事实上，由于语文教学内容具有综合性，所以，经常涉及到几种媒体的组合问题。下表将一些基本的组合列出来供大家参考。

导入	图片、文字
问题、讨论	文字
欣赏	音频、视频、动画、图片
板书	文字、图形
练习	文字

三、语文多媒体课件的制作

语文多媒体课件是指利用计算机性能卓越的多媒体技术，将文字、声音、图形、图像、动画及影像等多媒体素材和教师的设计融为一体，形成具有良好的交互性的、能辅助课堂教学的计算机软件。

语文多媒体课件是开展语文多媒体教学的一个基本要素。它能增强课堂教学气氛，提高学生的学习兴趣，扩宽学生的知识视野，是近年来被广泛应用在中小学教学中的手段，是现代教学发展的必然趋势。

（一）语文课件设计的基本要求

1. 注重"人性化"

对课文的内容和精神实质，我们应当要有比较深入的理解，这样才能使技术形式与课文教学紧密结合。应当清楚地认识到，电脑技术与视觉图像对于最注重"人性化"与"文本阅读"的语文教育来说，很容易走入一种可怕的背离。因此我们必须经常回到课文、回到语文教育的本质，保持清醒，保持思考，才能化弊为利，更好地服务于语文教育。

2. 形式服从功能

教学课件的功能是实现教学目的，因此在设计课件的时候应该有明晰的目的，与实现教学目的无关的、不能增强教学效果的、可有可无的形式因素最好都去掉。

3. 强调抽象、简洁、高秩序的形式美

要注意在视觉上训练学生的抽象思维。除非是具体、肯定的实物图片和视频，那些通过虚构文本描述出来的人、物、事、场景，最好不要用确定、写实的图像形式向学生呈现，否则将扼杀学生对于文本的想像力，并养成学生文本阅读的惰性。

教学课件只能以有限的平面空间与学生接触，这就要求页面表现必须简洁。填鸭式的、含意复杂的页面形式是不受欢迎的。实际上，强调单纯、简洁，并不是单调、简单，而是信息的浓缩处理，内容的精炼表达。因此，页面的单纯化，既包括内容的规划与提炼，又涉及到页面形式的构成技巧，是必须经过深思熟虑才能做到的。记住，多余的花花哨哨的东西将影响人们去读真正的内容，应当毫不犹豫地删除。

高秩序的形式才能达成设计风格的一致性和连贯性。要强化页面各种编排要素在页面中的结构以及色彩上的关联性。通过页面的文、图间的整体组合与协调性的编排，使页面具有秩序美、条理美，从而获得更好的视觉效果。

4. 确立"美育"的观念

课件的出现，使美术和音乐不可避免地介入了语文教学的课堂，因此课件设计者应当确立"美育"的观念，提高美术与音乐方面的素养，使学生在接受文学教育的同时，潜移默化地受到美术与音乐的美的熏陶。除了课件的背景音乐和图像主要是在于选择之外，课件的页面构图、色彩运用、文本组合与图像搭配需要设计者的原创。

（二）语文多媒体素材的获取与加工

1. 语文多媒体素材的获取

大部分老师在准备一堂多媒体课的时候，感觉最大的困难是"缺乏音频、视频、图片等各种素材"。这正切合了一句古话：巧妇难为无米之炊。要想准备好一堂多媒体课，除了掌握制作技术之外，还要找到合适的素材。那么，如何获得语文多媒体素材呢？当然最好的解决途径是由教师所在学校购买素材库。现在有很多多媒体制作公司开发了内容丰富的多媒体素材库，如科利华公司的多媒体备课系统，中国中小学教育教学网（K12）开发的K12智囊教育资源库，等等。但是这些素材库售价不菲，动辄成千上万，一般学校买了硬件，却无力购买这些软件。因此对于热衷于开展多媒体教学的普通学校教师来说，获取语文多媒体素材的途径可能唯有网络了。下面介绍几种网络获取素材的方法。

①经常光顾语文教学专业类网站。

语文教学专业类网站的资源在不断丰富。经常光顾，你一定会看到一些有用的资料，将其下载保存起来以备将来急需，不失为一个好办法。

②通过搜索引擎搜索。

例如百度搜索引擎http：//www.baidu.com具有多媒体素材的搜索功能，通过它可以搜到很多素材。

③在论坛发帖求助，或向个别网友发E-mail。

语文教学界的同行网友，大都非常热情，有求必应。大家有什么需求，可以在那儿发帖。热心网友见到了，一定会"拔刀相助"。

④从别人制作的课件中获取素材。

如果所选的课题别人已经设计过，我们又想在他的基础上有所创新，可以引用其课件中自己需要的素材。当然，大家不能全盘照搬，如果涉及版权问题，要先与作者打声招呼。

2. 语文课件素材的加工

我们找到了素材，但素材却不一定全都适用，有必要对一些素材进行再加工；而有的素材是很难找到的，非得自己制作加工不可。所以，我们还必须学会加工素材。下面介绍素材加工方法：

①文字的加工。

文字是多媒体课件中一个重要组成部分。课件制作软件都会提供简单的"艺术字"功能，通过它，我们可以添加各种效果的文字。如果想在演示文稿中添加三维立体的文字，那么可以请Cool 3D来"帮忙"。Cool 3D是一个傻瓜式软件，你只要输入文字，并选取相应的效果，它就可以输出图片格式的三维立体文字。

②图形图像的加工。

图形图像是多媒体制作的艺术支柱之一，缺少图形图像的课件是不可想像的。课件制作软件都自带了图形绘制工具，能满足基本的需要。如果有更高的要求，大家可以利用专门的图形创作工具，例如 Freehand、CorelDraw、3DMax、Flash 等。而图像则需要通过以下途径加工获得：

第一，扫描仪扫描或数码相机输入。利用扫描仪，可以将手头上的图片、图画、照片等输入到电脑中去；利用数码相机可以将现实中的人物景物输入到电脑中。

第二，视频画面捕获。用"豪杰超级解霸"来播放 VCD，然后用其"截取画面"功能将视频中的某一帧捕获下来。由 VCD 截取下来的画面分辨率为 352×288，如果你需要的是精美图像，这样截取的画面显然不能满足你的要求。

第三，利用 Windows 自带的图像拷贝功能。Windows 提供了直接拷贝屏幕功能，按键盘上"Print Screen"键便可进行全屏幕拷贝至剪贴板中，而按"ALT + Print Screen"组合键，即可将当前的活动窗口拷贝至剪贴板中，然后运行 Windows 的画图工具，选"编辑"菜单中的"粘贴"，即可将剪贴板中的内容贴到当前的文件中来。当然，大家也可以安装诸如 Snagit、HyperSnap 等截图软件。这样更能方便地截取屏幕上所看到的图像。

第四，通过购买获得。市场上有各类图像素材。我们可以根据需要，适当购买一些。当然大家也可到网络搜索下载。

③动画的加工。

课件制作软件一般会提供一些简单的动画效果，但更多的时候，它难以满足我们的需要。这时，我们便要借助其他动画制作软件。在众多的 gif 动画制作软件之中，Ulead 公司的 GIF Animator 动画制作软件比较适合我们非专业人士。它内置各类模板，大家只要导入图片，加上文字，然后选择某种效果就可以了。swf 格式的 flash 动画因其动感强，容量小而风靡全球，大家也可以试试工具软件 Flash。三维动画制作工具的首选软件非 3DMax 莫属，利用它能制作专业性很强的动画。当然，如果想在短时间内掌握它实非易事。如果你想快速地加工一些简单的三维动画，上文提到的 Cool 3D 软件是个不错的选择。

④声音的加工。

音乐是多媒体课件制作的另一个艺术支柱，缺少了声音的课件犹如早期的无声电影，这样难于激发学生学习兴趣的。

声音的种类有：波形音频（wav）、mp3 音频（mp3）、midi 音频（mid）和 CD—DA 激光唱盘音频（CD）等。我们在制作课件的时候，课文的朗读或按钮的声音大都采用 wav 格式的声音。而背景音乐大都采用 mp3 或 mid 格式的音频。

大家可以用 Windows 自带的录音机来录制声音，当然，如果你想对声音进行进一步的处理，诸如剪接、去除杂音、加入各种各样的效果等，那么建议你使用 Sound Forge 音频处理软件。除此之外，Creative Wave Studio 和 Macromedia Sound Edit 等软件也不错。

⑤视频的加工。

在课件中加入动态的影片，能收到声情并茂、吸引力强的效果。视频的格式很多，但并不都适合所有课件制作软件。因此，我们要把找到的视频转化为课件制作工具能支持的格式。

avi 格式是大多数课件制作软件支持的视频格式。我们可以将需要的视频素材转化为这种格式。

如果想将录像带中的影像资料输入到电脑中来，必须安装视频压缩卡，结合它本身自带的软件便可以将录像资料转换为 avi 文件。

如果想将 VCD 中的 dat 格式的电影转成 avi 格式的视频文件，可以用"豪杰超级解霸"实用工具中的"VCD（DVD）转 AVI"功能来进行转换。豪杰超级解霸除了可以转换 dat 格式的文件外，也可以将 mpg 格式的视频文件转换成 avi 格式。

（三）PowerPoint 2000 课件制作软件的使用

为了适应多媒体教学的需要，语文教师必须掌握一种多媒体课件制作软件。课件制作软件有很多种，功能也是各有千秋。这里推荐大家学会一种最易用、也是最常用的课件制作软件——PowerPoint 2000。

PowerPoint 2000 是美国微软公司 Office 2000 家族中的一员，是专门用来制作演示文稿的优秀工具。只要您懂得 Word 操作，便可轻松上手，因此非常适合于我们非计算机专业的人士。别看它操作简单，功能却异常强大。Power-Point 2000 能将文字图形图像、动画（包括 gif、flash 等类型动画）、声音和视频影像集于一身，并且能调用外部可执行文件（Exe 格式文件）。可以说，PowerPoint 2000 能满足语文多媒体教学的一般需要。（具体操作说明略）。

（四）勾画语文多媒体课件框架

课件框架是课件的模型，它反映出课件的基本结构。对于初学者来说，勾画课件框架是有必要的。课堂教学中使用的课件的基本结构大同小异，基本结构一般包括：导入、讲授、拓展、练习、小结等部分。实践中，我们可以根据需要省略一些部分。例如讲读课文《如梦令》课件框架可以作如下设计：

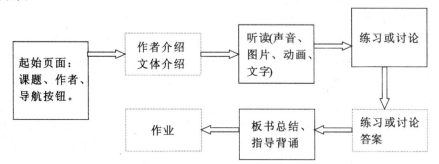

注：1. 练习与讨论可根据不同课文改为：理解、欣赏等。

2. 虚框为选用。

（五）语文多媒体课件制作的步骤和要领

1. 界面的编辑

尽量利用母板和配色方案来制作课件的界面，这样可以保证界面风格的一致性。

2. 版面基本内容的编辑

版面的基本内容包含文字、声音、图片、动画、声频等内容。

（1）文字的编辑。文字内容要求简明扼要，以提纲式为主。对于有些非用不可但较长的文字材料，可采用超链接交互形式提供，即阅读完后可点击返回原界面。字体选择的要求，标题宜用"黑体"或"隶体"，内容一般采用"宋体"和"楷体"，字号要适当。文字颜色、背景颜色和全屏幕色调的设置要求：色彩协调，醒目易读。一般文字颜色以亮色为主，背景以暗色为主。为了方便初学者使用，我们在下面列出几种具有较好视觉效果的颜色配伍方案：

字体：白色，背景：蓝色；字体：白色，背景：红色；

字体：白色，背景：黑色；字体：黄色，背景：蓝色；

字体：白色，背景：紫色；字体：黄色，背景：黑色；

字体：白色，背景：绿色；字体：黄色，背景：红色。

（2）声音的编辑。声音主要包括人声、音乐和音响效果声。人声主要用于解说、朗读、范读。在制作语文课件中用得较多的是"朗读"；音乐一般采用 mid 或 mp3 格式，多用来做背景音乐，背景音乐的选择要与教学内容相符，编辑时要设定开关按钮或菜单，便于教师控制；音响效果的声音一般较为简短，可以伴随着各个对象的出场而出现，也可以给按钮加上各种悦耳而简短的声音。声音的加入，能增强画面的表现效果以及起到辅助说明的功效；背景音乐和音响效果对画面内容起到烘托作用。

（3）图片、动画、视频的编辑。在多媒体课件中，图片（含图形、图像）、动画、视频占有相当重要的地位，处理得好，可以取得事半功倍的教学效果。图片要清晰，大小适中，便于观察。多张图片的显示，中间要有一定的间隔时间，需要老师讲解的地方，要设置暂停按钮。对于动画和视频，学生一次未必能看清，最好设置重复播放按钮。

另外值得一提的是，有些老师喜欢在课件中插入一些与课文完全无关的gif 格式动画，以为可以通过动感引发学生学习的兴趣。殊不知如此一来反而会分散学生的注意力。因此，我们在选用时要慎重。

3. 导航页面或按钮的编辑

为了增强教学的灵活性和互动性，我们应学会在课件中编辑导航页面或按钮。

（1）编辑导航页面。导航页面在课件中处于中心地位，课堂上教师可以根据导航页面的提示，调出课件的某个（些）页面来辅助相关内容的教学；当该部分教学完成后，又可返回导航页面（如图1 所示）。导航页面和其他页面的互动联系是通过超级链接实现的。

图1　导航页面①

（2）编辑导航按钮。导航按钮也是一个增强教学灵活性和互动性的好

---

① 该导航页面截取自课件《荷塘月色》（作者：云传瑶）

办法，不过编辑会烦琐一些。导航按钮有两种形式：一种是完全式，即每个页面上都有一组分别链接各相关页面的按钮（如图2所示）；另一种是简要式，即每个页面上有若干个链接到与该页有直接关系页面的按钮。实践中，我们应根据需要来决定采用哪种方式的按钮。

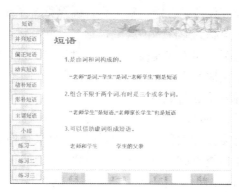

图 2　完全式导航按钮①

一般来说，一个课件如果采用了完全式导航按钮，就无需再编辑导航页面。

四、语文多媒体教学的实施

教学设计、课件制作，最终的结果要体现在课堂教学上，同样的设计，同样的课件，在不同的教学中，效果是截然不同的。这是因为，教学的过程本质上是教师与学生双方在课堂上互动作用的过程。

多媒体课堂教学一般要经历"课前准备"—"导入教学"—"组织教学"—"课后总结"等环节。在具体教学过程中，要做到以下几点：

第一，使用媒体的目的明确。媒体呈现的内容是学生观察、理解、思考和记忆的材料。

第二，媒体出现的时机恰当。

第三，媒体使用的节奏自然。出现的时间不能太短，也不能太长，一节课出现的媒体也不能太多。

第四，语言解说、非语言的体态语交流与多媒体配合自如。

总的来说，使用多媒体上课，就应像我们用粉笔和黑板一样自如。理想的状态是，上课时，电脑技术已经融合到课程中去了，教师和学生都把心思

---

① 该导航按钮截取自课件《短语的学习》（作者：黎剑光）。

专注于教学任务上，而不是其他。

（一）多媒体课堂教学的课前准备

1. 检查设备

上课前，教师应提前 15 分钟到场，检测电源线、信号线是否正常连接，电脑、投影、音像等设备是否能正常工作，确保整个系统处于运行状态。这样做的目的是，避免临到上课手忙脚乱，延误时间。运用校园网上课时，要注意检测是否能与服务器正常连接。如用软盘拷贝文件，要检查是否成功拷贝，是否只拷贝了快捷方式，软盘是否损坏等等。

2. 调试操作系统和工具软件

检完设备之后，还要调试一下操作系统和工具软件，看其是否能正常运行，电脑上是否有支持你的课件运行的软件。如果是用 PowerPoint 2000 制作的课件，那么要检查电脑上 PowerPoint 2000 是否能正常使用；如果你的课件是用 Authorware 制作，则必须检查电脑上是否有支持你的课件的 Xtras 插件。比如，你在课件中使用了 Gif 动画、Flash 动画，那么电脑里 Authorware 的版本是否能支持课件的正常播放；又如，电脑里面是否有你所需要的字体，等等。特别要注意的是，检查一下电脑的屏幕保护程序设定的时间。笔者曾经听过一堂多媒体课，当教师让学生默读一篇文章时，屏幕上突然出现了一些港台歌星的图片，课堂上一片哗然，执教者莫名其妙，影响了课堂的气氛，冲淡了教学的主题。

3. 调试课件

由于制作课件的软件工具同播放课件的软件工具之间可能不兼容，所以在播放课件的教学平台上调试课件是上课前非常必要的一环。上课前，在教室的电脑上试运行一遍，检查下列内容：

第一，所需要的文件是否都已拷贝。拷贝课件时经常会出现只拷贝了文件的快捷方式、只拷贝了主程序文件等现象。

第二，文件中的链接是否正确。

第三，文件中的音频、视频是否能正常播放。

如果发现问题，应及时解决。当然，如果自带手提电脑上课，也就不存在上述的第二、三个问题了。

（二）多媒体课堂的师生互动

由于采用了多媒体课件上课，课堂上媒体的呈现时间长了，所以有人认为应该减少师生的互动。这种看法是片面的，也是有害的。恰恰相反，与传统教学相比较，交互性是多媒体教学的强项，正是因为使用了多媒体来高效地呈现信息，使师生之间可以有更多的时间，在更多的层面上实现互动，真正体现了教师的主导性与学生的主体性。传统教学的教学媒体比较单一，学生的反应和教师的评价与反馈都具有时间上的延迟性，再加上以口头答问的方式传递的信息不易被对方及时准确地获得。丰富多样的多媒体练习与检测方式和传统的答问等方式的结合，可以使教师和学生双方及时准确地获取反馈与评价信息。多媒体教学特别是网络环境下的教学，还为小组自主合作学习和个别化教学提供了便利。

有些人认为，有了多媒体教学以后，教师在课堂上就轻松了，上课只要"放"给学生看就可以了。其实这是一个很大的误解。多媒体课堂上的教师除了应具备传统课堂教学中所需要的能力以外，还要具备以下几方面的素质。

1. 熟练操作计算机

不少教师在使用多媒体教学初期，由于计算机操作的不熟练，导致课堂教学不能顺利地进行。例如，电脑死机，课件运行不正常，网络故障，等等。有时往往因此浪费了几分钟甚至是十几分钟，直接影响了课堂教学的效果。所以，多媒体课堂中的教师必须对教学平台的操作有足够的认识，使多媒体设备的使用能得心应手，并能应付使用中出现的常见问题。

2. 要有衔接的艺术

初用多媒体的人大都有这样的感觉，即使用多媒体上课时，总是要停下来去按按钮，因此不得不时时中断教学的思路，这实际上是因为衔接不当造成的。正确的做法是，在切换画面的同时，教师应设计相关的衔接语言，使各个步骤之间能有机自然地衔接起来，而不至于出现学生坐在那里等着看的情形。常用的衔接方法有：

（1）提出问题。针对已经出现的或即将出现的媒体，提出相关问题让学生思考。例如："下面我们来听一听这首诗的朗读，请大家先揣摩一下这首诗朗读的节奏、语调与感情色彩，等一下大家一边听，一边比较自己所设想的与你所听到的朗读有什么不同，为什么不同？"

（2）简介内容。用概括的语言介绍即将向学生出示的内容。例如：

"下面你所看到的几则材料都是关于理想与立志的。"

（3）承上启下。一边总结前一环节，一边导入下一环节。例如：

"前面我们听了这首诗的朗读，我想大家对这首诗的感情基调有了基本的了解，下面请看屏幕上的问题。"

另外，教师在提问时，也要注意变换语言。因为在课件设计中，为使学生能更好地理解教师所提的问题，往往将这些问题以文本的方式放进课件，这样一来，有时就会出现教师照着屏幕读问题的情况，这常常让学生感觉很机械。因此，教师不要简单地重复屏幕的文字，尽量口语化。例如屏幕显示内容：你对陶渊明的"爱菊"和周敦颐的"爱莲"有什么看法？你喜爱哪一种花？为什么？

教师口述内容：作者说"菊，隐逸者也，陶后鲜有闻"，"牡丹，富贵者也，宜乎众矣"，"莲，花之君子者也，同予者何人"，你对此有何感想？在生活中，你最喜欢哪种花？说说你喜欢的理由。

3. 善于使用体态语

有关实验发现，一个人要向外界传达完整的信息，单纯的语言成分只占7%，声调占38%，另外55%的信息都需要由体态语言来传达。因此，在教学中，我们要善于利用这一资源。毋庸讳言，多媒体教学技术目前还不成熟，例如，多媒体教学平台还没有像粉笔写字那样简单，而且只有在平台上才能操作。使用多媒体平台还容易使教师产生对设备的依赖性，例如，一些教师喜欢坐在平台旁上课。这些情况会大大影响师生互动的有效进行。为了减少多媒体教学技术不成熟带来的不良影响，我们建议在多媒体教学中教师不要端坐在平台旁，而要走到学生看得到的地方；除了与学生进行言语交流以外，还要多与学生进行非言语交流。

4. 要能调控学生的注意力

多媒体课堂教学往往比传统教学更能吸引学生的注意力。但是，根据心理学家的研究，人的注意是需要能量的，如果长时间高度注意，往往容易导致疲劳。因此，在多媒体教学中，一方面，设计课件时要充分注意对学生注意力的调控；另一方面，教师在课堂实施时，要有意地加以调控，使课堂教学保持合理的教学节奏。例如，当播放了一段动画后，学生的注意力可能还沉浸在这段动画中，如不能把注意力有效地转移到下一教学环节，则会影响教学的效果。

5. 要养成良好的习惯

教师在进行多媒体教学时，要特别注意养成一些习惯。比如，对多媒体设备的爱护等。笔者就曾见过教师在课堂上很重地敲击键盘。此类的不良习惯很容易被学生仿效。

（三）多媒体课堂的应急措施

由于目前的多媒体设备及课件的使用相对于传统的媒体而言要复杂得多（但是可以预料，今后这些设备将会越来越简单，越来越人性化），因此，在教学中出现意外事件的几率相应也要高一些，特别是在一些多媒体设备管理比较混乱的学校和在教师运用多媒体进行教学的初期，常常会因为一个小问题而导致硬件或软件无法运行。在这种情况下，教师要充分运用教学机智，将这种意外所带来的消极影响控制到最低点，并采用相应的应急措施，以确保教学能正常地进行。

1. 在进行教学设计时要考虑到可能出现的意外情况

在多媒体教学设计环节，要充分考虑到出现意外情况的补救措施。本来设计是播放一段音频文件，如果出现故障，教师可以自己读或唱给学生听。笔者曾经历一堂课，课件中本来有一段《重整山河待后生》的演唱，当时在课堂上无法正常播放，是这位教师就当场自己演唱了一遍，尽管唱得不好，但基本目的还是达到了，确保了课堂教学的顺利进行。

2. 出现故障后，首先安排好学生的活动

多媒体教学中出现意外情况时，教师要冷静，首先安排好学生的活动。比如，先让学生阅读，或者是让学生做一做练习，由此而获得判断产生故障的原因和寻找补救措施的时间，不要让学生都瞪着眼睛看你在台上手忙脚乱。

3. 迅速判断原因，并采取补救措施

如果是由硬件造成的，则一般在当时无法恢复，那么就断然地停止使用；如果是软件或课件造成的，可采用以下方法：

（1）进入导航页面。

由于目前很多教师并不是使用自己制作的课件，因此对课件的结构不大熟悉，找不到自己所需要的页面。在这种情况下，最简单的方法就是进入导航页面，再进入到你所要进入的页面。

（2）退出，重新启动课件。

有时，故障可能是课件运行中出现的，如果没有死机的话，你可以先将课件退出，将 Windows 的现用户注销，或重新启动电脑一次。

（3）重启计算机。

死机是计算机使用过程中很常见的故障，补救方法是重新启动计算机。如果准备好的多媒体课因停电、机器故障等不可抗拒的原因不能如期进行的话，教师应该有勇气，抛开原定设计，运用传统手段有条不紊地进行教学。这也是我们要提倡的。不要因为发明了汽车，人就不会走路了。

第二节　案例呈示

这里提供了 3 个案例，分别是散文、文言文和作文评讲的多媒体教学设计案例。

一、案例一

《春》多媒体教学设计
广东遂溪一中　林益炳

（一）教学构想

1. 计意图

《春》是一篇优美的写景抒情散文，描写细腻，感情丰富，语言生动精练。因此，我们希望通过课件，结合老师的讲解，引导学生领会作者是如何进行细心观察，生动描写，抒发对春的喜爱之情的。

本文教学应引导学生欣赏、分析作品描写了什么形象和怎样描写的，创造了什么意境和怎样创造的，借此陶冶学生的情操，丰富学生的词汇，提高其运用词语、素材、组材以及理解、运用各种表现手法的能力。

2. 确定目标

（1）领会文中描写景物委婉细腻，用词准确、生动，比喻形象鲜明。

（2）学习抓住特征描写景物的方法。

3. 环节安排

本课的环节设计为：欣赏——测评——阅读——讨论——归纳。

4. 问题设计

（1）作者以怎样的心情迎接春天的到来？哪个词明确地告诉我们春天还没有来到？

（2）作者是从哪些方面写春风图的？

（3）春雨图中，作者主要抓住春雨的什么特点来进行描写的？

（4）"一年之计在于春"是什么意思？

（5）为什么把春天比喻成"刚落地的娃娃"、"花枝招展的姑娘"和"健壮的青年"呢？

（6）请找出文中用到"比喻"、"拟人"修辞手法的句子（各两句）。

（二）课件制作

1. 准备素材

本课件的素材主要有以下几个：

（1）音频（背景音乐）。在网络上寻找节奏轻柔的音乐即可，也可以用"豪杰超级解霸"转录 VCD 或 CD 碟中的音乐。

（2）图片。本课件图片使用较多，主要是与春天有关的图片，图片资料可以扫描或者到网上各种图片库中获取。

2. 过程略解

下面简介《春》课件的主要功能页面及制作方法。

（1）起始页面。此页面在课始时出现，以激起学生的学习兴趣。制作方法：①在 Powerpoint2000 中新建一个文件，命名后保存；②在默认的第一张幻灯片中插入图片，调整至合适大小。③插入文本框，输入课题及作者，调整位置；④加入背景音乐（Mp3 或 Mid 格式均可）。如图 3 所示。

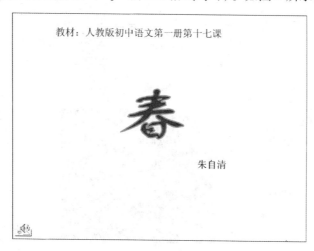

教材：人教版初中语文第一册第十七课

春

朱自清

图3

（2）导航页面。这是为增强教学效果的应变性、交互性而设计的。通过导航页面，教师可以随意进入相应的部分，也可以随时退出课件。制作方法：①在新幻灯片中插入若干按钮（因为按钮形状相同，所以只需插入一个，然后将此按钮复制），在按钮上输入相应的文字；②插入图片；③调整图片、按钮的位置。如图 4 所示。

（3）导入课文页面。通过配乐画面欣赏、模拟或创造意境，辅助学生对文章的理解与欣赏，培养学生的想像能力，激发创新欲望。制作方法：①在新幻灯片中插入 Swf 格式的文件（注意要将 Swf 格式文件和我们制作的课件放在同一个目录下）；②插入导航按钮（可将导航页面的按钮复制到该页）。如图 5 所示。

图 4

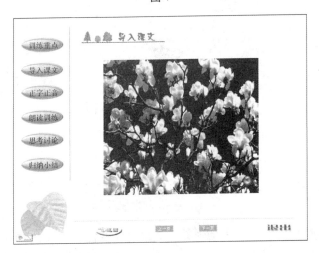

图 5

（4）正字正音页面。此页先出现生字词，学生回答后出现答案，然后叫学生齐读。制作方法：①在新幻灯片中插入文本框，输入相关文字，将需注音的字设置为红色，这样更加醒目；②插入导航按钮（可将导航页面的按钮复制到该页）。如图6所示。

图6

（5）朗读与欣赏页面。此页面有两个功能，一是朗读训练功能，另一是欣赏功能（通过视频欣赏明媚的春光）。制作方法：①插入两个文本框，输入文字；②插入影视片断，调整大小；③插入导航按钮（可将导航页面的按钮复制到该页）。如图7所示。

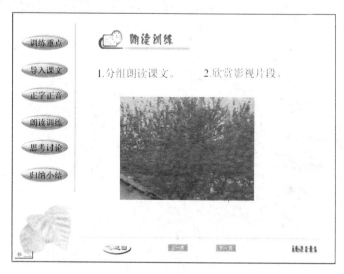

图7

（6）思考讨论页面。此页面将重点难点归纳为六道思考题，师生通过讨论来达到学习目的。制作方法：①在新幻灯片中插入文本框，输入文字；②插入导航按钮（可将导航页面的按钮复制到该页）。如图8所示。

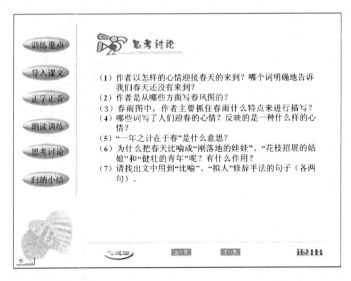

图8

（7）归纳小结。此页面用来总结全文的内容和中心思想。制作方法：①在新幻灯片中插入文本框和箭头，在文本框中输入文字，调整各自的位置；②设置动画效果，使文字箭头依次出现；③插入导航按钮（可将导航页面的按钮复制到该页）。如图9所示。

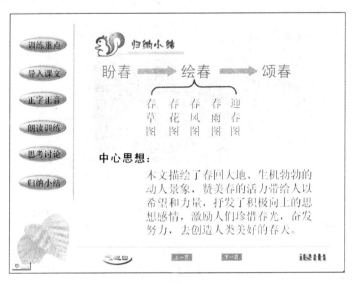

图9

（三）实施建议

第一，在课堂实施中根据具体情况决定视频欣赏播放的次数。

第二，课件的插图和影视片段只是用于激发学生的想像，教师要注意引导学生越过这些插图进行自由想像，不能将思维局限于这些材料中。

（四）预想效果

本课件设计的特色是利用图、音、影，为学生创设情境，将他们置身于春光明媚的氛围之中，并通过学生积极的思考、讨论来达到教学的目的。课件色彩丰富鲜艳，基调与文章感情相配合，能调动学生的学习积极性。

二、案例二

《念奴娇·赤壁怀古》多媒体教学设计
江苏前黄高级中学 云传瑶

（一）教学构想

1. 设计意图

《念奴娇·赤壁怀古》是苏轼词中的精品，代表了苏轼豪放词的最高成就。它第一次运用词的形式塑造了一个英气勃发的人物形象，透露出作者有志报国、壮志难酬的感慨，体现了苏词的独特面貌。上阕咏赤壁，着重写景，即景抒怀，表达对古代英雄人物的怀念。下阕着重写人，借对周瑜的仰慕，抒发自己功业无成的感慨。这首词将写景、咏史、议论、抒情融为一体，气势奔放，一泻千里。这应是文章的学习重点。

对于宋词的有关常识，以及苏轼的有关情况应让学生作适当的了解，但高中阶段的诗词教学应重在欣赏；作者的感情在文中发生了明显的变化，应引导学生对这种变化加以理解，这样方能真正理解作者的意图。

2. 确定目标

（1）了解苏东坡的生平、思想及豪放派词的特点。

（2）学习该词写景、抒情、咏史、议论相结合的写法。

（3）理解苏轼的情感矛盾。

3. 环节安排

教学的具体过程拟设计为"读——析——结——赏"四步。

4. 问题设计

（1）上阕作者如何写景？写出了景物的哪些特点？

（2）作者对曾经活跃在这里的英雄人物有怎样的情怀？

（3）作者如何刻画周瑜形象的？又如何写自身的？

（4）怎样理解作者对周瑜和对自己感情的矛盾？作者又是如何解决这种矛盾的？

在问题的讨论过程中注意朗读、分析、总结和赏析的结合，将赏析的部分穿插在整个教学过程中，并注意及时总结。

（二）课件制作

1. 准备素材

本课件只用了一个图片素材，即苏轼的图片，在网上即可搜寻到。

作为诗词的课件，还应该有音频素材，即课文的朗读录音，用 Windows 自带的录音机转录即可。

2. 过程略解

下面简介《念奴娇·赤壁怀古》课件的主要功能页面及制作方法。

（1）导航页面。此页面为导航页面，显示该课件的主要内容，并方便教学操作。制作方法：①在 PowerPoint 2000 中新建一文件夹，命名后保存；②设置全部应用背景设计模板；③插入文本框，输入课题、作者名字艺术字；④插入作者像；⑤插入导航按钮。如图 10 所示。

图 10

（2）作者介绍页面。介绍作者苏轼的生平经历。此处的介绍可适当具体详细些，使学生对苏轼的一生中重大的转变有所了解。制作方法：①在新幻灯片中插入文本框，分别输入"作者介绍"及其具体内容；②调整文字的大小、位置、颜色，并设置适当的动画效果。如图 11 所示。

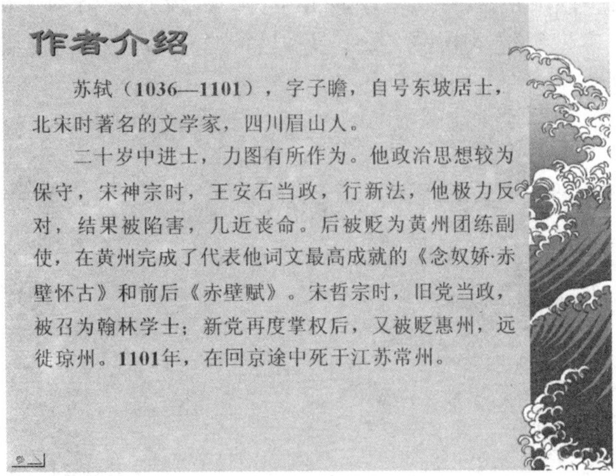

作者介绍

　　苏轼（1036—1101），字子瞻，自号东坡居士，北宋时著名的文学家，四川眉山人。

　　二十岁中进士，力图有所作为。他政治思想较为保守，宋神宗时，王安石当政，行新法，他极力反对，结果被陷害，几近丧命。后被贬为黄州团练副使，在黄州完成了代表他词文最高成就的《念奴娇·赤壁怀古》和前后《赤壁赋》。宋哲宗时，旧党当政，被召为翰林学士；新党再度掌权后，又被贬惠州，远徙琼州。1101年，在回京途中死于江苏常州。

图 11

（3）词语解释页面。解释课文中的一些疑难词语，便于学生理解全文的表层意义，为更深入地理解课文做准备。制作方法：①在新幻灯片中插入两个文本框，输入标题和全文；②调整文字的大小、位置和颜色；③将要解释的词语设置为屏幕提示文字（即解释的文字）。如图 12 所示。

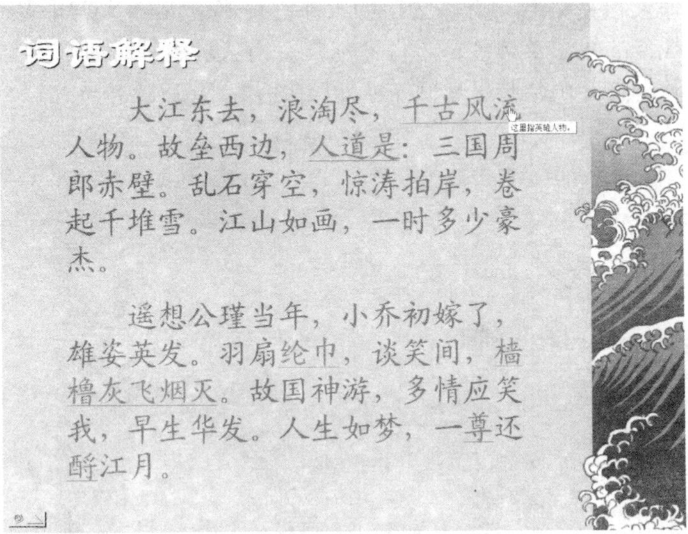

词语解释

　　大江东去，浪淘尽，千古风流人物。故垒西边，人道是：三国周郎赤壁。乱石穿空，惊涛拍岸，卷起千堆雪。江山如画，一时多少豪杰。

　　遥想公瑾当年，小乔初嫁了，雄姿英发。羽扇纶巾，谈笑间，樯橹灰飞烟灭。故国神游，多情应笑我，早生华发。人生如梦，一尊还酹江月。

图 12

（4）课文分析页面。分析课文内容，理解文章写景、抒情、咏史、议论相结合的写法。制作方法：①在新幻灯片中插入文本框，输入"课文分析"及"上阕"，调整大小位置；②插入表格，设置表格的边框；③在表格中插入若干文本框，输入相关文字，并设置文字颜色为红色；④为各对象设置适当的动画效果。如图 13 所示。

课文分析
上阕

字词	景色特点	角度	修辞	格调
乱	险怪	形	夸张	豪迈奔放
穿	高峭			
惊	汹涌	声	比拟	
拍	水石相搏			
卷	狂澜奔腾	形	比喻	
雪	水色纯白	色		

图 13

（5）总结课文页面。总结课文，将课文内容和作者情感变化的过程显示出来，便于学生从整体上理解课文。制作方法：①在新幻灯片中插入若干文本框，输入相关文字，调整文字的大小、颜色；②插入若干箭头和竖直线，设置线条的线性及颜色；③将文本框、箭头和直线分别放到适当位置，设置动画效果，并调整其出现顺序。如图 14 所示。

内容：

感怀 —— 写景 ——
咏史 —— 抒情

总结

感情：

昂扬 —— 感奋 ——
感伤 —— 解脱

图 14

（6）比较阅读页面。将作者的一首豪放词和一首婉约词进行比较，让学生领会豪放词的特点。制作方法：①在新幻灯片中插入文本框，输入"比较阅读"，调整大小、颜色，并设置适当的动画效果；②插入表格，设置表格的边框，并在表格中输入两首词，设置文字的大小、颜色；③为表格设置适当的动画效果。如图 15 所示。

图 15

（7）练习检测页面。通过练习了解学生诗词鉴赏的情况。制作方法：①在新幻灯片中插入两个文本框，分别输入"思考练习"和具体练习的内容；②调整文字的大小、位置、颜色，并设置适当的动画效果。如图16所示。

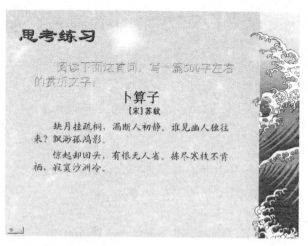

图 16

（三）实施建议

第一，应突出诗歌教学中朗读训练。

第二，分析课文时，可将提问和填表相结合，在问题解答中完成表格的填写。

第三，比较阅读时，应将豪放词与婉约词的区别讲清楚，再归纳豪放词的特点。

（四）预想效果

本课件注重对学生诗词阅读和鉴赏能力的培养。通过本课的学习，学生对苏轼将有所了解，对词人的遭遇同创作的关系也会有一定的领悟，同时能比较容易地辨别出词的风格特点，进行简单的诗歌鉴赏。

三、案例三

"读后感"讲评多媒体教学设计
山东青岛南洋学校　许黎明

（一）教学构想

1. 设计意图

本课内容是对学生的读后感进行讲评，目的是使学生充分认识到多读多写是提高作文水平的有效途径，只有掌握读书的方法，才能写出较好的读后感。根据学生情况及课型特点，在利用多媒体进行讲评时，要把握好以下几个要点：

（1）多肯定，多鼓励学生的长处。

（2）面向全体又要有针对性。

（3）注意讲评方式的灵活多样及多媒体呈现的时机。

（4）评中有改。

2. 确定目标

（1）进一步使学生认识多读多写是写好作文的有效途径。

（2）提高学生写作读后感的能力。

3. 环节安排

本课主要教学环节设计为"讲——议——评——改——练"

讲：认识多读多写与作文的关系。

议：讨论、交流对读写的认识及读书的感受。

评：使学生了解本次作文的优缺点，通过多种形式的评改来调动学生的积极性。

改：完善自己的作文。

练：提高学生写读后感的能力。

（二）课件制作

1. 准备素材

（1）音频。用作起始页面的背景音乐（可从网络上的素材库中得到）。

（2）图片。起始页面的背景图（通过 Flash 自制）。

2. 过程略解

下面简要介绍《读后感讲评》课件的主要功能页面及制作方法。

（1）起始导航页面。此页面是课件的导航界面，告诉学生讲评课的内容。制作方法：①在 PowerPoint 2000 中新建一个文件夹，命名后保存；②在默认的第一张幻灯片中插入若干文本框，输入文字，调整字体及大小；③插入导航按钮，并注明按钮的名称。如图 17 所示。

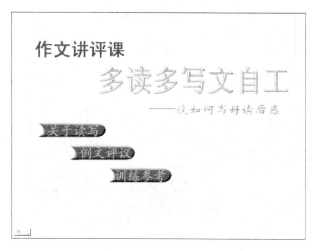

图 17

（2）写作知识页面。在讲评前，先让学生学习读写知识，使他们进一步明确多读、多写及"悟"对写好文章的作用。制作方法：①在新幻灯片里插入文本框，输入标题；②插入文本框并设置背景颜色，再输入读写知识；③插入导航按钮。如图 18 所示。

（3）例文分析页面。从学生写过的作文中选取一篇有代表性的文章，作为例文进行评点。制作方法：①在新幻灯片中插入若干文本框，将其设计成作文纸形式（也可以选择类似版式）；②将作文和讲评栏设置为不同背景颜色，输入文字。如图19所示。

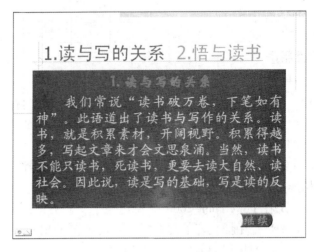

图18

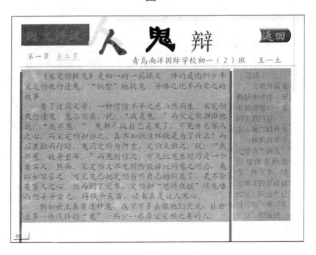

图19

（4）评议提示页面。在学生评议例文时提供问题提示，便于引导他们正确评议。制作方法：①在新幻灯片里插入若干文本框，输入相关文字；②设置导航按钮。如图20所示。

（5）训练参考页面。在讲评完之后，根据实际，为学生再设计一些训练题，达到举一反三的效果。制作要领：①在新幻灯片中插入文本框，输入相关文本；②插入导航按钮。如图21所示。

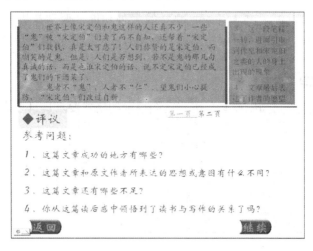

图 20

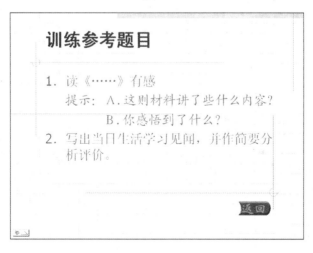

图 21

（三）实施建议

第一，运用该课件时要注意课件页面的出现时机，有些页面需要教师作语言上的补充。

第二，要根据课件显示的内容进行深入的讨论，教师应及时做好调控。

第三，在进行例文讲评时，教师可充分利用 PowerPoint 2000 的绘画笔功能进行勾画评点。

（四）预想效果

本课充分发挥了 PowerPoint 2000 的多种功能，调动学生参与作文修改的积极性，在修改中学习读写知识，利用有关的写作知识指导学生写作。

【操作实践设计】

自行选择两篇高中课文，按照案例呈示的格式要求进行多媒体教学的设计。

后　记

本教材是湖南科技大学教学改革研究课题《语文教学论"案例教学法"研究与实验》（G30334）的理论成果。

语文课程与教学论是最能体现高等师范院校中文专业师范特性的一门课程。这门课程理论建设的任务是将中文学科的专业知识即汉语言文学知识与一般教育教学知识沟通联系起来，创造出语文教学知识。语文教学知识主要是一种实践性知识，是与语文教学实践联系最紧密的知识，它最好来自于语文教学实践的总结，又回归到语文教学实践中去。所以，从理论到理论的传统教材模式是不适应本课程的教学性质的。基于对传统教材模式弊端的反思，我们开始了本书的构想和编写。案例教程是一个全新的体例，我们没有先例可以借鉴，我们尝试着创造这个体例。不知我们创造的呈现在大家面前的这个体例是否能真正成为适应本课程教学性质的载体。我们期待使用者的批评意见，我们愿意在将来不断地完善这个教材体系。

本书是由主编发起、提出体系框架和基本思路、组织各位编者共同编写的。本书的编写历时两年。期间，因为经费的关系，没有开过统稿会，一直是主编用电子邮件和书信与编者们互通信息。主编与编者有些是老朋友，有些是未曾谋面的新朋友，但大家都能心息相通，其书稿基本上保持了统一的体例和撰写风格。

本书各章编写人员及编写分工如下：

导言、第一章、第三章：李山林（湖南科技大学）；第二章：施平（广西师范学院）；第四章：方孝军（湖南益阳市高新区教育局）、李山林；第五章：彭志耘（衡阳师范学院）；第六章：阳利平（湖南师范大学）、谢东（湖南科技大学）；第七章：王超（湖南科技大学）；第八章：刘中华（湖南科技学院）、李山林；第九章：李学（湖南科技大学）；第十章、第十二章：陈文（湖南浏阳市教育局）、李山林；第十一章：陈业桃（湖南文理学院）；第十三章：马藜（湖南人文科技学院）；第十四章：黄强军（福建漳州师范学院）；第十五章：杨双安（湖南怀化学院）、李山林；第十六章：邓水平（衡阳师范学院）；第十七章：华婷（湖南科技大学）、杨双安；第十八章：方熔（山西师范大学）；第十九章：郑有才（华南师范大学）。

以上是初稿的撰写分工。为了统一体例与风格，也为了避免往返耽误时间，主编在统稿时，按自己的编写意图和理念对每章都进行了或多或少的修改，有些章节几乎是重写，但都按初稿分工的撰写者署名。

在本书的编写过程中，我们参考了许多学者的著作和论文，借用了许多老师的教例与案例。对这些作者，只要能联系上的，我们都已分别致电致信征得同意，表达衷心的感谢！因种种原因，没有联系到的作者，请致电（0732）8291788 或发电邮至 lishanlin-XT@163．com 联系付酬事宜。

李山林

2006 年 6 月